주요국 사회보장제도 7

이탈리아의 사회보장제도

한국보건사회연구원
Korea Institute for Health and Social Affairs
나남
nanam

《주요국 사회보장제도》 총서 기획진

노대명 한국보건사회연구원 선임연구위원
김근혜 한국보건사회연구원 연구원
정희선 한국보건사회연구원 연구원

주요국 사회보장제도 7

이탈리아의 사회보장제도

2018년 12월 10일 발행
2018년 12월 10일 1쇄

지은이 홍이진 · Alessandro Coppola · Federico Pancaldi · Franca Maino · Francesca Bergamante
Furio Stamati · Giorgio di Gessa · Maria Giovanna Vicarelli · Matteo Jessoula · Michele Raitano
Serenella Stasi · Tiziana Canal · Urban Nothdurfter · Veronica Lo Presti
발행자 趙相浩
발행처 (주) 나남
주소 10881 경기도 파주시 회동길 193
전화 (031) 955-4601 (代)
FAX (031) 955-4555
등록 제 1-71호(1979. 5. 12)
홈페이지 www.nanam.net
전자우편 post@nanam.net

ISBN 978-89-300-8949-4
ISBN 978-89-300-8942-5 (세트)

책값은 뒤표지에 있습니다.

주요국 사회보장제도 7

이탈리아의 사회보장제도

홍이진 · Alessandro Coppola · Federico Pancaldi · Franca Maino
Francesca Bergamante · Furio Stamati · Giorgio di Gessa
Maria Giovanna Vicarelli · Matteo Jessoula · Michele Raitano
Serenella Stasi · Tiziana Canal · Urban Nothdurfter · Veronica Lo Presti

한국보건사회연구원 Korea Institute for Health and Social Affairs
나남 nanam

머리말

이탈리아 사회보장제도는 사회보험의 원리를 중심으로 하는 전형적인 비스마르크 모델의 형태를 갖추었다. 이탈리아의 산업구조는 제조업을 중심으로 구성되어 있으며, 남성 생계부양자 모델의 가족구조를 오랫동안 유지해 왔다. 이는 이탈리아가 국민의 사회권리와 보편주의를 우선시하기보다 근로자를 소득 상실의 위험으로부터 보호하는 소득비례적인 사회보장시스템을 갖췄다는 점에서도 확인할 수 있다. 반면에 사회서비스업에 있어서는 보충성(*subsidiarity*) 원칙을 적용하여 국가개입이 잔여적이었고, 서비스를 제공하는 주 행위자는 가족과 종교적인 단체였다. 타 서유럽 복지국가들과 유사하게 이탈리아도 복지황금기를 거치면서 사회지출 수준이 GDP의 30% 가까이 다다랐지만, 여기에는 현금급여정책(특히, 연금제도)이 차지하는 비중이 상당히 높았다.

1990년대의 이탈리아는 탈산업화, EU 가입, 천주교민주당(DC)의 정치 스캔들 등으로 변화가 시작될 무렵이었으나, 빈번한 정부의 교체로 인해 오히려 복지이슈는 주목받지 못하였다. 이탈리아는 마스트리흐트 조약(Maastricht Treaty)에 의한 엄격한 EU 가입조건을 지키기 위해서 많은 복지예산 삭감 정책을 꾸준히 수행해 왔다. 1992, 1995년의 연금개혁도 연금기금의 지속가능성을 도모하려는 의도가 컸으나, 젊은 세대 연금급여의 적절성을 보호하는 데에 있어서는 현저히 부족하였다. 산업구조의 변화와 노동시장의 서비스화로 인해 고용계약 형태가 많이 달라졌지만, 보완적 역할을 수행해야 할 사회안전망이 유연안정성(*flexicurity*)을 보장하지 못하면서 노동시장의 극단화(*polarization*)와 파편화(*segmentation*)가 벌어졌다. 또한, 인구고령화와 저출산 등 사회적 문제에 대비할 정책들이 미비한 상태에 그쳤다. 전반적으로 이탈리아는 2008년 경제위기의 악영향에 제대로 대응하지 못하였다. 이 때문에 지난 20여 년 동안 빈곤, 실업, 불평등, 저출산 등의 문제를 근본적으로 대비하지 못하면서 정책표류(*policy drift*)에 가까운 모습을 보였다.

이번 《주요국 사회보장제도》 이탈리아 편(2018)은 2008년의 경제위기 이후 2010년대 이탈리아가 복지에 어떻게 대응하고 있는지를 주로 다루었으며, 정책별로 심도 있는 연구자료로서 의미가 있다. 2012년에 발간된 《주요국의 사회보장제도》 이탈리아 편에서는 2008년 경제위기의 출발점을 엿볼 수 있었으며, 당시 이탈리아 정부에서 베를루스코니(Silvio Berlusconi)의 역할, 고용률 저하, 사회서비스의 잔여적 성격 등을 거론했다. 이번 2018년 판은 경제위기 이후를 조명했다. 여전히 많은 이슈에 둘러싸인 상황임에도 이탈리아가 지난 몇 년간 경제성장과 고용률을 차츰 회복했으며, 베를루스코니 정부 이후의 정치세력이 적어도 사회복지를 다시 이슈화하는 역할을 했음을 정리했다.

2018년 판은 2012년 판을 마련할 때와 마찬가지로 현지 학자들의 연구를 모아 구성했다. 이탈리아에서 학위를 받은 한국 연구자가 거의 없는 상태에서, 이 자료는 현지의 복지제도를 실제적으로 이해하는 데 유용할 것으로 보인다. 2018년 판은 이탈리아 복지의 최신 동향을 반영하게끔 대부분의 장(1, 4, 6, 7, 8, 11, 13, 14장)을 업데이트했다. 또한, 2012년 판에서 심도 있게 다루지 못한 사회보장제도의 기본구조(2장), 경제여건과 소득분배구조(3장), 정부재정과 사회보장재정(5장), 가족복지정책(10, 15장) 및 보건의료제도(12장) 관련 장은 더 자세한 설명을 위해 새롭게 작성되었다. 비록 각 연구자의 시각이 달라서 장 간의 차이는 남아 있지만, 2018년 판은 2012년 판보다 전문성과 세부사항이 개선된 자료가 될 수 있도록 많은 힘을 기울였다. 2012년 판이 전반적으로 이탈리아 복지국가의 정책표류를 정리했다면, 2018년 판은 정책변화의 방향, 침체된 요소 중 2010년대 이후에 그나마 역동성을 발휘하는 정책을 조명했다. 이 연구가 현지의 정책 동향을 파악할 수 있는 토대자료가 되기를 기대해 본다.

《주요국 사회보장제도》는 많은 연구자가 참여한 대규모 프로젝트였다. 이 때문에 연구자들이 집필을 마친 시기부터 책으로 인쇄되기까지 간격이 발생했고, 이 사이 많은 변화가 일어나기 시작했다. 2017년 12월 28일에는 이탈리아 의회가 해산되었으며 2018년 3월에 선거투표가 다시 진행되었다. 이번에 참여한 정치정당 중에는 소수당에 속했던 오성운동당과 북부동맹(Lega Nord)의 지지율이 증가한 반면, 지난 몇 년간 권력을 차지한 민주당(PD)의 지지율은 하락하였다. 오성운동의 지지율이 가장 높았지만 국가를 이끌어갈 수 있을 정도의 대다수의 표는 얻지 못했고, 이는 민주당, 북부동맹 및 포르자 이탈리아 정당들과 협력해야 새로운 정부를 구성할 수 있음을 의미한다. 이러한 정치적인 혼란 속에 앞으로 이탈리아 복지의 방향이 어떻게 될지 아직 미지수이다. 더구나 그간 계속 방치되어 있었던 공공부조제도가 2016년에 드디어 도입되었으며, 렌치(Matteo Renzi)의 노동시장개혁은 많은 논란을 불러왔다. 이 책에서 다루지 못한 이러한 최근의 논의는 추후의 연구를 통해서 더 자세히 다룰 수 있기를 기대해 본다.

복지국가연구센터
홍 이 진

이탈리아의 사회보장제도

차 례

3부 의료보장 및 사회서비스

제 1 부 사회보장 총괄

01 사회보장의 역사적 전개

1. 이탈리아 복지국가의 소개

1) 복지국가 유형

에스핑안데르센(Esping-Andersen, 1990)의 복지국가 유형론에 의하면 이탈리아는 보수조합주의 국가로 분류할 수 있다. 즉, 이탈리아는 시장에 대한 의존성을 해소하는 탈상품화를 이끌거나 사회계층적 불평등을 완화하는 복지제도 대신, 소득 상실의 위험으로부터 근로자 위주로 보호하는 소득비례적인 사회보장시스템을 운영한다. 이탈리아의 사회보험은 독일의 비스마르크(Bismarck) 복지모델을 따르며 '시민'보다 '근로자'를 보호하는 남성 생계부양자(*male breadwinner*) 중심의 온정주의적 성격을 갖고 있었다. 따라서 전통적으로 여성, 저소득 근로자, 젊은이 등 사각지대에 빠질 위험이 있는 사람들이 보호에서 누락되어 있었다.

1990년대 이래 유럽의 복지국가들은 다양한 개혁을 실행하여 사회보장과 함께 신(新)사회적 위험에 대비할 수 있도록 사회서비스의 기능을 강화하고자 하였지만(Taylor-Gooby, 2004; Morel et al., 2012), 이중적인 노동시장의 성격에서 크게 벗어나지 못하였다(Palier, 2010). 전반적으로 개혁하기에 어려워서 '냉동'(*frozen*) 된, 즉 변화 없는 복지제도들로 알려져 있다(Palier & Martin, 2007). 특히, 이탈리아는 변화의 속도가 점점 더디어 신사회적 위험에 대한 대응이 느렸을 뿐만 아니라(Jessoula & Alti, 2010), 보편주의적인 길로 갈 수 있는 진지한 전략이 처음부터 결여되었던 것이다(Ferrera et al., 2012).

지금부터 이탈리아 복지국가의 특수성의 내용을 살펴보고자 한다. 이탈리아의 경우, 전형적인 보수조합주의 복지국가와 다르게 의료제도를 제외한 사회서비스 분야가 덜 발달되어 있다. 이탈리아 사회보장공단(Istituto Nazionale della Previdenza Sociale: INPS)이 제공하는 소득보장보험과 국가의료서비스(Servizio Sanitario Nazionale: SSN)는 이탈리아 복지국가에서 가장 중요한 사회정책의 기본적 틀이며, 상대적으로 빈곤정책이나 사회서비스의 지원은 적은 편이다. 이탈리아의 복지지출 총액을 감안하면 대체로 EU 및 영국과 비슷한 수준이지만 지출의 구성에는 차이가 있다. 주로 연금급여와 관련된 지출이 가장 높은 비중을 차지하며, 아동 및 노인을 대상으로 하는 사회서비스, 실업대비정책, 주거정책 등의 지출은 상대적으로 낮은 편이다.[1)]

그 결과 가족은 공식적 복지제도에서 소홀히 다루어지는 사회서비스를 보완하여 돌봄을 비공식적으로 제공하거나, 소득이전을 통해 세대 간의 재분배 기능을 발휘하는 등 다양한 전략을 취하고 있다. 따라서 가족은 이탈리아 복지혼합(*welfare mix*)에서 중요한 역할을 맡고 있다. 가족의 역할이 중요하다는 점을 통해 이탈리아 복지제도가 가족주의(*familism*)에 의존하고 있는 것을 알 수 있다(Saraceno, 1994).

---

1) 사회지출에 대한 더 세밀한 분석은 5장 '정부재정과 사회보장재정'을 참조하라.

페레라(Ferrera, 1996)는 오래전부터 '남유럽', 혹은 '지중해' 유형론을 거론하면서 이 유형은 타 유럽 국가들과는 차이가 있음을 주장했다. 이탈리아를 포함한 스페인, 포르투갈, 그리스는 다음과 같은 남유럽 복지국가의 특징을 보인다(Ferrera, 1996; Karamessini, 2007).

- 소득보장을 위주로 현금급여의 이전을 중요시하는 사회보험제도로서 기금별 파편화 및 사회계층 간의 극단화(주로 연금)
- 조합주의 원리를 극복한 보편주의적 공공건강제도의 도입
- 천주교의 강한 영향
- 공공 부문과 민간세력 및 기관 간의 불투명한 합의를 통한 현금급여의 선정적 클리엔텔리즘(*clientelism*)
- 시민단체의 영향력이 적은 관료주의적 문화
- 정당 간 이해관계 형성 및 합의정치를 억압하는 극단적 좌파 정당의 존재

이와 같은 정치적 요소들은 이탈리아 복지에 커다란 영향을 준다. 그러므로 이탈리아의 역사적인 흐름을 검토하기 전에, 이탈리아 복지의 특별한 정치적인 성격을 간략하게 보기로 한다.

2) 이탈리아 정치와 복지

2차 세계대전 전후 이탈리아의 사회정책은 가족주의, 남성주의 및 '연금주의' 원리에 의해 작동되고 있었다(Ferrera et al., 2012). 1946년 선거 결과를 반영하여 1948년부터 〈헌법〉이 도입되면서 이탈리아는 공식적으로 공화국이 되었다.

그 당시 형성되었던 정치정당들은 사르토리(Sartori, 1982)가 제시한 '양극화된 다원주의'의 구조를 체계화했다. 즉, 주류인 천주교민주당(DC), 대

중적인 이탈리아 사회당(PSI)과 더불어 다양한 정치정당으로 인해 이데올로기의 범위가 확대되었다. 그중에는 극단적인 이탈리아 공산당(PCI), 파시스트인 이탈리아 사회운동당(MSI)과 같은 반체제정당도 있었다. 이 때문에 정당 간의 경쟁이 중심으로부터 멀어지는 원심의 맥락이 발휘되었으며 정치의 실현성이 떨어지는 경향이 있었다(Ferrera et al., 2012).

따라서 수십 년 동안 집권했던 천주교민주당 정부는 지지율을 유지할 수 있었지만 반체제정당들의 억압에 대응하기 위해 항상 정당화를 확보할 수 있는 전략을 추구했다. 연금은 정치적으로 이용될 수 있는 중요한 도구였다. 왜냐하면 연금급여는 선정주의적으로 배분할 수 있으며 특별히 지정된 대상자에게 직접 제공되는 혜택이 있어 클리엔텔리즘적 교류가 가능했기 때문이다. 게다가 연금급여로 발생하는 비용을 대중에게 전가할 수 있어 책임감 없이 정치적으로 유리한 정책이었다(Ferrera, 1998).

이탈리아에서 복지는 정치적 합의를 얻어내기 위한 주요한 요소이다. 따라서 급여를 제공하는 것조차도 국가가 국민에게 배분하는 사회권리가 아니라, 정치적 지지를 얻거나 조합주의적인 이해관계를 만족시킬 의도로 활용된다. 따라서 사회집단 간의 파편화, '정치 클라이언트' 및 투표사업을 자극하는 역효과가 나타났다(Ferrera, 2006).

2. 역사적 흐름

이탈리아 복지국가의 역사적 흐름은 대체로 타 유럽 복지국가의 흐름과 유사하다. 사회보험의 설립 기간인 태동기, 뒤이어 복지 황금기, 신자유주의 관점의 정책 도입 등이 모두 이루어졌다고 보면 된다(Pierson, 2007; 홍이진 편, 2012). 1990년대 이후 최근 복지의 전반적인 흐름을 보면 과감한 구조조정이나 사회투자 위주로 변해가는 모습이 잘 드러나지 않았을 뿐만 아니라(Morel et al., 2012; Ascoli & Pavolini, 2012), 오히려 복지삭감을 초래하는 정책들이 상당히 이루어졌다는 분석이 있다(Ascoli & Pavolini, 2012). 이러한 과정에 대한 큰 그림을 제시하기 위해 시기별로 간략하게 설명하고자 한다.

1) 태동기: 1890~1940년대

이탈리아는 통합(1861년) 이후에 활발하게 사회정책을 추진하지 않았다. 1898년 가장 먼저 산재보험이 도입되었으며 같은 해에 장애 및 노령을 대비하는 기금이 설립되었지만, 당시의 복지제도는 매우 제한적이면서 포괄적이지 못했다. 이탈리아의 산업화 과정은 영국에 비하면 상당히 늦은 편이었고, 산업 분야에서 활동하는 근로자의 열악한 생활수준과 그들에 대한 충분하지 않은 보호수준은 사회적 이슈가 되었다. 결과적으로 1919년 적립방식의 연금보험제도가 도입되었다. 이는 사회적 위험으로부터 근로자를 보호하기 위해 만들어진 사회정책들과 유사하게 1차 세계대전으로 인하여 발생할 손해보상을 제공하기 위한 목적이 있었다.

1920년 초반, 무솔리니(Benito Mussolini)가 쿠데타를 통해서 정권을 차지했으며, 논란이 많았던 1924년 선거에서도 승리하면서 1925년부터 파시즘 시대가 시작되었다. 파시즘 초반에는 경제회복을 가장 중요한 정책으로 다뤘다. 당시에는 미국 금융시장이 세계적으로 영향력을 행사했다. 이탈리아는 국제적 무역교류가 축소되는 상황에서 실업률의 증가, 인플레이션의 발생, 통화가치의 하락이 계속되고 있었다. 경제회복을 위해 이탈리아는 주도적으로 경제정책에 개입하였다. 정부는 은행도산을 막기 위해 IRI(Istituto per la Ricostruzione Industriale) 기금을, 국가 재건설을 위해서 IMI(Istituto Mobiliare Italiano) 기금을 설립했다. 또한 통화 안정, 근로자의 임금 삭감 등 다양한 전략을 추구하였다(Girotti, 1998).

민주주의 시대라고 부를 수 없는 상황에서 무솔리니 정부는 정권에 대한 인정을 받는 동시에 사회통제와 질서유지를 위해 복지를 일종의 도구로 이용했다. 노동조합이나 전문직 근로자가 직접 운영하던 사회기금제도를 폐지하면서 파시즘 정부를 지지하는 노동집단을 중심으로 다양한 소득보장 운영조직을 만들었다. 파시즘 시기의 복지 운영조직은 크게 ① 파시즘을 지지하는, 직업별로 분류된 다양한 노동집단의 기금들, ② 공무원을 대상으로 하는 공단들, ③ 민간 부문 근로자를 위해 1933년 설립된 파시스트 국민연금공단(INFPS) 및 파시스트 국민산재보험공단(INFAIL)의 3가지 유형으로 분류할 수 있다. 이 중 연금공단과 산재보험공단은 현재의 이탈리아 사회보장공단(INPS) 및 산재보험공단(INAIL)의 뿌리라고 할 수 있다.

당시의 연금기금은 적립방식으로 운영되었다. 그 때문에 정부의 상당한 재원을 아무런 통제 없이 파시스트의 도시 건설 작품에 투자할 수 있었다. 또한 전국적으로 분포된 관료제도망을 이용해 각 관료조직에 있는 일자리를 재량적으로 국민에게 제공했다. 이 역시 국민, 특히 중산층의 무조건적 합의를 얻기 위한 도구였다(Girotti, 1998). 당시 마련되었던 연금제도는 소득보장을 규정하는 데 추후에도 상당한 영향을 줄 것으로 기대되었으며 정치적 목적으로 이용되기도 했다. 예를 들면, 20년 동안 보험료를 지불하면 '고령자 연금'(*seniority pension*)을 수급할 수 있도록 하여 조기은퇴를 허용함으로써 정치적으로 수용하지 않는 불편한 인력을 없애는 역할도 했다(Ferrera et al., 2012).

1929년 파시스트 정부와 바티칸은 서로의 권한에 대한 공식적인 합의(*concordato*)를 체결하면서 공공부조에 관해 논의했다. 우선 정부는 경제활동을 하는 사람과 젊은 층을 대상으로, 바티칸은 사회적 약자(노인, 장애인, 소수자 등)를 대상으로 하는 공공부조적 지원을 마련하기로 하였다(Girotti, 1998). 1943년에는 그동안 별도로 운영되던 질병기금들을 같은 조직 아래 모으려는 의도로 국민질병보험제도(INAM)가 설립되었다.

2) 황금기: 1940~1970년대

2차 세계대전 이후부터 1970년 중반까지 이탈리아는 활발하고 지속적인 경제성장을 경험했다. 경제성장과 함께 복지도 확대되었다. 유럽 전반으로도 복지지출이 늘어나고 있었기 때문에 이 시기를 '복지 황금기'라고도 부른다. 이탈리아의 1950년대는 소득보장을 위주로 불균형한 제도의 특성이 나타난 시기였다고 할 수 있다(Ferrera et al., 2012).

이 시기에는 복지제도 발전의 비용을 지불하며 혜택을 즐길 수 있는 중산층이 형성되었는데, 사실 복지분배에서 정치인들은 재정지출을 과소평가한 반면 급여를 관대하게 지불하는 경향이 있었다. 이 때문에 숨어 있는 비용과 눈에 띄는 혜택 간의 비대칭이 생겼다(Ferrera, 1998). 중도 성향을 가진 천주교민주당 정치인들은 케인스주의적 적자지출(*deficit spending*)의 전략을 추구하였다.[2] 이러한 맥락에서 천주교민주당 정부는 복지혜택을 배분함으로써 국민의 합의를 얻어내는 전략을 취해 '모든 투표를 잡는 정당'(*partiti pigliatutto*)으로 불렸다(Ferrera, 2006).

가장 대표적 사례는 역시 연금이다. 천주교민주당과 좌파 세력들(사회당, 공산당, 이탈리아 노동총동맹 소속 노동조합) 모두 남성주의적 사고방식을 바탕으로 생산경제를 지속할 수 있었다(Ferrera et al., 2012). 연금급여의 계산은 적립방식에서 부과방식(Pay-As-You-Go: PAYG)으로 전환되었으며 연금에 대한 비용은 정치적 영향력을 행사할 수 없는 다음 세대로 미뤄졌다. 원래 확정기여형(Defined Contribution: DC) 적립방식이던 민간 부문의

2) 천주교민주당은 2차 세계대전 이래로 이탈리아 정부 구성에 항상 포함되었다. 공통의 적인 공산주의 정당을 의회에서 배척하기 위해 공화주의 정당(PRI), 자유주의 정당(PLI) 및 사회주의 정당들이(PSI, PSDI) 반복적으로 연립내각을 세운 것이 그 이유 중 하나다. 그러나 1992년 '깨끗한 손' 정당 뇌물 스캔들이 터진 후, 1993년 구성된 아마토(Giuliano Amato) 정부에는 이탈리아 공화국 역사상 처음으로 천주교민주당이 포함되지 않았다.

근로자 연금제도는 1945년부터 점차 변화되어 1969년부터 본격적으로 부과방식제도가 도입됐다. 1952년에는 급여 수준이 낮은 대상자를 위해 최저연금 보완급여제도를 도입했고, 1969년부터는 빈곤한 65세 이상 노인을 대상으로 기본적 자산조사 후에 받을 수 있는 사회연금(Pensione Sociale)이 도입됐다〔이탈리아 사회보장공단 홈페이지(www. inps. it) 참조〕.

보건제도를 살펴보면, 단편적 의료기금에서 공공제도로 전환하는 데 오랜 기간이 걸렸다. 1958년 보건부(Ministero della Sanità)가 설립되고 1968년 〈제 132법〉〔마리오티(Mariotti) 법〕이 제정되면서 기존의 자선조직이 공공병원으로 전환되었다. 그 결과 독립적인 운영조직으로 인해 기금의 규모가 점차 증가했고 책임주의가 강화되었다. 적용대상도 모든 근로자로 확대되어 1960년 후반에는 이탈리아의 인구 90%가 보험에 가입된 상태였다는 예산자료도 있다(Ferrera, 2006; Maino, 2001).

복지지출의 증가는 주로 연금 및 보건정책 위주로 이루어졌으며, 빈곤정책과 사회서비스 부문은 여전히 부가적 문제로 간주되었다. 유아원 설립을 규정하는 법은 1971년에 실행되었다. 공공부조에서는 국가개혁을 통해 단편적 자선조직(Istituzioni Pubbliche di Assistenza e Beneficenza: IPAB)들을 재구성하지 못했다. 특히, 종합서비스의 기관들로 인하여 관련 공공지출의 이전수준이 많이 증가했다(Girotti, 1998).

3) 전환기: 1970년대 말~1990년대

1970년대 오일쇼크로 발생한 위기와 탈식민지화로 인하여 세계적으로 원재료값이 상승하면서 이탈리아 경제성장은 지속해서 둔화되었다. 미루어 짐작해 보면 1951~1972년 동안은 평균성장률이 5.3%에 달했지만, 1993~2003년에는 1.5%로 감소했다(Ciocca, 2003).

이탈리아에서는 1970년대 국민운동으로 그동안 추구하던 적자지출정책의 억제가 필요했고 사회적 요구에 맞춘 복지가 이슈화되기도 하였다(Girotti, 1998). 1977년에는 대통령령 제616호 및 제607호에 의하여 국가, 주, 도시 간의 역할분담이 좀더 뚜렷하게 규정되었다. 국가는 국제관계 및 조화를 맡고, 주는 입법화 및 계획·조직을 담당하며, 도시는 행정적인 역할과 정책의 실행에 책임을 졌다(Girotti, 1998).

1970년대에는 지방 정부의 복지개입이 더욱 활발해져 도시 아동시설 설립(1971년), 여성전용 의료 및 상담원(*consultori familiari*)의 도입(1975년), 정신의학의 개혁(1978년) 등 상당히 진보적인 조치들이 대두되었다. 실업문제를 대비하기 위해서 노동시간의 축소를 당한 근로자를 위한 보완급여제도 도입을 통해 실업보험의 역할을 대신할 수 있는 기능적 대체물(*functional equivalent*) 정책이 실행되었다(Ascoli & Pavolini, 2012). 1980년에는 장애나 만성질환을 앓는 자에게 적용되는 국민요양수당(Indennità di Accompagnamento)이 도입되었다.

1980년대에는 신자유주의의 바람이 불기 시작하면서 그동안 쌓여 왔던 연금지출의 증가를 억제하려는 새로운 정치 어젠다가 등장했다. 1990년대에 들어서자 그동안 자주 논의되었던 연금복지의 삭감을 지향하는 개혁들이 이루어졌다(Ferrera et al., 2012). 1990년대 초반에는 느린 경제성장과 인구고령화 문제와 더불어 EU 및 국제금융시장의 압박으로 연금개혁이 활발하게 진행되었다. 특히, 디니(Dini) 개혁은 개인적 보험방식을 강화하는 개념적 확정기여형(Notional Defined Contribution: NDC) 연금제도를 도입해서 점차 부과방식을 대체하기로 하였다. 1993년의 아마토(Amato) 개혁은 보완연금제도를 규정하며 세금 인센티브를 제공함으로써 하락될 급여수준을 보완하기 위한 다층체계(*multipillar*) 연금 구성으로 이동하고자 했다(Ferrera, 2006).

1978년에는 국가의료서비스(SSN)가 본격적으로 시작되었다. 보건의료제도는 의료기금제도와 비교하면 보험원리가 완화되며 세금으로 재정을 충당하는 보편적 제도이다. 이는 급여수준의 평등을 추구했으며 예방적인 성격도 있었다. 국가, 주, 도시 구성을 반영해 건강서비스를 제공하는 주요 단위를 도시수준의 지역보건소(Unità Sanitaria Locale: USL)로 지정했으며, 1993년부터 더욱 독립적이고 시장경제적인 부분과 의료 전문가의 입장을 포함하는 보건사무소(Azienda Sanitaria Locale: ASL)로 전환되었다.

4) 삭감 및 개혁: 1990년대 말~현재

전통적으로 이탈리아 복지국가의 적용대상이자 주 보호대상은 풀타임(*full-time*) 정규직 남성 근로자이다. 따라서 신사회적 위험에 대한 대응이 약했다. 즉, 노동시장의 유연화에 따른 불안정한 고용, 높은 실업률 그리고 이민자와 한부모 가족 등 신빈곤자에 대한 보호가 충분하지 못해 사회서비스 분야가 아직 잔여적이었다. 반면, 정치적 성향이 강한 소득보장정책이 복지의 큰 비중을 차지하는 것이 이탈리아 복지의 특징이다. 지난 20년 동안 개혁을 거쳤지만 기본적인 틀에서 크게 벗어나지 못하였다. 하지만 최근 들어 사회정책은 다시 정부 어젠다에 진입하기 시작하였다.

1990~2000년대는 1992년 발생한 '깨끗한 손'(*mani pulite*) 정치 스캔들의 압박으로 국민이 정치의 근본적 변화를 요구한 시기였다. 그 결과, 정치인이 아닌 사업자로서 등장한 베를루스코니(Silvio Berlusconi)가 대중적으로 큰 호응을 얻을 수 있었다. 그러나 많은 변화를 이루겠다고 공언한 베를루스코니 정부의 긴 집권 기간(1994~1995년, 2001~2006년, 2008~2011년) 동안, 적어도 사회정책에서의 큰 변화는 없었으며 오히려 삭감의 정치가 이루어졌다(Ascoli & Pavolini, 2012).

연금정책은 1990년 초반에 이루어진 정책들에 의해 민영화를 추진하는 다층체계의 구성을 확실하게 갖추면서 2011년 개혁을 통해 NDC로 변경되는 속도가 빨라졌다. 노동시장정책의 거버넌스도 민영화의 방향을 택했다.

1990년대 말부터 민간조직도 구직서비스를 제공할 수 있었으며 2012년 및 2014년에는 노동시장의 대규모 개혁이 이루어졌다. 여기에는 기존 임금보상기금의 보험적 원리를 넘어 불안정한 비정규직 근로자까지 포함하려는 의도가 내포되어 있었다.[3)]

민영화의 바람은 건강정책에도 불었다. 1999년 개혁을 통해 거버넌스 시스템이 변화하면서 각 주, 도시 및 국가 간의 협동을 관리하는 것이 정책의 초점이 되었다. 2011년 몬티(Mario Monti) 정부의 예산법은 건강정책의 예산삭감을 8조 유로로 정하였고 이를 계기로 2차적 의료기금과 민간의료의 역할이 많이 중요해졌다(Ascoli & Pavolini, 2012). 사회서비스에서도 〈2011년 예산법〉이 커다란 영향을 미쳐서 지방 정부가 복지삭감을 지향하는 많은 전략을 고민하게 되었다(Misiani, 2011). 게다가 장애나 질환을 입은 자에게 적용되는 국민요양수당의 경우에는 적용범위를 보편주의에서 선정주의로 수정하려는 논의가 활발히 이어지고 있다.[4)]

아동서비스는 2016년 11월에 〈제 107법〉의 입법화 과정이 진행 중이며 동시에 공공서비스예산을 마련하는 중이다. 구체적 적용범위와 예산의 규모를 명확하게 파악하기에는 아직 이르다. 하지만 일·가족 양립 문제를 해소할 수 있는 정책 도입이 시작되면서 사회서비스에 대한 공공인식과 국가 자세의 변화가 엿보이기 시작한다. 노동시장정책 개혁과 더불어 가족정책의 변화를 통해, 이탈리아 복지국가도 2010년대에 들어서 비로소 신사회적 위험에 대한 관심을 두기 시작했다고 짐작할 수 있다. 그러므로 관련 사항들을 가까이에서 살필 필요가 있다.

---

3) 더 자세한 사항은 8장 '고용보험제도'를 참조하라.

4) 더 자세한 사항은 14장 '고령자 및 장애인 복지서비스'를 참조하라.

■ 참고문헌

국내 문헌

홍이진 편(2012). 《주요국의 사회보장제도: 이탈리아》. 서울: 한국보건사회연구원.

해외 문헌

Ascoli, U., & Pavolini, E. (2012). Ombre rosse. Il sistema di welfare italiano dopo venti anni di riforme. *Stato e Mercato*, *96*, 429~464.

Ascoli, U., Ranci, C., & Sgritta, G. B. (2016). *Investire nel Sociale: La Difficle Innovazione del Welfare Italiano*. Bologna: Il Mulino.

Ciocca, P. (2003). *L'Economia Italiana: Un Problema di Crescita*. 44° Riunione scientifica annuale societa italiana degli economisti, Salerno, October 25th.

Esping-Andersen, G. (1990). *The Three Worlds of Welfare Capitalism*. New York: Polity Press.

Ferrera, M. (1993). *Modelli di Solidarieta*. Bologna: Il Mulino.

______(1996). Il modello Sud-Europeo di welfare state. *Rivista Italiana di Scienza Politica*, *26*(1), 67~101.

______(1998). *Le Trappole del Welfare*. Bologna: Il Mulino.

______(Ed.) (2006). *Le Politiche Sociali*. Bologna: Il Mulino.

Ferrera, M., Fargion, V., & Jessoula, M. (2012). *Alle Radici del Welfare All'italiana: Origini e Futuro di un Modello Sociale Squilibrato*. Venezia: Marsilio.

Giardina, A., Sabbatucci, G., & Vidotto, V. (1992). *Manuale di Storia* (*vol. 3: L'eta Contemporanea*). Roma-Bari: Laterza.

Girotti, F. (1998). *Welfare State: Storia, Modelli e Critica*. Roma: Carocci.

Jessoula, M., & Alti, T. (2010). Italy: An uncomplete departure from Bismarck. In Palier, B. (Ed.) (2010). *A Long Goodbye to Bismarck?: The Politics of Welfare Reform in Continental Europe*. Amsterdam: Amsterdam University Press.

Karamessini, M. (2007). *The Southern European Social Model: Changes and Continuities in Recent Decades*. Geneva: International Institute for Labour Studies.

Maino, F. (2001). *La Politica Sanitaria*. Bologna: Il Mulino.

Marshall, T. H. (1950). *Citizenship And Social Class: And Other Essays*. Cambridge, UK: Cambridge University Press.

Misiani, A. (2011). Finanziaria 2011: Fine delle politiche sociali. *Prospettive Sociali e Sanitarie*, *51*(1), 19~20.

Morel, N., Palier, B., & Palme, J. (2012). *Towards a Social Investment Welfare State?: Ideas, Policies and Challenges*. Bristol: Policy Press.

Palier, B. (2010). *A Long Goodbye to Bismarck?: The Politics of Welfare Reform in Continental Europe*. Amsterdam: Amsterdam University Press.

Palier, B., & Martin, C. (2007). Editorial introduction from 'a frozen landscape' to structural reforms: The sequential transformation of Bismarckian welfare systems. *Social Policy & Administration*, *41*(6), 535~554.

Pierson, C. (2007). *Beyond the Welfare State?: The New Political Economy of Welfare*, 3rd edition. University Park, PA: Pennsylvania State University Press.

Pizzuti, F. R. (2008). *Rapporto Sullo Stato Sociale*. Novara: UTET.

Ranci, C., & Pavolini, E. (2015). *Le Politiche di Welfare*. Bologna: Il Mulino.

Saraceno, C. (1994). The ambivalent familism of the Italian welfare state. *Social Politics*, *1*(1), 60~82.

Sartori, G. (1982). *Teoria dei Partiti e Caso Italiano*. Milano: Sugarco Edizioni.

Taylor-Gooby, P. (2004). *New Risks, New Welfare: The Transformation of the European Welfare State*. Oxford: Oxford University Press.

Trigilia, C. (1998). *Sociologia Economica: Temi e Percorsi Contemporanei*. Bologna: Il Mulino.

기타 자료

이탈리아 사회보장공단. http://www.inps.it.

http://www.repubblica.it.

02

사회보장제도의 기본구조

1. 복지부 역사의 고찰

앞서 살핀 바와 같이 이탈리아 복지제도의 역사적 발전과정에서는 정치적 영향이 강하게 작용했기 때문에 정부의 개입이 상당하였다. 현재도 사회보장을 담당하는 주 행정기관은 정부 부처이다. 현재 복지영역을 다루는 부처는 노동시장정책과 사회보장을 담당하는 노동 및 사회정책부(2009년), 그리고 의료정책을 관리하는 건강부(1978년)이다. 아울러, 총리실 소속으로 2002년에 등장한 가족정책부서가 가족정책을 담당한다. 이 장에서는 흔히 '복지부'로 알려진 현 '노동 및 사회정책부'의 역사적 흐름을 정리한 다음 각 행정부서의 구조를 간략하게 살펴보고자 한다.

2차 세계대전 이전의 공공행정은 복지와 경제발전을 함께 다루는 경향을 보였다. 복지부의 유래로 볼 수 있는 '산업, 무역 및 노동부'는 1916년에 설립되었는데 이때는 경제생산성을 중심으로 하였다. 사회보장과 노동을 별도로 다루는 부처는 1920년 들어서야 '노동사회보장부'로 등장하였다. 파시즘 시대인 1923년에는 전쟁경제를 우선하여 앞서 말한 두 부처와 농업부처를 통합한 국민경제부가 설립되었다. 하지만 국민경제부는 1929년에 〈제 1663직령〉으로 폐지되었고 다시 분리된 두 부서, '농업 및 숲부'와 '조합부'가 이 자리를 대신했다. 그 이후부터 '농업 및 숲부'는 '농업, 식품, 숲 정책부'(2006년) 로 이름을 바꾸고 별도로 발전했다. 조합부는 1943년에 폐지되었고 대신 '산업, 무역 및 노동부'의 형태로 이어졌다.

이탈리아 왕국 말기이자 파시즘 시대가 끝나는 1945년쯤에서야 비로소 사회보장과 경제를 각각 담당하던 부처들이 '노동 및 사회보장부' 과 '산업 및 무역부'으로 다시 분리되었다. 산업 및 무역부는 최근 들어서 '경제활동부'(2006년) 로 이름이 바뀌었고, 노동 및 사회보장부는 여러 개혁(1955, 1961, 1993, 1997년) 을 거쳐 내부적 구성이 변경되었다.

1999년 진보적인 달레마(Massimo D'Alema) 정부 시기에 이루어진 바사니니(Bassanini) 개혁은 이탈리아 부처의 시스템에 더 근본적인 변화를 실행하고자 했다. 즉, 바사니니 개혁에 따라 여러 부처의 축소와 통합을 통해 규제를 완화(*deregulation*) 하는 것이 주된 목적이었다. 가장 큰 변화는 복지 분야에서 나타났다. 2001년에는 이전의 '노동 및 사회보장부', '보건부', 총리실에 소속된 '사회연대부서'가 담당하였던 업무를 통합적으로 담당할 '노동, 건강 및 사회정책부'의 설립이 추진되었다. 하지만 베를루스코니 정부가 출범하면서 노동, 건강 및 사회정책부의 설립은 무산되었고 대신 보건정책을 담당하는 건강부, 복지 및 노동정책을 다루는 노동 및 사회정책부가 각자 분리된 형식으로 유지되었다.

베를루스코니 정부 말기에는 선거에 앞서 높은 지지율을 얻고자 했던 민주당(Partito Democratico) 의 프로디(Romano Prodi) 가 많은 정당과 협력을 맺었다. 2006년에 출범한 프로디 정부는 다양한 정치세력에게 배분하기 위해 업무를 확대했고, 그 결과 당시의 공공행정 예산과 규모가 극적으로 확대되었다. 이 시기에는 복지와 관련하여 노동 및 사회정책부, 건강부, 새롭게 등장한 사회연대부 그리고 총리실 소속 가족정책부서까지 동시에 존재

〈그림 2-1〉 이탈리아 복지 공공행정의 역사적 변화

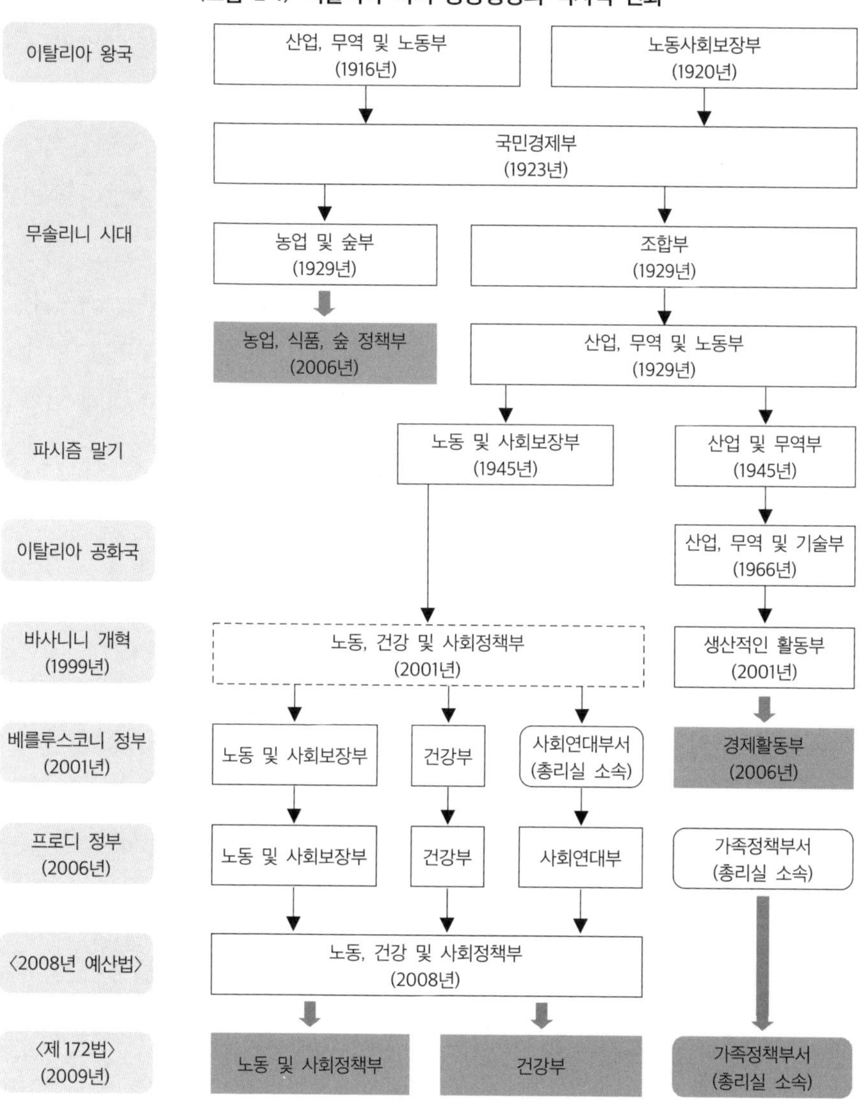

하면서 행정 효율성이 감소할 정도로 부서와 인력이 많이 늘어났다.

공공행정의 규모가 극적으로 확대한 만큼 경제적 부담이 커져 국민의 논란이 가중되었다. 이러한 맥락에서 정부는 2008년 선거에서 앞으로는 본래 바사니니 개혁의 의도를 반영하여 복지를 담당하는 부처를 통일하겠다는 공약을 제시하였다. 2008년 시작된 새로운 정부는 베를루스코니 총리를 중심으로 구성됐지만 복지영역을 통합적으로 다룰 수 있는 '노동, 건강 및 사회정책부'가 설립되었다. 하지만 그동안에 서로 분리되었던 노동, 사회보장, 건강 등 다양한 전문성을 갖춘 인력들이 다시 동일한 부처 틀 안에서 업무를 진행하기에는 행정적 어려움이 많았고, 2009년부터 다시 건강부가 분리되었다. 그 이후 이탈리아 복지의 공공행정은 노동 및 사회정책부(2009년), 건강부(2009년), 가족정책부서의 3개 기관으로 나뉜 현재의 모습을 갖추었다. 〈그림 2-1〉은 그 형태를 요약하여 보여 준다.

2. 노동 및 사회정책부

1) 소개

노동 및 사회정책부는 노동시장정책과 고용의 촉진, 사회보장시스템 및 사회정책의 적정성, 가구의 욕구와 빈곤, 사회연대성 및 이민정책 등 복지와 관련된 광범위한 정책 분야를 포괄한다. 담당하는 업무는 정책 분야별로 구분되어 있는데, 대략 사회정책 분야와 노동시장정책 분야로 구분된다〔노동 및 사회정책부 홈페이지(www. lavoro. gov. it) 참조〕.

사회정책 및 사회보장의 경우, 다음과 같은 업무가 있다.

첫째, 사회정책의 목적 및 기본적 이념을 정하고, 사회통합을 위한 정책적 틀을 계획하며(2000년 〈제 328법〉), 복지조직의 설립기준을 세운다.

둘째, 사회서비스의 기본적인 질적 수준의 설정, 사회정책의 재정적 배분, 취약한 사회계층과 사회배제성에 노출된 가구를 위한 주택지원정책 등을 담당한다.

셋째, 지방 정부를 위한 전문적, 기술적 지원을 제공한다.

넷째, EU 및 국제기구와의 관계의 지속성을 보호하며, 연관된 국제 및 국내 정책 간의 조화를 돕는다.

다섯째, 전문직으로서 사회복지사의 종류와 교육과정을 결정한다.

마지막으로, 의무가입을 원칙으로 하는 사회보장제도와 공공부조를 관리하는 공단을 통제하며 아울러 비영리조직 및 자산조직(*patronato*) 활동에 대한 감시와 행정 · 기술 · 재정 지원을 제공한다.

노동 및 사회정책부는 노동, 고용 및 근로자의 안정된 노동환경 보호 등의 업무에서도 중요한 역할을 한다.

첫째, 노동시장과 고용정책에 대한 전반적 방향과 계획, 정책 간의 조화, 정책평가를 담당한다.

둘째, 노동창출과 고용을 위한 인센티브제도를 관리한다.

셋째, 적극적 노동시장정책에 있어서 전문적 교육 및 훈련, 고용의 전반적 방향, 홍보 및 조정 등을 정한다.

넷째, EU 외 제3의 국적을 가진 근로자의 입국을 통제하며 국제기구와 협력해서 국제적 노동쟁의를 해결하는 역할을 한다.

다섯째, 구직활동 공공정보시스템(Borsa Nazionale del Lavoro)을 관리한다.

여섯째, 근로환경 안전성, 산업기기와 인프라의 안전관리를 통제한다.

마지막으로, 노동계약법의 준수를 확인하기 위해서 노동검사를 실시하고, 해외에 거주하는 이탈리아 시민의 근로상태 파악 및 지원을 제공한다.

2) 조직 구성

노동 및 사회정책부는 중앙 정부부서와 지방 정부부서로 구분되어 있다. 중앙 행정은 사무총장(Segretariato Generale)과 집행위원회 총국(Direzione Generale)으로 구분된다. 사무총장은 부처 행정업무의 주된 기관이며 관련 총무의 관리 및 계획, 부서 간의 협력 등을 담당하면서 부처의 조화로운 업무를 도모한다.

2014년 총리실 〈제 121법령〉에 따라 집행위원회 총장은 현재 정책 분야별로 다음과 같은 10개의 총회로 구성된다〔노동 및 사회정책부 홈페이지(www. lavoro. gov. it) 참조〕.

- 인력, 조직 혁신 및 예산 총회
- 정보시스템, 기술혁신 및 통신 총회
- 근로조건 보호 및 노사관계 총회
- 실업급여 및 고용 인센티브 총회
- 사회보장과 사회보험 총회
- 적극적 노동시장정책 및 고용서비스와 훈련 총회
- 감찰활동 총회
- 사회통합 및 사회정책 총회
- 이민 및 통합정책 총회
- 제 3섹터와 기업의 사회책임 총회

지방 정부 수준에서는 주별(DRL) 또는 지방별(DTL)로 배정된 노동 지역담당국의 부서가 있다.

노동 및 사회정책부는 연금기금을 통제할 감리위원회를 선정하는 역할을 한다. 감리위원회의 통제 대상에는 이탈리아 사회보장공단(INPS)과 산재보험공단(INAIL)의 기금과 더불어 직업조합별로 운영되는 모든 사회보장 및 공공부조기관이 해당된다(ISTAT, 2016).

3. 건강부

건강부는 이탈리아 보건의료제도를 관리하는 공공행정기관이다. 중앙 정부는 시민의 건강을 보호하며 의료제도를 관리하고, 수의과, 근로환경 안정성을 통한 건강보호, 식품위생과 안정 등을 담당한다. 정책실행에 있어서 각 주는 보건사무소(ASL)를 통해 서비스를 제공한다. 이탈리아 건강부는 국립건강계획을 세우며 세계보건기구, 유럽의약품기구와 함께 국민건강의 목적을 추구한다.

건강부는 앞서 본 노동 및 사회정책부와 유사하게 중앙 및 지역부서로 구분되며, 중앙 행정은 사무총장과 집행위원회 총국으로 구성된다.

사무총장은 건강부의 주된 부서로 사무총무 관리 및 계획, 부서 간 활동들의 조화로운 작동의 보호, 이들의 효과성에 대해 장관에게 보고하는 역할을 수행한다.

사무총장의 하위조직으로 다음과 같이 12개 집행위원회 총국이 있다[건강부 홈페이지(www. salute. gov. it) 참조].

- 예방보건 총회
- 보건계획 총회
- 보건전문직업과 보건의료제도의 인력 총회
- 의학기계 및 조제약 총회
- 보건연구 및 혁신 총회
- 치료의 안정 및 기관의 감시 총회

- 수의학 및 수의학 약품 총회
- 식품영양 위생 및 안정 총회
- 보건시스템 정보화 및 통계 총회
- 건강보호 합의체 총회
- EU와 국제적인 통신 총회
- 인력, 행정 및 예산 총회

그 외에 지방 정부 차원에서 의료서비스 제공을 담당하는 지역보건소와 더불어 EU의 규정을 추진하는 수의학부서(UVAC), EU와 함께 진행 중인 동물 기원의 제품검사 네트워크(PIF), 감염의 위험이 있는 질환을 예방하고 국경 간의 보건을 보호하는 해양보건사무소(USMAF)와 선원의 보건지원서비스(SASN)가 있다〔건강부 홈페이지(www. salute. gov. it) 참조〕.

4. 가족정책부서

가족정책부서는 총리실에 속하는 공공행정조직으로 가족정책의 계획, 조화, 재정기금 관리 등을 통해 가족복지에 대한 정부의 개입을 조정한다. 가족정책부서는 부장으로 지정되어 담당하고 있으며, 다음과 같이 2개 사무소로 구성된다.

첫 번째, '양립, 통신 및 관리 프로그램' 사무소는 '양립 프로그램국'과 '통신, 서무, 인력 및 예산국'으로 구성되어 있다.

두 번째, '가족정책' 사무소는 '가족정책 추진 및 모니터링국'과 '가족서비스의 촉진, 국제관계 및 유럽관계국'으로 구성되어 있다〔가족정책부서 홈페이지(www. politichefamiglia. it) 참조〕.

■ 참고문헌

해외 문헌

Ascoli, U., & Pavolini, E. (2012). Ombre rosse: Il sistema di welfare italiano dopo venti anni di riforme. *Stato e Mercato*, *96*, 429~464.

Bianco, M., & Sestito, P. (2010). *I Servizi Pubblici Locali*. Bologna: Il Mulino.

Bobbio, L. (2002). *I Governi Locali nelle Democrazie Contemporanee*. Roma: Laterza.

Ciarini, A. (2012). *Le Politiche Sociali nelle Regioni Italiane: Costanti Storiche e Trasformazioni Recenti*. Bologna: Il Mulino.

Ferrera, M. (1996). Il modello Sud-Europeo di welfare state. *Rivista Italiana di Scienza Politica*, *26*(1), 67~101.

______(2006). *Le Politiche Sociali*. Bologna: Il Mulino.

Hong, I. (2015). Neoliberalism and community welfare in Italy: Local differentiations in response to the crisis with a focus on the Lazio region. *Studies on Life and Culture*. *35*, 219~250.

Stame, N., Lo Presti, V., & Ferrazza, D. (2009). *Segretariato Sociale e Riforma dei Servizi*. Milano: Franco Angeli.

기타 자료

Catelani, E. (2008). Struttura del Governo: L'organizzazione dei Ministeri. Scritti in onore di Lorenza Carlassare, Il diritto costituzionale come limite al potere.

ISTAT(2016). List of public administration organizations. http://www.rgs.mef.gov.it/_Documenti/VERSIONE-I/e-GOVERNME1/SIOPE/Documentaz/Allegato1a.pdf. 2016. 11. 17. 인출.

Parlamento Italiano(2000). Legge quadro per la realizzazione del sistema integrato di interventi e servizi sociali. 〈제 328법〉. http://www.parlamento.it/parlam/leggi/00328l.htm.

이탈리아 가족정책부서. http://www.politichefamiglia.it.

이탈리아 건강부. http://www.salute.gov.it.

이탈리아 사회보장공단. http://www.inps.it.

이탈리아 노동 및 사회정책부. http://www.lavoro.gov.it.
이탈리아 산재보험공단. http://www.inail.it.
이탈리아 성평등부. http://www.pariopportunita.gov.it.
http://www.lavoce.info.

03
경제여건과 소득분배구조

1. 머리말

최근 경제학 문헌들은 개인 및 가구의 소득 불평등과 생활수준 불평등에 점점 더 관심을 두었다. 실증적 자료에 따르면, 지난 20~30년 동안 대부분의 국가에서 소득은 점차 분산되었으며, 소득은 점점 더 사회 내 소수 특권계층(상위 1% 또는 0.1%)에 집중되는 경향을 보였다(Atkinson et al., 2011). 이러한 불평등 전개 속도는 나라마다 다르며, 특히 몇몇 국가의 불평등은 극심한 양상을 보인다. 이탈리아도 이러한 국가 중 하나다.

이번 장에서는 소득이 개인 및 가구의 생활수준을 가장 잘 대표하는 지표라고 보고, 경제적 불평등에 대해 알아보고자 한다. 센(Sen, 2006)이 말했듯이 개인의 복지수준을 평가하는 잣대로써 단순히 소득만을 고려하는 것은 한계가 있다. 그러나 소득자료는(예를 들어 역량, 행복 또는 부에 관한 데이터와 비교했을 때) 상대적으로 높은 접근성을 가지며, 이는 연구자로 하여금 국가별 실적에 대한 제대로 된 국제비교 연구를 수행할 수 있도록 한다는 이점이 있다.

경제적 불평등은 복잡한 과정의 결과이나, 몇 가지의 요인이 작용하는 것으로도 바라볼 수 있다. 문헌에 따르면 경제적 안녕을 가장 잘 나타내는 지표는 균등화된 가처분소득(*equivalised disposable income*)이다. 균등화된 가처분소득은 근로, 사업, 자본, 임대 등 소득의 출처와 무관하게 가구원이 벌어들인 모든 시장소득의 합에서 세금을 제하고 국가로부터의 공적 현금이전을 포함한 뒤, 가구원의 수를 고려하여 균등화 척도를 통해 산출한 값을 의미한다.

그런데 가처분소득은 사슬처럼 연결되어 있어, 최소한 두 개의 서로 다른 연결고리가 결합한 결과로서 나타난다.

가처분소득을 결정하는 첫 번째 연결고리에서, 개인은 시장에서 노동력을 제공하며 계약을 통해 소득과 고용 기간을 결정한다. 이 계약은 이후의 잠재적 실업 기간까지도 좌우할 수 있다. 두 번째 연결고리에서, 개인은 가정을 꾸리며 이 개인이 속한 가구의 소득은 가구원의 근로소득(즉, 가구 내 근로자 수에 달려 있다) 및 자본 수익 등 가능한 모든 시장소득 원천으로부터 발생한다. 가처분소득의 마지막 연결고리는 세금과 현금이전을 통한 국가로부터의 재분배를 말한다.

국가의 재분배적 역할에 대해 철저하게 평가하기 위해서는 납부해야 하는 각종 세금(소득세, 소비세, 부)과 국가로부터 받는 급여를 모두 포함해야 한다. 이 급여는 금전적인 것뿐만 아니라 건강, 교육 등 제공되는 서비스를 포함하기에 현물급여로 보는 것이 적절하다.

그런데 제한적인 자료의 이용가능성과 방법론상의 문제점은 재분배 효과를 평가하는 데 있어 걸림돌이 되고 있다. 이와 관련해서, 특히 현물이전과 소비세에 대한 재분배 효과를 평가하는 데 많은 어려움이 따른다. 이러한 한계 때문에 소득세와 현금이전(연금, 실업급여, 기초연금 등)만을 고려하여 가처분소득을 산출한다.

이탈리아는 EU에서 가처분소득의 불평등과 상대적 빈곤이 가장 심각한 나라 중 하나이다. 지니계수에 따르면, 불평등은 1990년대 초에 급증하고 이 수치는 이후 꽤 안정적으로 유지되었다. 그러나 지니계수의 안정에도 불구하고 소득 재분배 양상은 최근 이탈리아의 많은 중요한 진로를 바꾸어 놓았다.

따라서 이번 장에서는 상대적 빈곤의 확산 및 상위계층의 소득비중을 살펴보기 위해 자료를 통해 이탈리아와 EU 및 OECD 국가에서 가처분소득 불평등이 어떻게 전개되는지 살펴보고, 앞서 제시한 각 연결고리의 역할을 구체화하고자 한다. 이를 위해 시장 불평등이 어떻게 전개되는지 확인하고, 특히 노동소득 불평등의 역동에 초점을 둘 것이다. 이 역동에서 인적자본이 어떤 역할을 하는지와 관련해서는 특별히 관심 있게 다룰 예정이다. 또한 이탈리아와 그 외 지역에서 재분배를 통해 늘어나는 시장 불평등에 국가가 어떻게 반응하는지 분석하고, 이탈리아의 지리적 영역에 따라 소득분포와 빈곤격차의 차이가 얼마나 나타나는지 알아보고자 한다.

이 장은 다음과 같이 구성된다. 이 장의 2에서는 이탈리아와 EU 및 OECD 국가에서 시장 불평등이 어떻게 전개되었는지에 대한 자료를 제시하고, 3에서는 근로소득 및 근로소득과 인적 자본 간의 관계에 대해 특히 관심 있게 다루고자 한다. 이어서 4에서는 복지국가의 재분배 기능의 효과성에 대해 분석하며, 5에서는 이탈리아의 지리적 영역 간의 차이를 살펴볼 예정이다. 마지막 6에서는 결론을 요약하고자 한다.

2. 균등화 소득의 불평등: 경향성과 결정요인

균등화된 가처분소득은 개인의 경제적 후생수준을 가장 잘 나타내는 지표로 여겨진다. 균등화된 가처분소득은 주로 세금을 제하고 공적 이전소득을 더한 형태로 국제 비교연구에 사용된다.

〈그림 3-1〉 EU 15개국의 균등화된 가처분소득 평균

(2015년, 단위: 유로)

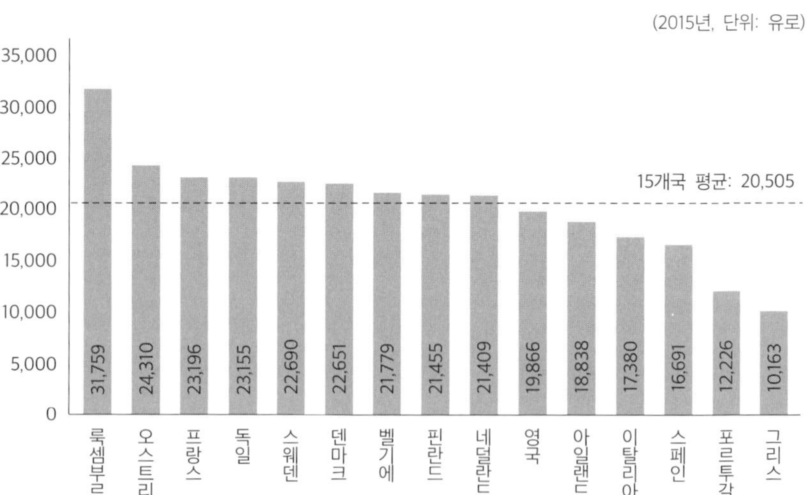

주: 구매력 기준(Purchasing Power Standard: PPS)을 사용하여 유로화의 가치로 변환함. 아일랜드, 룩셈부르크, 영국의 데이터는 2014년을 바탕으로 함.

자료: European Union Statistics on Income and Living Conditions(EU-SILC)의 데이터 가공.

EU 15개국의 평균 가처분소득에 대한 2015년 데이터(국가 간 비교를 위해 구매력을 기준으로 계산)는 국가 간 차이가 얼마나 큰지 분명히 보여 준다. 특히, 남유럽 국가들은 가처분소득의 가장 하위권을 차지했다. 이탈리아의 평균소득은 스페인, 포르투갈, 그리스의 평균소득을 간신히 넘는 수준이었다(〈그림 3-1〉 참조).

다시 소득 불평등 분석으로 돌아와 살펴보면, OECD 국가의 가처분소득 지니계수에 따르면 지난 30년간 불평등은 일반적으로 확대되는 추세를 보인다(〈그림 3-2〉 참조).

그러나 지난 30년간 각국은 서로 다른 시간의 흐름을 겪었다. 실제로 1995~2010년 사이에 네덜란드와 이탈리아는 지니계수의 미미한 감소를 기록했다. 이뿐만 아니라, 비록 불평등이 확대하는 추세에 있다 하더라도 북유럽은 가장 평등주의적인 반면, 미국과 영국 그리고 그 뒤를 따르는 이

〈그림 3-2〉 선정된 OECD 국가의 가처분소득 지니계수 추이

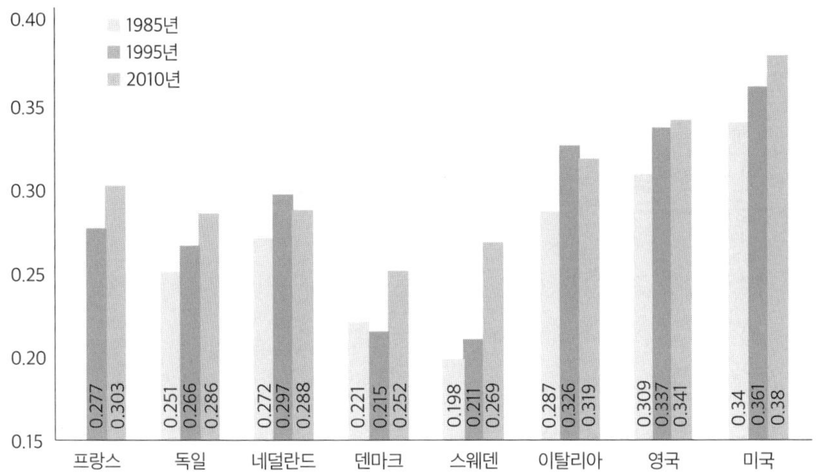

자료: OECD. Income distribution and poverty database. http://stats.oecd.org.

탈리아는 가장 불평등하다는 특징을 갖는다. 다만 영국은 1990년대 이래로 불평등 확대 추세가 감소했다.

불평등의 급증이라는 인식과 달리, 이탈리아의 가처분소득 불평등은 1990년대부터 지금까지 증가하지 않았다. 1992년의 경기침체 및 재정적 규제정책의 도입 때문에 1993년에는 이탈리아의 지니계수가 급증했으나 그 후로는 꽤 일정하게 유지되고 있다(Ballarino et al., 2014). 그러나 이와 같은 일정한 지니계수는 국가 내부에서 벌어지는, 우려되는 소득분배 변화를 숨길 수 있다.

먼저, 무소득자의 수를 축소함으로써 나타난 고용의 증대는 불평등 감소에 중대한 동인이 된 것으로 보인다. 그러나 1997년부터 2008년 경제위기 이전까지 고용률이 상당히 증가했음에도 이탈리아에서 불평등은 감소하지 않았다. 따라서 고용률이 증가하는 상황에서도 불평등 수준이 일정하다는 것은 다른 종류의 불평등이 확대되고 있음을 암시한다. 만약 몇 가지 항목은 개선되는 반면 다른 항목이 나빠진다면, 실제로 지니계수는 변함이

없지만 소득분배는 악화될 수 있다.

이탈리아에서는 1990년대 이래로 생활수준의 개선이 있었지만 이는 관리자, 연금 수급자, 자영업자, 금리생활자에게만 유리했고 사무직 종사자와 육체 근로자에겐 불리하게 작용했다. 이는 지니계수가 그대로이면서 소득분배가 악화되는 예로 들 수 있다(Brandolini, 2005).

게다가, 실질적 불평등은 이용 가능한 자료가 갖는 몇 가지 한계점으로 인해 과소평가될 수 있다. 표본조사를 진행하는 데 있어 가장 가난한 사람(대부분 이민자)과 가장 부유한 사람의 경우 표본 자체가 적절하지 않은 경향이 있기 때문에 데이터는 소득분포의 양쪽 꼬리 부분을 정확히 기록하지 않는다. 사실 최근 이민자와 관련된 현상은 불평등의 과소평가를 더욱 부추겼을 수 있다. 이탈리아는 1990년대부터 극도로 많은 이민자를 경험하였는데, 이들은 주로 소득분포의 아래쪽 꼬리에 위치하기 때문이다.

또한 많은 선진국에서 초고소득자가 가져가는 소득의 비중은 지속해서 증가했지만, 이미 언급했듯 이 현상은 자료에 주로 드러나지 않는다. 즉, 지니계수는 변하지 않는 것처럼 보일 수 있기 때문에 표본조사는 이러한 중대한 변화를 포착하기에 효과적이지 않다. 게다가 몇몇 연구는 소득분포의 윗부분에 위치한 이들의 탈세 행위가 늘어나 실제 불평등은 측정된 것보다 더 심각할 수 있다는 점을 시사했다(Valentini, 2009).

불평등의 추이는 연구에 사용된 특정 지표에 따라 달라진다. 이탈리아에서 2006~2016년의 10년 동안 지니계수를 이용하여 산출한 소득 불평등은 꽤 안정적으로 유지되는 경향을 보인다(〈그림 3-3〉 참조). 반면, 가장 부유한 이들과 가장 가난한 이들에 대해 가처분소득의 5분위 분배율을 산출한 경우, 불평등은 증대된 것을 확인할 수 있었다(〈그림 3-4〉 참조). 스페인을 제외하고 상대적으로 높은 소득 불평등도를 보이는 국가들과 동일하게, 이탈리아의 소득분포 하위 20%는 전체 가처분소득 중에 가장 적은 비중(6.7%)을 차지했다(〈그림 3-5〉 참조).

〈그림 3-3〉 선정된 EU 국가의 가처분소득 지니계수 추이

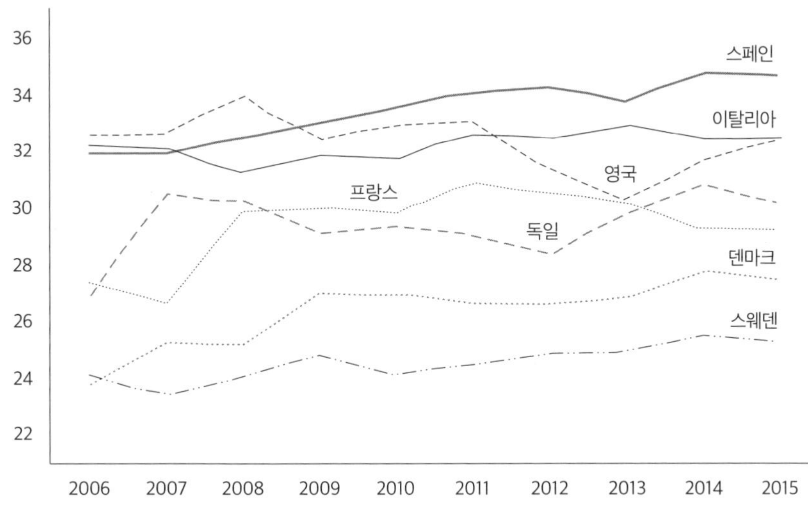

자료: European Union Statistics on Income and Living Conditions(EU-SILC)의 데이터 가공.

〈그림 3-4〉 선정된 EU 국가의 가처분소득 5분위 분배율 추이

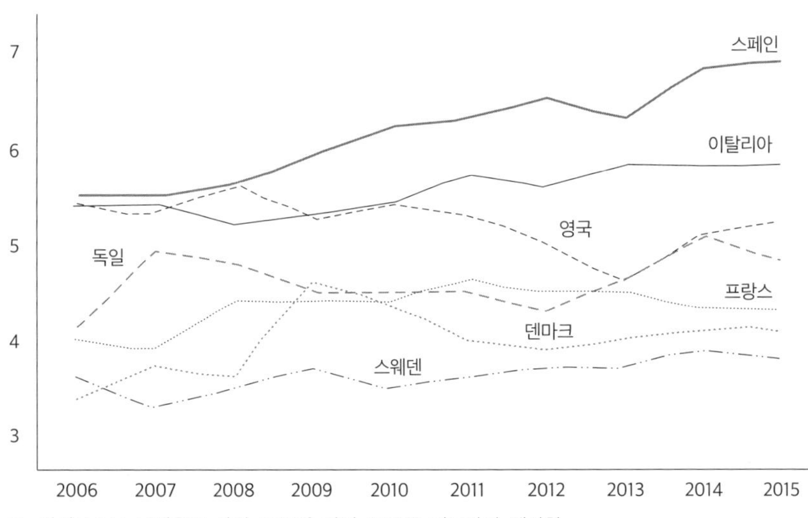

주: 가처분소득 분배율은 상위 20%와 하위 20%를 비교하여 계산함.
자료: European Union Statistics on Income and Living Conditions(EU-SILC)의 데이터 가공.

〈그림 3-5〉 선정된 EU 국가의 가처분소득 5분위 분배 비중

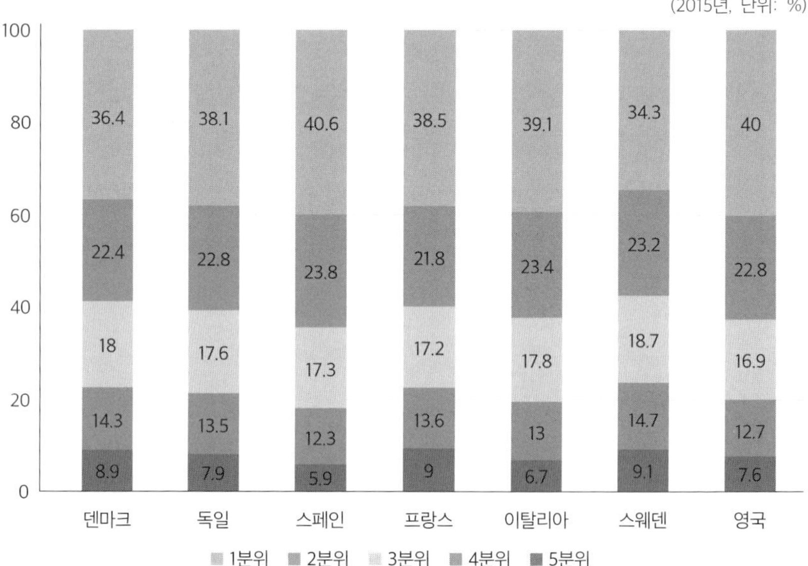

자료: European Union Statistics on Income and Living Conditions(EU-SILC)의 데이터 가공.

이탈리아는 상대적 빈곤의 위험에 빠진 인구의 비중이 스페인 다음으로 가장 큰 국가이다(〈그림 3-6〉 참조). 유럽 통계청의 정의에 따르면 개인의 가처분소득이 국가의 중위 가처분소득의 60% 이하일 때 개인은 상대적 빈곤 위험에 빠진 것으로 여겨진다.

가처분소득 불평등의 추이와 그 결정요인을 더 정확하게 측정하기 위해서는 이전소득을 제외하고 소득세를 포함한 '균등화된 시장소득'을 이용하는 것이 매우 유용하다. 네덜란드를 제외한 국가에서 시장소득의 불평등은 1985~2010년 사이에 모두 확대되었다(〈그림 3-7〉 참조). 독일을 제외한 다른 국가에서는 이 불평등이 1980년대 중반부터 1990년대 중반의 기간 동안 가장 크게 확대되었다. 독일은 그 이후의 10년 동안 불평등이 가장 크게 늘어났다.

시장소득은 모든 가구구성원이 모든 소득출처(근로, 사업, 자본, 임대, 기

〈그림 3-6〉 선정된 EU 국가의 상대적 빈곤 인구 규모

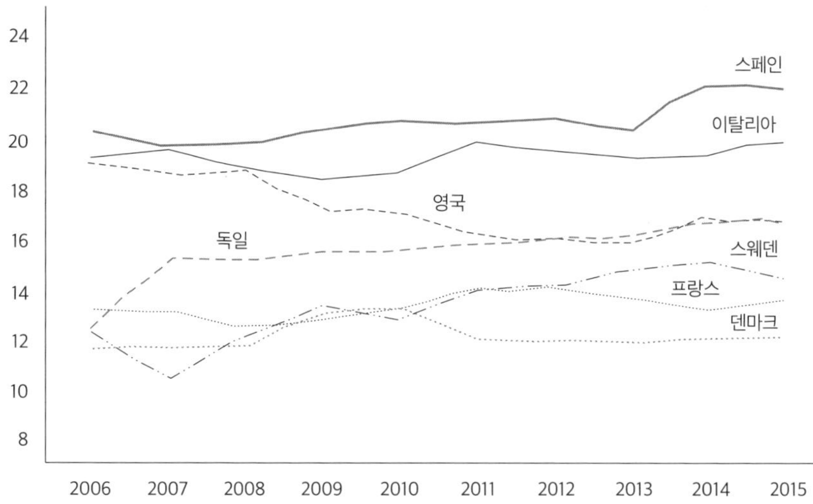

자료: European Union Statistics on Income and Living Conditions(EU-SILC)의 데이터 가공.

〈그림 3-7〉 선정된 OECD 국가의 균등화된 시장소득 지니계수 추이

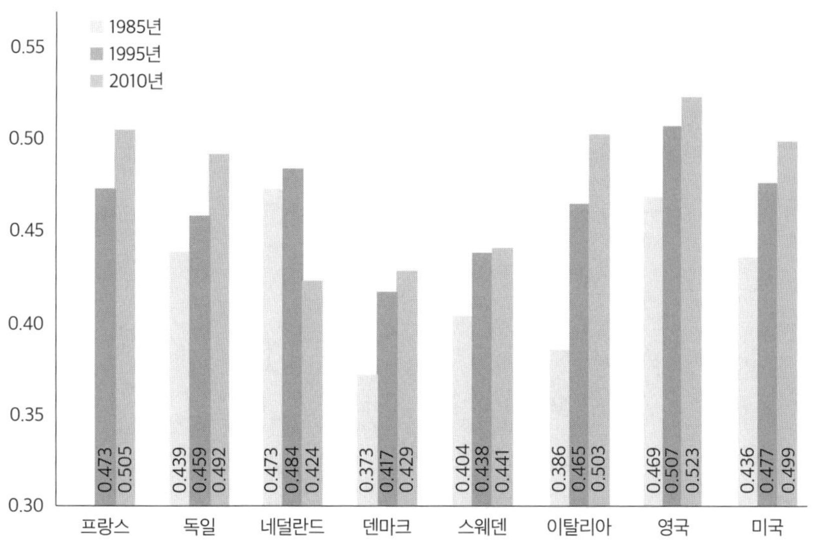

자료: OECD. Income distribution and poverty database. http://stats.oecd.org.

타) 로부터 벌어온 소득의 총합을 의미한다. 따라서 시장소득 분포와 그 추이는 각 소득출처별 불평등과 출처별 소득이 총소득에서 차지하는 비중(예를 들어, 자본소득의 비중이 더 커지면 불평등이 확대될 경향이 높다. 이는 자본소득이 주로 그 분포가 매우 불평등하기 때문이다), 가구구성원과 소득자의 수(가장 가난한 가구에서 여성의 경제활동 참여율이 증가하는 경우 불평등 감소에 기여할 수 있다), 가족구성원 간 소득격차(다른 모든 조건이 동일할 경우, 두 명 모두 고소득자인 부부의 경우, 이른바 '동질혼'은 시장소득 불평등을 더욱 강화할 것이다) 의 영향을 받는다.

예를 들어, 네덜란드에서 시장소득 불평등 감소의 주요 원인은 중하위층 가구에 속한 여성의 경제활동 참가율 증가에 있었다. 이러한 여성의 경제활동 참여는 성별 통합 및 파트타임 계약조정의 도입 등에 의해 장려될 수 있었다(Kenworthy & Pontusson, 2005).

시장소득과 관련된 데이터에 따르면, 이탈리아는 1985~2010년 사이의 기간에 시장소득 불평등이 가장 크게 확대된 것으로 나타났다. 피오리오와 동료들(Fiorio et al., 2012) 은 지니계수를 소득출처별로 나누어, 노동소득(주로 사업소득) 이 불평등 확산의 가장 큰 원인이고 연금은 불평등의 완화에 기여한다는 것을 밝혔다. 이미 언급했듯, 1990년대 중반부터 이탈리아에서 이루어진 고용률의 상승은 몇 가지 요인으로 인해 불평등을 감소시키지 못했다.

고용증대 대부분은 가장 부유한 가구 내 여성의 고용으로 이루어졌다. 특히, 이 현상은 이탈리아 남부지역에서 두드러졌다(Ballarino et al., 2014). 다른 한편으로 이러한 고용률 상승의 효과는 노동시장 탈규제화에서 비롯한 소득분포의 확대, 사업소득 비중의 확대, 임대 및 금융자본 이윤의 상승과 같은 반대 요인에 의해 상쇄되었다.

시장소득 불평등 및 소득 상위계층 비중의 추이를 분석하기 위한 또 다른 방법은 가장 부유한 계층(주로 상위 1% 또는 그 이상의 상위 0.1% 및

0.01% 등의 집단(Atkinson et al., 2011)]이 차지하는 GDP 비중을 확인하는 것이다. 상위소득에 대한 연구는 조사 데이터를 바탕으로 하지 않는다. 이는 앞서 언급했듯, 표본조사는 소득분포의 꼬리 부분을 정확히 기록할 수 없기 때문이다. 따라서 상위소득에 대한 연구는 세금기록에 대한 공식 통계자료를 바탕으로 한다. 이 통계자료는 납세자를 소득수준에 따라 계층별로 분류한 뒤, 각 계층에 속한 개인의 수, 평균소득 및 소득출처(근로, 사업, 자본, 임대, 이전)를 나타낸다.

세금기록을 통해 연구자는 인구 상위 X%의 소득이 전체에서 차지하는 비중을 측정할 수 있다(Leigh, 2009). 그러나 가구의 총소득을 바탕으로 하는 경우에는 (가구 규모에 따라 표준화한) 균등화된 가처분소득 및 시장소득과 다르게, 상위소득의 데이터는 재정당국에 보고된 개인의 총소득을 의미한다는 점을 짚고 넘어가야 한다.

상위 1%의 소득비중은 국가마다 매우 다양하다. 그 비중은 미국과 영국에서 가장 높고, 네덜란드와 스웨덴에서 가장 낮다(〈그림 3-8〉 참조). 1980년대부터, 상위 1%의 소득비중은 속도는 모두 다르지만 모든 국가에서 확대되어 왔다.

그 결과, 미국과 영국은 상위 1%의 소득비중이 20세기 초와 유사하고, 상위 0.1%의 소득증가율은 당시보다 더 높다[이는 1980년대보다 4배 더 높으며, 현재 영국은 6%, 미국은 9% 수준이다(Alvaredo et al., 2013)]. 1980~2010년 사이, 이탈리아의 상위 1% 비중은 약 2%p만큼 증가했으며 이 기간에 스웨덴에서는 3%p 증가했다.

앞으로 서술하는 상위소득의 주요한 특징은 소득출처별 소득의 구성이 변화한다는 것이다. 과거에 가장 부유했던 개인은 자본과 임대로부터 대부분 소득을 창출하였다. 그러나 지난 30년 동안 근로소득자의 비중은 상당히 증가했다. 이에 따라 전문가, 최고경영자와 CEO(특히, 금융 부문에서), 연예인 및 스포츠스타 등 최고부유층 근로자라는 새로운 계층이 등

〈그림 3-8〉 선정된 OECD 국가에서 상위 1%의 소득비중 추이

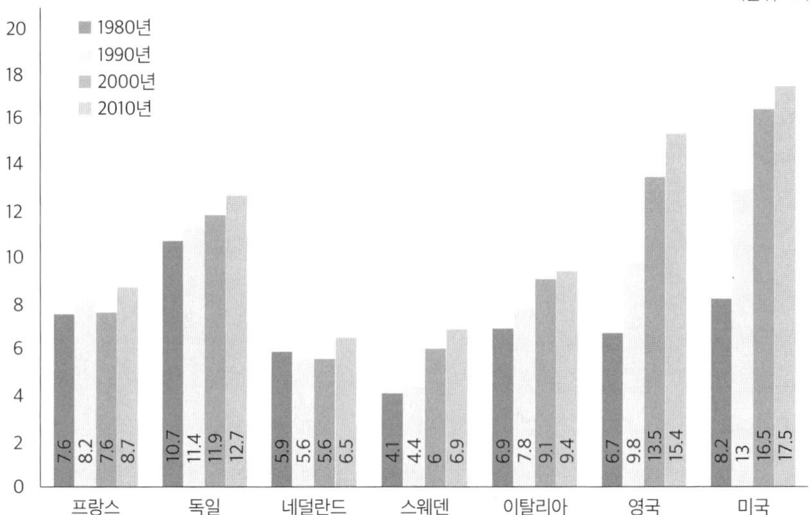

자료: World Wealth and Income Database(WID). http://wid.world.

장했다(Atkinson et al., 2011).

이러한 추이에 맞추어 1970년대부터 지금까지 미국의 상위 0.1%의 소득비중은 약 20%p 늘어나 현재 45%에 육박한다(Alvaredo et al., 2013). 또한 1980년대부터 이탈리아에서 상위소득의 구성은 확연히 변화하였다. 상위 1%의 노동소득(근로소득과 사업소득)은 46.4%에서 70.9%로 상승했고 자본소득과 임대소득의 비중은 이에 비례해 감소하였다(Alvaredo & Pisano, 2010). 따라서 선진국의 노동시장은 극심한 불평등이 전개되는 장이 되었다.

3. 근로소득의 불평등

근로소득 불평등 추이는 개인 근로소득분포의 상위 90%와 상위 50%의 소득 비율(P90 / P50)로 측정되며(〈그림 3-9〉 참조), 이 추이는 시장소득 불평등 추이보다 분명하지 않은 양상을 보인다. 불평등 수준은 미국에서 가장 높고 영국과 프랑스가 그 뒤를 따르지만, 미국과 영국은 1980년 이후 불평등이 가장 급격히 증가한 반면, 프랑스의 근로소득 불평등은 꽤 일정하게 유지되었다. 독일 또한 근로소득 불평등이 큰 폭으로 증가한 양상을 보인다. P90 / P50 비율에 따르면 이탈리아의 근로소득 불평등은 상대적으로 낮았으며 이는 지난 10년 동안 크게 늘어나지 않았다.

이탈리아 사회보장공단(INPS)의 데이터를 이용해 민간 부문의 근로자 간 근로소득의 불평등을 보면 흥미로운 사실을 확인할 수 있다(〈그림 3-10〉 참조). 잘 알려진 대로 연 근로소득은 시급 및 근로 기간(즉, 1년 중 실업 기간의

〈그림 3-9〉 선정된 OECD 국가의 근로자 총소득분배 비율 추이

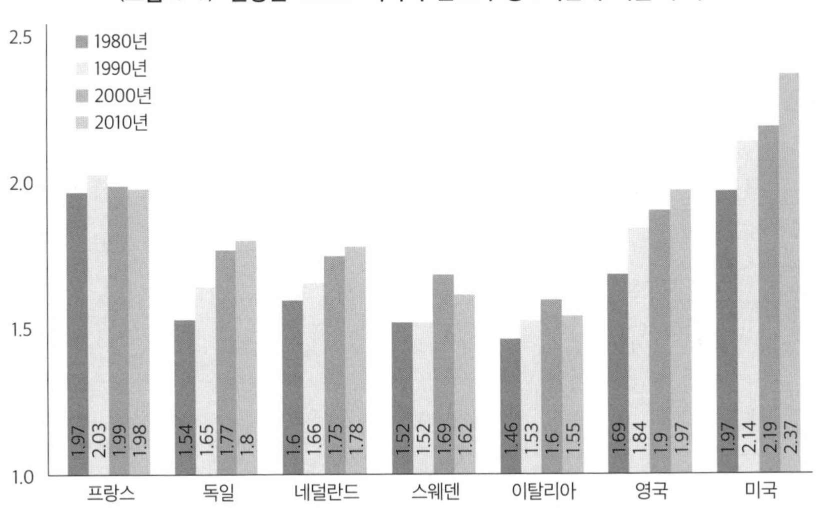

주: 개인 근로소득 분포의 상위 90%와 상위 50%의 소득비율을 계산한 자료임.
자료: Chartbook of Economic Inequality의 데이터 가공. www.chartbookofeconomicinequality.com.

〈그림 3-10〉 25~54세 민간 부문 근로자의 근로소득 지니계수

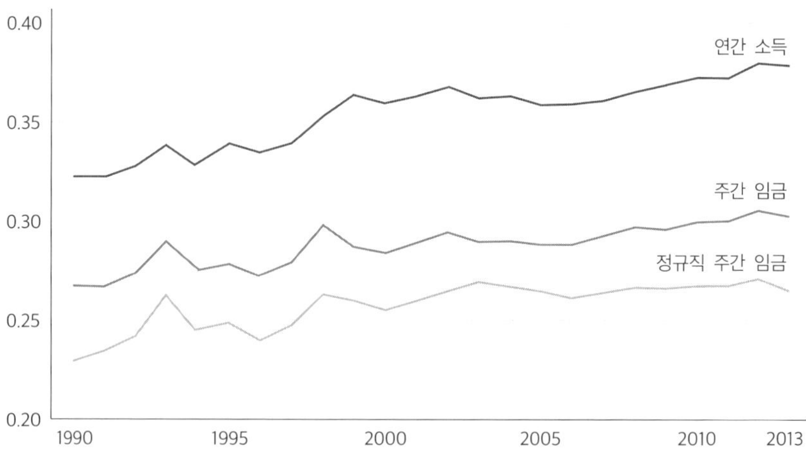

자료: European Union Statistics on Income and Living Conditions(EU-SILC)와 INPS의 데이터 가공.

빈도), 그리고 파트타임직 계약이 얼마나 빈번한지에 따라 결정되는 주간 근무시간의 영향을 받는다. 이러한 측면을 각각 구분하기 위해, 연간 근로소득 불평등 추이를 주간 임금 불평등 추이(실업이 미치는 영향을 제외) 및 풀타임 근로자의 주간 임금 불평등 추이(파트타임직이 미치는 영향을 제외)와 비교했다. 그 결과 연간 근로소득의 불평등이 주간 임금 불평등보다 더 컸고 풀타임 근로자의 주간 임금 불평등은 훨씬 그 규모가 작았다.

불평등이 가장 확대된 것은 1990년대 중후반이지만, 지니계수에 따르면 지난 20년간 불평등은 모든 곳에서 확대되었다. 즉, 이러한 불평등의 확대 추세는 근로소득의 불평등이 단순히 비정규직 계약의 확대로 인한 것이 아니라는 점을 시사한다. 불평등의 확대는 풀타임 근로자의 주간 임금 불평등에서도 나타났기 때문이다.

근로소득의 불평등이 확대된다는 것은 근로자 사이에 임금 양극화 현상이 일어나고 있음을 암시한다. 양극화 현상의 극단적 형태로는 극심한 저소득 근로자를 의미하는 '근로빈곤층'이 있다. 이번 장에서는 경제학 문헌

〈그림 3-11〉 25~54세 민간 부문 근로자의 근로빈곤층 비중

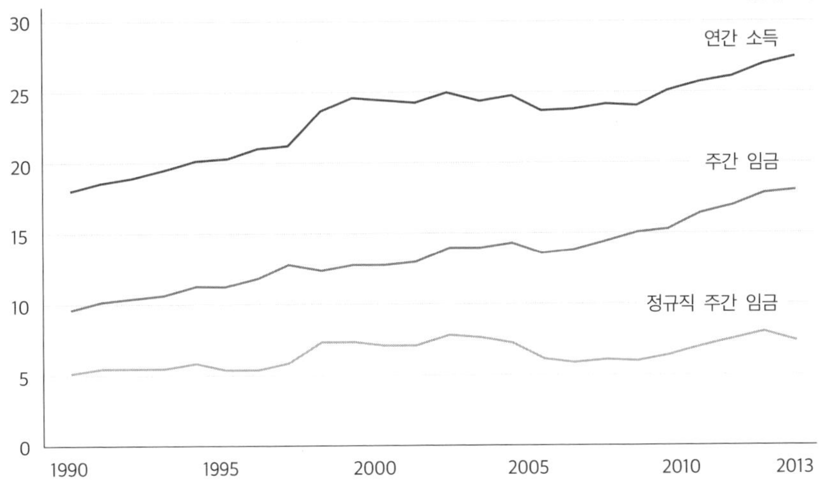

자료: European Union Statistics on Income and Living Conditions(EU-SILC)와 INPS의 데이터 가공.

에 따라 근로빈곤층을 중위소득의 60% 이하의 소득을 받는 근로자로 정의하되 25~54세 사이의 민간 부문의 근로자로 한정하여, 앞서 언급한 '연간 근로소득', '주간 임금', '풀타임 근로자의 주간 임금'의 세 가지 근로소득의 개념에 대해 알아보도록 하겠다.

분석 결과에 따르면, 근로빈곤의 발생은 1990년 18%에서 2013년 28%로 증가했다. 연간 중위소득의 60% 이하의 소득을 받는 근로자의 비중은 크게 늘어나는 추세를 보인다. 이와 비슷한 증가 추세는 주간 임금에서도 나타난다(여기서는 연간 단기근로로 인한 빈곤의 위험을 제한다). 주간 임금을 바탕으로 산출한 근로빈곤의 발생은 1990년 10%에서 2013년 16%로 증가했다. 그러나 근로빈곤의 증가 추이는 또한 파트타임직과 관련이 있는 것으로 보인다. 실제로 풀타임 근로자에 한정한 주간 임금의 경우, 분포에서 60% 이하의 임금을 받는 이들의 비중은 1990~2013년 사이에 매우 미미하게 증가했다(1990년 약 5% 수준에서 2013년 8%로 증가).

소득의 불평등을 야기하는 요인을 밝히고자 한 문헌들은 주로 근로자의 숙련도 차이에 따른 임금 격차에 주목했다. 이 숙련도는 주로 교육성취도로 대체되어 측정되었다. 미국과 영국의 경험적 연구들이 보여 주듯, 고숙련 근로자에 대한 숙련도 프리미엄의 증가는 1980년대 이후 불평등 확대를 가져온 주요 원인으로 여겨진다(Bound & Johnson, 1992; Katz & Murphy, 1992). 숙련편향적 기술발전(Skill Biased Technological Change: SBTC)과 강력한 세계화로 인한 최빈개발도상국의 저숙련 근로자 공급 증가, 이 둘은 숙련 프리미엄이 급증하게 된 가장 중요한 요인으로 꼽힌다. 이는 인적 자본이 소득 불평등의 원인으로서 중요성을 갖고 있음을 의미한다(Bound & Johnson, 1992; Katz & Murphy, 1992; Bogliacino & Maestri, 2014).

이 분석에 따르면, 새로운 정보통신기술(Information and Communication Technologies: ICT)은 고숙련 근로자에 의해 생산성 제고의 목적으로 사용되며, 그 결과 고숙련 근로자들에 대한 노동수요는 높아진다. 고숙련 노동공급이 크게 늘어나지 않는다면 이들의 임금 프리미엄은 더욱 높아질 것이다. 반대로 이러한 정보통신기술은 세계화 과정에서 양산되는 최빈개발도상국의 저숙련 근로자 간 경쟁을 부추길 뿐 아니라, 저숙련 근로자에 대한 수요를 줄여 이들의 임금에 압박을 가할 수 있다.

인적 자본의 자질 차이는 주로 임금 불평등의 주된 원인으로 여겨진다. 그래서 인적 자본에 대한 투자는 지속적 경제성장뿐 아니라 임금 및 가처분소득의 불평등을 감소시키기 위한 최고의 정책대안으로 제안된다.

그러나 임금 불평등의 증가를 교육 및 경험과 같은 일반적인 인적 자본 변수로 설명하는 것은 한계가 있다. 이러한 변수는 임금 변동의 최대 3분의 1만을 설명할 수 있을 뿐이다. 반대로 같은 교육수준을 가진 근로자 간 임금 분포를 의미하는, 잔여적 또는 집단 내부적 임금 불평등이 이러한 임금 변동의 가장 큰 부분을 나타낸다(Lemieux, 2006). 다시 말해, 다른 교육수준을 가진 개인 간의 불평등은 임금 격차를 설명하는 데 있어 분명히 중요하다. 그러나 전체 근로소득의 불평등은 또한 같은 교육수준을 가진 개인 간 차이에 달려 있으며 이는 교육수준별 집단 내부적 불평등을 의미한다.

인적 자본이 임금 격차를 야기하는 동인임을 자세히 이해하기 위해, 근로자를 그들의 교육성취도에 따라 세 하위집단으로 나누고(최고학력이 중등교육 이하, 중등교육 이상, 고등교육 졸업) 집단 내부에 존재하는 불평등과 서로 다른 집단에 속한 개인 간 나타나는 불평등의 상대적 크기를 측정했다. 그 결과, 개인 숙련도의 차이(집단 간 불평등)에서 비롯하는 불평등을 측정할 수 있었고 숙련도와 관계없는 요소들(집단 내부적 불평등)이 불평등에 미치는 영향의 크기를 확인할 수 있었다.

불평등의 지표로는 모든 하위집단에 완벽하게 분해가 가능한 대수편차평균(Mean logarithmic deviation: MLD)을 사용하였으며, 이는 내부적 불평등과 집단 간 불평등의 합으로 표현된다. 집단 간 불평등은 집단 내 각 구성원의 평균 소득을 바탕으로 측정되기에, 집단 사이의 평균 차이를 확인할 수 있다. 집단 내부적 불평등은 각 집단의 불평등 평균에 가중치를 두는 것으로 대신하였다.

위의 세 집단에 대한 대수편차평균 분해 결과, EU 15개국의 교육성취도는 전체 소득 불평등을 12.5% 이상 설명하지 못했다(〈그림 3-12〉 참조). 결과적으로 근로자 간 임금 격차의 약 90% 이상은 집단 내부적 불평등과 관련이 있다. 다시 말해, 근로자 간 임금 격차는 정규교육의 수준과 직접적 관련이 없다. 따라서 비슷한 숙련도를 가진 근로자들 내부에 존재하는 불평등은 중요한 현상이며, 현대 자본주의 사회의 몇 가지 구조적 양상을 이해하기 위해선 이 내부적 불평등이 미치는 영향을 간과해서는 안 된다.

지난 10년간 교육성취도가 소득 불평등에 미친 영향을 분명하게 확인하기 위하여 내부적 불평등의 시기별 추이를 분석하고자 한다. 불행히도 국가 간 종단 비교연구를 수행하기에는 이용 가능한 데이터에 한계가 있다. 이탈리아와 관련해선 사회보장공단의 행정 기록을 바탕으로 근로자의 경

〈그림 3-12〉 선정된 EU 국가 연간 총소득의 교육수준별 대수편차평균 분해

(2013년, 단위: %)

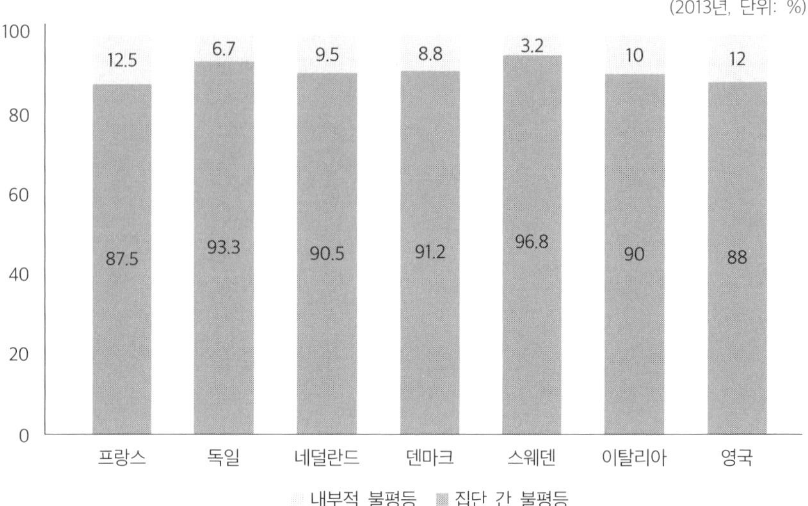

자료: European Union Statistics on Income and Living Conditions(EU-SILC)의 데이터 가공.

력을 추적한 종단데이터를 사용할 수 있다. 이 자료에서 민간 부문의 근로소득에 초점을 두면, 흥미롭게도 교육수준, 나이, 거주지역, 성별 등 개인별 특성에 따라 달라지는 평균 소득의 변화를 관찰할 수 있다.

노동시장은 지난 10년간 몇 가지 구조적 변화를 경험했다. 세계화, 기술적 변화와 새로운 노동시장제도는 일반적으로 고용과 해고에 유연성을 강화했다. 앞서 언급하였듯이 지난 10년간 불평등의 추이에 대한 가장 설득력 있는 설명은 숙련편향적 기술발전과 관련한다. 다시 말해, 고숙련 근로자에 대한 수요는 기술의 발달로 인해 공급보다 크게 늘어나는 반면, 저숙련 근로자에 대한 수요는 세계화의 진전으로 인해 감소하는 양상을 보였다. 결과적으로 숙련편향적 기술발전은 불평등을 낳는다. 그리고 이는 숙련도별(졸업자와 낮은 학위를 가진 개인 간) 임금 격차를 늘려 이후 소득 불평등의 확대를 가져온다.

사실, 교육성취도에 따른 임금 프리미엄(대학졸업자의 평균 연간 소득과 고

〈그림 3-13〉 25~54세 민간 부문 근로자에 대한 연간 소득에서의 기술 프리미엄

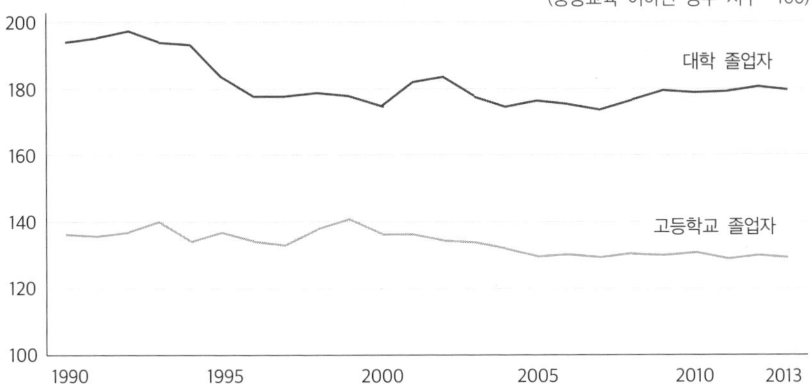

자료: European Union Statistics on Income and Living Conditions(EU-SILC)와 INPS의 데이터 가공.

등교육 이하 최종학력을 가진 이들 간의 소득비율로 측정) 은 1990년대부터, 특히 1990년대 초중반에 감소했다. 따라서 숙련편향적 기술발전과 같은 부류는 앞서 설명한 이탈리아 민간 부문의 근로자 간 소득 불평등 확대를 설명하지 못한다(〈그림 3-13〉 참조).

지금까지 개인별 특성(교육)에 따른 평균 소득차이를 알아보았다. 그러나 단순히 평균의 차이를 관찰하는 것은, 같은 특성을 공유하는(예를 들어, 일정한 교육 성취도) 집단 내 개인의 임금 변화를 고려하지 못한다는 한계를 갖는다. 실제로, 집단 내의 임금 변화 폭은 매우 클 수 있다. 따라서 이 내부적 불평등이 타 집단과의 소득격차보다 얼마나 유의미한지 알아보기 위해 집단 내의 불평등을 신중하게 확인할 필요가 있다.

마지막으로 총소득 불평등의 결정요인으로서, 집단 간 불평등(집단 간 평균 격차)과 내부적 불평등(각 하위집단 내부의 차이)의 역할을 평가하기 위해 근로자들을 교육, 연령층, 거주지역에 따라 구분하여 민간 부문 근로자의 연간 소득 불평등을 구분해 보았다. 분해가 가능하다는 점과 관련하여, 타일 지수(*Theil index*)는 앞서 나왔던 대수편차평균과 더불어 분해분석을 하

〈그림 3-14〉 25~54세 민간 부문 근로자의 교육수준, 연령, 지역에 따른 연간 소득 불평등의 비중

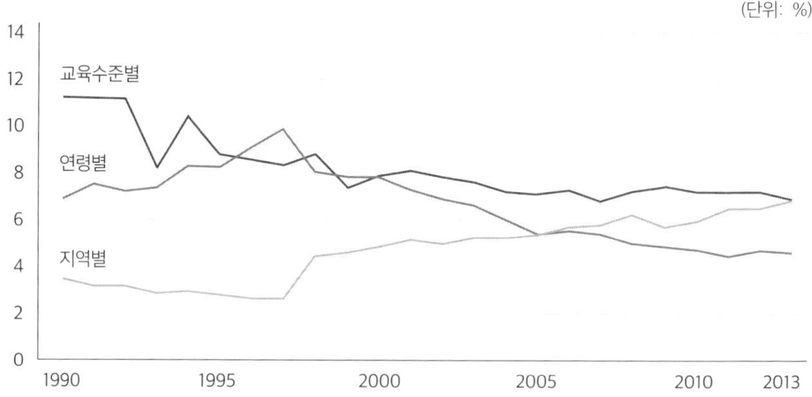

주: 집단 내, 집단 간 타일지수 분해로 얻은 자료임.
자료: European Union Statistics on Income and Living Conditions(EU-SILC)와 INPS의 데이터 가공.

기 위해 주로 사용되는 불평등의 척도이다.

총불평등의 비중 추이는 〈그림 3-14〉에서 확인할 수 있다. 이는 한 집단에 속한 개인 간 평균 차이를 통해 산출된 것이다. 그러나 불평등을 완전히 이해하려면, 각 하위집단 내의 차이에서 기인하는 불평등 또한 측정해야 한다. 〈그림 3-14〉에 나타나듯, 모든 하위집단에서 내부적 불평등의 영향은 집단 간 불평등의 영향보다 훨씬 더 컸다. 교육수준 집단과 관련하여, 다른 교육수준을 가진 개인 간의 평균 격차는 현재 연간 소득 불평등의 7%만을 설명한다. 그리고 관측 기간 동안 평균 숙련도 프리미엄과 관련한 불평등의 비중은 감소하여, 결과적으로 기술편향 가설이 내세운 예상은 대부분 빗나갔다.

전체 불평등 수준을 설명하기 위한 내부적 요소들의 역할(즉, 하위집단 내부의 차이에 의한)은 대부분 매우 뚜렷하다. 비록 관측 기간 동안 집단 간의 평균 소득격차가 미친 영향이 증가했음에도, 연령층과 거주지역에 따라 개인을 구분하여 본 타일 지수를 분석하였을 때도 내부적 요소의 영향은 뚜

〈그림 3-15〉 내부적 불평등의 추이, 연간 소득에 대한 OLS 추정치

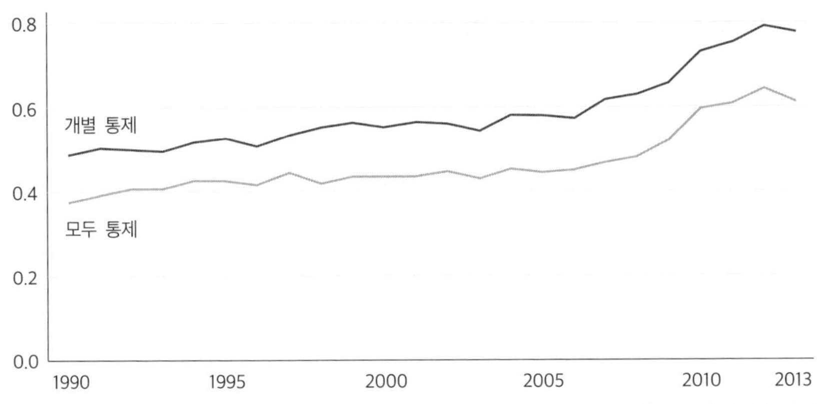

자료: European Union Statistics on Income and Living Conditions(EU-SILC)와 INPS의 데이터 가공.

렷하게 나타났다. 근로자 연령에 따른 내부적 불평등의 증대가 시사하듯, 청년 근로자가 경험하는 노동시장의 상황 악화에도 불구하고 불평등의 결정요소로써 연령층 간 평균격차가 갖는 영향력은 1996년 이래로 감소했다. 이와 반대로 1997년부터 2013년까지 거주지역 간 임금 격차는 점차 늘어났으며 전체 불평등을 설명하는 데 있어 이러한 지역 간 차이가 갖는 역할은 증대되었다(〈그림 3-14〉 참조).

마지막으로, 관찰 가능한 개인적 특성이 불평등을 얼마나 설명할 수 있는지 알아보고 같은 특성을 가진 개인 간 이질성이 얼마나 불평등과 관련 있는지 산출하기 위해 민간 부문 근로자의 평균소득(로그)에 회귀분석을 수행하였으며 내부적 불평등의 지표로 오차항의 분산을 사용하였다. 이러한 지표를 사용함으로써 임금 방정식에서 주로 포함되는 관찰되는 특성에 의해 개인소득 격차가 얼마나 설명되지 않는지 확인할 수 있다(〈그림 3-15〉 참조).

이 측정은 통제변수의 수를 다르게 설정한 두 가지 모형을 사용하였다. 첫 번째 모형에서는 민서 임금함수(*mincerian wage equation*)를 바탕으로 일반적 개인의 특성〔성별, 연령 및 연공서열(둘 다 제곱값), 교육성취도〕을 통제하였고, 두 번째 모형에선 이에 추가로 부문별 고정효과〔즉, 기업의 경제활

동분류(ATECO)에 대한 세 자리 더미변수], 기업의 규모 및 근무지역과 관련한 통제변수를 포함하여 측정하였다.

첫 번째 모형에서 임금함수는 전통적인 민서 공변량(연령, 성별, 교육, 연공서열)이 설명하는 변화량의 크기를 나타내는데, 이는 커다란 한계를 갖는다(Mincer, 1974). 2013년 연간 소득의 R^2는 대략 민서 모형의 20% 수준이고 '통합 모형'에선 45%까지 상승한다.

더 흥미로운 것은 두 모형에서 공변량의 설명력은 관측 기간 동안 감소했는데, 이는 소득 불평등을 설명하는 데 있어 개인의 관찰되지 않은 이질성의 역할이 크게 증가했음을 암시한다. 실제로 내부적 불평등은 전체 관측 기간 동안, 특히 기업의 특징이 공변량에 반영되지 않을 때 증가하는 추세를 보였다.

지금까지 살펴본 자료는 일반적으로 선진국에서, 특히 이탈리아에서 나타나는 시장소득 불평등 수준과 그 경향성을 설명하기 위해 노동소득과 인적 자본 외에 불평등의 다른 결정요인을 고려해야 한다는 점을 시사한다. 또한 불평등의 증가 추세는 가처분소득보다 시장소득에서 더욱 뚜렷해졌다는 점에 주목해야 한다(〈그림 3-2〉와 〈그림 3-7〉을 비교). 따라서 세금과 이전을 통해 이루어지는 공적 재분배가 시장 불평등 및 가처분소득 불평등의 영향을 축소하는 데 효과적인 역할을 수행한 것으로 보인다. 다음에서 이를 다루고자 한다.

4. 재분배: 소득 불평등에 미치는 영향과 측정에의 한계

시장소득과 가처분소득의 지니계수 간의 차이를 계산하는 것은 소득 불평등에 대한 공적 재분배의 역할을 측정하는 가장 간편한 방법이다. 이 지니계수의 차이는 %p 형태로 나타내며, 재분배의 강도와 재분배정책(소득세

〈그림 3-16〉 선정된 OECD 국가에 대한 재분배 강도

(1985, 1995, 2010년)

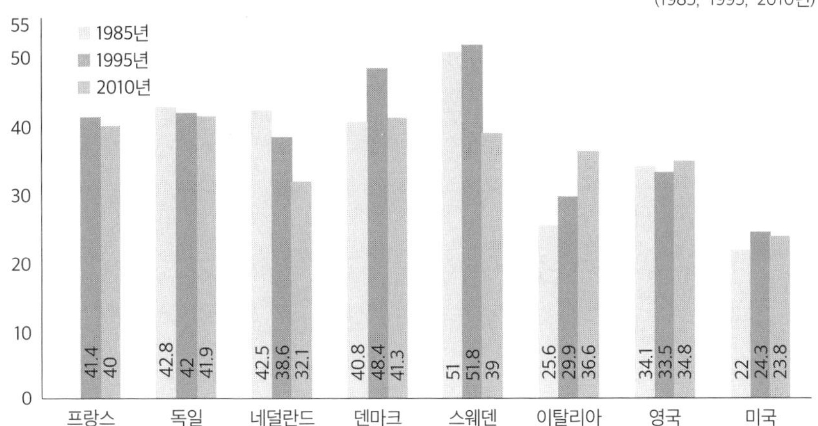

주: 균등화된 시장소득이 균등화된 가처분 시장소득으로 옮겨감에 따라 지니계수는 감소함.
자료: OECD. Income distribution and poverty database. http://stats.oecd.org.

와 현금이전, 〈그림 3-16〉 참조)으로 인한 불평등의 감소를 보여 준다.

시장소득으로부터 개인소득세가 감해지고 여기에 현금급여가 더해지면, 미국을 제외한 모든 국가의 지니계수는 최소 25%가량 감소하는 양상을 보인다. 특히, 북유럽 국가들과 그 뒤를 잇는 독일, 프랑스는 지니계수가 가장 크게 감소한다. 그러나 이 지표에 따르면 재분배 강도는 프랑스와 독일에선 일정한 반면, 북유럽 국가들과 네덜란드에서 감소한 것으로 나타났다. 이탈리아에서는 재분배 강도가 급격히 증대했다. 이 지표에 따르면 이탈리아에서 복지국가의 영향력은 더욱 강화되었으며, 시장 불평등이 증가하는 상황에서 재분배를 위한 국가의 노력은 확대되었다고 할 수 있다.

지니계수의 차이를 통해 재분배의 강도를 측정하는 경우, 다른 중요한 항목을 간과하고 단순히 개인소득세와 현금이전만 고려한다. 젱킨스와 동료들(Jenkins et al., 2012)이 언급했듯, 이러한 분석은 현물급여(예를 들어 의료 또는 교육) 삭감으로 인한 불평등의 영향과 현재 위기상황에서 EU 정부가 도입한 것과 같은, 더 높은 차원의 간접세로 인한 불평등을 평가하지 못한다는 한계를 갖는다.

모든 종류의 세금, 이전, 조세지출을 포함하지 않는다는 한계는 차치하고 더 일반적으로 말하자면, 몇 가지 방법론적 문제가 시장소득과 가처분소득 간 불평등을 비교하는 데 편향을 야기하기 때문에 재분배의 강도는 측정하는 데 어려움이 있다.

사실 재분배의 강도는 연금을 포함할 때 매우 강력한 영향을 받으며, 이러한 편향을 극복하기 위해 OECD는 가구주 연령이 64세 이상인 가구를 제외하여 가처분소득의 불평등을 측정한다. 연금 수급자는 대부분 시장소득이 없지만 가처분소득을 갖는다. 이러한 차이는 매우 뚜렷한 재분배를 시사한다. 그러나 연금의 급여는 이탈리아의 개념적 확정기여형 제도에서 나타나듯 연금 수급자의 근로 기간 동안의 기여금과 강력하게 연계되기에, 단순히 개인 간 재분배(즉, 보험료를 납부하는 근로자와 연금을 수급하는 노년층 간의 현금이전)로 여겨지긴 힘들다.

다시 말해, 연금소득에서 최소한 어느 정도는 개인 간 이전보다 개인 내 이전으로부터 온다. 확정기여형 제도에서 이 부분은 매우 크게 작용한다. 연금이 과거의 임금과 연금제도에 의해서만 결정되는 극단적인 경우, 연금은 경제활동 시기 동안의 소득 불평등을 그대로 반영할 뿐 개인 간의 재분배를 가져오지 않는다. 그러나 측정 기간 동안 연금과 보험료 기여로 인한 시장소득과 가처분소득의 차이는, 연금 수급 전후의 지니계수 차이를 더욱 늘릴 것이다. 따라서 개인 간 재분배의 강도는 부정확하게 나타난다.

〈그림 3-17〉의 지니계수 상승은 가처분소득에서 기타 현금급여를 먼저 제하고 다음으로 연금을 제한 결과를 보여 준다. 가처분소득으로부터 연금과 기타 현금급여를 제하는 이 단순한 계산을 통해 EU 국가에서 연금이 소득 불평등을 감소하는 주요 역할을 한다는 것이 분명히 확인되었다. 그러나 국가마다 그 편차가 크다. 특히, 이탈리아의 경우 가처분소득에서 기타 현금급여만 제외한 뒤에 지니계수는 미미하게 증가하였으며(0.317~0.333)

〈그림 3-17〉 선정된 EU 국가별 복지 관련 현금급여 포함 여부에 따른 가처분소득의 지니계수

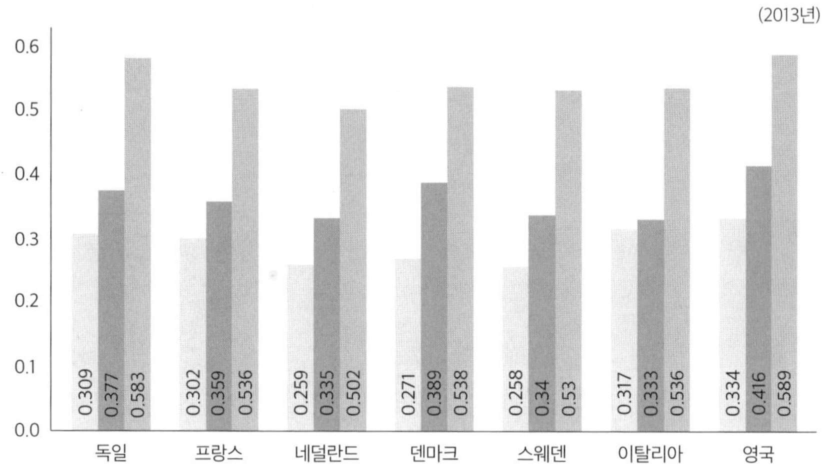

자료: European Union Statistics on Income and Living Conditions(EU-SILC)의 데이터 가공.

연금급여를 제한 뒤에는 매우 크게 증가하였다(0.536).

따라서 〈그림 3-17〉에 나타나듯이 이탈리아 복지국가의 강력한 재분배는 부유층으로부터 빈곤층으로의 효과적 재분배보다는 연금급여의 영향에 더 의존하는 것으로 보인다. 실제로, 앞서 언급한 바와 같이 연금은 단순히 개인 간 재분배로 해석될 수 없다. 이탈리아의 연금급여는 생애주기의 관점에서 바라볼 때 일반적으로(부유층에 더 많은 혜택을 주는) 역진적 성향을 보인다.

일반적으로 말하자면, 재분배정책과 그 효과는 시장의 불평등에 영향을 미칠 수 있다(Esping-Andersen & Myles, 2009). 복잡하고 불확실한 개인에 대한 미시적 개별사례는 차치하고 분배 전후를 비교할 경우 복지국가의 순수한 재분배 효과를 측정하는 데 있어 편향성이 불가피하다. 따라서 제한적인 연구를 수행하였다. 이는 오히려 복지국가가 존재하지 않을 때를 가정하고 소득분배를 바라보는 반사실적 시장 분배(*counterfactual market distribution*)를 통해 측정되어야 한다. 이와 관련한 중요 연구질문은 다음과 같다.

- 사회정책이 존재하지 않을 때 소득분배는 어떻게 나타날 것인가?
- 복지국가가 급여를 제공하지 않을 경우 노동공급, 저축, 투자는 어떠할 것인가?
- 공공정책이 시장의 기능과 시장의 불평등에 어떠한 영향을 미치는가?

발라리노와 동료들(Ballarino et al., 2014)은 〈그림 3-16〉의 OECD 자료에서 나타나는 이탈리아의 강력한 재분배가 평등주의적 정책의 결과로 해석될 수 없다고 주장한다. 이는 1995~2010년 사이 시장 불평등의 증가와 반대되기 때문이다. 그러나 개인의 행동과 시장의 기능에 영향을 미치는 몇 가지 수단을 사용한 이 해석은 공공정책이 이탈리아 시장 불평등을 양산하는 것, 특히 초고소득자에게 혜택을 주는 것과 관련해 동조했을 수 있다는 점을 고려하지 못했다(Franzini et al., 2016). 또한 임머볼과 리처드슨(Immervoll & Richardson, 2011)이 OECD 국가 분석에서 강조했듯, 재분배정책은 소득분포에서 상위계층의 소득집중도가 늘어나는 상황에서 효과적으로 기능할 수 없다.

5. 이탈리아의 지역 간 불평등과 빈곤

이탈리아 내 현저한 지역적 불균형을 고려할 때, 5개의 주요 지역(북서부, 북동부, 중부, 남부, 도서)에 따른 균등화된 가처분소득의 분포 차이에 주목하는 것은 매우 의미가 있다.

먼저, 중위 가처분소득과 평균 가처분소득은 다른 곳에 비해 남부지역

〈그림 3-18〉 이탈리아의 지역별 연간 가처분소득 평균 및 중위값

(2013년, 단위: 유로)

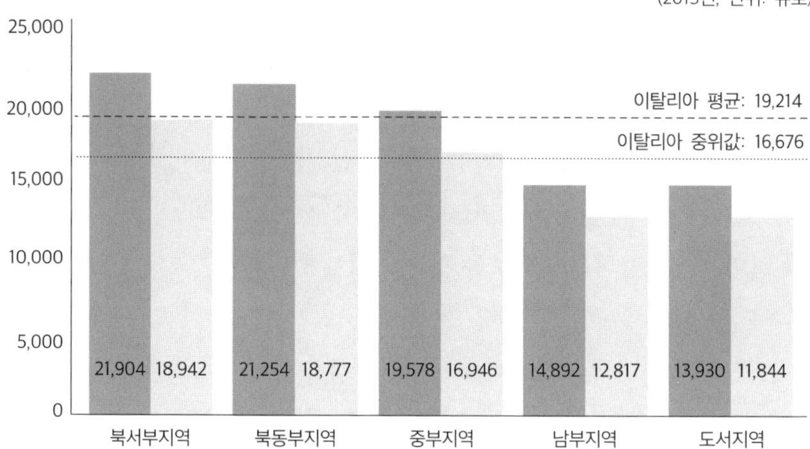

자료: European Union Statistics on Income and Living Conditions(EU-SILC)의 데이터 가공.

〈그림 3-19〉 이탈리아의 지역별 가처분소득 지니계수

(2013년)

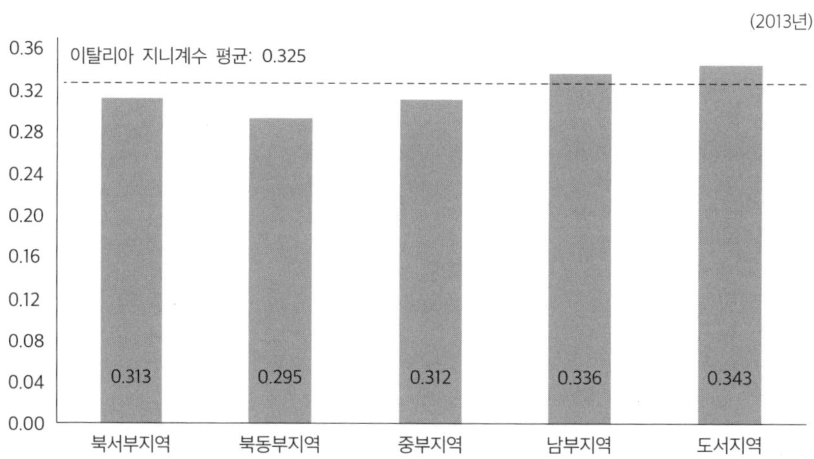

자료: European Union Statistics on Income and Living Conditions(EU-SILC)의 데이터 가공.

과 도서지역에서 훨씬 낮다(〈그림 3-18〉 참조). 특히, 이 두 지역의 평균소득은 북서부지역 평균의 70%도 채 되지 않는다. 또한 다른 세 지역에 비해 남부지역과 도서지역의 중위소득은 그 지역의 평균소득보다 훨씬 낮은데, 이는 소득분배의 불균형 및 높은 불평등을 시사한다. 실제로 두 지역의 평균 대비 중위소득은 가장 낮은 반면 저소득인구의 비중은 가장 높다. 그러나 소득수준의 커다란 격차에도 불구하고, 지역 내부의 소득분포가 얼마나 불균등한지 알아보는 것은 의미가 있다(5개 지역의 균등화된 연간 가처분소득의 지니계수, 〈그림 3-19〉 참조).

다른 지역에 비해 남부지역과 도서지역에서 불평등은 상대적으로 높다. 그런데 중부지역의 불평등은 그 뒤에 지역 내부에 존재하는 큰 격차를 감추고 있다는 점이 주목할 만하다. 마르케(Marche), 토스카나(Toscana), 움브리아(Umbria)는 상대적으로 평등한 반면, 라치오(Lazio)는 로마가 있기 때문에 매우 불평등한 양상을 보인다. 그러나 북서부지역을 제외하고는 모든 곳에서 소득 불평등은 매우 높게 관측된다.

평균소득보다 훨씬 더 적은 금액을 버는, 즉 소득분포의 아래쪽 꼬리에 있는 개인과 가구의 비중은 훨씬 크다. 이러한 점은 상대적 빈곤 분석을 통해서 확인되었다. EU의 정의에 따르면 개인의 균등화된 가처분소득이 특정한 수준, 다시 말해 전국적 균등화된 중위 가처분소득의 60% 이하인 경우 그 개인은 상대적으로 가난하다고 볼 수 있다.

〈그림 3-20〉에 나타나듯이, 상대적 빈곤과 관련한 지역 간 격차는 불평등의 격차보다 훨씬 더 컸다. 전국적 기준을 바탕으로, 중위소득 60% 이하인 개인의 비중은 남부지역(33.5%)과 도서지역(38.8%)에서 30%를 넘었다. 반면, 다른 세 지역에서 이 비중은 최대 17%를 넘지 않았다.

빈곤의 빈도 외에도, 상대적 빈곤의 심도 또한 확인할 필요가 있다. 이는 빈곤층의 소득이 기준으로부터 얼마나 떨어져 있는지를 측정하여 산출한다. 빈곤격차 지수에 따르면, 남부지역과 도서지역에 거주하는 이들은

〈그림 3-20〉 이탈리아의 지역별 상대적 빈곤율

(2013년, 단위: %)

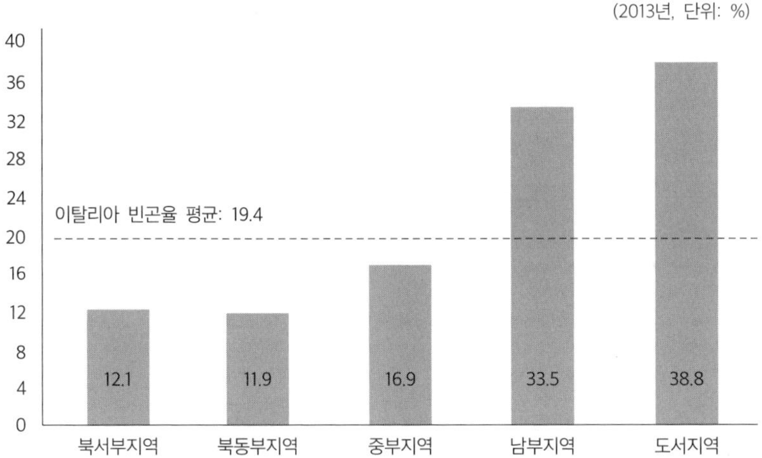

자료: European Union Statistics on Income and Living Conditions(EU-SILC)의 데이터 가공.

〈그림 3-21〉 이탈리아의 지역별 상대적 빈곤 심도

(2013년, 단위: %)

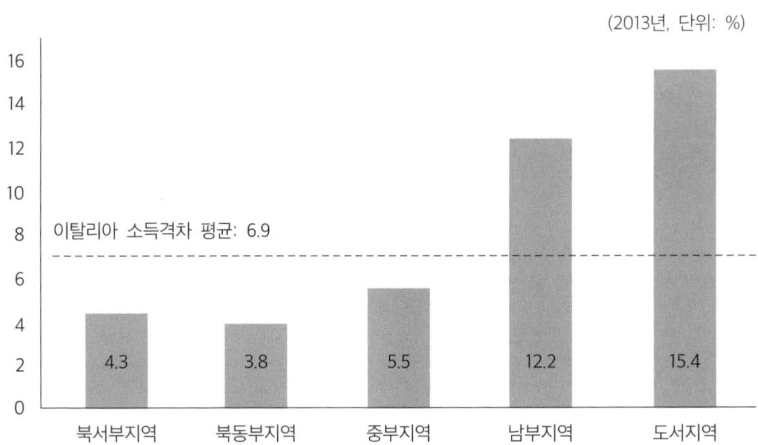

자료: European Union Statistics on Income and Living Conditions(EU-SILC)의 데이터 가공.

빈곤의 위험이 더 컸으며 빈곤의 심도 역시 높다. 이 지수는 빈곤층의 소득을 기준으로 하여 평균과의 격차를 산출하여 기준의 몇 퍼센트인지 나타내며, 빈곤하지 않은 이들의 격차에는 '0'값을 부여한다.

6. 맺음말

개인의 경제적 생활수준은 소득과 가족의 가처분소득에 달려 있다. 여기서 가처분소득은 모든 가구원이 모든 소득 출처로부터 벌어온 모든 소득에 세금을 제하고 공적이전(현금이전)을 더한 것을 의미한다.

이번 장에서는 불평등의 사슬이 존재한다는 것을 다시 한 번 확인하였다. 우리는 소득 불평등을 다른 소득 개념, 다시 말해 균등화된 가처분소득, 균등화된 시장소득, 그리고 개인의 소득에 초점을 두어 분석했다. 여기서 살펴본 모든 데이터에 따르면 이탈리아는 선진국 가운데 가장 불평등한 국가 중 하나이며, 이탈리아의 가처분소득 지니계수는 1992년과 1993년 사이에 갑자기 급증했고 그 후에는 상당히 일정하게 유지되고 있다. 그러나 이 일관성을 긍정적으로만 볼 수는 없다. 최근 추이와 관련한 자료 자체의 한계로 나타난 결과일 수 있기 때문이다. 또한 불평등 감소의 주요 요인으로 여겨지는 상당한 고용률의 증가에도 불구하고, 이탈리아의 불평등은 일정하게 유지되는 양상을 보였다.

가처분소득에서의 불평등은 몇 가지 변수가 포함된 과정의 결과로서 나타난다. 이번 장에서는 이탈리아의 사례에서 나타난 바, 시장과정(*market processes*)이 소득 불평등의 수준과 불평등 추이 및 그 특징을 결정짓는 데 매우 중요하다는 것을 알아보았다. 이는 노동시장이 관련한 한 언제까지나 분명한 사실이다. 이탈리아와 다른 국가에서 시장과정은 소수 상위계층의 소득집중도를 높일 뿐만 아니라 불평등을 심화시키는 데 주된 책임이 있다고 본다.

복지국가의 개입을 통한 사후적 재분배는 시장의 불평등이 가처분소득의 불평등에 미치는 악영향에 대응하는 데 상당히 효과적이었다. 이탈리아의 경우가 그렇다. 그러나 앞서 언급했듯이 최소한 이탈리아에서는 연금까지 포함하여 재분배 영향을 산출할 때 그 효과성이 큰 것으로 나타났다. 연금의 개인 간 재분배 성향이 분명하지 않다는 점을 고려할 때, 연금을 제외할 경우 재분배 효과는 크게 약화된다.

또한 이탈리아의 소득분포가 균등하지 않다는 점에 주목해야 한다. 실제로 북부지역과 남부지역의 소득격차는 무척이나 크고, 남부지역은 매우 낮은 평균 가처분소득, 높은 소득 불평등, 우려되는 상대적 빈곤의 빈도 및 심도 지표 등의 특징을 보인다.

■ 참고문헌

해외 문헌

Alvaredo, F., & Pisano, E. (2010). Top incomes in Italy 1974~2004. In Atkinson, A. B., & Piketty, T. (Eds.) (2010). *Top Incomes: A Global Perspective*. Oxford: Oxford University Press.

Alvaredo, F., Atkinson, A. B., Piketty, T., & Saez, E. (2013). The top 1% in international and historical perspectives. *Journal of Economic Perspectives*, *27*(3), 3~20.

Atkinson, A. B., Piketty, T., & Saez, E. (2011). Top incomes in the long run of history. *Journal of Economic Literature*, *49*(1), 3~71.

Baldini, M., & Toso, S. (2009). *Disuguaglianza, Povertà e Politiche Pubbliche*. Bologna: Il Mulino.

Ballarino, G., Braga, M., Bratti, M., Checchi, D., Filippin, A., Fiorio, C.,

Leonardi, M., Meschi, E., & Scervini, F. (2014). Italy: How labour market policies can foster earnings inequality. In Nolan, B., Salverda, W., Checchi, D., Marx, I., McKnight, A., Tóth, I., & van de Werfhorst, H. (Eds.) (2014). *Changing Inequalities and Societal Impacts in Rich Countries: Thirty Countries' Experiences*. Oxford: Oxford University Press.

Bogliacino, F., & Maestri, V. (2014). Increasing economic inequalities?. In Nolan, B., Salverda, W., Checchi, D., Marx, I., McKnight, A., Tóth, I., & van de Werfhorst, H. (Eds.) (2014). *Changing Inequalities and Societal Impacts in Rich Countries: Thirty Countries' Experiences*. Oxford: Oxford University Press.

Bound, J., & Johnson, G. (1992). Changes in the structure of wages in the 1980s: An evaluation of alternative explanations. *American Economic Review, 82*(3), 371~392.

Brandolini, A. (2005). La disuguaglianza di reddito in Italia nell'ultimo decennio. *Stato e Mercato, 74*(2), 207~230.

Esping-Andersen, G., & Myles, J. (2009). Economic inequality and the welfare state. In Salverda, W., Nolan, B., & Smeeding, T. (Eds.) (2009). *The Oxford Handbook of Economic Inequality*. Oxford: Oxford University Press.

Fiorio, C., Leonardi, M., & Scervini, F. (2012). La disuguaglianza dei redditi in Italia. In Checchi, D. (Ed.) (2012). *Disuguaglianze Diverse*. Bologna: Il Mulino.

Franzini, M., & Raitano, M. (2014). Wage gaps and human capital: Looking for an explanation. Paper presented at the Progressive Economy Workshop. 2014. 3. 5~2014. 3. 6. Bruxelles, Belgium.

Franzini, M., Granaglia, E., & Raitano, M. (2016). *Extreme Inequality in Contemporary Capitalism*. Cham: Springer.

Immervoll, H., & Richardson, L. (2011). *Redistribution Policy and Inequality Reduction in OECD Countries: What Has Changed in Two Decades?*. Paris: OECD Publishing.

Jenkins, S., Brandolini, A., Micklewright, J., & Nolan, B. (Eds.) (2012). *The Great Recession and the Distribution of Household Income*. Oxford: Oxford University Press.

Katz, L., & Murphy, K. (1992). Changes in relative wages, 1963~1987: Supply and demand factors. *Quarterly Journal of Economics*, *107*, 35~78.

Kenworthy, L., & Pontusson, J. (2005). Rising inequality and the politics of redistribution in affluent countries. *Perspectives on Politics*, *3*(3), 449~472.

Leigh, A. (2009). Top incomes. In Salverda, W., Nolan, B., & Smeeding, T. (Eds.) (2009). *The Oxford Handbook of Economic Inequality*. Oxford: Oxford University Press. 150~176.

Lemieux, T. (2006). Increasing residual wage inequality: Composition effects, noisy data, or rising demand for skill?. *American Economic Review*, *96*(3), 461~498.

Mincer, J. (1974). *Schooling, Experience, and Earnings*. New York: Columbia University Press.

OECD(2008). *Growing Unequal*. Paris: OECD

______(2011). *Divided We Stand: Why Inequality Keeps Rising*. Paris: OECD

Salverda, W., Nolan, B., & Smeeding, T. (Eds.) (2009). *The Oxford Handbook of Economic Inequality*. Oxford: Oxford University Press.

Sen, A. (2006). Conceptualizing and measuring poverty. In Grusky, D., & Kanbur, R. (Eds.) (2006). *Poverty and Inequality*. Stanford, CA: Stanford University Press.

Valentini, E. (2009). Underground economy, evasion and inequality. *International Economic Journal*, *23*(2), 281~290.

기타 자료

Chartbook of Economic Inequality. www.chartbookofeconomicinequality.com

Cholezas, A., & Tsakloglou, P. (2007). Earnings inequality in Europe: Structure and patterns of inter-temporal changes(IZA Discussion Paper, n. 2636).

European Union Statistics on Income and Living Conditions(EU-SILC).

Immervoll, H., & Richardson, L. (2011). Redistribution policy and inequality reduction in OECD countries: What has changed in two decades?(OECD Social, Employment and Migration Working Paper, n. 122).

OECD. Income distribution and poverty database. http://stats.oecd.org.

World Wealth and Income Database(WID). http://wid.world.

04

인구구조의 변화와 전망

1. 인구학적 역동과 인구구조

이번 장에서는 이탈리아의 현재와 미래 인구의 규모별, 성별, 지리학적 분포를 개괄하여 제시한다. 특히, 이어지는 내용은 현재 이탈리아의 인구구조, 인구에 있어서 최근 경향과 변화, 변화를 일으킨 인구학적 요인 그리고 미래 전망을 살펴보는 것을 목적으로 한다. 이탈리아의 인구는 빠르게 고령화되고 있으며 이러한 상대적으로 새로운 현상은 경제적, 사회적, 정치적으로 광범위한 함의를 가진다.

1) 최근의 상황과 과거의 경향

2016년 1월 1일을 기준으로 약 6,066만 5천 명이 이탈리아에 거주 중이며, 그중 500만 명(8.3%) 이상의 인구가 외국인인 것으로 나타났다.[1] 이탈리아 통계청(ISTAT)의 자료에 따르면 2,777만 명(45.7%)은 북부지역에,

1) 이탈리아 통계청 홈페이지(http://dati.istat.it)에서 2016년 8월 22일에 인출했다.

〈그림 4-1〉 이탈리아의 인구 자연변화

(단위: 만 명)

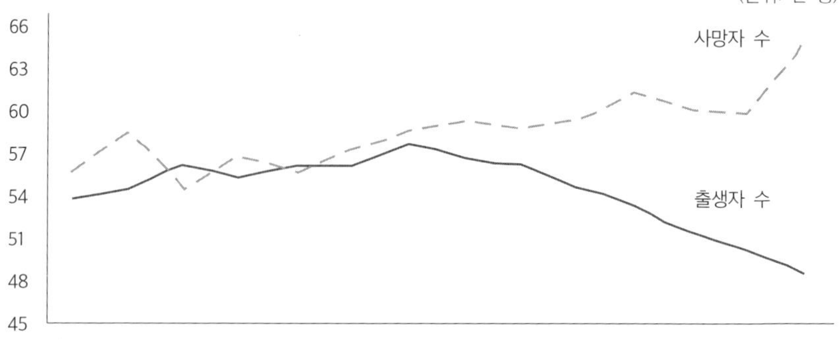

자료: ISTAT(2016a). Database: Popolazione: Serie Storiche(2002-2015). http://seriestoriche.istat.it. 2016. 8. 18. 인출.

1,210만 명(19.9%)은 중부지역에, 1,410만 명(23.3%)은 남부지역에, 그리고 약 670만 명(11.1%)은 도서지역에 거주하고 있다.[2] 이탈리아 인구는 2015년 말을 기준으로 연간 13만 명의 인구가 줄었으며 이전 해와 비교해 2.1‰ 감소했다. 이러한 감소는 대부분 이탈리아 인구에서 나타났으며(-14만 1,700명)[3] 이에 반해 외국인 인구는 1만 1,700명 증가했다.

거주자의 감소는 인구의 자연변화로부터 비롯되었다(예를 들어 출생자 수와 사망자 수의 차이). 〈그림 4-1〉은 2002~2015년 사이의 이탈리아 인구의 자연변화를 보여 준다. 2015년에는 사망자 수(64만 7,571명)가 출생자 수(48만 5,780명)를 16만 2천 명 앞섰는데 이는 1917, 1918년 이후 최대의

2) 이탈리아 통계청은 통계를 위해 지역을 5개로 구분한다. 이는 '세부지역'으로 일컬어지는데 '북서부지역'(발레다오스타, 피에몬테, 롬바르디아, 리구리아), '북동부지역'(프리울리베네치아줄리아, 에밀리아로마냐, 베네토, 트렌티노알토아디제), '중부지역'(토스카나, 움브리아, 마르케, 라치오), '남부지역'(아브루초, 몰리세, 캄파니아, 바실리카타, 칼라브리아, 풀리아), 그리고 '도서지역'(시칠리아, 사르데냐)으로 나뉜다.

3) 2015년 동안 이탈리아로 귀화한 외국인(17만 8천 명)을 고려하지 않으면 이탈리아 주민의 감소는 더욱 큰 폭이 될 것이다(-31만 9,700명).

〈표 4-1〉 이탈리아의 인구 자연변화와 순인구이동

(단위: 명, ‰)

	인구 천 명당 연간 평균값			인구 천 명당 연간 평균값		
	자연변화	순인구이동	총변화	자연변화	순인구이동	총변화
1951~1961년	415	-104	311	8.5	-2.1	6.3
1961~1971년	456	-105	351	8.7	-2.0	6.7
1971~1981년	238	4	242	4.3	0.1	4.4
1981~1991년	42	-20	22	0.7	-0.3	0.4
1991~2001년	-18	40	22	-0.3	0.7	0.4

주: 위 표의 수치들은 인구센서스 데이터와 등록 데이터를 기반으로 함.
자료: Bonifazi et al., 2009.

자연감소이다. 이러한 부적 변화는 이탈리아 거주자(- 22만 8천 명)에 의해 일어났고, 이에 반해 이민자(+ 6만 6천 명)는 자연증가를 보였다.

이탈리아의 인구는 2차 세계대전 종전 이후 계속해서 성장했으나 1993년 이후부터는 2004년과 2006년을 제외하고는 모두 자연감소를 기록했다. 〈표 4-1〉에서 나타나듯이 1970년대 말까지 이탈리아의 인구 증가에서 가장 중요한 요인은 자연증가였지만 그 후 20년 동안은 상대적으로 적은 성장을 경험했다.

이후 2000년 이래로 이탈리아 인구의 주요한 성장 요인은 이민이었다. 2000년부터 10년 동안, 이탈리아는 EU 27개국 중 가장 많은 해외인구가 유입된 국가로 기록되었다. 예를 들어, 보니파치와 동료들(Bonifazi et al., 2009)은 "2001년에서 2007년 초반 사이 기록상 증가한 210만 명의 거주자 중 4분의 3은 직·간접적으로 외국 이민의 영향 때문이다"라고 역설했다.

2015년에 이탈리아는 거주자 1천 명당 2.1명의 이주에 힘입어 13만 3천 명의 순인구이동이 있었다. 그러나 이는 최근 15년 중 가장 낮은 수치이며, 2007년에 관측되었던 최고 수치의 4분의 1에 겨우 미치는 수준이다. 더욱이 이탈리아는 2010년 이후 점진적이지만 지속적으로 순인구이동 비율이 줄어들었다. 순인구이동의 증가가 인구의 자연감소를 수십 년간 보충해 왔

〈그림 4-2〉 이탈리아의 순인구이동 수와 비율

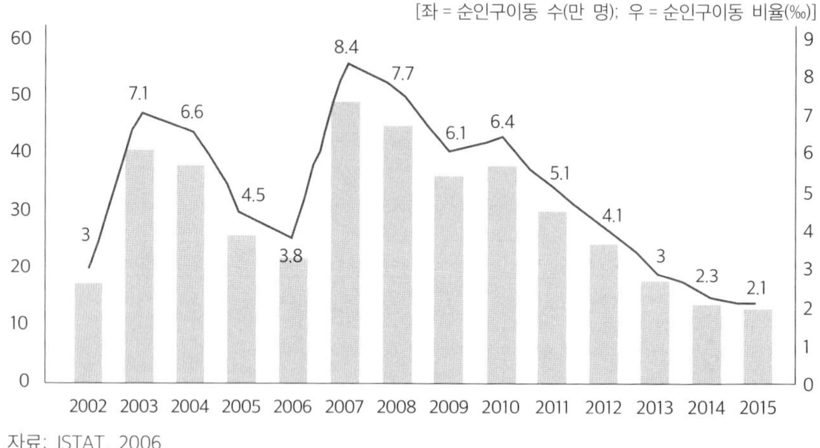

자료: ISTAT, 2006.

지만 이탈리아는 결국 2015년에 인구감소를 겪었다(ISTAT, 2016b).[4]

이탈리아의 인구학적 변화 양상은 지역적 구분에 따라 뚜렷한 차이를 보인다. 2015년에는 모든 지역이 인구감소를 경험하였으나, 남부지역(-2.8‰)과 도서지역(-3.4‰)은 국가 전체 감소율보다 더 낮은 감소율을 보였다. 이는 부분적으로 이민자의 지역적 분포에 따른 것으로 보인다. 외국에서 출생한 인구의 대부분은 북부지역과 중부지역에서 거주하며 인구의 10.6%를 차지한다. 하지만 남부지역과 도서지역에서는 외국인 인구가 4% 미만을 차지한다. 절대적 수치로는 이탈리아 내 전체 이민자 중 300만 명(59.1%)에 달하는 인구가 북부지역에 거주하고 125만 명(25%)은 중부지역에 거주하는 반면, 남반도에는 약 80만 명이 거주하고 있다(남부지역 11.3%, 도서지역 4.6%).

이민에 대한 최근의 경향은 이탈리아의 합계출산율에도 영향을 주었다.

4) 전체적으로 이탈리아 인구의 감소 원인은 첫째, 자연변화(-16만 2천 명), 둘째, 순인구이동(+13만 3천 명), 셋째, 기타 추적 불가 혹은 거주허가 만료로 인한 인구등록 취소를 포함한 변화(-10만 1천 명) 등 세 가지로 정리할 수 있다.

〈그림 4-3〉 이탈리아의 합계출산율

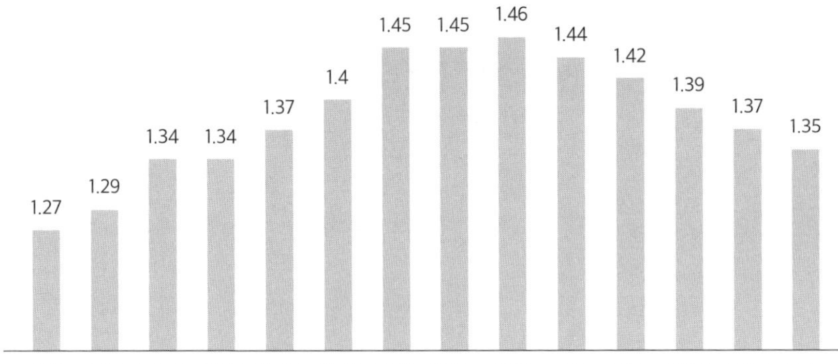

자료: ISTAT(2016a). Database: Popolazione: Serie Storiche(2002-2015). http://seriestoriche.istat.it. 2016. 8. 19. 인출.

합계출산율(*total fertility rate*)은 여성 한 명이 평생 낳을 것으로 예상되는 평균 자녀 수를 말한다. 2015년의 합계출산율은 1.35로 추정되었다. 2000년부터 2010년까지는 합계출산율이 희미하지만 지속적으로 증가했으나, 그 이후 5년간 꾸준히 감소하여 2005년 이전의 수준으로 되돌아갔다(〈그림 4-3〉 참조). 이는 대체출산율에도 미치지 못할 뿐만 아니라 EU 28개국 평균인 1.58(2014년)에도 미치지 못하는 수치이다. 게다가 출산 시 산모의 평균 연령도 2007년 당시 31세에서 2015년 31.6세로 증가했다.

2000년대 동안 발생한 출산율 증가는 출산의 지연(Bongaarts & Feeney, 1998)과 증가하는 외국인 여성의 기여에서 비롯되었다(Giannantoni & Strozza, 2015). 외국인 부모로부터의 출생 비율은 2002년 5%에서 2010년 14%로 증가하였다(ISTAT, 2015a). 최근 5년간의 불황으로 지속된 사회적·경제적 효과, 가임 여성인구의 감소 그리고 외국인 부모로부터의 출생감소와 같은 요인이 모두 이탈리아의 합계출산율 감소에 기여하였다. 2015년 외국인 여성의 합계출산율은 1.93이었는데 이는 2008년 외국인 여성의 평균 자녀 수가 2.65였을 때와 비교하면 크게 감소한 것이다. 같은 기간 동안 이탈리아 여성의 합계출산율은 2008년 1.34에서 2015년 1.28로 감소하였다.

합계출산율은 이탈리아의 지역에 따라 상당히 다르게 나타난다. 북부지역의 합계출산율은 1.41이고, 중부지역은 1.33, 남부지역은 1.29이다. 이러한 차이는 외국인 여성의 기여로 설명할 수 있다. 북부지역에 외국인 여성이 더 많이 분포할 뿐만 아니라 남부지역에 거주하는 외국인 여성에

〈그림 4-4〉 외국인 여성의 자녀 포함 · 미포함 지역별 합계출산율

(2004~2015년)

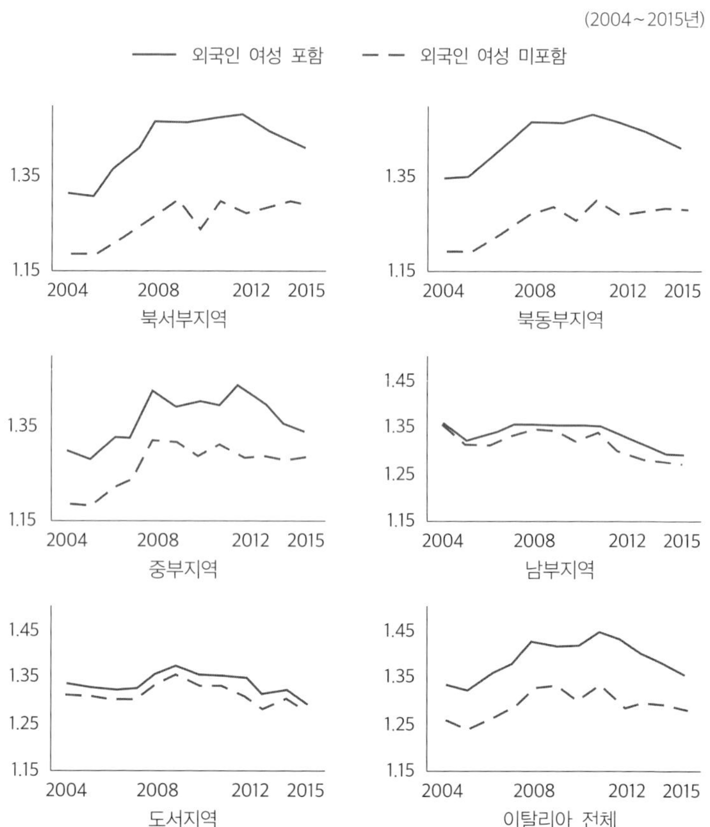

자료: ISTAT(2016c). Database: Indicatori di fecondità: Cittadinanza della madre (2004-2015). http://dati.istat.it. 2016. 8. 16. 인출.

비해 북부지역의 외국인 여성이 더 높은 합계출산율을 보이기 때문이다. 북부지역에서 태어나는 아기 5명당 1명의 부모가 모두 외국인인 반면, 남부와 도서지역에서 부모가 모두 외국인인 아기는 약 5%뿐이다. 게다가 북부지역의 외국인 여성 합계출산율이 2.06이었던 반면, 중부지역과 남부지역에 거주하는 외국인 여성의 합계출산율은 각각 1.67과 1.84였다. 한편 이탈리아 여성의 합계출산율은 1.28(북부와 중부지역)에서 1.27(남부와 도서지역) 수준으로 전국에 걸쳐 균등했다.

〈그림 4-4〉는 전체 여성과 그 하위 그룹인 이탈리아 여성 지역별 합계출산율을 보여 준다. 이를 통해, 특히 북동부와 북서부지역에서 외국인 여성(이탈리아에서 태어난 그들의 자녀 또한)이 2010년까지는 확실히 합계출산율 상승에 기여했다는 것을 알 수 있다. 그러나 2011년부터 이탈리아 여성의 합계출산율이 수평가도를 달리는 동안 전체 합계출산율은 감소하였다. 이는 외국인 여성의 평균 자녀 수가 급감했음을 의미한다.

전반적으로 늘어난 외국인 인구는 이탈리아 인구의 연령구조에도 적게나마 영향을 미쳤다. 이민자의 상대적으로 낮은 연령 구성이 이탈리아의 고령화 속도[5]를 늦추는 데 기여[6]한 것이다(Bonifazi et al., 2009; Ministero del Lavoro e delle Politiche Sociali, 2011).

제사노와 스트로차(Gesano and Strozza, 2012)는 2002~2010년 사이에 국제 이민이 없었다면 2010년의 65세 이상 인구 비중[7]이 1% 정도 더 높았을 것이라고 주장했다(추정치 = 21.1%, 관측치 = 20.2%). 이민은 65세 이상 인구 비중의 성장을 늦췄을 뿐만 아니라, 생산가능 인구 중에서 가장 높은 연령대인 45~64세 인구의 증가도 늦췄다. 실제로 이민자의 연령 구성은

5) 인구 고령화는 전체 인구 중 노인인구의 비중이 점점 커지는 과정이다(UN, 2001).

6) 인구의 연령구조를 조절하는 데 있어서 국제 이민의 역할은 일반적으로 덜 중요한 반면 출산율과 사망률은 여전히 주요한 요인이다(Lesthaeghe, 2000; UN, 2000).

7) 이번 장에서는 노인인구의 비중을 설명하기 위해 법정 나이 65세를 사용할 것이다.

〈그림 4-5〉 이탈리아 내 외국인의 연령별 · 성별 구성

[2016년, 좌 = 연령(세); 우 = 탄생연도; 하 = 인구수(만 명)]

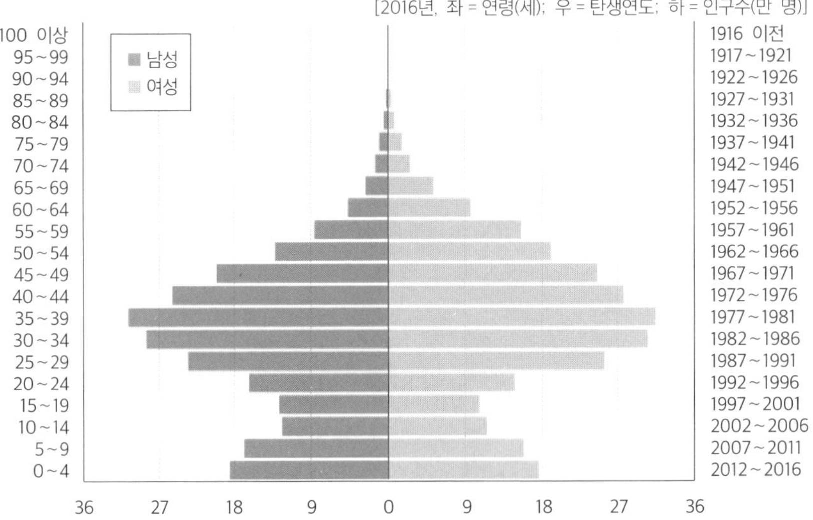

자료: ISTAT(2016d). Database: Popolazione straniera residente al 1 Gennaio 2016 per età e sesso: Italia. http://demo.istat.it. 2016. 8. 16. 인출.

〈그림 4-6〉 이탈리아 인구의 연령별 · 성별 구성

[2005, 2015년, 좌 = 연령(세); 하 = 인구수(만 명)]

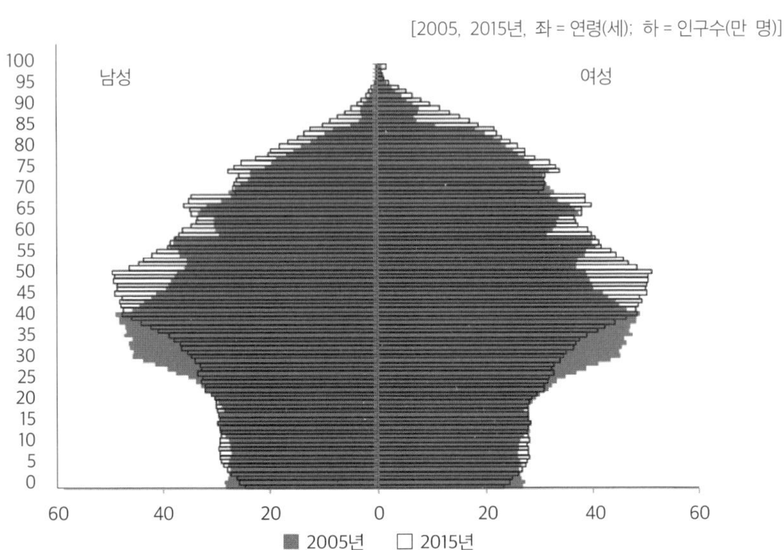

자료: ISTAT(2015b). Bilancio Demografico Nazionale: 2015. Statistiche Report. Rome: ISTAT.

〈표 4-2〉 성별, 연령별 이탈리아 인구의 분포

(단위: 명, %)

연령	남성		여성		합계(남성 + 여성)		
	인구수	비율	인구수	비율	인구수	비율	
0~14세	4,261,296	7.0	4,020,563	6.6	8,281,859	13.65	
15~24세	3,053,822	5.0	2,863,913	4.8	5,917,735	9.75	64.31
25~44세	7,853,452	13.1	7,806,076	12.7	15,659,528	25.82	
45~64세	8,524,253	14.0	8,912,422	14.7	17,436,675	28.74	
65~79세	4,307,573	7.1	5,013,124	8.3	9,320,697	15.37	22.04
80~84세	826,785	1.4	1,227,709	2.0	2,054,494	3.39	
85세 이상	629,140	1.0	1,365,453	2.3	4,049,057	3.28	
계	29,456,321	48.6	31,209,230	51.4	60,665,551	100	

주: 2016년 1월 1일 기준 자료.
자료: ISTAT, 2015a; http://demo.istat.it/pop2016/index.html, 2016. 8. 23. 인출.

이탈리아 인구의 연령 구성과 다른 양상을 보인다. 2015년 외국인 인구 중 65세 이상의 비중은 4%에도 미치지 못하지만 20~44세의 외국인 인구 비중은 거의 51%에 달했으며 계속 증가하는 중이다. 이러한 현상은 가족재결합(*family reunifications*)과 출산 증가의 결과이다(Bonifazi et al., 2009).

그러나 이탈리아의 인구는 여전히 고령화되고 있다. 〈그림 4-6〉에서 볼 수 있듯, 2015년도 이탈리아의 인구 피라미드는 젊은 인구와 비교적 높은 비율의 65세 이상 인구를 바탕으로 아래로 갈수록 좁아지는 직사각형의 형태를 띠고 있다. 이는 낮은 출산율과 높아진 평균 기대수명의 경향이 반영된 것이다. 이탈리아는 여전히 노령인구의 비중이 높은 유럽 국가 중 하나이다(Eurostat, 2016).[8] 2015년에는 이탈리아 인구의 22%가 65세 이상이었으며(2006년에는 19.9%), 인구 15명당 1명(6.7%)이 80세 이상이었다(2006년에는 20명당 1명). 〈표 4-2〉에서 볼 수 있듯, 65세 이상 인구 중 약 57%가 여성으로 나타나 여성이 남성보다 더 많은 것으로 나타났다. 80세

8) 2014년 EU 28개국의 평균 노령인구(65세 이상) 비율은 18.9%였다. 독일(21%)과 그리스(20.9%)가 가장 높은 수준을, 아일랜드는 13%로 가장 낮은 수준을 기록했다.

〈그림 4-7〉 지역 구분에 따른 합계출산율

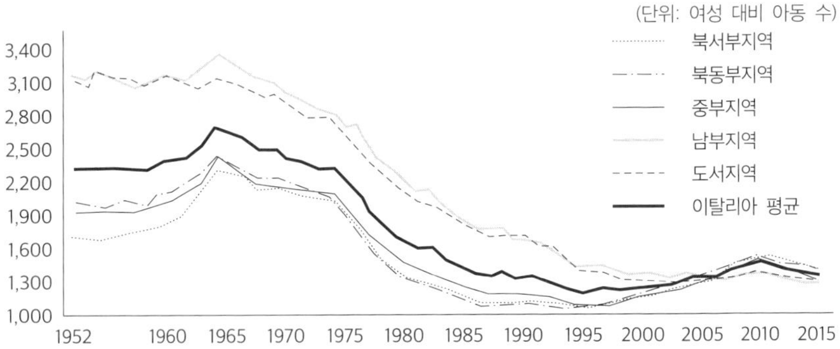

자료: 2008년까지의 자료는 'http://seriestoriche.istat.it', 2009~2015년의 자료는 'http://demo.istat.it/altridati/indicatori/index.html' 참조. 2016. 8. 24. 인출.

이상 인구로 한정하면 남성의 비중이 37%에 불과해 이러한 차이는 더욱 두드러진다. 이렇게 남성의 비율이 낮은 것은 여성의 기대수명이 더 높은 것과 더불어, 어떤 측면에서는 가장 나이가 많은 동시대 출생 집단에서 전쟁에 관련한 사망률이 반영된 것으로도 볼 수 있다.

이탈리아 인구 고령화의 원인으로 주로 지적된 것은 출산율의 장기적 감소였으나 최근에는 사망률 수준의 전반적 개선, 특히 노령인구의 사망률 감소가 인구고령화를 촉진하는 것으로 본다(Livi Bacci, 1999).

이탈리아는 합계출산율 2.7로 최고수준을 기록한 1964년부터 출산율이 꾸준히 감소하였음에도 1970년대 중반까지 대체출산율인 2.1을 상회하는 높은 출산율을 유지했으나, 1995년도에는 역대 최저수준(여성 1명당 1.19)을 기록했다. 1995년도 이후 합계출산율은 조금씩 회복되어 2010년에는 여성 한 명당 1.46을 기록했으나 1.35로 다시 감소했다(〈그림 4-7〉 참조).

합계출산율을 살펴보면 대부분의 관측 기간(1952~2015년)에 걸쳐 뚜렷한 지역적 차이를 발견할 수 있다. 1950년대 남부지역과 도서지역의 합계출산율은 중부지역과 북부지역보다 평균적으로 1.2만큼 높았는데 이러한 차이는 서서히 감소하여 1980년대 말에는 약 0.5, 1990년대 말에는 0.2까

〈표 4-3〉 특정 연도에 따른 출생 시와 65세 기준 기대수명

(단위: 년)

		1950년	1980년	2010년	2015년
남성	출생 시	64.0	70.5	79.3	80.1
	65세 기준	13.2	13.6	18.2	18.7
여성	출생 시	67.5	77.3	84.3	84.6
	65세 기준	14.3	17.3	21.7	19.9

자료: 1950, 1980년의 자료는 the Human Mortality Database(http://www.mortality.org), 2010, 2015년의 자료는 http://demo.istat.it/ 참조.

지 줄어들었다. 2005년에서 2015년 사이에만 북부지역과 중부지역의 합계출산율이 남부지역과 도서지역의 합계출산율보다 0.1 높았다.

이탈리아는 전반적으로 사망률이 크게 개선되었는데 이러한 사실은 주로 특정 연령(예를 들어, 출생 시와 65세)을 기준으로 한 기대수명을 통해 알 수 있다. 즉, 개인이 특정 연령을 기준으로 앞으로 얼마나 더 살 수 있는지 대략적으로 제시하는 것이다.[9] 2015년에 출생한 사람의 기대수명은 남성이 80.1년, 여성이 84.7년이었다(〈표 4-3〉 참조).

1950년대 이래로 사망률은 지속적으로 감소했고 이는 모든 성별에 있어 기대수명의 증가를 낳았다. 그 결과 출생 시 기대수명은 남성이 16.1년, 여성이 17.2년 증가하였다. 나아가 65세 기준의 기대수명은 남성은 18.7년, 여성은 22년이었다. 1950~2015년 사이의 증가가 매우 눈에 띄는데 이탈리아의 65세 기준 기대수명은 남성이 5.5년, 여성이 7.7년 증가했다. 1980~2015년 사이 출생자 기대수명의 성별 차이는 1980년에 6.8년(가장 큰 차이 중 하나)이었던 것이 2015년에는 4.5년으로 감소하여 부분적으로 줄어들었다.

〈표 4-4〉는 인구 고령화를 설명하는 다양한 지표(평균 연령, 부양인구비, 노년부양인구비, 고령화지수)를 지역별로 확인할 수 있다. 이탈리아의 평균

9) 기대수명은 미래에 사망률이 변화하지 않는다고 가정하고 현재의 사망률로 계산된다.

〈표 4-4〉 지역별 연령구조 관련 지표

(2015년, 단위: %, 세)

	노년부양인구비[1)]	부양인구비[1)]	고령화 지수[2)]	평균 연령
북서부지역	36.9	58.2	173.2	45.5
북동부지역	35.9	57.4	166.8	45.2
중부지역	35.8	56.6	172.3	45.3
남부지역	30.2	51.6	140.4	43.1
도서지역	31.5	52.3	151.2	43.8
이탈리아 평균	34.3	55.5	161.4	44.7

주: 1) 부양인구비는 생산연령인구(15~64세) 100명당 부양이 필요한 인구(0~14세와 65세 이상)의 수를 의미함. 이는 평균적으로 15~64세에 해당하는 사람은 소비하는 양보다 생산하는 양이 많고, 부양이 필요한 인구는 너무 어리거나 너무 노령이어서 스스로 노동시장 활동으로 부양할 수 없어 전형적으로 가족이나 국가로부터 지원이 필요함을 전제로 함. 노년부양인구비는 15~64세 인구 100명당 65세 이상 인구의 수를 의미함. 두 개념 모두 고령화가 공적연금체계에 미치는 영향의 대략적 지표로, 그리고 인구의 고령화와 관련하여 경제성장과 문제에 대한 정보를 제공하기 위해 사용됨.

2) 고령화 지수는 15세 미만 인구에 대한 65세 이상 인구의 백분율을 의미함.

자료: ISTAT, 2016b.

연령은 44.7세(2011년 48.3세), 부양인구비는 55.5%(2011년 53.5%), 노인부양인구비는 161.4%였다(2011년에는 148.6%로 크게 증가한 수치이다). 이탈리아는 고령화가 진행 중이지만 국가 전체에서 균등하게 일어나고 있지는 않다.[10)] 이탈리아의 북부지역과 중부지역에서는 평균 연령이 45세로 나타난 반면 남부지역과 도서지역의 평균 연령은 43세를 겨우 웃돌았다. 부양인구비 또한 남부지역은 52%를 넘기지 못한 반면 북부지역에서는 57%를 넘겼다. 마지막으로 남부지역의 고령화 지수는 140이었던 반면 북서부지역과 중부지역의 고령화 지수는 170이 넘었다.

10) 이탈리아 전역에 걸쳐 기대수명의 증가 경향은 거의 유사하게 나타났으므로 이러한 현상은 지역적인 차이를 보이던 지난 출산율의 경향을 반영한다고 볼 수 있다.

2) 미래 경향

이탈리아의 인구는 2042년 중반에 6,390만 명에 달한 뒤 2050년에는 6,350만으로 줄어들 것으로 예상된다.[11] 또한 연령구조의 급격한 변화를 거치며 지속적으로 고령화될 것으로 보인다.

〈표 4-5〉에서 확인할 수 있듯 평균 연령은 2015년 44.7세에서 2050년에는 49.5세로 늘어나며 아동(0~15세)의 비율은 2015~2050년 사이에 13.7%에서 12.6%로 감소할 것으로 예상된다. 반대로 65세 이상 인구의 비율은 50% 증가할 것으로 보인다(2010년에 22%에서 2050년에는 33.1%). 2050년에는 인구 14명당 1명(7.6%)이 85세 이상일 것으로 예상되는데 이는 2015년에 관측된 비율(3.3%)의 두 배 이상이다. 같은 기간 동안 생산가능인구의 비율(보통 15~64세로 정의)은 2015년 63.3%에서 2050년에는 54.4%로 감소할 것으로 보인다.

생산가능인구 100명당 연금 수급 가능연령(보통 65세 이상) 인구의 수(노년부양인구비)는 2015년 34.4였으나 2050년에는 약 두 배에 달하는 60.8로 증가할 것으로 보인다. 이와 같은 기간 동안 고령화 지수(15세 미만 인구 대비 65세 이상 인구의 백분비)는 161.4에서 257.9로 증가할 것으로 예상된다. 이는 21세기 중반 이후에는 15세 미만의 아동 1명당 3명의 65세 이상 인구가 있을 것이라는 의미이다.

〈표 4-6〉은 합계출산율과 무자녀인 이탈리아 여성의 비율을 출생집단에 따라 보여 준다. '완결' 합계출산율은 합계출산율과는 달리 가임기가 지난 여성의 출생집단별 출산율의 관측치이며, 자녀 수 총합을 세기 위해 해당

---

11) 인구 추정은 연앙인구를 비롯하여 미래 출산율, 사망률, 이민에 대한 가정을 기반으로 한 미래 인구의 크기와 연령구조에 대한 정보를 제공한다. 이 장의 모든 추정은 '중간 / 중앙' 가정을 기반으로 한다. 기반 연도의 전체 정보와 가정은 이탈리아 통계청 홈페이지(www.istat.it)에서 찾을 수 있다.

〈표 4-5〉 이탈리아의 연령별 인구 비중과 인구 고령화 관련 인구학적 지표

(단위: %, 세)

	2015년	2030년	2040년	2050년
0~14세	13.7	12.6	12.5	12.6
15~64세	64.3	61.3	56.5	54.4
65세 이상	22.0	26.1	31.1	33.1
85세 이상	3.3	4.5	5.7	7.6
노년부양인구비	34.3	42.6	55.0	60.8
부양인구비	55.5	63.2	77.1	84.0
고령화 지수	161.4	207.1	249.5	262.8
평균 연령	44.7	47.0	48.5	49.5

주: 추정은 '중앙' 가정을 기반으로 함.
자료: http://demo.istat.it, 2016. 8. 25. 인출.

〈표 4-6〉 완결 합계출산율과 출생집단별 45세 기준 무자녀 여성의 비중

(단위: %)

	1930	1935	1940	1945	1950	1955	1960	1965
완결 합계출산율	2.28	2.28	2.14	2.07	1.89	1.80	1.66	1.49
무자녀 여성	13.50	12.50	12.00	9.80	11.30	12.70	15.30	21.20

자료: Comité européen sur la population du Conseil de l'Europe, 2005; OECD Family Database (www.oecd.org), 2011. 6. 12. 인출.

여성을 일생 동안 추적조사하여 계산한다. 이 수치는 무자녀인 고령 여성의 기대 비율과 그들이 가족으로부터 받는 지원에 대한 정보를 제공한다는 점에서 중요하다. 이탈리아의 자녀 없는 고령 여성의 비율은 1950년 이후 태어난 여성들이 65세가 되면서 증가할 것으로 예상된다. 2030년에는 65~70세 여성 5명당 1명 정도는 자녀가 없을 것으로 보인다.

가족의 크기 또한 변화했다. 1930~1965년 사이에 이탈리아에서 태어난 여성의 평균 자녀 수는 지속적으로 감소했다. 1930년대와 1940년대에 태어난 여성이 평균 2명 이상의 자녀를 낳은 반면, 1950년대에 태어난 여성들부터는 2명 미만의 자녀를 가지기 시작했다. 이는 2명 미만의 자녀를 출산하는 65세 여성의 비율이 앞으로 점점 증가할 것이며 2030년에는 여성

들의 출산율이 더 줄어들 것이라는 의미이다.[12]

2. 노령화된 인구와 관련한 변화

인구의 고령화는 보통 부정적으로 그려지기도 하지만 기대수명의 연장이라는 측면에서는 큰 성과이다(WHO, 2002). 낮은 출산율과 길어진 수명은 이탈리아 인구의 고령화를 불러왔는데 결과적으로 이는 이탈리아의 생산가능인구 감소와 동시에 노령인구의 수와 비율의 증가를 야기했다. 이러한 변화는 필연적으로 "가족 구성, 삶의 방식, 사회적 지지에서부터 경제활동, 고용률, 사회보장 그리고 세대 간 전이까지 인간의 모든 삶의 영역에 영향을 줄 것이다"(Peace, Dittmann-Kohli, Westerhof, & Bond, 2007: 2). 실제 인구 고령화로부터 야기되는 우려[13]는 문화융합을 포함하는 국제이주정책뿐만 아니라 연금비용(크게 보면 소득지원비용, 은퇴 적정연령, 은퇴의 수준과 유형), 노동력의 감소가능성(일반적으로 경제적 생산성 증가를 위한 수요뿐만 아니라 실제 일하는 생산가능인구의 비율), 가족 지원의 가능성, 건강보장비용과 같은 공공재정과 복지지출의 지속가능성에 미치는 영향을 중심으로 한다(Bonifazi et al., 2009; Hagemann & Nicoletti, 1989).

일반적으로 인구 고령화가 진행되면서 젊은 연령대의 집단이 고령 집단을 위해 점점 더 많은 부분을 부담하여야 할 것이라고 가정한다. 예를 들어 고용 상태에 있는 더 적은 사람(이는 세금 기반이 줄어든다는 것을 의미한다)이 빠르게 증가하는, 노동시장 밖에 있는 인구를 위해 다양한 방식(예를 들

12) 이러한 추정은 자녀의 성별 사망률을 설명하지는 않는다. 즉, 살아 있는 아이는 나타나지 않는다.

13) 인구 고령화를 급격한 인구 성장으로 바꾸는 것은 필요할 것이지만 그 자체로 도전이 될 것이다(Livi Bacci, 1999).

어 세금과 사회보장세)의 기여를 부담해야 하며 이는 경제성장에 부정적 영향을 미칠 것이라는 식으로 인구고령화가 공공지출에 압박을 더할 것이라 예상한다.

줄어드는 노동력에 추가적 과세 부담이 주어진다고 가정하면, 현재의 인구 변화는 세대의 불공평을 발생시키고 젊은 근로세대와 고령의 연금 수급자 간 긴장을 조성할 것이며 이는 특히, 노동시장에서 고령 근로자의 참여율이 낮게 유지되는 곳에서 두드러질 것이다(Grundy, 2010; OECD, 2004). 이에 더하여 노동시장 참여율과 은퇴 패턴의 변화 혹은 연금지급률의 변화가 없다면 급속한 인구 고령화는 연금지출을 크게 높일 것이다(이는 크게 근로자 수 대비 연금 수급자 수의 비율이 증가한 것에서 비롯된다).

본가르트(Bongaarts, 2004)는 이탈리아의 고용률(특히, 여성 노동시장 참여율) 증가는 근로자 수 대비 연금 수급자 수의 비율과 이탈리아의 공공연금지출 모두를 낮출 것이라고 주장했다. 근로생애의 길이를 늘이는 것[14]부터 여성의 노동시장 참여를 높이는 것까지 고령화로 인한 비용을 조정하고 공공연금체계의 지속가능성을 높이기 위한 여러 개혁과 전략이 최근 도입되었지만, 일·가정 양립을 도울 수 있는 더 나아간 연금개혁이나 정책은 여전히 배제되고 있다(Baldi & Cagiano, 2005).

65세 이상 인구와 그 비율의 증가는 이러한 경향이 건강보장비용에 미칠 영향에 대한 점점 커지는 우려 또한 동반한다. 몇몇 연구는 인구 고령화가 건강보장과 장기요양에 대한 지출증가에 영향을 미칠 것이라고 말한다(Dang, Antolin & Oxley, 2001). 반면 또 다른 연구들은 고령화가 건강보장비용에 있어 제한된 영향을 미치는 데 그칠 것이라 주장한다(Richardson & Robertson, 1999; Zweifel, Felder, & Meiers, 1999). 건강보장비용을 예측하는 데 있어서 연령이 특별히 큰 영향을 미치지 않는다는 주장과 만약

14) 은퇴 연령과 기여 기간을 늘리는 것은 연금 전액을 수급받는 데 필요하다.

사망률과 함께 건강 또한 증진된다면 이는 인구구조가 미치는 건강보장 관련 지출의 증가 압력을 완화하는 것에서 그치지 않을 것이라는 주장을 뒷받침할 증거는 점점 더 많아지고 있다(Gray, 2005; Reinhardt, 2003).

건강보장에 대한 수요와 공급을 추측하는 것은 어려운 일이지만, 노인에 대한 돌봄의 큰 부분이 가족구성원에 의해 제공된다고 가정하면 어느 정도 전망이 가능하다. 가정 관련 행동 양상, 가족 규모 양상 그리고 생활양식에 있어서 과거와 현재 간의 변화는 비공식적 돌봄의 가능성과 공급을 줄일 것이고, 동시에 공식적이고 전문적인 장기요양에 대한 수요를 증가시킬 것이다(Glaser, Tomassini, & Grundy, 2004; Tomassini, Glaser, Broese van Groenou, & Grundy, 2004). 독거노인의 비율 증가(특히, 여성노인)뿐만 아니라 여성 1명당 평균 자녀 수의 감소,[15] 결혼한 적이 없고 자녀가 없는 성인의 비중 증가, 여성의 노동시장 참여율 증가, 이혼율 증가 모두가 돌봄이 필요한 노인에 대한 가족 차원의 지원가능성을 줄이는 데 기여했을 것이다(Bolin, Lindgren, & Lundborg, 2008).

다세대 가구가 감소한 반면 혼자 사는 여성노인은 1970년대에서 2000년대 후반 사이에 거의 배로 증가해 2009년에는 남성노인의 13.6%가 혼자 살았고, 여성노인의 경우 거의 37%가 혼자 살았다(Tomassini et al., 2004; Rapporto Osserva Salute 2010). 혼자 사는 노인은 배우자나 다른 구성원과 가족을 이루고 사는 노인에 비해 빈곤선 아래의 생활을 하는 경우가 많다. 때문에 독거노인, 그중에서도 사별이 원인인 여성 독거노인에게 주의를 기울일 필요가 있다. 아무리 독립적으로 살고자 하는 욕망과 능력을 갖춘 노인이 많아도, 혼자 사는 노인은 그 자체로 잠재적 문제가 될 수 있다(ISTAT, 2011b).

---

15) 출산율의 감소 자체만으로 전통적 '가족' 지원체계가 붕괴하는 것은 아닐지라도 더 적은 자녀는 노인이 된 부모를 돌볼 '가능성'이 있는 사람이 줄어든다는 것을 의미한다.

3. 맺음말

이탈리아는 1970년대 중반부터 현 인구를 대체할 수 있는 것보다 낮은 출산율을 유지하고 있다. 1980년대와 1990년대에 이탈리아는 만연히 1.3명 미만의 출생률을 나타냈다. 비슷하게, 이탈리아는 요즘에도 아기가 태어났을 때, 그리고 남성, 여성 모두 성인 나이 65세 때에 측정한 기대수명이 가장 높다. 그리고 2차 세계대전과 2000년대 후반 사이에도 또한 가장 높은 기대수명을 기록했다(태어났을 때와 65세 때 모두). 지역 차가 있음에도 불구하고 이탈리아는 유럽에서도 65세 이상의 인구가 가장 많은 나라 중 하나로 꼽힌다. 또한 최근 예상에 의하면 노인인구의 수와 비율이 다른 유럽 국가와 비교했을 때 현저히 상승세를 보였다. 2050년까지 이탈리아 인구는 3명 중 1명이 65세 이상이 될 것으로 예측된다.

"인구 고령화와 관련한 연령구조의 변화는 경제, 정치, 사회의 넓은 범위에서 매우 심각한 영향을 미친다."(UN, 2001: 1) 그러므로 인구 고령화는 특별히 의료보험료와 건강보험의 수요, 연금지급과 세대 간의 사회적 지지시스템의 장기 실행가능성의 이슈에 있어서 몇 가지 주요한 정책적 도전을 가지고 온다.

■ 참고문헌

해외 문헌

Baldi, S., & Cagiano, de A. R. (2005). *La Popolazione Italiana, Storia Demografica dal Dopoguerra ad Oggi*. Bologna: Il Mulino.

Bolin, K., Lindgren, B., & Lundborg, P. (2008). Your next of kin or your own career?: Caring and working among the 50+ of Europe. *Journal of Health*

Economics, *27*(3), 718~738.

Bongaarts, J. (2004). Population aging and the rising cost of public pensions. *Population and Development Review*, *30*(1), 1~23.

Bongaarts, J., & Feeney, G. (1998). On the Quantum and Tempo of Fertility. *Population and Development Review*, *24*(2), 271~291. doi: 10.2307/2807974.

Cazzola, A., Pasquini, L., & Angeli, A. (2016). The relationship between unemployment and fertility in Italy: A time-series analysis. *Demographic Research*, *34*, 1~38.

Comité européen sur la population du Conseil de l'Europe(2005). *Evolution Démographique Récente en Europe 2004*. Strasbourg: Conseil de l'Europe.

Dang, T., Antolin, P., & Oxley, H. (2001). *Fiscal Implications of Ageing: Projections of Age-Related Spending* (*Economics Department Working Papers, n. 305*). Paris: OECD.

Gesano, G., & Strozza, S. (2012). Foreign migrations and population aging in Italy. *Genus*, *67*(3), 83~104.

Giannantoni, P., & Strozza, S. (2015). Foreigners' contribution to the evolution of fertility in Italy: A re-examination on the decade 2001~2011. *Rivista Italiana di Economia Demografia e Statistica*, *69*(2), 129~140.

Glaser, K., Tomassini, C., & Grundy, E. (2004). Revisiting convergence and divergence: Support for older people in Europe. *European Journal of Ageing*, *1*(1), 64~72.

Gray, A. (2005). Population ageing and health care expenditure. *Ageing Horizons*, 2, 15~20.

Hagemann, R., & Nicoletti, G. (1989). *Ageing Populations: Economic Effects and Implications for Public Finance* (*Working Paper Department of Economics and Statistics, Vol. 61*). Paris: OECD Organization for Economic Cooperation and Development.

Kinsella, K., & Phillips, D. R. (2005). Global aging: The challenge of success. *Population Bulletin*, *60*(1), 1~44.

Lesthaeghe, R. (2000). Europe's demographic issues: Fertility, household formation and replacement migration. Working paper, United Nations Expert Group Meeting on Policy Responses to Population Ageing and Population Decline.

Livi Bacci, M. (1999). *Introduzione alla Demografia* (*Terza edizione Ed.*). Torino:

Loescher.

Ministero del Lavoro e delle Politiche Sociali (2011). *L'immigrazione per Lavoro in Italia: Evoluzione e Prospettive.* Rapporto 2011 Direzione Generale dell' Immigrazione. Rome: Italia Lavoro.

OECD (2004). *Ageing and Employment Policies: Italy.* Paris: OECD.

Peace, S., Dittmann-Kohli, F., Westerhof, G. J., & Bond, J. (2007). The ageing world. In Bond, J., Peace, S., Dittmann-Kohli, F., & Westerhof, G. (Eds.) (2007). *Ageing in Society: European Perspectives on Gerontology*, 3rd edition. London: Sage publications. 1~14.

Richardson, J., & Robertson, I. (1999). *Ageing and the Cost of Health Services (Working Paper, Vol. 90).* West Heidelberg: Centre for Health Program Evaluation.

Tomassini, C., Glaser, K., Broese van Groenou, M., & Grundy, E. (2004). Living arrangements among older people: An overview of trends in Europe and the USA. *Population Trends, 115*, 24~34.

UN (2000). *Replacement Migration: Is It a Solution to Declining and Ageing Populations?.* New York: United Nations.

______(2001). *World Population Ageing 1950~2050.* New York: United Nations.

WHO (2002). *Active Ageing: A Policy Framework.* Geneva: WHO.

기타 자료

Bonifazi, C., Heins, F., Strozza, S., & Vitiello, M. (2009). The Italian transition from an emigration to immigration country. IDEA Working Papers. Citizens and Governance in a Knowledge-Based Society (5).

Eurostat (2016). Europe in figures: Eurostat yearbook 2016.

Grundy, E. (2010). The care of older people in the United Kingdom: Problems, provision and policy. Paper presented at the Experiencias internacionales y propuestas para consolidar la red nacional de cuido de las personas adultas mayores en Costa Rica, San José.

ISTAT (2011a). Il futuro demografico del paese. Previsioni regionali della popolazione residente al 2065. Statistiche Report. http://www.istat.it/it/archivio/48875. 2016. 8. 20. 인출.

______(2011b). La poverta' in Italia. Statistiche Report. http://www.istat.it/it/archivio/33524. 2016. 8. 20. 인출.

______(2015a). Natalità e fecondità della popolazione residente. Statistiche Report.

______(2015b). Bilancio Demografico Nazionale: 2015. Statistiche Report. Rome: ISTAT.

______(2016a). Ricostruzione della popolazione residente e del bilancio demografico. Serie Storiche. Rome: ISTAT.

______(2016b). Bilancio demografico nazionale, Anno 2015. Statistiche Report.

______(2016c). Popolazione e Famiglie. Rome: ISTAT.

______(2016d). Cittadini Stranieri. Popolazione residente al 2016. Rome: ISTAT.

Reinhardt, U. E. (2003). Does the aging of the population really drive the demand for health care?. *Health Affairs*, *22*(6), 27~39. doi:10.1377/hlthaff.22.6.27.

Zweifel, P., Felder, S., & Meiers, M. (1999). Ageing of population and health care expenditure: A "red herring"?. *Health Economics*, *8*(6), 485~496. doi:10.1002/(sici)1099-1050(199909)8:6〈485::aid-hec 461〉3.0.co;2-4

이탈리아 통계청 홈페이지. http://www.istat.it.

OECD Family Database. http://www.oecd.org/els/family/database.htm.

Rapporto Osserva Salute 2010. http://www.osservasalute.it. 2012. 2. 3. 인출.

The Human Mortality Database. http://www.mortality.org.

http://demo.istat.it. 2016. 8. 25. 인출.

http://demo.istat.it/altridati/indicatori/index.html. 2016. 8. 24. 인출.

http://demo.istat.it/pop2016/index.html. 2016. 8. 23. 인출.

http://seriestoriche.istat.it. 2016. 8. 24. 인출.

http://www.oecd.org. 2011. 6. 12. 인출.

05
정부재정과 사회보장재정

1. 머리말

이번 장에서는 유럽 통계청(Eurostat)의 자료를 통해 사회보장을 위한 지출에 초점을 두고 이탈리아의 상황을 EU 15개국과 비교해 평가할 것이다. 이 장의 2에서는 GDP 대비 지출과 주민 1인당 지출을 고려해 현재 지출수준과 지난 10년간의 추이를 분석하고자 한다. 이 장의 3에서는 사회보장을 위한 지출의 내부 구성을 살펴보고, 4에서는 구체적으로 이탈리아의 연금지출에 집중해 본다. 이 장의 5에서는 사회보장지출에 있어서 현금급여의 비율과 현물급여의 비율을 비교하여 보여 주고, 급여를 받기 위한 가입조건에 대해서도 살펴본다. 즉, 소득수준과 상관없이 받을 수 있는 급여(보편적인 급여)를 받을 자격이 있는 개인·가구에 얼마나 지출하는지, 반대로 일정 소득·부가수준 아래일 경우에만 지급되는 급여(자산조사형 급여)에 자격이 있는 개인·가구에 얼마나 지출되는지를 자료로 제시할 것이다. 이 장의 6에서는 사회보장을 위한 지출의 재원에 관한 데이터를 보여 주고 마지막 7에서는 앞서 설명한 주요 근거를 간단하게 요약하면서 마칠 것이다.

2. 이탈리아 사회보장지출의 수준 및 추이

유럽 통계청의 자료 중 이용 가능한 가장 최근 연도인 2013년, EU 15개국의 세금 총액을 고려한 사회보장을 위한 지출(행정적 비용 및 기타 비용 포함)은 평균적으로 GDP 대비 29.1%이다(〈그림 5-1〉 참조).

GDP를 기준으로 봤을 때, 이탈리아의 2013년 사회보장지출은 29.8%로 EU 15개국 평균보다 높고, 노르딕 국가나 네덜란드, 벨기에, 프랑스, 그리스의 지출비율보다는 낮다. 다른 EU 국가를 보면 2013년 이탈리아의 사회보장을 위한 지출이 오히려 독일과 영국에 비해 높게 나타났다.

그러나 공공복지체계의 관대성 지표로 GDP 대비 사회지출의 비율을 보면 복지체계의 몇몇 구조적 특징을 확인할 수 있다. 우선 사회지출비율은 GDP 값에 강하게 영향을 받는다. GDP는 경기침체기 동안 시간에 따라

〈그림 5-1〉 2013년 EU 15개국의 사회보장지출

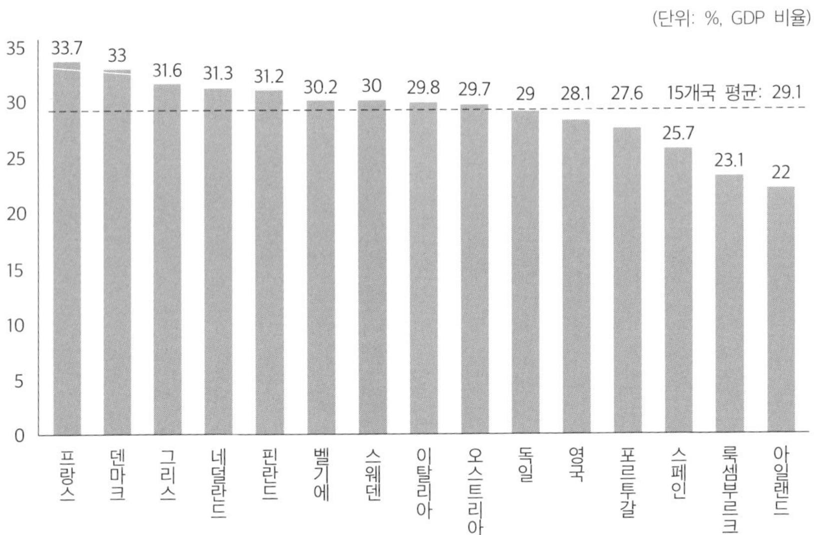

주: 그리스는 2012년 자료.
자료: Eurostat. ESSPROS database의 데이터 가공.

달라지므로 그 비율을 왜곡시킬 수 있다. 다른 말로 하면 GDP 대비 지출의 증가는 사회보장시스템의 관대성 증가 때문보다는 단지 분모의 감소 때문일 수도 있다. 그러므로 2008년에 시작된 것과 같은 경기침체기 동안의 사회보장시스템을 비교하는 것은 몇 가지 이유에서 별로 유용하지 않다. 첫째, 몇몇 EU 국가, 그중에서도 남유럽 국가에서 장기적 GDP 성장 정체가 일어났으며, 둘째, 충격완화 장치로 활용되면서 실업급여지출이 증가했기 때문이다. 특히, EU 15개국 중 일부는 2008년 이후 발생한 실업난을 상쇄하기 위한 주요 수단으로 이를 활용했다.

GDP 대비 사회보장지출 비율로 국가 간 비교를 하는 것은 '순수하게' 복지국가의 관대성과 그 추이를 나타내는 데 한계가 있다. 여기에서는 사회보장지출 비교로부터 GDP 성장의 영향을 분리하기 위해 EU 국가의 1인당 사회보장지출 데이터를 보여 준다. 이는 각 국가마다의 생활수준 차이를 반영할 수 있게끔 구매력 평가지수(Purchasing Power Standard: PPS)로 계산되어 유로 단위로 표시된다.

이러한 1인당 사회보장급여 관련 지출을 봤을 때, EU 국가들의 순위는 크게 달라지고 그 차이도 커진다(〈그림 5-2〉 참조). 특히, 이탈리아의 지출액(7,696유로, EU 평균의 85%)은 EU 평균(8,991유로)보다 한참 아래이며 독일과 영국의 1인당 지출보다도 낮다. GDP 대비 지출을 바탕으로 한 비교가 분모의 크기로 인해 크게 왜곡되어 있다는 사실을 확인하면서 그리스의 경우를 주목해서 볼 필요가 있다. 그리스는 높은 사회지출로 3위를 기록했지만 1인당 지출을 봤을 때는 가장 낮은 순위로 나타난다.

사회보장지출의 지난 10년간(2004~2013년) 변화를 볼 때 GDP 변화가 국제 비교에 미치는 영향은 더 명확하게 나타난다. GDP 대비 지출을 지표로 사용했을 때, 변화 속도에 차이는 있을지언정 모든 나라에서 2009년에 사회보장지출이 갑자기 증가한 것을 알 수 있다. 이 지출의 증가가 실업난으로 발생한 실업급여의 증가 때문으로 보임에도 불구하고, 지출의 증감 추이는

〈그림 5-2〉 2013년 EU 15개국의 사회보장급여

주: 그리스는 2012년 자료.
자료: Eurostat. ESSPROS database의 데이터 가공.

GDP 추이에 따라 움직인다. 이것은 GDP 대비 지출과 1인당 사회보장지출의 추이를 비교하면 잘 드러난다(〈그림 5-3〉, 〈그림 5-4〉 참조).

이탈리아에 대해 살펴보면, GDP 대비 지출비율은 10년간 증가 추세를 따라가는데, 작은 증가들이 최근 몇 년간 더 보이기는 하지만 이 추세의 가파름이 2008년과 2009년에 크게 증가한다. 각기 다른 복지국가 레짐에 속한 7개 주요 EU 국가(노르딕 레짐: 스웨덴과 덴마크; 유럽대륙 레짐: 프랑스와 독일; 남유럽 레짐: 스페인과 이탈리아; 앵글로색슨 레짐: 영국)를 살펴보면, GDP 대비 %로 표현되는 이탈리아의 사회보장지출은 4.8%p까지 증가했다. 이는 스페인(+5.8%p)을 제외한 가장 큰 증가폭이다.

1인당 지출의 추이를 봤을 때는 그 변화가 일정하고 2009년에 특별한 전환점도 나타나지 않는다(〈그림 5-4〉 참조). 게다가, 2004~2013년 사이에 영국이 가장 적은 지출액 증가(+602유로)를 보이기는 했지만, 이탈리아의

〈그림 5-3〉 일부 EU 국가의 사회보장지출 비율

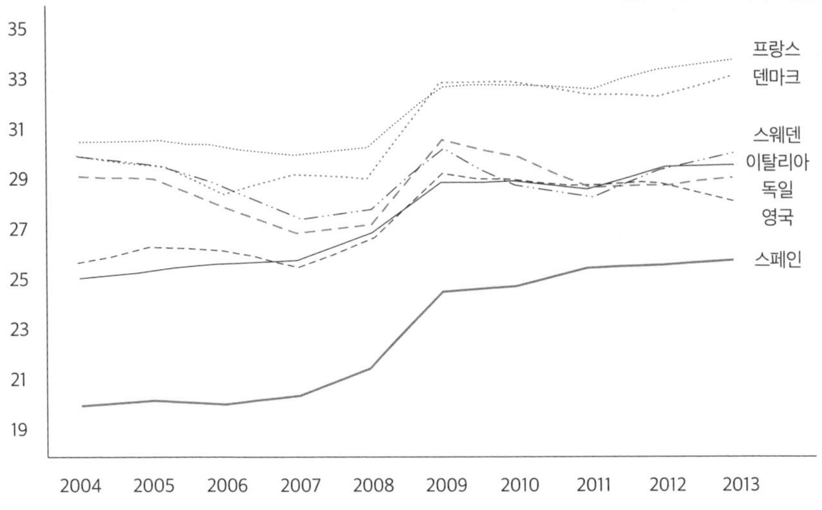

자료: Eurostat. ESSPROS database의 데이터 가공.

〈그림 5-4〉 일부 EU 국가의 사회보장지출 액수

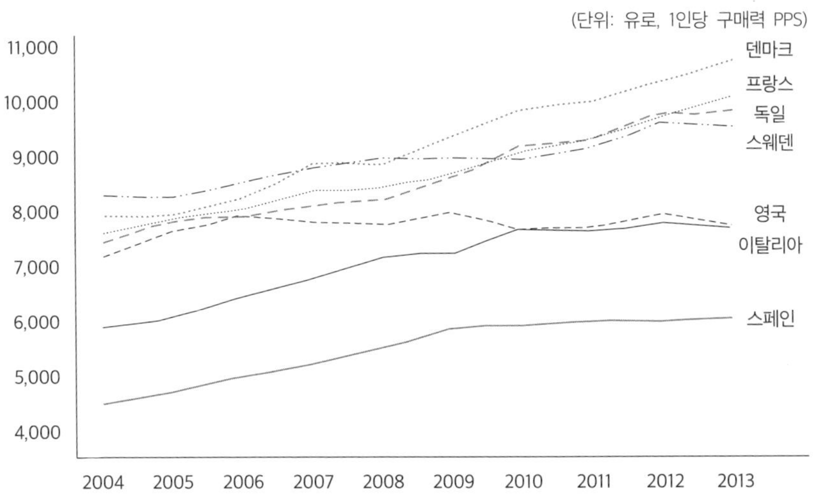

자료: Eurostat. ESSPROS database의 데이터 가공.

1인당 사회보장지출의 증가(+1,821유로)가 덴마크(+2,825유로), 프랑스(+2,502유로), 독일(+2,368유로)의 증가보다 적다는 것에 주목해야 한다. 그러므로 각기 다른 지표는 국가의 사회보장시스템에 관해 다른 순위를 보여 줄 수 있음을 짚고 넘어가야 한다.

그러나 이러한 순위의 불확정성은 꼭 어떤 지표가 더 좋고 나쁘다는 것을 의미하지는 않는다. 오히려 다양한 지표는 우리가 각기 다른 문제에 주목할 수 있게 돕는다. 만약 얼마나 많은 국가 자원이 사회보장지출에 쓰이는지가 주 관심이라면 GDP 대비 지출에 초점을 두는 것이 맞을 것이다. 그러나 이러한 지표는 복지국가의 관대성보다는 총자원이 각기 다른 분야에 분배된 상태를 나타낸다는 점을 확실히 해야 한다. 그러므로 만약 전체 국민이 이용할 수 있는 경제적 자원의 크기와 상관없이 각 시민이 그가 거주하는 복지국가로부터 평균적으로 얼마를 받는지 비교하는 것에 주로 관심이 있다면 1인당 비용을 복지국가의 관대성 지표로 보는 것이 합당하다.

3. 사회보장지출의 구성

기능별 사회지출은 국가 간에 큰 차이를 보이며 각기 다른 기관 현황과 복지국가 발전에 따라 매우 상이한 모습으로 나타난다.

사회보장지출은 기능별로 유럽 통합적 사회보장통계(European System of integrated Social Protection Statistics: ESSPROS)에 따라 분류된다. 이 지표는 1970년대 후반, 유럽 통계청과 EU 회원국에 의해 개발되었는데, 가구에게 주어지는 사회복지급여와 재정에 관한 유럽 국가 간의 일관성 있는 비교를 위한 공통의 지표이다. 덕분에 행정상으로 관리되는 사회보장에 대한 국가 자료를 생산하는 것이 가능해졌다. ESSPROS는 정확하게 정의된 위험과 욕구의 보장이라는 개념에서 만들어졌다. 여기서 지출은 커다란 종합적 항목(예를 들어 보건의료, 장기요양, 연금)으로 분류되는 것이 아니라 질병, 장애, 노령, 가족, 실업을 포함한 위험요인에 의해 분류된다.

모든 국가에서 'GDP 중 차지하는 비율'로 나타내는 지출의 가장 큰 부분은 질병과 노령으로부터의 보호에 관한 것이다. 그러나 2013년에 각각의 기능이 다르게 작용하면서 나타난 EU 15개국 간 차이는 매우 크다(〈표 5-1〉과 〈그림 5-6〉 참조). 각 기능은 크게 연금과 관련된 위험 사건(노령, 장애, 유족)과 빈곤과 관련된 위험(가족, 사회적 배제, 주거)의 두 가지로 나눠볼 수 있다.

EU 15개국의 평균값과 비교했을 때, 이탈리아는 노령과 유족, 즉 연금제도가 대응하는 위험 원인을 제외한 모든 기능의 지출이 매우 낮은 것이

〈표 5-1〉 EU 15개국의 사회보장지출 구성

(2013년, 단위: %, GDP 대비 비율)

	질병	장애	노령	유족	실업	가족	주거	사회적 배제
벨기에	8.3	2.4	9.6	2.0	3.4	2.2	0.2	0.8
덴마크	6.5	4.2	11.7	1.8	1.9	3.7	0.7	1.3
독일	9.5	2.2	9.0	1.9	1.1	3.1	0.6	0.2
아일랜드	6.9	1.2	5.7	0.5	3.1	2.8	0.4	0.2
그리스[1]	6.5	1.4	15.5	2.4	1.9	1.7	0.3	0.6
스페인	6.4	1.9	9.5	2.4	3.3	1.3	0.1	0.2
프랑스	9.1	2.1	12.8	1.8	1.9	2.5	0.8	0.8
이탈리아	6.8	1.6	14.5	2.7	1.7	1.2	0.0	0.2
룩셈부르크	5.8	2.5	6.7	1.9	1.5	3.6	0.3	0.5
네덜란드	10.2	2.3	11.0	1.2	1.6	1.0	0.4	1.5
오스트리아	7.3	2.1	12.8	1.8	1.6	2.8	0.1	0.4
포르투갈	6.2	2.0	12.7	1.9	1.8	1.2	0.0	0.2
핀란드	7.5	3.4	11.7	0.9	2.3	3.3	0.6	0.8
스웨덴	7.5	3.6	12.4	0.4	1.2	3.1	0.5	0.7
영국	8.5	1.7	11.8	0.1	0.6	3.0	1.5	0.7
15개국 평균	7.5	2.3	11.2	1.6	1.9	2.4	0.4	0.6

주: 1) 그리스는 2012년 자료.

자료: Eurostat. ESSPROS database의 데이터 가공.

〈그림 5-5〉 2014년 EU 15개국의 적극적 노동시장정책 지출

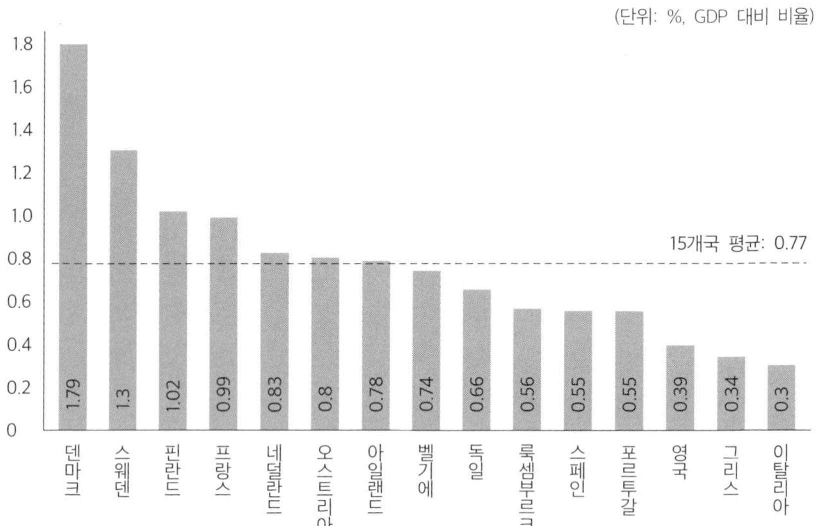

주: 영국은 2010년 자료.
자료: Eurostat. ESSPROS database의 데이터 가공.

특징이다(〈표 5-1〉 참조). 2013년 이탈리아에서 노령과 유족을 위한 지출은 GDP의 17.2%였던 반면에 EU 15개국의 평균은 12.8%였다. 이와는 대조적으로 실업급여와 질병을 위한 지출(즉, 공공보건의료)과 빈곤으로 추락할 위험(주거, 사회적 배제, 가족)을 줄이는 요소들은 EU 15개국의 평균보다 훨씬 낮다.

특히, 이탈리아의 GDP 대비 실업급여지출은 이탈리아와 마찬가지로 최근 실업증가를 겪은 다른 EU 국가(스페인, 아일랜드, 핀란드, 벨기에)보다 훨씬 낮다. 이 사실은 이탈리아에서 경기침체의 영향으로 실업급여 수급자 수가 증가했으며 2012년 노동시장개혁으로 실업급여가 더 관대해졌음에도 불구하고, 실업과 관련된 위험에 대응하기 위한 자원이 아직 충분치 않음을 잘 보여 준다. 이후 이탈리아는 2015년에 많은 실업자를 위해서 적용범위와 급여수준을 확대한, 더 진전된 개혁을 도입했다.

ESSPROS의 분류는 적극적 노동시장정책(ALMPs)을 포함하지 않는데 이에 대한 이탈리아의 지출은 EU 국가 중 제일 낮다(〈그림 5-5〉 참조). 특히, 유럽 통계청의 '노동시장정책 데이터베이스' 자료를 보면 이탈리아의 2014년 적극적 노동시장정책 지출은 GDP의 0.3%인 반면 EU 15개국의 평균은 약 0.8%이고 프랑스와 북유럽 국가들은 1%가 넘는 것을 확인할 수 있다.

이탈리아의 사회보장지출의 구성은 노령과 관련된 위험에 더 집중되어 있다. 2013년 이탈리아 사회보장지출의 3분의 2는 장애, 노령, 유족에 관련되어 있다. 반면 EU의 다른 주요 국가에서 이러한 위험으로부터 개인을 보호하는 데 사용한 지출은 약 55%로 이탈리아보다 더 낮게 나타난다. 독일과 영국에서는 50%보다도 낮다(〈그림 5-6〉 참조). 다른 한편으로는 이탈리아에서 사회보장지출의 23.7%가 질병위험을 보장하는 반면에 독일과 영국에서는 그 비율이 30%가 넘는다.

이탈리아의 2013년 사회보장지출의 구성과 2004년의 구성을 비교해 보면, 예상했던 대로 경제위기와 앞에서 언급한 실업급여시스템의 관대성을 확대한 노동시장개혁의 영향으로 실업급여에 쓰인 지출비율의 증가가 관찰된다(2004년 1.7%에서 2013년 5.9%로). 반면 빈곤퇴치정책에 사용된 사회보장지출의 비율은 매우 낮은 수치로 거의 꾸준하게 유지되었다(2013년 기준으로 사회보장지출 총액 중 4.9%).

그러므로 유럽 통계청의 자료에 의하면 이탈리아의 사회지출은 상대적으로 낮은 수준인 반면 상대적으로 높은 수준의 연금지출을 특징으로 하고, 빈곤층에 대한 복지지출은 현금과 현물급여 둘 다 매우 낮다는 약점을 가진다. 다음에서는 이탈리아의 연금지출수준이 정말로 이례적인 것인가를 평가하기 위해서 연금지출에 대해 더 깊이 분석해 볼 것이다.

〈그림 5-6〉 EU 15개국 중 일부의 사회보장지출 구성: 2013년

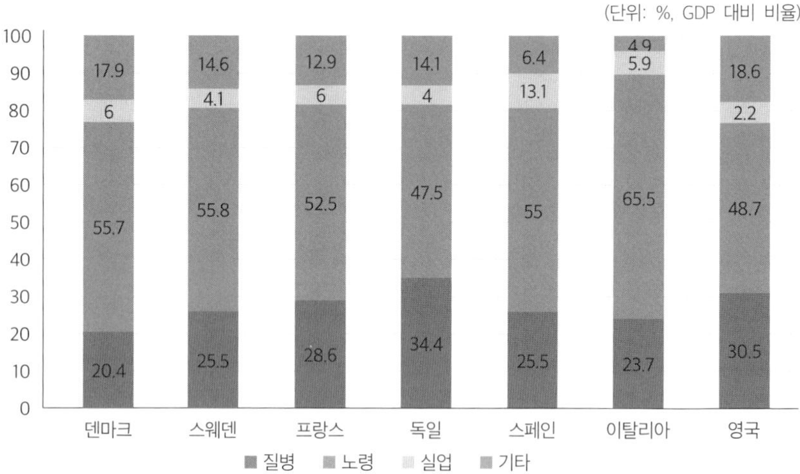

자료: Eurostat. ESSPROS database의 데이터 가공.

〈그림 5-7〉 EU 15개국 중 일부의 사회보장지출 구성: 2004년

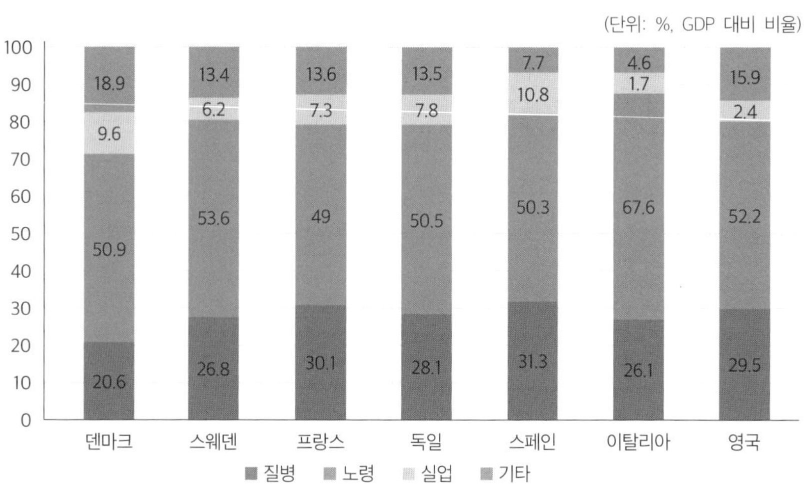

자료: Eurostat. ESSPROS database의 데이터 가공.

4. 이탈리아의 연금지출에 대한 분석

이탈리아의 이례적인 연금지출은 부분적으로 유럽 통계청의 규칙에 따르는 연금과 관련된 몇몇 지출항목의 계산기준과 관련이 있다. 실제로, 좀더 자세한 자료분석이 이루어지면 이러한 이례적 현상은 사라지는 경향이 있다. 먼저 유럽 통계청은 노령 항목에 단순히 노령에 대한 보호를 위한 지출이라 볼 수는 없는 계약종료급여(Trattamento di Fine Rapporto: TFR) 지출을 포함한다는 점을 확인해야 한다. 매년 GDP의 약 1.3% 정도를 차지하는 TFR은 해고, 은퇴 등으로 고용관계가 끝나면 근로자에게 지급되는 일시금이며, 8년의 근로 후에는 특별히 필요할 경우(의료비용, 훈련, 집 구매) 미리 지급될 수 있는 일종의 연기된 임금이다. 그러므로 TFR은 보통 근로자가 노인이 되기 전에 지급된다. TFR이 축적되는 평균 기간은 10년이다.

실업과 장애라는 위험을 보장하는 정책과 노령과 유족을 보장하기 위한 정책을 놓고 봤을 때 이들 사이에는 높은 대체가능성이 존재한다. 다시 말하면, 국가들은 비슷한 목적을 추구하면서도 서로 다른 정책을 적용할 수 있고 이러한 정책도구들은 ESSPROS의 분류에서 다른 항목에 포함될 수도 있다. 예를 들면 이탈리아에서 고령연금은 과거에 적절한 실업급여가 없던 때, 노동시장에서 나가는 것에 대한 부담을 덜어 주는 방법으로 사용되었다. 반면에 다른 국가에서는 장애연금이나 실업급여의 수급자격을 완화하여 나이가 있는 근로자가 조기퇴직을 할 수 있게 해왔다. 순 TFR 지출을 제하고, 장애, 실업, 유족, 노령에 대한 지출을 합한 비중을 비교하면 이탈리아와 EU 평균의 차이는 크게 줄어든다(이탈리아 19.1%, EU 평균 17%, 〈표 5-1〉 참조).

이탈리아 연금지출이 과대 측정되는 이유는 또 있다. 사회보장지출은 세금의 총합을 고려하는데, 현금급여에 대한 과세제도는 국가마다 굉장히 다르다. 이탈리아에서 연금은 근로소득으로 세금이 부과되는 반면, 많은 EU

〈표 5-2〉 이탈리아 연금급여의 지출과 수입 추이

(단위: 백만 유로)

	연금지출	자산조사형 지출	자산조사형을 제외한 지출	수입	순 잔액	연금급여에 부과된 세금	세금 납부 이후의 잔액
2004	186,712	29,816	156,896	137,449	-19,512	27,027	7,514
2005	192,459	30,100	162,359	141,135	-20,454	27,738	7,283
2006	200,093	30,913	169,180	150,974	-17,464	28,770	11,306
2007	208,898	32,150	176,748	159,339	-17,409	30,688	13,279
2008	217,661	32,626	185,035	183,011	-2,024	35,157	33,133
2009	225,657	33,481	192,176	183,260	-8,916	36,513	27,597
2010	232,339	33,677	198,662	185,657	-13,005	38,720	25,715
2011	238,319	33,719	204,669	188,121	-16,488	40,512	24,024
2012	238,394	38,568	199,826	182,895	-16,931	40,527	23,596
2013	243,142	41,477	201,665	181,277	-20,388	41,334	20,946

자료: INPS의 데이터 가공; Pizzuti(Ed.), 2015.

국가에서 연금은 세제혜택을 받는다. 또한 여러 국가에서는(특히, 앵글로색슨 국가) 사적연금 가입 시에도 관대한 세액공제의 방법으로 세제혜택이 적용된다. 그러나 이러한 세금지출은 사회보장을 위한 공공지출로 계산되지 않는다. 이탈리아에서 진행한 최근 수십 년간의 연금 개혁은 연금제도의 장기적 재정안정성을 위해 연금지출과 연금기여에 개입했다. 그러므로 연금제도의 안정성을 평가하기 위해서는 지출과 수입 간의 균형을 살펴보는 것이 유용할 것이다.

〈표 5-2〉는 2004~2013년까지 10년간의 이탈리아 연금급여 수입과 지출을 정리한 자료이다. 연금지출과 기여금의 균형은 항상 적자인데 이는 2013년에 약 620억 유로만큼의 예산부족을 의미한다. 그러나 사회적 연금을 위한 반빈곤 자산조사형 급여의 지출과 최저연금을 위한 보완지출은 그 특성상 사회보장기여금과 같은 값이 될 수 없고, 일반조세로 부족한 재원을 충당한다. 따라서 자산조사형 급여를 위한 지출을 제외하면 예산부족분은 2013년에 약 204억 유로로 크게 줄어든다.

이탈리아의 연금지출이 공공재정에 미치는 순수한 영향을 보려면 자산조사형 급여를 제외한 연금에 부과되는 소득세를 고려해야 한다. 여기서 세율은 근로자에게 적용되는 세율과 같다. 따라서 예산에 연금급여의 소득세로부터 생기는 수입을 더하면, 공적연금제도의 재정균형은 약 210억 유로만큼 흑자가 된다.

연금지출에서 자산조사형 급여를 제외하고, 연금급여에 부과되는 소득세로부터의 수입을 빼면(즉, 세금을 제외한 보편적인 연금지출을 고려하면), 2004~2013년의 전체 10년 동안 연금제도의 재정균형은 흑자를 보인다는 것을 알아야 한다.

5. 복지급여 유형별 사회보장지출

또 다른 국가 간의 차이는 첫째로 사회복지급여가 현금 형태인지 현물 형태인지에 관한 것이고, 둘째로 이러한 급여의 수급자격 기준, 즉 급여가 어떤 특정한 자산조사 기준에 충족되는 개인(예를 들면 소득이 어떤 기준선보다 낮은 개인이나 가구)에게만 제공되는 것인지 혹은 소득수준 외의 다른 기준(예를 들면 나이나 실업, 질병 등)에 부합하는 모든 개인에게 '보편적으로' 제공되는 것인지에 관한 것이다.

유럽 어디에서나 급여의 가장 많은 부분은 현금으로 지급된다(〈그림 5-8〉 참조). 그러나 현물급여의 비율은 EU 국가 간에도 매우 다르게 나타난다. 노르딕 국가들과 앵글로색슨 국가들은 현물급여가 주를 이루며 남유럽에서는 복지서비스 지출의 비율이 훨씬 낮다.

이탈리아는 EU 국가 중 현물급여 지출비율이 가장 낮다(24.6%). 반면 독일과 프랑스는 그 비율이 30%가 넘고 노르딕 국가는 40%가 넘는다. 이탈리아의 지출 중 현물급여는 주로 보건의료에 관한 것이다. 왜냐하면 현물서비스를 바탕으로 하는 다른 유형의 사회보장 프로그램(예를 들어 보육

〈그림 5-8〉 일부 EU 국가의 사회보장지출 구성: 현금 및 현물급여

(2013년, 단위: %, GDP 대비 비율)

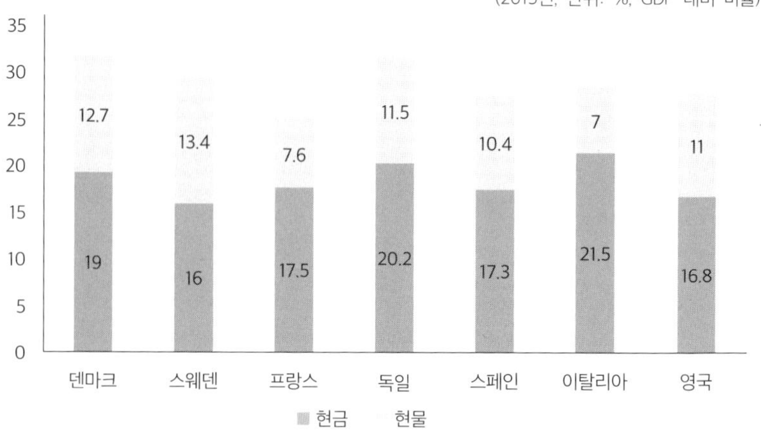

자료: Eurostat. ESSPROS database의 데이터 가공.

〈그림 5-9〉 일부 EU 국가의 사회보장지출 구성: 보편주의 · 자산조사 바탕의 급여

(2013년, 단위: %, GDP 대비 비율)

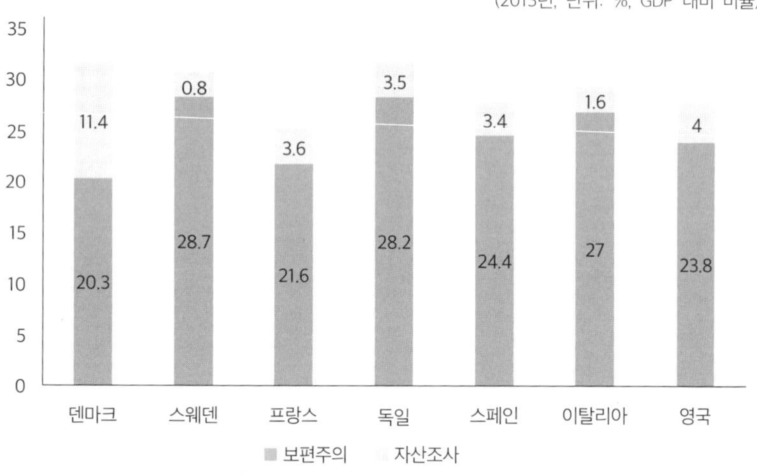

자료: Eurostat. ESSPROS database의 데이터 가공.

서비스, 노인 장기요양, 주거서비스)은 현재 충분히 발달하지 않았기 때문이다. 참고로 교육에 대한 지출은 ESSPROS 데이터에 포함되지 않는다.

복지급여의 수급자 선별과 관련된 사항을 살펴보면, 비록 국가 간의 명확한 차이가 있기는 하지만 보편적 급여는 어디에서나 높은 비율로 나타난다(〈그림 5-9〉 참조). 자산조사형 급여는 상대적으로 덴마크에서 더 확산되어 있고 영국과 프랑스가 그 뒤를 잇는다. 반면에 이탈리아와 스웨덴은 자산조사형 복지급여에 쓰이는 사회보장지출의 비율이 가장 낮은 것(각각 5.6%, 2.7%)이 특징이다. 실제로 이탈리아에서 자산조사형 급여는 GDP의 1.6%로 그 비중이 크지 않다. 그러나 어떤 소득 기준선에 따라 지급되는 최저연금을 위한 보완급여는 유럽 통계청에 의해 보편적 급여지출로 잘못 분류되어 있다는 점을 감안해야 한다.

6. 사회보장의 재원

사회보장지출의 재원은 가입자와 고용주에게 부과되는 사회보장기여금과 일반조세의 혼합으로 구성된다. 그중에서도 사회보장기여금은 연금과 실업급여의 재정에서 주요 구성요소이다. 일반적으로 복지국가는 급여가 근로와 관련이 있고 근로 소득과 근로 기간에 기반을 두는 근로자의 보험으로 발전한다. 그 주된 재원은 사회보험료였다. 반면에 조세재정은 빈곤퇴치급여와 다른 제도의 예산부족을 채우는 데 사용되었다. 그러나 재원 수입 중 사회보장기여금의 비율은 국가마다 크게 다르고, 지난 수십 년간 많은 국가에서 정부로부터의 기여금 비율의 증가가 관찰되었다.

2013년 총재원에서 사회보장기여금의 비율(고용주와 가입자의 비율의 합)은 연금의 재원이 대부분 일반조세에서 충당되는 덴마크의 19.7%에서부터 스페인의 64.8%까지 다양하다(〈그림 5-10〉 참조). 이탈리아에서는 사

〈그림 5-10〉 일부 EU 국가의 사회보장지출 재원: 2013년

(단위: %, GDP 대비 비율)

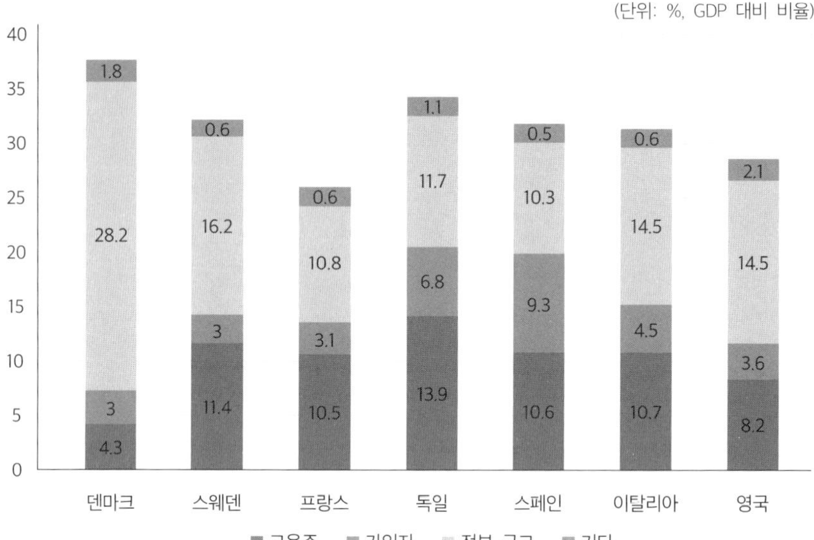

자료: Eurostat. ESSPROS database의 데이터 가공.

〈그림 5-11〉 일부 EU 국가의 사회보장지출 재원: 2004년

(단위: %, GDP 대비 비율)

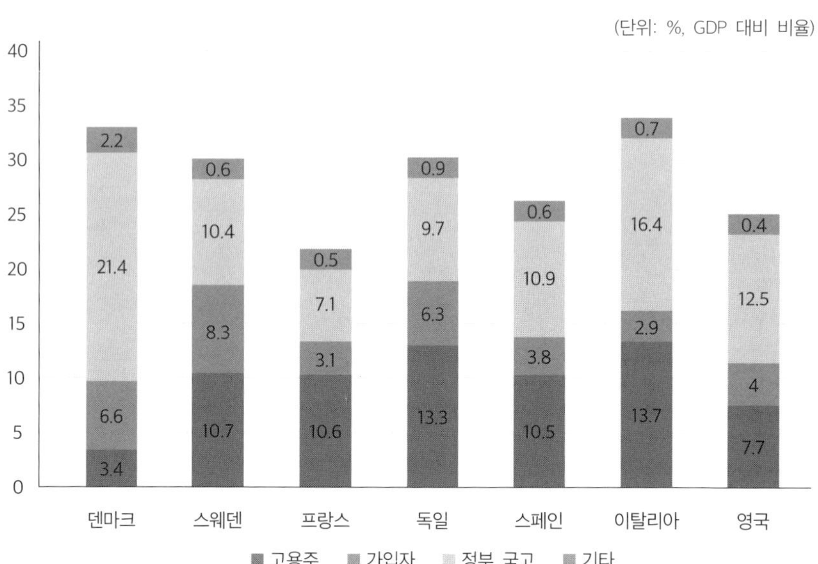

자료: Eurostat. ESSPROS database의 데이터 가공.

회보장지출(대부분 연금과 실업급여를 위한 지출)의 50.2%가 사회보장기여금으로부터 나온 것이다. 반면 앞에서 언급했듯이 유럽 통계청에 의해서 연금시스템에 분류되어 있는 보건의료와 빈곤퇴치급여는 일반조세가 재원이다.

1995년 당시 사회보장재원 중에서 사회보장기여금의 비율은 67.6%였다. 그러나 1990년대 중반과 1998년에 이뤄진 개혁이 보건의료의 재원을 사회보장기여금에서 일반조세로 바꾼 이후로 이탈리아에서 사회보장기여금의 역할은 계속 감소했다. 최근 10년간은 이탈리아 사회보장재원의 구성이 거의 일정하게 유지되었다. 반면 덴마크, 스웨덴, 프랑스, 영국에서는 2004~2013년 사이 사회보장기여금 총액의 비율이 크게 감소했다(〈그림 5-11〉 참조). 또 한 가지 언급할 것은 이탈리아의 GDP 대비 사회보장을 위한 총재정이 지난 10년간 2004년 33.7%에서 2013년 30.3%로 감소했는데, 반대로 다른 EU 국가의 GDP 대비 사회보장재정 비율은 확연히 증가했다는 점이다.

7. 맺음말

이번 장에서는 공공복지체계의 특징과 범위에 초점을 두고 이탈리아의 개인별 생활수준에 대해 살펴보았다. 특히, 사회보장급여를 위한 공공지출을 다룬 충분한 데이터를 분석했으며 이를 통해 몇몇 지표가 나타내는 바를 설명하고 이탈리아의 경우를 다른 EU 15개국과 비교하였다.

좀더 자세하게는 EU 국가들의 사회보장지출에 관한 데이터를 살펴보았다. 그리고 GDP 대비 지출을 기준으로 했을 때는 이탈리아의 사회적 지출이 EU 15개국 평균보다 높지만, 기준을 구매력 평가지수로 측정된 주민당 지출로 했을 때는 EU 평균보다 훨씬 낮다는 점을 지적하였다. 또한 지표가 달라지면 국가별 사회보장시스템의 순위도 달라질 수 있다는 것을 설명하였다. 그러므로 이러한 지표들은 다양한 문제를 볼 수 있도록 해준다.

이탈리아의 사회지출 구성에서 중요한 특징은 주요 EU 국가와 비교했을 때 노령이나 유족, 즉 위험의 원인이 연금시스템과 관련된 것을 제외하고는 모든 기능에 있어서 지출이 확연히 적다는 점(예를 들면 실업, 보건 의료)이다. 그러나 한편으로는 명백히 이례적으로 보이는 이탈리아의 연금지출은 더 자세한 자료분석이 이루어질 경우 평가가 달라질 수 있음을 보여 주었다. 또한 국제 비교를 했을 때 이탈리아는 비교적 현물 복지급여지출이 적고(특히, 보육, 장기요양, 주거에 있어서), 빈곤층 대상의 자산조사형 급여를 위한 지출이 매우 제한적이라는 특징을 가진다.

■ 참고문헌

해외 문헌

Pizzuti, F. R. (Ed.) (2015). *Rapporto sullo Stato Sociale 2015*. Naples: Simone Edizioni.

기타 자료

유럽 통계청(Eurostat). ESSPROS database. http://ec.europa.eu/eurostat.

이탈리아 사회보장공단. https://www.inps.it/portale/default.aspx.

06
최근 사회보장 개혁동향

1. 최근 사회보장 개혁동향의 소개

이탈리아 복지국가의 최근의 개혁경향은 복지지출 삭감, 더 엄격한 보험원리의 적용에 따른 개인의 사회적 위험부담 증가, 그리고 통합적 사회서비스제도 구축의 시도 등으로 요약할 수 있다(홍이진, 2012).

이 책의 1장에 묘사된 바와 같이, 2010년대까지 이탈리아에서 신사회적 위험에 대한 인식은 미약했으며 최근 20여 년 동안 이루어진 주된 개혁은 복지 삭감의 방향을 택하였다(Ascoli & Pavolini, 2012). 이러한 경향은 〈표 6-1〉에서 자세히 기술하고 있다.

연금개혁과 보건개혁, 노동시장정책의 변화, 노인과 아동을 위한 복지서비스에 대한 내용은 이 책의 다른 장에 구체적으로 서술되어 있으므로 이번 장에서는 전반적인 추세에 대해 다루고자 한다.

〈표 6-1〉 최근 20년간의 이탈리아 복지개혁

	1990년대	2000~2007년	2008~2012년
연금	• 삭감	• 삭감	• 보험원리의 강화 • 다중체제 연금의 강화 • 연금대상자 간의 불평등 완화 • 고령연금 및 조기은퇴제도 폐지
노동시장정책	• 노동시장 유연화	• 노동시장 유연화	• 실업급여제도의 개혁
보건	• 민영화	• 두 번째 기둥을 위한 인센티브시스템	• 예산삭감, 본인 부담 증가 • 보건인력 채용 차단
교육	• 탈중앙화 및 학교의 독립성	• 민영화와 예산삭감	• 예산삭감
공공부조 및 사회서비스	• 입법화의 혁신	• 민영화 및 예산삭감 • 일 · 가족 양립에 대한 무관심	• 예산삭감

자료: Ascoli & Pavolini, 2012.

2. 연금개혁

이탈리아 연금제도는 1945년부터 1968년까지 적립방식으로 운영되다가 1969년부터 좀더 관대한 급여를 제공하는 부과방식(PAYG)으로 전환되었다. 1970년대에 연금재정이 적자지출의 원리를 따르면서 장기적 기금의 지속가능성은 빠른 속도로 악화했다. 이에 따라 1992년의 아마토(Amato) 개혁과 개념적 확정기여형(NDC) 제도를 도입한 1995년의 디니(Dini) 개혁은 보험원리를 더 엄격하게 적용함으로써 보험료와 급여의 비례수준을 강화하였다.

또한 최근의 개혁방향으로는 계약종료급여(TFR)와 보완연금기금의 역할 강화를 들 수 있다. 다시 말해, 정부는 기존의 TFR 제도를 활용해 이를 다중체제 연금제도의 일부분으로 편입시키고자 한다. 〈표 6-2〉는 1992~2007년의 주요 개혁을 법적 규정으로써 설명한다.

2011년의 개혁은 NDC 제도로의 전환이 더 빠른 속도로 이루어질 수 있

〈표 6-2〉 이탈리아 노인연금제도의 주요 법적인 규정: 1992~2007년

규정	내용
1992년 〈제 421법〉	아마토(Amato) 개혁
1992년 〈제 503법령〉	공공연금제도의 개혁
1993년 〈제 124법령〉	다중체제연금제도를 위한 법적인 틀
1995년 〈제 335법〉	디니(Dini) 개혁: NDC 제도 도입
1997년 〈제 449법〉	프로디(Prodi) 개혁
2000년 〈제 47법령〉	다중체제 연금제도의 보완사회보장을 위한 세금 인센티브
2004년 〈제 243법〉	공공연금제도의 개혁
2005년 〈제 252법령〉	보완사회보장과 계약종료급여의 개혁
2007년 〈제 247법〉	사회보장, 노동 및 경쟁력에 대한 복지 프로토콜 체결

자료: Hong, 2009.

도록 도모하였다. 최근의 연금제도 관련 개혁들은 다음과 같이 요약할 수 있다(Ascoli & Pavolini, 2012).

- 부과방식에서 NDC 제도로의 전환
- 연금 수급급여 계산을 위한 납부 기간의 연장
- 은퇴 가능연령의 상향
- 물가 연동의 엄격성
- 장애연금의 계산 및 해당자격에 대한 엄격성 제고
- 다중체제의 연금제도 강화

3. 보건개혁

이탈리아 국가의료서비스(SSN)는 1990년대 이래 민영화 수순을 밟았다. 1992~1993년 개혁을 통해 보건 거버넌스에 민간단체의 진입이 허용됨에 따라 준시장(*quasi-market*) 경쟁이 시작되었고(Spicker, 2014) 1999년 개혁

을 거치면서 경쟁보다 협력의 차원이 강화되었다(Ascoli & Pavolini, 2012). 최근 이탈리아 보건제도의 개혁동향은 1999년 〈제 229법령〉으로 제정된 '건강을 위한 연대협정' 협상제도의 도입과 지방분권화를 이루기 위한 2000년 〈제 56법령〉 및 2001년 〈제 3법〉 등의 법적인 틀로 설명할 수 있다.

'건강을 위한 연대협정' 방식은 중앙 및 지방 정부, 시민단체, 영리 및 비영리 의료서비스 생산업자 등 사회적 행위자를 포함하여 격년으로 이루어지는 일종의 '건강계획'으로 볼 수 있다. 즉, 이는 건강상태가 의료서비스의 기술적 질에 의해서만 달라지는 것이 아니라 관련 주체의 책임감과 민주적 협력성에 의해서도 개선될 수 있도록 하는 조치를 의미한다.

2000년 〈제 56법령〉(재정 지방분권주의)에 따라 지방 정부에 대한 국가보조금이 지급 중단되면서 보건서비스의 재정체계가 변화했고 지방 정부의 재정적 독립성은 더욱 강화되었다. 이 책의 12장에서 볼 수 있듯이, 지방분권화의 주요 혜택은 의료서비스의 신속한 제공 및 서비스의 질 향상보다는 재정안정성에 초점을 두고 있으며 이를 중심으로 하여 협정이 체결되는 경향이 나타난다(Ferrera, 2008). 이렇게 볼 때, 2000년대 개혁의 주된 의도는 주 정부의 책임을 강화하고 전반적인 보건예산을 통제 삭감함으로써 다중체제 의료제도의 도입을 도모하고자 했던 것으로 이해할 수 있다(Ascoli & Pavolini 2012).

4. 사회서비스의 개혁

이탈리아에서 의료서비스를 제외한 현물급여예산은 국내총생산(GNP)의 약 0.84%에 불과하다. 이뿐만 아니라 의료서비스의 규모와 질에 있어 주별, 심지어 시도별 차이가 크게 나타나기 때문에 이탈리아 사회서비스제도는 단편적이고 자발적인 특징을 보인다고 할 수 있다.

이에 따라 정부는 좀더 구조적이고 전문적인 사회서비스제도의 기틀을 마련하기 위해 2000년 〈제 328법〉(통합적인 사회서비스를 실현하기 위한 법적인 틀)을 제정하였다. 〈제 328법〉에 따라 정부는 "국가는 기초지원수준(Livelli Essenziali di Assistenza: LEA)을 결정하고, 주(*regione*)는 프로그램의 조정, 계획, 모니터링 등의 역할을 하며, 도시는 실행 업무를 담당한다"고 명시해 역할분담을 제도적으로 확실히 규정했다. 또한 사회정책기금을 설립하고, 전국적 정보시스템과 공식적 사회복지사 자격시스템을 구축하고자 했다. 그러나 앞서 말한 지방분권화의 결과 2001년 〈헌법〉 제 117항이 신설되면서 주 정부가 사회정책을 결정하는 유일한 행위자가 되었다. 이에 따라 국가의 개입은 배제되어 결국 〈제 328법〉의 본래 목적이 모호해졌고 주 정부와 국가 간 역할분담의 경계가 불분명해졌다.

특히, 기초지원수준에 대한 국가 차원의 기준이 없어 전국에 공통으로 적용될 사회서비스제도를 구축하는 데 많은 어려움이 뒤따랐다. 또한 각 주를 대상으로 하는 사회정책기금 보조금 지급이 점차 중단되면서, 각 주는 스스로 사회정책을 위한 기금을 마련해야 하는 상황에 처했다. 이에 따라 장기적으로 〈제 328법〉의 적용에 많은 한계가 있을 것으로 예상하는 분석들이 있었고(Pizzuti, 2011; Stame et al., 2009), 이탈리아에서는 본격적 가족정책이 결여되어 있다는 판단도 있었다(Ascoli & Pavolini, 2012).

이 책의 14장, 15장에서 더 자세히 다루겠지만 노인복지서비스에 대한 욕구가 늘어나는 상황에도 불구하고 국가의 개입은 여전히 부족하다. 그러나 일·가족 양립에 있어 렌치(Matteo Renzi) 정부는 더 많은 관심을 두고 있는 것으로 보인다. 최근에는 이를 위해 2억 유로의 예산을 확보했고 향후 5천 명의 어린이집 보육교사를 채용할 계획이 있음을 밝혔다(*Il Fatto Quotidiano*, 2016. 11. 12).

5. 노동시장의 개혁과정

2008년의 경제위기는 여러 종류의 노동계약으로 파편화된 이탈리아 노동시장에 부정적인 영향을 미쳤다. 1990년대에 이루어진 노동시장의 개혁은 노동의 유연성을 강화하는 반면, 이를 지원할 복지망을 제공하지 못했다. 유연성(*flexibility*)과 동시에 사회보장(*security*)이 이루어질 때 유럽식 '유연안정성' 제도(*flexicurity*)가 성립할 수 있는데, 이를 구축하지 못한 이탈리아의 노동시장은 실업정책의 재구조화가 시급한 상황이다(Pizzuti, 2011).

2010년대 노동시장의 개혁은 이탈리아 복지국가에 가장 커다란 변화를 가져올 것으로 기대된다. 이 책의 8장에서 더 자세히 다루겠지만, 실업급여(Ammortizzatori Sociali) 제도는 노동시장의 내부자(*insiders*)를 보호하기 위한 목적을 바탕으로 한다. 그래서 정규직 근로자의 전형적인 형태가 아닌 여성·청년·이민자 등 외부자(*outsiders*)의 경우, 실업급여의 적용대상에서 아예 배제되는 문제를 갖고 있었다. 그러나 보편주의적인 '새로운 실업수당'(NASPI)의 도입으로 보험규정이 완화되면서, 더욱 많은 비정규직 근로자에게도 실업급여의 혜택이 돌아갈 수 있도록 변화하고 있다. 사키와 베산(Sacchi & Vesan, 2011)은 노동시장개혁 변화의 흐름을 다음과 같이 기술하였다.

- 실업급여 수급 결정에 근로복지제도(*workfare*) 관련 조건을 포함함
- 소극적 노동정책과 더불어 고용촉진을 위한 적극 노동정책이 중요해짐
- 고용과정상 근로계약의 유연화 추진
- 평균 실업수당의 적용대상 확대 및 급여수준의 제고
- 고용촉진과 관련하여 국가 외에도 지방 정부(주·시도) 및 민간 부문의 참여를 도모함으로써 다양한 고용정책 거버넌스 구축

■ 참고문헌

국내 문헌

홍이진 편(2012). 《주요국의 사회보장제도: 이탈리아》. 서울: 한국보건사회연구원.

김용하 · 이태진 · 강신욱 · 노대명 · 여유진 · 유근춘 · 김성원 · 김연명 · 김호기 · 이정우 · 옥동석 · 최연혁 · 홍경준 · 홍이진 · 우선희 · 김정은(2011). 《지속가능한 한국형 복지체제 모색을 위한 선진복지국가 경험의 비교 연구》. 서울: 보건복지부.

해외 문헌

Ascoli, U., & Pavolini, E. (2012). Ombre rosse. Il sistema di welfare italiano dopo venti anni di riforme. *Stato e Mercato*, *96*, 429~464.

______(Eds.) (2015). *The Italian Welfare State in a European Perspective: A Comparative Analysis*. Bristol: Policy Press.

Bianco, M., & Sestito, P. (2010). *I Servizi Pubblici Locali*. Bologna: Il Mulino.

Ferrera, M. (2008). Dal welfare state alle welfare regions: La riconfigurazione spaziale della protezione sociale in Europa. *La Rivista delle Politiche Sociali*, *3*, 17~49.

Hong, I. (2009. 9). *Pension Reform in the Italian and the Korean Debate*. Paper presented at the APPAM conference "Asian Social Protection in Comparative Perspective". National University of Singapore.

Ianes, A. (2011). *Le Cooperative*. Roma: Carocci.

Jessoula, M., & Alti, T. (2010). Italy: An uncomplete departure from Bismarck. In Palier, B. (Ed.) (2010). *A Long Goodbye to Bismarck?: The Politics of Welfare Reform in Continental Europe*. Amsterdam: Amsterdam University Press.

Lucidi, F., & Raitano, M. (2009). Molto flessibili, poco sicuri: Lavoro atipico e disuguaglianze nel mercato del lavoro italiano. *Economia & Lavoro*, 2, 99~115.

Paci, M. (2005). *Nuovi Lavori, Nuovo Welfare*. Bologna: Il Mulino.

Paci, M., & Pugliese, E. (2011). *Welfare e Promozione delle Capacita*. Bologna: Il Mulino.

Passerini, W., & Marino, I. (2011). *Senza Pensioni*. Milano: Chiarelettere.

Pirrone, S. (2008). *Flessibilità e Sicurezze: Il Nuovo Welfare Dopo il Protocollo del 23 Luglio*. Bologna: Il Mulino.

Pizzuti, F. R. (2011). *Rapporto Sullo Stato Sociale 2011*. Napoli: Simone.

Ranci, C., & Pavolini, E. (2015). *Le Politiche di Welfare*. Bologna: Il Mulino.

Sacchi, S., & Vesan, P. (2011). Le politiche del lavoro. In Ascoli, U. (Ed.) (2011). *Il Welfare in Italia*. Bologna: Il mulino. 147~172.

Spicker, P. (2014). *Social Policy: Theory and Practice*. Bristol: Policy Press,

Stame, N., Lo Presti, V., & Ferrazza, D. (2009). *Segretariato Sociale e Riforma dei Servizi*. Milano: FrancoAngeli.

기타 자료

Mandrone, E. (2008). La riclassificazione del lavoro tra occupazione standard e atipica: l'indagine Isfol Plus 2006, Collana Studi Isfol 2008/1.

Il Fatto Quotidiano(2016. 11. 12). Scuola dell'infanzia, 200 milioni per i nuovi poli 0-6 anni. http://www.ilfattoquotidiano.it/2016/11/12/scuola-dellinfanzia-200-milioni-per-i-nuovi-poli-0-6-anni-fino-a-5mila-assunzioni-per-le-maestre-dailo/3187448. 2016. 11. 12. 인출.

http://www.lavoce.info.

제 2 부 소득보장제도

07
공적연금제도

1. 머리말

이탈리아는 비스마르크를 따라 1864년에 공무원을 위한 강제가입의 노령연금을 도입했다. 이어서 1919년에는 민간 부문 근로자를 위한 강제가입의 확정기여형(DC) 공적연금제도를 도입했다. 2차 세계대전 이후 전체 경제활동인구로 적용 범위를 확대했고, 피부양자(*dependent*)의 경우 유족연금(1939년부터)과 가족 내 재분배를 통해 간접적인 보장을 받았다.

적립방식(*pre-funding*)은 1945~1969년 사이에 부과방식(Pay-As-You-Go)으로 대체되었다. 저임금 퇴직자를 위한 '최저연금보조'와 빈곤한 고령자를 위해 자산조사를 거쳐 지급되는 '사회연금'은 각각 1952년과 1969년에 도입되었다. 1965년부터는 민간 부문 근로자와 자영업자 모두 35년의 기여 기간 이후 연령에 관계없이 '퇴직연금'을 받았다. 민간 부문 근로자는 관대한 소득연동제도에 적용되었다. 이는 1990년에서야 자영업자에게 확대 적용되었으나, 자영업자의 보험료율은 12%로 민간 부문 근로자의 보험료율인 24%의 절반 정도 수준이었다.

이후 수십 년간 연금지출은 GDP 성장속도보다 두 배 빠르게 증가한 데 비해 기여는 인구고령화와 경제침체의 동반 효과로 인해 상대적으로 느린 속도로 성장하였다. 1990년대 초반에 EU와 금융시장은 정책입안자를 동반 압박하여 지출을 삭감하도록 하였다. 심각한 정치적 위기를 맞아 전문기술자들로 재편된 내각은 오래된 연금체계를 대대적으로 점검하는 것에 찬성했다. 가장 두드러진 변화는 1995년의 디니(Dini) 개혁으로, 기존의 소득연계 산식을 개념적 확정기여형(NDC) 체계로 대체하였다. 이는 전통적 소득보장방식으로부터의 안녕을 고하는 것이었다(Gronchi & Nisticò, 2006). 한편 1992~1993년 사이 아마토(Amato) 개혁을 통해 도입된 첫 법적·재정적 체계는 적립형 보충연금을 위한 것으로, 부분적으로는 미래의 공적 급여의 삭감에 대응하는 정책으로 기능함과 동시에 이탈리아 연금제도의 다주화를 알리는 신호탄이었다.

이 장은 다음과 같이 구성되어 있다. 이 장의 2와 3은 현재의 체계와 최근의 개혁들을 소개한다. 4와 5는 그 구조와 기능을 더 자세히 다룬다. 이 장의 6에서는 향후 과제에 대해서 논의할 것이다.

2. 이탈리아의 연금체계: 개요

이탈리아는 보통 '연금 국가'로 불린다(Ferrera & Gualmini, 2004). 이탈리아의 공적연금지출은 총사회지출의 3분의 2, GDP의 6분의 1과 맞먹는 수준이다.[1] 적용범위는 보편적이다. 65세 7개월이 되면 저소득층의 경우 미

1) GDP 대비 평균 연금지출은 EU 15개국에서 9.97%, OECD 내에서는 7.9%이다(OECD, 2015). 이탈리아의 연금지출 지표는 자료의 출처에 따라 GDP 대비 12~18%로 나타난다(RGS, 2011: 225). 이번 장에서는 ISTAT와 INPS에서 제공된 국가의 공식 데이터를 기준으로 할 것이다.

약하나마 빈곤에 대한 보장으로서 자산조사를 거치는 급여에 대한 수급권을 가지며, 이 급여는 1인당 GDP 평균의 약 20% 수준으로 책정된다. 반면 대부분 퇴직자는 '노동연금'(Work Pension)을 받는다. 이는 소득 및 기여와 연계된 급여인데 연금 수급권과 경제활동의 중단을 조건으로 하여 지급된다. 이러한 급여의 효과는 제한적이고 때로는 역진적으로 나타난다.

오늘날 연공서열체제 아래서 40년간 근속한 65세 근로자의 총소득대체율은 80%에 달하며 순소득대체율은 이보다 높다.[2] 유급종사자의 상태가 아니었거나 불연속적인 고용 상태를 경험했던 이들이 노후에 빈곤에 대한 적절한 보장을 받기 위해서는 수당, 보상금, 유족급여의 조합에 대신 의지해야 한다.

〈표 7-1〉은 이탈리아 연금정책 관련 주요 지표를 보여 준다. 이탈리아의 현 체계는 현재 인구 규모를 유지하기 어려운 대체 출산율과 퇴직 시점에서의 높은 기대수명의 조합으로 인해 인구학적 측면에서 강한 압박에 놓여 있다. 낮은 경제활동참가율, 불경기 그리고 생산성 성장의 정체는 문제를 악화시키고만 있다. 비적립방식 연금체계의 수익성을 대략적으로 가늠하는 인구성장률과 생산성 증가율 지표는 현재 우려되는 수준이다.

잘못된 정책설계도 한몫을 한다. 공적연금지출은 높은 반면 보충연금은 상대적으로 덜 발전된 상황이다. 강제적 기여는 장기적 관점에서 재정균형을 보장하기에 어려운 수준임에도 불구하고 간접노무비에 크게 영향을 미친다. 실제 퇴직은 법정 퇴직연령보다 훨씬 이전에 이루어지는데 이는 젊은 세대에서 노인 세대로의 강력한 재분배를 야기한다. 잠재적으로 소득대체율은 높은데도 불구하고 급여의 적절성과 평등에 대한 효과는 미미하다. 평균 연금은 1인당 GDP의 60%에 미치지 못하고, 노인빈곤율은 상대적으

2) 강력한 급여산식의 누진적 적용이 이루어졌음에도 불구하고 삭감되는 임금으로 인해 최근 위기는 소득대체율의 인플레이션을 야기했다. 2015년에 이 수치는 최소 10%가량 축소될 것이다.

〈표 7-1〉 연금정책 환경의 주요 지표

구분	지표		값
인구학적 측면	ⓐ 합계 출산율[3](전체 인구성장률)		1.37(-2.1)
	ⓑ 기대수명[6]	남성(65세 기준)	80.3세(18.9)
		여성	85세(22.3)
	ⓒ 전체 인구 대비 65세 이상 인구[7]		22
경제학적 측면	ⓓ 평균 GDP 성장률		-0.6
	ⓔ 평균 생산성 증가율		-0.02
	ⓕ 15~64세 경제활동참가율(괄호 안은 55~64세)		64(50.4)
	ⓖ 15~64세 고용률(괄호 안은 18~29세)		53.6(33.7)
	ⓗ 실업률(18~29세)		11.9(29.6)
정책적 측면	ⓘ GDP 대비 공적연금 지출		16.69
	ⓙ GDP 대비 개인연금 자산		8.6
	ⓚ 완전 연금 소득대체율(순소득대체율)		80.5(89.4)
	ⓛ 총 강제가입 연금보험료율		39.91
	ⓜ 법정(실제) 퇴직 연령	남성	66.25세(62.2)
		여성	63.75세(61.5)
부담능력 측면	ⓝ 노인부양비[7]		34.3
	ⓞ 균형 소득세(이론상)[8]		36.8(37.5)
적절성	ⓟ 평균 임금 대비 평균 연금[5]		58.8
	ⓠ 65세 이상 인구의 빈곤위험률(전체 인구)[6]		20.2(28.3)
세대 간 재분배	ⓡ 평균 생산성 대비 평균 연금		19.0
	ⓢ 피고용인 대비 연금		83.3
세대 내 재분배	ⓣ 연금 지니 계수(임금)		25.6(25.9)

주: 1) 2015년 기준 자료. 별도로 표시되어 있지 않은 값은 백분율 수치임.
2) 성장률은 2011년에서 2015년까지의 평균을 사용.
3) 여성 1명당 아동수로 표현.
4) '세'로 표현.
5) 2013년 자료.
6) 2014년 자료.
7) 2016년 자료.
8) 2015년의 모든 근로자와 퇴직자를 포함함. 연간 소득을 고려하여 노동연금 지출의 균형을 위해 필요한 소득세임. 이론상의 수치는 일반 세입으로부터 보조금이 없다고 가정하고 사회수당을 포함함.

자료: ISTAT-INPS 자료(ⓐ, ⓑ, ⓒ, ⓓ, ⓔ, ⓕ, ⓖ, ⓗ, ⓘ, ⓝ); COVIP, 2016(ⓙ); Eurostat(ⓟ, ⓠ); 자가계산(ⓞ); OECD 2015(ⓜ); OECD, 2013(ⓣ); RGS, 2016(ⓚ, ⓛ, ⓡ, ⓢ).

로 높은 수준이며 연금 수급자 간 불평등은 세후 임금소득의 불평등과 동일하게 나타난다.

〈그림 7-1〉은 단일체계에서 다주체계로 변화된 이탈리아 연금체계의 현 구조를 보여 준다(OECD, 2011). 법으로 제정되어 있고 공적인 1기둥은 가장 큰 역할을 한다. 이는 목적성의 소득세와 일반 세입으로부터의 보조금에 기반을 두고 부과방식으로 운영된다. 자산조사를 거치는 수당과 보상금의 복잡한 체계를 통해 기초보장이 이루어진다. 지연된 임금과 같이 취급

〈그림 7-1〉 2011년 12월 기준으로 본 이탈리아 연금제도

층(Tiers)	기둥(Pillars): 1기둥		2기둥	3기둥
3층 개인연금	• 없음	3층 임의가입	• 없음(세금공제수준 이상의 추가 기여)	• 없음(추가 기여 혹은 저축)
2층 소득연계	• 개념적 확정기여형 연금(NDC, 1995년 도입): 퇴직 시기는 기대수명에 따라 조정(2010년부터) • 자율기금(Autonomous funds, 1994년 도입): 전문직을 위한 기금 • 소득 연계 연금: 조기 퇴직에 따른 급여가 있으며 저소득층을 포괄(단계적 축소 중) • 명목 크레디트: 보장되는 위험 따라 자동 수급, 신청, 구매 가능	2층 세제혜택 임의가입 (연간 최대 5,165유로)	• 개방형 기금(단체로 가입) • 폐쇄형 기금(및 자율기금 포괄제도) • 기존의 기금	• 개인연금보험 • 개방형 기금(개인적 가입)
1층 빈곤예방		1층 강제가입	없음. 그러나 사실상 아래를 포함함. • 계약종료급여(TFR): 대부분의 민간 부문 및 공공 부문 근로자 • 공무원에 대한 퇴직 보상금(TFS): 대부분의 공무원	• 없음
공공부조	사회수당(1996년 도입), 사회연금(단계적 축소), 전쟁연금, 공무원 장애연금, 배상금			

자료: Ferrera & Jessoula(2007)을 바탕으로 수정함.

하고 과세되는 노동연금은 가장 빈곤한 퇴직자도 공공부조 수준 이상의 삶을 유지할 수 있도록 보장한다. 가장 전문적인 제도로서 공공부조는 이탈리아 사회보장공단(INPS)에서 관리한다.

보충적인 기둥은 다음 네 가지 종류의 제도를 포함한다. 이들은 모두 세제혜택이 있고 재정에 있어서 고용주의 참여를 의무로 한다.

첫 번째는 이전에 적당한 보충연금제도를 밀어냈지만 사실상 오늘날 퇴직체계 내에 흡수된 강제 퇴직금제도이다. 이는 '계약종료급여'(Trattamento di Fine Rapport: TFR)로 불린다. TFR에서 한 사람에게 제공되는 연금기금으로 이전된 기여는 그 수와 관계없이 과세소득 이상부터 1년에 5,165유로(현재 가치로 환산하지 않음)까지 세금이 공제될 수 있다. 보충적인 제도는 모두 사전 적립식으로 운영된다. 제도에의 가입은 단체협약을 통해 구성된 기금이더라도 개인적이고 자발적으로 이루어진다.

두 번째는 단체협약 기반으로 조성된 '폐쇄형 기금'〔*fondi chiusi* (*negoziali*)〕이다. 이 제도는 특정 지역에 한해 운영되고 비영리기구로 설립되며 그 자산은 제3투자자에 의해 관리된다(2기둥). 은행, 보험사 내 백여 개가량의 연금기금은 현재 법적 체계(*fondi pre-esistenti*)보다 먼저 도입되었고, 내부적인 개혁을 통해서만 새로운 가입자를 받거나 새로운 자산을 흡수할 수 있다.

세 번째는 은행, 보험사, 투자회사에 의해 도입되고 운영되는 '개방형 연금 기금'(*fondi aperti*)이다. 이 제도는 2기둥과 3기둥의 성격을 결합한 것으로 단체협약을 통해 가입할 수 있다.

마지막은 개인연금보험(Private Individual insurance Plans: PIPs)으로 3기둥에 속하는 제도이다. 이러한 제도들은 2기둥에 속하는 제도와 마찬가지로 세제혜택의 대상이지만 기여에 있어서 고용주의 참여를 요구하지 않는다.

〈표 7-2〉는 2기둥과 3기둥에 대한 기본적인 양적 분석 결과를 보여 준다. 전반적으로 살펴보면 보충연금은 약 720만 명(전체 경제활동인구의 29%)이 가입되어 있고 이 가입자는 2기둥과 3기둥에 고르게 분포한다. 폐쇄형 기

〈표 7-2〉 이탈리아의 직역연금과 사적연금

(2010~2015년, 단위: 개, 명, 백만 유로)

구분		기금 개수		가입자 수		자산[1]	
		2010년	2015년	2011년	2015년	2011년	2015년
새로 도입된 기금들	폐쇄형	38	36	1,994,215	2,419,103	25,265	42,546
	개방형	69	50	881,073	1,150,096	8,333	15,430
기존 기금들		375	304	667,930	644,797	42,100	55,299
소계(+ Fondinps)[2]		484	392	3,511,174	4,250,705	75,739	113,345
개인연금보험		76	78	2,061,665	3,027,615	12,900	26,835
합계		559	469	5,572,839	7,226,907	88,639	140,180

주 1) 자산은 연금급여로 계산됨.
2) Fondinps는 이탈리아 사회보장공단의 잔여적 기금.
3) 이 자료는 개인기금과 관련된 공식통계를 사용한 추정통계로, 원자료의 한계를 그대로 보고함. 예를 들어, 서로 다른 개인기금에 가입되어 있을 경우, 중복가입 데이터 구분의 어려움 때문에 소계와 합계 수치가 안 맞을 수 있음.

자료: COVIP, 2011; 2012; 2016; INPS, 2016.

금과 개인연금은 가장 인기가 많은 제도로서 두 제도 모두 약 250만 명의 가입자를 두고 있다. 개방형 기금은 약 115만 명(개인 기준으로 80%)이 가입되어 있어 그다음으로 가입자가 많은 제도이다. 그리고 기존의 기금들에는 약 64만 4천 명이 가입되어 있다. 과거 공적연금의 역할이 제한적이었던 탓에 현재 수급자의 수는 약 13만 명이며 그들은 대부분 기존의 기금에만 가입되어 있다. 나아가 TFR은 1,500만 명의 근로자(전체 경제활동인구의 60%)가 가입되어 있다. 이들은 이 제도에 매년 약 25조 유로를 기여하는데 이 중 5분의 1은 보충연금으로 이전된다.

2015년에는 TFR 자산에서 이전된 5조 5천억 유로를 포함하여 약 13조 유로의 기금이 조성되었다. 급여로 지출 가능한 자산은 기존 기금의 55조 유로와 폐쇄형 기금의 42조 5천억 유로를 포함하여 약 140조 2천억(GDP의 8.6%) 유로이다. 자산 구성은 OECD 기준에 명확히 부합하지는 않는다. 평균 투자 포트폴리오의 49%를 보유하는 것이 의무(이 중 60%는 이탈리아 재무부 채권)이지만 자본자산은 17%에 달하지 못한다(COVIP, 2016).

3. 2011년의 개혁과 그 후

1992년과 1995년의 개혁은 새로운 다주체계를 형성하는 데 중요한 역할을 했다. 그러나 그 개혁들은 긴 점진적 도입의 기간을 거쳤고 몇몇 적용제외 조항을 포함했다. 새로운 NDC 체계가 대표적인 예시인데, 이는 NDC가 제도 도입의 부담을 1995년 당시 최소 18년의 기여를 했었던 근로자를 제외하고 노동시장에 새로 진입한 사람에게 지웠기 때문이다(4의 '1기둥' 참고). 반면, 2009년부터 2011년까지 단행된 개혁은 단기투자의 이익을 얻고 규제의 조화를 꾀하기 위해 이행 기간을 단축하였다. 특히, 향후 실제 퇴직연령을 상향시키기 위해 수급권 획득을 위한 조건과 급여산식을 모두 수정하였다(Jessoula & Pavolini, 2012).

엄밀히 말해, 최근의 개혁은 NDC 체계로의 이행 기간을 단축함으로써 세대 간 규정의 철저한 조화를 추구하였다. 급여산식의 조정(2011년 이후 근무연수에 대해서)은 실제 2012년 1월부터 이전에는 면제되었던 근로자에게도 비례적으로 적용될 것이다. 수급조건에 있어서 표준적인 연금 수급가능 연령은 2018년부터 전체 가입자 대상 66세 7개월로 정해질 것이며, 2050년까지 거의 70세로 상향 조정될 예정이다. 급여가 사회수당의 1.5배 이상인 것을 조건으로 하는 NDC 체계하에서 노령연금을 받기 위한 최소 기여 기간은 5년에서 20년으로 늘어났다. 급여의 적절성에 있어서 70세가 될 때까지 경제활동에 참여할 수 있도록 하는 것은 미래의 퇴직자가 충분한 소득대체율을 보장받는 데 도움이 될 수 있다. 마지막으로 2009~2011년 사이의 여러 개혁은 퇴직연금을 점진적으로 축소시키고 현재 규정연령보다 3년 먼저 퇴직할 수 있는 가능성을 열어 두었는데 이는 실제 근무연수가 20년 이상이며 최종급여가 사회수당의 최소 2.8배가 된다는 조건 아래 이루어진다(*pensione anticipata*).[3] 노령연금과 연금의 조기 수급을 위한 연령조건 및 기여조건은 모두 기대수명에 연동되었다.

또한 이 법은 단기적인 손실을 피하기 위해 2012년과 2013년에 발생한 월 1,400유로 이상의 급여에 대한 물가 연동을 지연하였고, 자영업자의 보험료율을 상향 조정하였다. 나아가 비연속적인 노동경력을 가진 근로자는 이 법을 통해 그들의 기여이력을 통합하기 수월해졌다. 기여를 1기둥 대신 보충기금에 하는 방안도 고려되었으나 더 이상 심도 있게 논의되지는 않았다.

개혁 이후에는 새로운 퇴직체계의 단점과 지속되는 제도 내 불평등이 주로 논의되었다. 고령의 근로자는 갑작스럽게 상향된 연령조건 때문에 퇴직연령 직전에 직업도 없고 연금도 없는 상태에 놓였다. 이에 따라 이어진 뜨거운 논의로 인해 이른바 '퇴직 중인 근로자'(*esodati*)에 대한 더 정확한 양적 분석이 수행되었고, 2012년 6월부터 2015년 12월 사이에 7개의 보호규정이 신설되었다.[4] 이를 위해 10년간(2013~2023년) 11조 4,333억 유로의 비용이 소요될 것으로 추정되었지만 정부는 이미 새로운 조치를 발표하였다.

정부는 더 나아간 조기퇴직제도에 대한 수요[5]에 부응하여 '조기연금'(Anticipo Pensionistico: APE)으로 알려진 새로운 자발적 제도를 제안하였다. 이에 따라 20년 이상 근무한 63세 이상의 근로자는 규정보다 최대 3년 7개월 미리 퇴직할 수 있다. 급여삭감은 특정 기준(미정) 이상에 해당하는

---

3) 비례제(*pro rata*) 체계하의 근로자는 여전히 완전 연금지급을 위한 기여연수(2012년 기준 남성은 총 42년 1개월, 여성은 41년 1개월)를 충족하면 퇴직할 수 있지만 만약 62세 미만인 경우 급여삭감이 발생한다.

4) 이러한 조치는 퇴직을 신청하지 않았더라도 2011년 말까지 개혁 이전의 수급조건을 충족한 사람과 명예퇴직을 앞둔 혹은 여러 이유로 더 이상 경제활동을 할 수 없는 17만 2,466명의 특정 부문 혹은 기업 종사자의 퇴직에 대한 권리를 다시금 확인했다.

5) 2013년 4월 다수의 국회의원이 속한 한 집단이 35년 이상 근무한 근로자에 한하여 62세에서 70세 사이에 유연하게 퇴직할 수 있도록 하는 안을 발의했다. 기존의 소득연계제도에 의해 부분적으로 보장받는 근로자의 경우, 늦은 퇴직에 대해서는 보너스를 받을 것이며 기여연수가 41년 이하이고 66세 이전에 퇴직하는 경우에는 급여삭감을 경험할 것이다.

급여에 대해서만 이루어진다. 급여삭감수준 또한 여전히 노동조합과 정부 간의 논의거리인데 이는 〈2017년 예산법〉과 〈안정법〉(*Stability Law*)에 의해 결정되어야 한다. 특히, 신청자는 INPS가 지원하는 은행대출을 받아야 하는데 이는 20년에 걸쳐 미리 받은 연금급여를 갚기 위해 쓰인다. 대출은 사후에도 유효하며 연 이자율은 3%(혹은 그 이하)로 유지되어야 한다. 근로자가 퇴직하면서 빚을 지는 개념은 처음에는 비용이 너무 많이 소요될 뿐만 아니라 모순적이라고 여겨졌다. 그럼에도 불구하고 APE는 다시금 정부와 노동조합에 의해 논의되었고 2016년 9월 말에 체결된 예비 협정에 언급되었다.

현재 연구 중인 또 다른 조기퇴직제도는 19세가 되기 전에 12개월의 근무경력을 쌓는 '조기 노동시장 진입자'뿐만 아니라 지난 10년간 고위험 직업군(*arduous activities*)에 종사했던 근로자를 대상으로 한다. 전자의 경우 12개월에서 18개월 이내에 퇴직한 사람이 대상이다. 후자는 장애를 입었거나 실업하였거나 고위험 직업군에 종사했던 사람이 대상이며 여기에 속한다면 41년간 근무경력을 쌓은 이후에는 63세 이전에도 페널티 없이 퇴직할 수 있다.

누진적인 물가연동 규칙은 2013년에 도입되었다(〈부표 7-1〉 참조). 최근 정부는 연금소득에 대해 더 관대한 세제혜택을 주는 것에 합의하였다. 최저연금에 대한 더 높은 수준의 보충과 120만 명의 수급자 증가(수급액이 월 1천 유로 미만인 전체 수급자는 330만 명)도 발표되었다. 연대와 관련한 논의 또한 수정되었다. 이는 헌법재판소가 과도하게 높은 연금에 대해 '연대기여금'을 부과하고, 2012~2013년 사이에 발생한 월 1,400유로를 초과하는 금액에 대해 물가를 연동하지 않기로 포르네로-몬티(Fornero-Monti) 개혁에서 결정된 두 가지 사항에 대해서 위헌 결정을 내렸기 때문이다(각각 2013년 6월, 2015년 4월 판결). 이로 인해 추가적인 개정이 이루어졌고 예상보다 더 큰 지출이 발생하였다.

결과적으로 〈2015년 예산법〉(*The Budget Law*)을 통해 공적연금과 사적연금에 대해서 소소한 개정들이 이루어졌다. 개정안을 통해 NDC 제도에서도 과도하게 높은 급여에 대해서는 추가적인 제한을 가하고 테러와 석면에 의한 오염 피해자에 대하여 추가적인 명목기여를 제공하게 되었다. 최대 근무연수를 모두 채우고 62세 이전에 조기퇴직을 신청한 근로자에 대한 급여삭감은 2017년까지 연기되었다. 나아가 근로자는 이제 가입된 TFR의 일부를 사적연금에 대한 기여에서 급여로 전환하여 받을 수 있다. 사적연금과 전문적 연금기금에 대한 특별한 세제혜택은 채권, 기반시설 그리고 기타 장기적 활동에 대한 투자에 달려 있다(5의 '적립식 보충기둥' 참고).

4. 1기둥

1) INPS와 다른 연금 관련 기관

INPS는 민간 부문의 근로자를 위한 국가 기금으로서 1898년에 처음 설립되어 점차적으로 소규모의 연금기관을 흡수했다. 오늘날 INPS는 수요와 자산조사를 포함한 모든 행정처리를 담당하며 대부분의 사회보험과 공공부조를 제공한다.[6] 업무의 전체 규모는 이탈리아 GDP의 절반(828조 유로)에 달한다. INPS와 더불어 전문직을 위한 20개의 사적연금기금이 전체 지출의 1.5%를 차지한다. 산재보험공단(Istituto Nazionale per l'Assicurazione contro gli Infortuni sul Lavoro: INAIL)은 산업재해 혹은 직업으로 인한 질병의 피해자에게 '보상급여'(Indemnity Pension)를 지불한다.

---

6) 공공부조는 명목기여와 연금지출의 15% (GDP의 2.5%)를 지불하는 INPS 기금 대상의 일반 세수로 그 지출을 충당한다. 연금을 위해 지불되는 세금(GDP의 2.5%)은 직접적으로 '공공부조관리와 여금관리 지원'(Gestione degli interventi assistenziali e di sostegno alle gestioni previdenziali: GIAS) 기금으로 원천징수된다.

2) 공공부조

공공부조의 급여는 근로소득을 얻을 수 없거나 노령인 개인을 지원한다. 이는 '사회연금'이나 '사회수당'과 같은 자산조사를 거치는 급여뿐만 아니라 돌봄서비스를 지불할 능력이 없는 개인에 대하여 지급하는 욕구 기반의 보상금도 포함한다.[7)]

'사회연금'(1996년부터 점진적으로 축소되는 중)은 65세 이상이며 노동연금 수급자격이 없는 빈곤한 개인의 소득과 최저생계비 간 차이를 보충한다. 2016년 기준 연간 최대 4,800유로가 지급된다. 이는 최저생계비 이하의 소득을 가진 혼자 사는 개인이나 소득이 1만 6,540유로 미만인 부부에게 지급되었다. 1985년부터 사회연금은 '부가급여'(*increment*)와 함께 지급되었다. 2016년에 8,298유로 미만의 소득이 있는 개인 그리고 1만 4,123유로 미만의 소득이 있는 부부에게 70세에는 3,497유로, 75세에는 이보다 조금 더 많은 액수가 부가급여로 지급되었다.

노인 '사회수당'은 '사회연금'을 대체하여 1996년부터 신규 수급자에게 지급되었다. 2010년부터는 이탈리아에서 10년 이상 거주한 자에 대해 사회수당 수급자격을 인정하였다. 연령 조건은 기존에 이루어진 기대수명의 증가에 따른 조정과 관계없이 2018년에 추가로 상향 조정될 예정이다. 2016년 기준, 사회수당은 1인 가구 기준 65세 7개월 이상의 연령에게 지급되며 최저생계비 이하(부부가구의 경우 최저생계비의 2배 이하)의 소득이 있는 개인에게 최대 5,825유로가 지급된다. 2001년부터 사회수당 또한 '부가급여'가 함께 지급되었다(2011년 기준, 70세 미만 수급자에게 연간 168유로, 70세 이상 혹

7) 이 제도 덕분에 2016년에 연금 보장이 되지 않는 저소득의 70세 독거노인은 연간 최소 8,294유로를 수급할 수 있었다. 동일한 상황이면서 1명이 70세이고, 다른 한 명은 최소 65세인 부부의 경우 한 달에 1만 4,118유로를 받을 수 있다. 같은 조건일 때 최소 노동연금은 다른 제도와 더 잘 조합되어 8,298유로를 제공한다.

은 장애가 있는 퇴직자에게는 연간 2,473유로). 부가급여는 부가급여가 더해진 사회수당급여액보다 적은 금액을 받는 개인에게 수급자격이 있다(70세 미만인 경우 5,993유로, 70세 이상의 경우 8,298유로, 부부 가구는 70세 미만인 경우 1만 2,517유로, 70세 이상인 경우 1만 4,123유로를 기준으로 한다).

'최저연금'(Minimum Pension Supplement)은 노동연금의 수준이 낮을 경우 추가로 지급된다. 2016년 기준 최저연금은 1년에 6,525유로까지 지급되었는데 이전의 근로자는 그보다 두 배(부부의 경우 4배) 이상 소득을 올리지 못하면 수급자격이 생겼다. 최저연금에도 부가급여가 추가될 수 있다. 이는 엄격한 소득기준과 연령에 따라 336유로에서 1,774유로 사이에서 지급된다. 최저의 노동연금에 대한 부가급여는 2000년과 2007년에 도입되었다. NDC 제도가 점진적으로 정착함에 따라 최저연금은 차츰 축소될 것이다.

3) 노동연금, 유족연금, 장애연금

노동연금은 1기둥의 중심이 되는 제도이다. 이는 1969년 이래로 부과방식으로 운영되었으며 1996년까지는 최종소득을 급여산정 기준으로 하는 확정급여형 제도로 운영되었다.

아마토 개혁(1992) 이전의 근로자는 최소 15년 이상 기여한 경우 법정 정년의 나이에 혹은 그들이 종사하는 부문에 따른 최소 근무연수를 채우면 퇴직할 수 있었다. 연금 수급을 위한 조건은 성별과 종사 부문에 따라 상이하다. 예를 들어 공공 부문 종사자의 경우 최소 20년(주 행정부 기준, 기혼 여성과 자녀가 있는 여성은 15년)을 기여해야 이른바 '소액연금'(*baby pension*)을 받고 퇴직할 수 있다. 급여는 기금의 특정한 규정에 의해 결정되는 기준소득액, 재평가율, 최대 40년의 개인 근무연수의 조합으로 결정된다. 소득세율 또한 상이하며 자영업자의 경우 여전히 소득연계제도 내에서 제대로 된 기여를 할 수 없다(Jessoula, 2009).

결과적으로 이러한 제도는 그 기능을 전혀 하지 못하는 '연금 미로'(*pension labyrinth*) 였다(Castellino, 1982). 이러한 소득연계산식은 기여를 통해 마련할 수 있는 기금에 비해 과한 급여를 제공함과 동시에 소득을 임의로, 심지어는 역진적으로 재분배했다. 짧은 근무연수, 가파른 임금 상승패턴 혹은 낮은 기여율을 보이는 부문에서 두 자릿수의 수익률을 누렸던 반면 그 부문들의 기금은 고갈되고 있었다.

〈부표 7-1〉은 오늘날 노동연금의 작동 원리를 보여 준다. 현재의 시스템은 더 복잡해 보이지만 직역 간 분절이 감소되었고, NDC 제도에 이르러서는 거의 사라졌다(Ferrera & Jessoula, 2007). 근로자 대다수의 노동연금은 세 부분으로 이루어져 있다. 앞의 두 부분은 소득연계방식(A + B) 을 따르고, 세 번째 부분은 NDC 산식을 따른다(Ferrera & Gualmini, 2004).

이해를 돕기 위해 연금 수급조건을 충족하는 세 집단의 근로자를 예로 들어보자. 첫 번째 집단은 2012년까지 비례제도(*pro rata*) 에 의해 제외되었던 근로자로 구성된다. 이들은 어떠한 이유로 NDC 제도로 완전히 전환하지 않는 이상 기대수명의 증가에 따라 주기적으로 수정되는 소득연계방식의 수급권 획득조건에 따라 퇴직할 수 있다. 따라서 제외규정이 적용되지 않는다고 가정하면 '정규 퇴직연령'에 퇴직할 수 있다(부문에 따라 다르지만 현재 남성의 경우 66세 7개월이며 여성의 경우 65세 7개월). 혹은 '최대 근무연수'(현재 기준 남성은 42년 7개월, 여성은 41년 7개월) 를 채우고 퇴직할 수도 있는데 62세 미만인 경우 A + B 부분에 대해서 하향된 재평가율이 적용된다.

급여의 계산은 다음과 같다. 1993년 이전의 근무경력(A 부분) 에 대해서는 최종소득을 기준으로 급여를 산정하는 방식에 따라 전체에서 A가 차지하는 부분에 비례하여 급여가 산정된다. 1993~2012년 사이의 근무경력(B 부분) 에 대해서는 최종 10년에서 15년 사이의 소득을 기준으로 하는 또 다른 소득연계방식에 따라 급여가 산정된다. 마지막으로 남은 근무경력은

C 부분으로 NDC 제도에 따라 급여가 산정된다(Gronchi & Nisticò, 2006). 총급여액은 5년 단위의 GDP 이동평균(*moving average*)에 따라 합산되고, 잔여 기대수명을 반영할 수 있는 연령별 약수를 통해 연금화된다. 최종급여는 세 부분의 합과 같으며 과거 인플레이션 가치에 따라 연동된다. 즉, 총액이 높을수록 보상은 적어지는 것이다.

둘째로, 1996년부터 NDC 비례제도에 포함된 근로자의 경우 나이가 어릴수록 A 부분은 상대적으로 작고, B 부분은 1993~1995년 사이에만 적용될 것이며, C 부분이 상대적으로 큰 비중을 차지할 것이다. 이러한 근로자는 C 부분의 상대적으로 높은 비중으로 인해 엄격해진 연령규정으로 발생한 결과를 일부 보상받을 수 있다.

셋째로, NDC 제도하에서만 근무한 이력이 있고 이후 은퇴하는 근로자는 2035년 이후 C 부분에만 의존하게 된다. 그들은 20년 이상의 기여이력이 있고, 최종급여가 사회수당의 1.5배 이상임을 조건으로 하여 정해진 연령 범위(현재 66~70세, 이후 68~72세로 변동될 가능성 있음) 내에서는 유연하게 퇴직할 수 있다. 이 외에 '정규 퇴직연령' 최대 3년 이전에 '조기수급'을 신청할 수도 있다. 이는 20년 이상 기여하였고 최종급여가 사회수당의 2.8배 이상임을 전제로 지급된다.

기여연수는 소득이 발생한 일자리에 고용되었던 이력 혹은 획득한 연금 크레디트를 포함한다. 시간제 일자리에서 근무한 기간이나 경제활동이 없었던 기간, 사회보험에 의해 보장받는 실업 기간에 대해 자발적으로 기여하거나 신청에 따라 돌봄활동 기간 혹은 고등교육으로 인해 가입이 유예된 기간에 대해서 해당하는 보험료를 기여함으로써 크레디트를 획득할 수 있다. 서로 다른 기금에 대한 기여분은 하나의 기금으로 통합할 수 있는데 이는 통합으로 인한 증가분에 비례한 가격에 따라 이루어진다(비정형 근로자 제외). 그 외에도 기여연수가 20년 이상인 65세인(혹은 연령에 관계없이 최대 근무연수를 충족한 경우) 근로자는 그들의 모든 기여분을 자유롭게 1기둥으로 통합할 수 있다. NDC 제도하에서 전체가 각각 모든 제도의 조건을 충족한다면 근로자는 어떠한 기금으로든 비용 없이 기여분을 합산할 수 있다. 통합을 위한 조건은 기대수명에 따라 조정되지 않는다.

마지막으로 1기둥은 유족과 장애인을 보호하는 기능도 포함한다. 장애연금은 근로능력 상실에 대한 보장이다. 이는 따라서 근로소득과 양립할 수 없으며 최근 5년 중 최소 3년 이상을 포함하는 5년의 기여를 조건으로 영구적 혹은 일시적으로 지급된다. 다음으로 근로자와 연금 수급자의 유족은 망자의 소득에 따라 발생한 급여의 최대 60%까지 수급할 수 있다. 기여 이력은 15년 혹은 최근 5년 중 최소 3년을 포함하여 총 5년 이상일 경우에 한해 유족에게 이전될 수 있다.

4) 1기둥의 성과

2015년에는 횟수로 약 2,100만 건의 연금이 지급되었다. 금액으로 보면 273조 유로이며 이는 GDP의 16.69%에 달하는 금액이다. 연금지출액에는 약 16%의 세율로 과세되었는데 이는 44조 유로이며 GDP의 약 2.5%에 해당한다. 수급자는 1,610만 명을 넘어섰고 이는 전체 인구의 26%이다. 약 1,720만 건은 노동연금이었고(지출의 90.6%, 급여의 83.1%), 남은 380만 건은 공공부조 급여였다(INPS, 2016).

같은 해에 급여의 평균은 1년 기준 1만 2,616유로이며 1인당 GDP의 약 43%이다. 노동연금의 평균 금액(유족급여 포함)은 1년 기준 1만 4,216유로이다. 공공부조 급여의 평균은 5,509유로이고, 평균 보상금은 5,500유로인데 이 두 금액 모두 상대적 빈곤선을 넘지 못하는 액수이다. 65세 이상 노인의 빈곤위험률(2014년)은 EU 15개국에서 16.2%, 독일은 17.4%, 프랑스는 10.1%인 데 반해 이탈리아는 20.2%에 달했다.

2014년 기준 급여액의 분포를 살펴보면 65%의 급여가 1년에 1만 3천 유로 미만이었고, 남은 35% 중 3분의 1은 1만 9,500유로 미만이었으며 11%만이 2만 5,999유로를 초과하는 금액이었다(1인당 GDP보다 약간 적은 금액). 연금수입은 성별에 따라 차이가 나타난다. 여성은 더 긴 기대수명으로 인해 연금급여 건수의 53%를 차지하지만 전체 지출에 있어서는 44% 밖에 차지하지 못하는데 이는 노동경력이 상대적으로 불안정하기 때문이다. 결과적으로 남성의 평균적 연금 수입은 여성에 비해 총 6천 유로 많고, 여성 중 1만 9,500유로 이상의 연금을 받는 수급자의 비율이 27.5%인 데 반해 남성의 경우는 50% 이상이다.

또한 지역적 차원도 중요하다. 2014년에 이탈리아 북부지역과 중부지역의 퇴직자는 전체의 약 68%를 차지하였는데 그들의 총급여는 전체 지출의 72%를 차지하였고, 국가 전체 평균급여액보다 5% 높은 급여수준을 보였다. 반면 남부지역에 거주하는 퇴직자는 전체 퇴직자의 31.9%를 차지하였지만 급여는 전체 지출의 28.1%를 차지하였고, 평균급여수준은 국가 전체 평균급여액보다 11.6% 낮았다(연간 1,800유로의 차이). 이러한 극명한 차이는 주로 안정적인 직업경력을 쌓을 수 있는 산업구조가 북부지역에 더 밀집하여 분포하기 때문이다. 대신 공공부조와 장애연금은 남부지역에서 일반적으로 2~3배 더 높게 나타난다.

상당한 수의 이탈리아 연급 수급자, 특히 하위 5분위의 수급자는 다양한 종류의 급여를 지급받기 때문에(INPS, 2016) '총연금소득'이 연금적절성의 중요한 지표가 된다. 2015년 총연금소득의 평균(1만 9,037유로)과 중앙값(1만 5,561유로)은 이탈리아 개인의 중위소득(약 연 1만 5,333유로)과 유사한 수치를 보였다.

또한 보상연금 수급자의 78%, 유족연금 수급자의 70%, 장애연금 수급자의 55%은 적어도 다른 하나의 연금을 더 받는다. 노동연금과 사회연금의 수급자는 이러한 경향이 덜한데 사회연금 수급자의 경우 41%, 노동연금 수급자의 경우 32%의 수급자가 다른 급여와 중복 수급했다(2014년 기준).

2015년 이탈리아 퇴직자의 총연금소득을 살펴보면 10.8%만이 1달에 500유로 미만의 연금을 수급하고 있었고, 20%는 2천 유로 이상의 연금 소득이 있었다. 2014년에 60세에서 70세 사이의 연금 수급자의 연금 소득은 1인당 GDP의 거의 80%에 달했다(더 고령인 경우 약 65%).

5. 적립식 보충기둥

1) 적립식 보충연금의 구조

1980년대 중반까지 약 200개의 사적연금이 거의 50만 명의 근로자에게 적용되었다. 이는 규모가 작았고 분절적인 과세규정과 불분명한 사법적 지위 때문에 불안정했다. 1990년대 후반 사적연금의 개수는 1천 개에 달했고 가입자는 약 160만 명이었으며 그 자산은 GDP의 1.7% 정도의 가치였다.

TFR은 1982년에 확정기여형 제도로 도입되었으며 민간 부문 근로자는 강제적용 대상이었다. 근로자가 임금의 6.91%를 보험료로 납부하면 이 금액은 회사 내에 보관하다가 계약만료 혹은 퇴직 시에 지급했다. 회사를 기반으로 둔 관리는 TFR의 주요한 성공요인 중 하나이다. 노동조합은 이를 산업 민주주의의 도구로서 긍정적으로 평가하고, 고용주의 경우 내부적인 자금조달수단으로서 유용하게 인식하기 때문이다. 이 제도는 근로자에게 법적으로 매년 1.5%의 이자율에 물가 인상률의 4분의 3에 해당하는 이자율을 더하여 이익을 보장한다. 회사가 부도가 날 경우를 대비하여 자산은 국가에서 관리하는 기금을 통해 보장되는데 이 기금은 고용주의 소정의 기여를 통해 운영된다. 마지막으로 한 회사에서 8년 이상 근무한 경우 가족의 건강보장이나 주거비용 명목으로 현재 적립된 TFR의 최대 70%까지 급여를 신청할 수 있다.

1990년대 초반 개혁입안자들은 TFR 기여가 직역연금(Occupational Pension)에 있어서 가장 현실적인 자금 조달책이라고 밝혔다. TFR은 연금제도 구조의 수정을 위한 '제도적 방편'이었고, 좋지 않은 경제적, 재정적 조건 아래서 '중복급여 문제'를 극복하기 위해 사용되었다(Ferrera & Jessoula, 2007; Jessoula, 2011a). 이는 주로 재정 부문의 관계자와 같은 새로운 이해관계자의 유입을 야기하였다.

1990년대 후반까지 개인연금을 강화하고자 했던 노력은 기금 간의 경쟁을 강화하였다. 이탈리아 정부는 TFR 기여금의 사용 규제를 완화하였고, 2기둥과 3기둥 간의 규정을 조정하였으며, 2000~2005년 사이에는 두 가지 형태의 PIPs를 도입하였다. 2007년 1월부터는 '무반응을 동의로 간주하는'(*silent consent*) 방식을 통해 TFR 기금을 사적연금으로 자발적으로 이전하는 조치를 취했다. 근로자는 입사로부터 6개월 이내에 미래의 TFR 기금을 회사 내에 적립할 것인지 개인연금으로 이전할 것인지 정할 수 있다(〈그림 7-2〉 참조). 어떠한 선택도 하지 않으면 기금은 자동적으로 개인이 해당하는 부문의 폐쇄형 기금으로 혹은 INPS의 잔여적인 기금인 'Fondinps'(2015년 기준 가입자는 약 3만 6,700명)로 이전된다. 근로자 50인 이상의 사업장에서 적립된 기금은 'Fondinps2'로 이전된다. 이전을 받은 기금의 경우 무반응에 따라 자동으로 이전된 기금에 대해서 TFR과 동일한 수준의 수익률을 보장해야 한다.[8]

사적연금에 대한 기여금은 개인당 연간 5,165유로까지는 과세소득에서 제외된다. 모든 기금은 ETT(Exempted - Taxed - Taxed) 원칙에 따라 과세된다.[9] 최초 가입시점으로부터 2년 이후에는 기금 간에 자산을 자유롭게

---

8) "무반응을 동의로 간주하는 조치"는 한계적인 역할만을 수행해 왔다. 2015년 기금들에 가입된 TFR 수급자의 6%와 새 가입자의 2%에 대해서만 작동한다.

9) 기여분은 면세 대상이다. 재평가분(2001년 이후의 TFR 자산에의 적용분도 포함)은 퇴직 전에 11.5%, 퇴직 이후에 12.5%의 비율로 과세되었고, 현재는 20%의 비율로 과세(채

〈그림 7-2〉 암묵적 동의의 체계

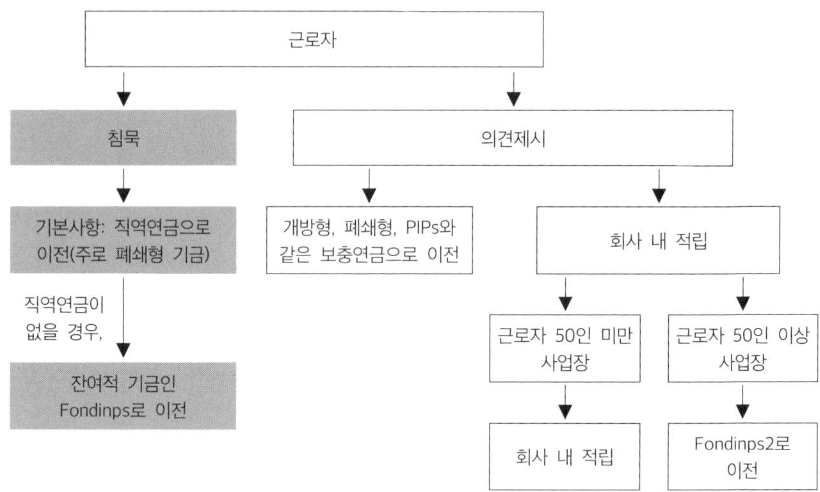

자료: Jessoula, 2011a.

움직이는 것을 가능케 함으로써 직장이동 시 연금의 연계를 보장하였다. 나아가 근로자는 실업 시에는 적립금의 50%까지, 심각한 장애를 입었거나 장기실업에 놓일 경우에는 100%까지 인출할 수 있다. 후자의 경우 퇴직 5년 이전에 발생할 경우 미리 연금화할 수 있다.10)

세금규정에 대한 예외조항이 만들어졌지만 사적연금의 관리는 여전히 분절되어 있다. 이익 충돌과 회계에 대한 책임 문제는 제기되지 못한 채 방치되어 있다. 폐쇄형 기금에서 관리와 규제의 기능은 부분적으로 중첩되는 반면 개방형 기금은 제3관리자와 은행에 맡겨져 있다. 전자는 전문성이 상대

권 투자에는 12.5%) 되고 있으나 장기적 활동에 대한 투자는 9%의 세액 공제가 가능하다. 급여에는 15%의 세율이 적용되는데 15년 이후의 기여분에 대해서는 매년 세율이 0.3%씩 감소하여 최소 9%까지 삭감될 수 있다. 계약만료 시에 받은 TFR 일시금은 다른 소득과 별도로 과세된다.

10) 근로자가 협의된 기금에서 자산을 옮길 때 그 이전이 국가의 계약에 의해 인지되지 않으면 고용주의 기여분을 상실한다.

적으로 떨어지지만 가입자의 이익이 더 잘 대변된다. 후자는 전문성이 높은 반면 관리에 대한 책임이 불분명하다. 보충연금을 관리, 감독하는 독립 기구인 연금 기금 감독위원회(Commissione di vigilanza sui fondi pensione: COVIP)는 폐쇄형 기금의 유일한 관할 당국이지만 3기둥에 대한 책임을 다른 기관들과 공유한다.

투자위험에 대한 보호 또한 매우 낮은 수준으로 이루어지고 있다. 사업장의 부도에 대비한 안전망이 존재하지 않는다. 기존 기금들은 대부분 확정급여방식으로 운영되었던 반면 오늘날에는 법률상 확정기여방식만을 허가한다. 이때 TFR 기금의 암묵적인 이전을 제외하면 최소한의 수익을 보장하는 조치가 없다. 자영업자를 위한 폐쇄형 기금의 경우 확정급여방식을 도입할 수 있지만 현재까지 그러한 사례는 없었다.

2) 보충기둥의 성과

2011년 이후부터 사적연금 부문은 지속해서 확장되었다. 가입자는 평균적으로 연 8%, 자산은 연 14% 증가하였다. 수익성 측면에서도 동기간 투자회수율은 지속해서 흑자를 기록하였다. 2013~2014년 사이에 개방형 기금과 폐쇄형 기금은 연 5.4~9.1%의 수익률을 보였다. 2015년 기준 보충연금은 평균적으로 3%의 수익률을 보였다. 보충연금체계가 성장하고는 있지만 적용범위는 여전히 피고용자 가운데 3분의 1 정도에 지나지 않는다. 기금에 가입하는 것이 공적연금체계의 불평등을 악화시켰다. 여기서도 고용상태는 계층화의 주요 원인으로 손꼽힌다. 2015년 기준 가입자의 구성을 살펴보면 민간 부문 근로자는 574만 명(71.6%), 공공 부문 근로자는 17만 4천 명(2.4%), 자영업자는 188만 명(26.1%)이었다. 부문별 가입률은 각각 37.9%, 5.2%, 34.3%이다(COVIP, 2016).

민간 부문 노동조합에서는 TFR의 보충연금의 발전을 위한 '관문'으로서의 역할을 인정했다. 이는 특히나 공무원에 대한 퇴직 보장금(Trattamento di Fine Servizio: TFS)과 비교했을 때 두드러진다. 보완적 제도에 속한 공공부문 근로자 대부분은 교육 분야 근로자를 위한 제도인 에스페로(Espero)의 가입자이다. 하지만 이 제도에 가입할 수 있는 인구가 120만 명임에도, 가입자는 10만 명도 채 되지 않는다. 자영업자의 경우 민간 부문 근로자와 맞먹는 수준의 가입률을 보이나 다른 형태의 기금을 선호한다. 민간 부문 근로자의 약 43%는 폐쇄형 기금에, 33%는 개인연금에, 그리고 나머지는 개방형 기금과 기존 기금에 동일하게 나뉘어 가입되어 있다. 반대로 자영업자의 약 70%는 개인보험에, 약 30%는 개방형 기금에 가입되어 있다. 자영업자들이 3기둥에 크게 의존하게 된 것은 사실상 자영업자들의 자체 조직이 지원하는 폐쇄형 기금이 부족하기 때문이다.

비정형 근로자는 불연속적인 직업경력, 저임금, TFR의 부족으로 인해 가입에 어려움이 있다(Jessoula, 2009, 2012). 민간회사에 고용되어 있을 때 TFR에 가입했던 외주 근로자들(약 50만 명)은 부분적이지만 일시적인 예외로서 폰템프(Fontemp)를 만들었다. 이 제도는 비정형 근로자를 위해 도입된 폐쇄형 기금이었지만, 운영을 시작한 지 3년이 채 되기 전인 2014년에 인가가 취소되었다.

고용 부문과 사업장 규모는 계층화의 또 다른 요인이다. 예를 들어 직역연금에 대한 단체 가입이 명시되어 있는 국가 단위의 계약은 가입률 제고에 큰 역할을 한다. 그 대표적인 예로 건설 근로자가 있다. 새로운 국가 단위의 계약이 근로자들의 사적연금 기여금을 고용주가 지불하도록 하자마자 1년 만에 가입자가 3만 8천 명에서 50만 8천 명으로 증가하였다. 강성한 노동조합을 보유한 전통적인 부문(화학, 철강, 공공시설 등)은 높은 가입수준을 보인 반면 서비스나 중소기업(Small and Medium Enterprise: SME) 부문의 가입률은 낮았다. 특히, 이탈리아 근로자의 67.5%가 50인 미만 사업장에 고용되어 있으나 기금 가입자 중에서는 20%만이 50인 미만 사업장에 속하며, 전체 경제활동인구의 6분의 1만이 1천 명 이상 사업장에 가입되어 있으나 기금 가입자 중에서는 35% 이상이 1천 명 이상 사업장에서 근무하는 것으로 나타났다.

연령과 성별 또한 중요한 요소로서 계층화에 작용한다. 35세 미만 근로자의 가입률은 16%에 그친 반면 45~64세 사이 근로자의 가입률은 31%에 달한다. 가입자의 평균 연령은 46세인데 이는 전체 근로자의 평균 연령보다 4세가 많은 것이다. 2015년 기준 여성의 가입률은 23.5%였는데 이는 전체 가입자의 61%를 차지하는 남성의 가입률보다 4%p 낮은 것이다. 자영업자인 가입자의 경우에도 남성의 비중은 70%에 달했고 평균 연령도 49세였다. 성별과 연령에서 나타나는 편중 현상은 자영업자 가입자를 대상으로 할 때 더욱 두드러지게 나타남을 확인할 수 있다. 지역별로도 차이가 나타났는데, 북부지역 근로자의 개인연금 가입률은 27%인 반면 남부지역 근로자의 가입률은 18%에 지나지 않았다.

6. 맺음말

20년 동안 반복된 개혁들은 이탈리아의 연금체계를 근본적으로 바꾸어 놓았다.[11] 1990년대 초반 당시의 기준으로는 2040년이 되었을 때 공적연금의 지출이 23%에 달할 것으로 예측되었지만, 이 침체상황은 효과적으로 극복되었다. 〈그림 7-3〉은 개혁이 없었다면 비교적으로 높게 유지되었을 전반적 지출(지난해 동안 GDP의 약 16%)에 대해 이제까지 이루어진 개혁이 가지는 엄청난 비용절감 효과를 명확히 보여 준다.

---

11) 20년간의 이탈리아 연금체계 개혁에 대한 포괄적인 평가를 보고 싶다면 관련 연구(Jessoula & Raitano, 2015)를 참고하라.

〈그림 7-3〉 개혁 후 20년간의 공공연금 지출

(단위: %, GDP 대비 비율)

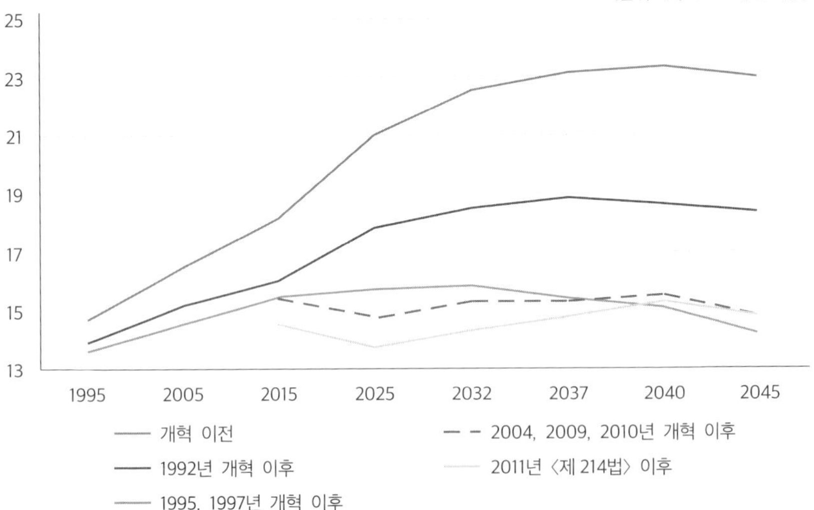

자료: Ministero dell'Economia e delle Finanze, Relazione Generale sulla Situazione Economica del Paese, various years; Technical Annex - Law Decree 201/11.

EU 27개국의 노년부양비 평균은 2030년에는 GDP의 38%, 2060년에는 53%이 될 것이라고 예상되는 데 반해 이탈리아의 노년부양비는 동일한 해에 각각 42%, 59%가 될 것으로 예상된다. 이런 점에서 이탈리아는 대부분의 EU 국가보다 빠른 속도로 인구고령화를 경험하고 있음을 알 수 있다. 그럼에도 불구하고 결과적으로 이탈리아는 향후 10년간 GDP에서 연금지출이 줄어들 것으로 예상되는 몇 안 되는 유럽 국가 중 하나이다.

반면, 재정안정성 측면에서의 성취는 현 제도가 향후 급여의 적정성을 보장할 수 있는지에 대해 확신을 주지 않는다. 보험통계법적으로 중립적인 'NDC + DC' 구조하에서 노동시장상황으로 인해 발생한 연금 불평등은 한 세대 내의 수평적인 재분배를 통해서 교정될 수 없다. 철저히 기여와 연계된 제도에 의지하는 것은 개인의 과거 고용과 경력의 패턴을 반영함과 동시에 퇴직으로 인한 위험을 개별화한다. 이는 안정적으로 고용을 유지할 수 있었던 산업시대에는 이상적이었을지 모른다. 하지만 이제 제도는 부족한 자원 가운데 후기 산업사회의 예상할 수 없는 위험을 동반하는 유연한 노동시장을 직면하게 되었다.[12)]

1기둥 내에서 급여산식 규정들이 조정되기는 했지만 보험료율은 각 고용 형태〔정규직, 임시(계약)직, 자영업자〕에 따라 상이하다. 이는 최저임금을 받는 근로자가 미래에 받을 급여수준에 악영향을 미친다. 여기에 더해 이탈리아 노동시장의 어려운 상황 때문에 근로자는 40년의 기여연수를 채우기 어려운 상황이다. 이러한 상황은 공적연금과 (존재한다면) 보충연금 모두의 미래 소득대체율을 낮추는 효과가 있다.[13)] 또한 대부분 TFR 기금으로 운영되며 세제혜택이 있는 자발적 제도를 선택하는 것은 사적연금체계 내 불평등과 적용에 있어서 한계를 야기했다. 다시 강조하자면 낮은 공적연금의 수준을 개인연금으로 보충하는 것은 핵심 산업 부문의 중견 혹은 대기업에서 근무하는 정규직 근로자에게만 현실적인 대안이다. 이미 공적연금체계에서 충분히 보장받는 사람만 보충연금을 받는다면 다중 연금체계의 잠재적 긍정 효과는 사라질 것이다.

2011년의 포르네로-몬티 개혁은 퇴직연령을 높이고, 평균 이상의 연금을 삭감하는 전략만으로 급여적절성과 제도 유지가능성을 제고하고자 하였다. 이러한 접근의 법적, 경제적 한계는 헌법재판소와 '퇴직 중인 근로자' 현상에 의해 노출되었고, 이는 연금체계의 유연성과 평등 문제를 다시 수면 위로 드러나게 했다.

---

12) 노동시장의 유연화와 연금체계의 다중화는 1990년대 중반부터 당시 환경에 맞추어 진행되었다. 2013년 당시 이탈리아 근로자 중 5분의 2 이상은 비정형 근로자였다(OECD, 2017).

13) 40년의 경력 중 보험에 가입되지 않은 실업 기간을 5년 포함하는 경우에 대해서 레이타노(Raitano, 2009)는 65세일 때의 대체율을 58.3%로 계산했다. 이는 지속적으로 기여한 사람보다 6% 낮은 수치이다.

이러한 문제를 해결하기 위한 최근의 조치들은 지속성과 제도의 미래 전망에 있어서 한계를 보였다. 최저연금을 높인 임시조치는 어떠한 사회적, 재정적 안정성을 단기적으로 보장하는 것조차 할 수 없다. 퇴직에 대한 연령과 근무연수에 대한 새로운 규정의 도입도 동일한 문제점을 가지고 있다. 이는 저임금 근로자의 상승하지 않는 임금 곡선과 비연속적인 경력에 대해서 거의 고려하지 않았음을 보여 준다. 연금소득에 대한 낮은 과세, APE와 같은 창의적인 재정적 해결책 그리고 TFR 자금의 소득지출과 같은 조치들은 모두 중산층 근로자에게 단기적 이익을 제공하기 위해 이루어졌다. 이는 선거의 측면에서 도움이 될 수 있지만 공적연금체계의 적절성과 연대의식뿐만 아니라 지난 25년간 어떠한 형태로든 달성되었을 법한 사적 연금체계의 재정적 가능성을 위태롭게 하는 것이다.

정리하면 이탈리아 근로자를 위한 노후보장은 연속적인 경력, 최소한 평균 임금이 보장된 고용패턴, 가입 및 완전한 기여(1기둥과 보충기둥 모두)가 결합될 때 가능하다. 오늘날 규정 아래서 저임금 근로자는 그들이 계속해서 건강하고 고용될 수 있다고 전제할 때 70세에는 퇴직해야 적절한 급여를 받을 수 있을 것이다. 이러한 조건들은 지난 장에서 이미 언급된 바와 같이 분절된 노동시장이 불평등을 악화시키고 있기 때문에 많은 수의 근로자들에게 비현실적으로 다가온다.

제도 내에서 연대의식, 유연한 선택, 재정안정성을 조정하는 것은 매우 어려운 과제이다. 하지만 이러한 방향성을 가지고 이루어지는 조치들은 이러한 목표 내에서도 어려운 선택이 될 것이지만 최근 이탈리아 연금정책 결정과정에서 부족했던 장기적 관점에서 생각하도록 할 것이다. 향후 연금제도에서 적절성을 하나의 중요한 요소로 이끌고자 한다면 정책의 입안자들은 미래급여의 명목적 가치와 소득, 여가, 기대수명이 연계된 개별적 수준에 더 큰 관심을 쏟아야 할 것이다.

〈부표 7-1〉 이탈리아의 노동연금

(2016년 기준)

<table>
<tr><th rowspan="2"></th><th colspan="2">연금수급조건</th><th>연금수급권</th><th rowspan="2">기여율
(총소득 중 비율)</th><th colspan="2">급여</th><th rowspan="3">물가연동</th></tr>
<tr><th>연령</th><th>조기퇴직</th><th></th><th>기준소득</th><th>산식</th></tr>
<tr><td colspan="7">소득 연계 부분(A + B): 1995년 말까지의 기여년수가 18년 미만인 경우 1995년 12월 31일까지, 그 외는 2011년 12월 31일까지 적용</td></tr>
<tr><td>민간부문
근로자</td><td>남: 66세 7개월[1]
여: 65세 7개월[1]</td><td rowspan="3">완전연금수급을
위한 최소 기여년수

남: 42년 10개월[1]
여: 41년 10개월[1]
+
62세 미만일 시
급여 삭감</td><td rowspan="3">최소 기여년수:
20년</td><td rowspan="2">고용주: 23.81%
근로자: 9.1%</td><td>A: 최종 5년
B: 최종 10년까지</td><td>2% × A × A기여기간(연도) +
2% × B × B기여기간(연도)</td><td rowspan="8">과거 물가인상
(최저: 0%)에
대한 재분배 정책

• 최저연금의
3배까지: 100%
• 최저연금의
4배까지: 95%
• 최저연금의
5배까지: 75%
• 최저연금의
6배까지: 50%
• 그 이상: 45%</td></tr>
<tr><td>공공부문
근로자</td><td>66세 7개월[1]</td><td>A: 최종 6개월
B: 최종 10년까지</td><td>>2% × A × A기여기간(연도) +
2% × B × B기여기간(연도)</td></tr>
<tr><td>자영업자</td><td>남: 66세 7개월[1]
여: 66세 1개월[1]</td><td>근로자: 23.1%[2]</td><td>A: 최종 10년
B: 최종 15년까지</td><td>2% × A × A기여기간(연도) +
2% × B × B기여기간(연도)</td></tr>
<tr><td colspan="7">NDC 부분(C): 1995년 말까지의 기여년수가 18년 미만인 경우 1996년 1월 1일부터, 그 외는 2012년 1월 1일부터 적용</td></tr>
<tr><td>민간부문
근로자</td><td rowspan="4">유연함
(66~70세)[1]</td><td rowspan="4">조기퇴직연금
연령: 63세 7개월[1]
+
최소 기여년수: 20년
+
급여액≥
(공적부조의 2.8배)</td><td rowspan="4">최소 기여년수:
20년
+
급여액 ≥
(공적부조의
1.5배) 혹은
70세 기준
5년 기여</td><td rowspan="2">상동</td><td colspan="2" rowspan="4">• 전체 근로 이력에 따른 총 기여금은 GDP 성장률의 5년 단위로 움직이는 평균값에 맞추어 재평가됨.

• 기대수명과 연계된 연령별 약수를 통해 연금화됨(57세 4.304%, 62세[1] 4.940%, 70세[1] 6.541%)</td></tr>
<tr><td>공공부문
근로자</td></tr>
<tr><td>자영업자</td><td>상동</td></tr>
<tr><td>비전형 근로자
(민간 및 공공)</td><td>고용주: 21.15%
근로자: 10.57%</td></tr>
</table>

주: 1) 기대 수명에 자동 연동.
2) 2018년까지 24%로 상향조정.

■ 참고문헌

해외 문헌

Castellino, O. (1982). Italy. In Rosa, J. J., & Castellino, O. (Eds.) (1982). *The World Crisis in Social Security*. San Francisco, CA: ICS.

Ferrera, M., & Gualmini, E. (2004). *Rescued by Europe?: Social and Labour Market Reforms in Italy from Maastricht to Berlusconi*. Amsterdam: Amsterdam University Press.

Ferrera, M., & Jessoula, M. (2007). Italy: A narrow gate for path-shift. In Immergut, E., Anderson, K., & Schulze, I. (Eds.) (2007). *Handbook of West European Pension Politics*. Oxford: Oxford University Press.

Gronchi, S., & Nisticò, S. (2006). Implementing the NDC theoretical model: A comparison of Italy and Sweden. In Holzmann, R., & Palmer, E. E. (Eds.) (2006). *Pension Reform: Issues and Prospects for Non-Financial Defined Contribution (NDC) Schemes*. Washington, DC: World Bank.

Jessoula, M. (2009). *La Politica Pensionistica*. Bologna: Il Mulino.

______(2011a). Italy: From Bismarckian pensions to multi-pillarization under adverse conditions. In Ebbinghaus, B. (Ed.) (2011). *Varieties of Pension Governance: Pension Privatization in Europe*. Oxford: Oxford University Press.

______(2011b). Istituzioni, gruppi, interessi. La "nuova politica pensionistica" in Italia. *Rivista Italiana di Politiche Pubbliche*, *2/2011*, 211~242.

______(2012). The Italian risky combination: Selective flexibility and defined-contributions pensions. In Hinrichs, K., & Jessoula, M. (Eds.) (2012). *Labour Market Flexibility and Pension Reforms*. Basingstoke: Palgrave.

Jessoula, M., & Raitano, M. (2015). La Riforma Dini vent'anni dopo: Promesse, miti, prospettive di policy. *Politiche Sociali*, *3/2015*, 365~381.

Natali, D., & Stamati, F. (2011. 9). *Le Pensioni "Categoriali" in Italia*. Paper presented at Innovare il Welfare Percorsi di Trasformazione in Italia e in Europa. Politecnico di Milano, Milano.

OECD (2011). *Pensions at a Glance 2011*. Paris: OECD.

______(2013). *Pensions at a Glance 2013*. Paris: OECD.

______(2015). *Pensions at a Glance 2015*. Paris: OECD.

______(2017). *OECD Labour Force Statistics 2016*. Paris: OECD.

Raitano, M. (2009). I tassi di sostituzione attesi della previdenza obbligatoria e integrativa: Alcuni scenari di simulazione. In Pizzuti, F. R. (Ed.) (2009). *Rapporto Sullo Stato Sociale 2010*. Milano: Academia Universa Press.

RGS (Ragioneria Generale dello Stato) (2011). Le tendenze di medio-lungo periodo del sistema pensionistico e sanitario: Le previsioni elaborate con I modelli della RGS aggiornati al 2011. Roma: Ministero dell'Economia e delle Finanze.

______(2016). Le tendenze di medio-lungo periodo del sistema pensionistico e sanitario: Le previsioni della ragioneria generale dello stato aggiornati al 2016. Roma: Ministero dell'Economia e delle Finanze.

기타 자료

COVIP (2001). Relazione Annuale. Roma: COVIP.

______(2012). Relazione Annuale. Roma: COVIP.

______(2016). Relazione Annuale. Roma: COVIP.

INPS (2016). Rapporto Annuale, Roma: INPS.

Jessoula, M., & Pavolini, E. (2014). Pensions, health and long-term care. Country document for Italy, ASISP.

08

고용보험제도 및 고용정책

1. 머리말

지난 몇 년간 이탈리아의 노동시장제도는 급격한 변화를 맞았다. 전례 없는 극심한 고용위기를 맞아, 마리오 몬티 총리(2011~2013년)와 마테오 렌치 총리(2014~현재)가 이끄는 이탈리아 정부는 2012년 노동장관의 이름을 딴 포르네로 개혁(Fornero Reform)[1] 과 2014년의 잡스액트(Jobs Act)[2] 라는 두 차례의 거대한 개혁을 진행하였다. 이 두 개혁은 부진한 고용의 주된 원인으로 지목되는 고용 및 해고과정의 복잡성과 고비용으로 인한 견고한 고용보호정책, 정규직(영구직)과 여러 유형의 임시직 간의 보장수준의 차이, 실업급여의 낮은 관대성과 급여의 분열, 그리고 실직자의 재취업을 지원하는 적극적 노동시장정책의 제한적 확대와 같은 문제를 다뤘으며 이를 통해 이탈리아 노동시장정책의 지평을 상당히 바꾸어 놓았다(Schindler, 2009;

1) 〈제 92법〉으로 2012년에 제정되었다.

2) 〈제 183법〉으로 2014년에 제정되었다.

Garibaldi & Taddei, 2013).

이탈리아의 제도적 병목현상은 전통적으로 고용보호를 중점으로 하는 모델로부터 발생했다. 이 모델은 주로 노동조합의 주요 바탕이 되는 중형기업 및 대형기업의 근로자에게 적용되었다. 그러한 '핵심 근로자'(*core employees*)는 강력한 해고보호제도를 보장받았고 기업이 위기인 경우에는 과도한 근로시간 단축제도와 특별 실업급여를 통해 충분한 소득대체를 보장받을 수 있었다.

반면 이탈리아 노동력의 80%가 고용되어 있는 소형기업일수록 보호수준은 훨씬 더 낮았고, 일반적인 실업급여는 최소한의 보호만을 보장했기에 적극적 노동시장정책은 사실상 부재했다. 2012년 이전에 있었던 1997년과 2003년의 주요 개혁은 임시직 계약의 자율화와 일반 실업급여 소득대체율의 근소한 제고를 통해 제도의 주변부에 미미한 변화를 가져오는 데 그쳤다. 핵심 근로자를 위한 고용보호체계는 그대로인 상황에서, 이 개혁들은 오히려 임시직의 증가를 가져왔고 핵심 근로자와 임시직 간의 노동조건 및 사회적 조건의 불평등으로 인해 노동시장의 분절을 더욱 강화하는 결과를 낳았다(Berton et al., 2012).

이러한 배경과 반대되는 최근 일련의 개혁들은 급박한 상황에서 전개되었는데, 이는 두 가지 주요 요인의 영향을 받았다. 첫 번째는 국제 경제위기의 결과 나타난 구조적 고용위기였고, 두 번째는 유로존 시장의 긴장에 직면한 EU가 경제위기에 가장 취약한 회원국 중 하나인 이탈리아로 하여금 구조적 개혁을 진행하도록 한 강력한 정치적 압박이었다.

이탈리아에서 고용위기는 2008년부터 전개되기 시작하였으며, 2014년에 그 정점에 달했다. 등록된 실업자 수만 320만 명이 넘었고(2007년에는 140만 명이었다), 이 비율은 전체의 12.7%에 달했다(〈그림 8-1〉 참조). 실업자의 60% 이상이 1년 이상 실업자로 남는, 높은 비율의 장기실업은 이탈리아가 가진 반복적 문제를 다시 한 번 보여 주었으며 이는 빈곤과 사회

〈그림 8-1〉 주요 노동시장 지표: 이탈리아와 EU 28개국 평균

(2008~2016년, 단위: %)

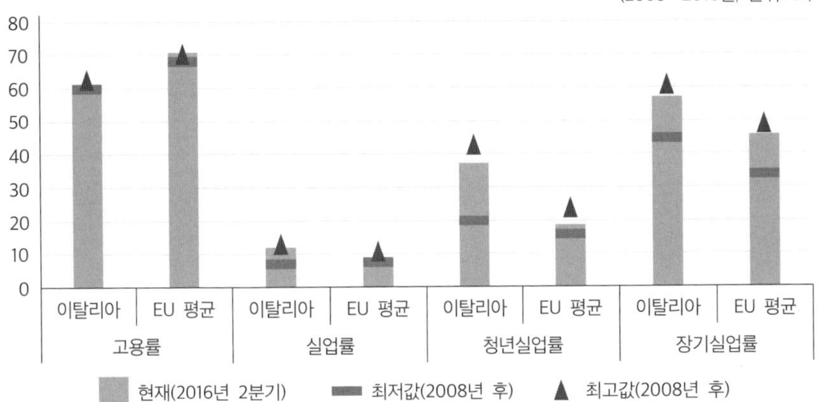

주: 장기실업률은 전체 실업자 대비 12개월 이상 실직한 사람의 비중으로 계산됨.
자료: Eurostat. http://ec.europa.eu/eurostat. 2018. 2. 8. 인출.

적 배제 지표에서 분명히 나타났다.[3] 이뿐만 아니라, 청년실업이 EU 평균의 거의 2배에 육박하는 등 이 위기는 세대 간의 뚜렷한 단절로 인해 더욱 상황이 악화되는 양상을 보였다. 비록 위기 전의 고용수준을 회복하긴 어려웠지만, 2015년에는 고용수치를 포함하여 거시경제학적 관점에서 좋은 조짐이 보였다.

한편, 국제금융위기가 2010년 유로존 전체의 위기로 전환됨에 따라 이탈리아에서는 모든 재정 분야에서 큰 규모의 국가 부채에서 기인하는 취약성이 나타났다. 국제통화기금(IMF)과 유럽중앙은행(ECB) 같은 주요 금융기관뿐만 아니라, 유럽연합 위원회(European Commission: EC) 또한 이탈리

3) 심각한 고갈상태에 있는 인구의 비중은 2009년부터 2012년 사이 7.3%에서 14%로 두 배 가까이 증가하였고, 2014년에는 11.6%로 부분적으로 감소했다. 이탈리아 인구 중 4분의 1 이상(28.3%)은 2014년 가난의 위기를 경험했다〔유럽 통계청(Eurostat)의 가장 최신 데이터, Labour force survey 중 'Long-term unemployment by sex: Annual average'를 변수로 사용했다〕.

아 정부가 시장 내 긴장상황을 약화시키기 위해 노동시장과 연금제도를 우선순위에 두는 의미 있는 구조적 개혁을 착수해야 한다는 압박을 가했다(Sacchi, 2015). 2011년 11월 베를루스코니 총리가 사퇴한 후 유럽연합 위원회 위원장을 역임했던 마리오 몬티가 총리 자리에 오르면서, 이탈리아는 유럽연합 위원회의 면밀한 관리감독과 지도하에 개혁으로의 길을 자청했다.[4] 이탈리아는 대체로 스페인, 포르투갈, 그리스와 같은 남유럽 국가와 유사한 문제상황을 겪었으며, 정치적 압력, 개혁 경로에 있어서도 공통점을 보였다(Eichhorst et al., 2016).

이번 장에서는 이탈리아의 고용보호입법, 고용보험, 임금협상체제, 적극적 노동시장정책의 현 제도를 소개하고자 한다. 임금협상체제를 제외한 모든 정책영역은 두 차례의 개혁에서 모두 다뤄졌다. 좀더 간결한 설명을 위해서 이 장에서는 2015년 잡스액트에 따른 현 상황을 위주로 다루고자 한다. 두 개혁의 방향성은 서로 동일하나 잡스액트의 대부분이 포르네로 개혁에서 더 나아간 형태이기 때문이다.

2. 고용보호입법

이탈리아의 고용보호체제의 개혁은 일자리 창출 촉진, 경기변동에 대한 노동시장의 적응능력 향상, 정규직과 임시직 간의 분열과 관련한 왜곡을 축소하기 위한 노력의 초석이 되었다.

해고절차에서 현저하게 나타나는 정규직 근로계약의 견고함은, 특히 청년층과 여성 사이에서 오랫동안 장·단기적으로 높은 실업률의 주된 원인으

4) 2014년 7월 8일 자의 "Council Recommendation 2014 on the National Reform Programme 2014 of Italy and delivering a Council opinion on the Stability Programme of Italy"(2014/C 247/11)를 참고하라.

로 여겨졌다(Bassanini & Duval, 2006). 동시에, 기간제 계약과 다른 형태의 비정규직에 대한 상대적으로 느슨한 제약은 기업으로 하여금 임시직 계약의 과도한 사용을 부추겼다. 이는 사회적 공평성은 차치하고 결과적으로 임시직 근로자, 특히 청년의 소득 불안정(Berton et al., 2012)과 사업체의 노동생산성, 총요소생산성에 역효과를 가져오는 원인이 되었다(Lucidi & Kleinknecht, 2009; Damiani et al., 2014).

〈표 8-1〉 계약 유형별 신규 고용

(단위: 만 명)

	2013년	2014년	2015년	2016년(1~5월)
신규 고용 총인원	472	487	541	208
정규직	130	127	187	54
기간직	319	336	335	144
인턴십	23	23	18	9

자료: INPS, 2016b.

〈그림 8-2〉 전체 종속 근로자 대비 정규직과 임시직 근로자 비중

(단위: %; 좌 = 정규직 고용의 비중; 우 = 임시직 고용의 비중)

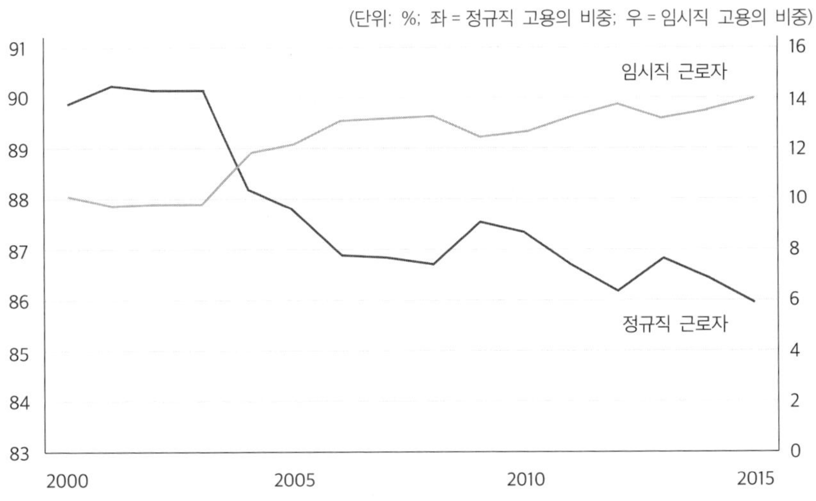

자료: OECD. Labour Market Statistics: Employment by permanency of the job: Incidence.

2012년과 2014년의 개혁은 실업의 위기에서 더 강력한 소득보장을 위해, 정규직의 해고에 대한 더 낮은 보호수준과 기간제 계약, 특히 임시직 근로자에 대한 규제 완화를 맞바꾸었다. 새로운 정규직 고용의 확대 또는 임시직의 정규직 전환과 같은, 정규직 고용의 촉진은 사업체에 사회보험료 부담 면제와 같은 뚜렷한 인센티브가 있을 때 더욱 활성화될 수 있다.

이러한 개혁의 장기적 효과는 아직 나타나지 않았다. 2015년 신규 정규직 고용이 47% 증가했다는 점이 기록할 만하나, 2016년 초 이 경향성은 다소 약화된 추세를 보인다. 기간제 계약은 여전히 계속해서 신규 고용의 다수를 차지하고 있다. 또 꾸준한 정규직 계약의 감소 추세와 맞물려, 전체 고용 대비 기간제 계약의 비중은 위기 전의 수준보다 증가했다. 비록 인센티브의 영향을 받고 있지만, 임시직에서 정규직으로의 전환 또한 계속해서 늘어나고 있다(ISTAT, 2016).

해고보호제도의 개혁은 해고의 급증을 야기한 것으로 보이진 않는다. 사실, 정규직과 임시직 간 격차가 감소하면서 이는 2015년 한 해 50만 개 이상의 유효한 신규 일자리를 창출하였다(INPS, 2016b).

1) 정규직 계약

정규직 계약의 해고보호제도 개혁은, 부당하게 해고된 근로자가 노동법원의 판결에 따라 그들의 직장으로 다시 돌아갈 수 있게 하는 여지를 일축하는 데 중점을 두었다. 이는 고용주가 이들이 받지 못한 소득과 사회보험 기여금을 배상해야 한다는 점을 암시한다. 이 규정은 1970년 근로자 헌장에 15인 이상 사업체의 근로자를 보호하기 위한 목적으로 만들어졌다.[5]

5) 중소기업에서의 해고보호는 1990년 〈제 108법〉에서 규정한다. 여기서 노동법원은 부당하게 해고된 근로자를 복직시킬 수 있으며, 이는 새로운 고용관계가 개시됨 또는 최소 2.5개월의 급여부터 최대 14개월의 급여를 금전적으로 배상해야 함을 의미한다.

2012년, 포르네로 개혁은 해고보호규정을 완전히 뒤바꿨다. 근거 없는 사유로 인한 해고, 정당하지 않은 경영상의 사유로 인한 해고, 징계면직의 남용(예를 들어, 근로자의 잘못인 것처럼 보이지만 사실상 경영상의 해고인 경우), 차별적 해고에 한해서만 복직의 가능성이 열려 있다. 이러한 해고의 경우 고용주는 12개월에 해당하는 급여를 상한선으로 하여 지난 급여를 배상해야 한다. 반대로, 정당한 경영상의 이유로 해고된 근로자는 최대 24개월을 상한선으로 하여 금전적 보상을 받을 자격을 갖는다.

새로운 해고보호규정뿐만 아니라 2014년 잡스액트(Jobs Act)는 '보호가 강화된' 새로운 정규직 계약을 도입했다. 이는 새롭게 정규직으로 고용된 경우에만 적용되며 2015년 이전에 근로계약을 맺은 경우에는 2012년의 개혁안이 적용된다.[6)]

이러한 새로운 체제에선, 부당하다고 여겨지는 경영상 해고의 경우에도 복직이 불가능한 대신 금전적 보상이 정년까지 보장된다. 보상액은 매년 최소 1개월분에서 최대 24개월분의 봉급만큼 지급된다. 이 내용은 집단 해고의 경우에도 적용된다. 노동분쟁이 법정 밖에서 당사자 간의 합의로 진행될 수 있도록 개혁은 조정을 용이하게 하기 위해 재정적 인센티브를 도입했다. 〈표 8-2〉는 개혁 이후 해고규정의 주요한 제도적 특징을 요약하고 있다.

중요한 것은 해고에 대한 금전적 보상이 자동 계약만료에 따른 수당을 의미하는 것은 아니라는 점이다. 이는 고용주에게 불리한 노동법원의 판결에 따라 적용된다. 즉, 개혁은 해고에 드는 비용을 충분히 낮췄고 그 절차를 용이하게 했다. 그러나 근로자가 부당하게 해고를 당했을 때 퇴직금 수준을 기존보다 높였기 때문에, 근로자와 사업체 간 법적 소송을 줄이고자 했던 목적은 달성하기 어려워졌다(European Commission, 2016). 정규직 계약은 중요한 재정적 인센티브를 통해서 더욱 촉진될 수 있었다.

---

6) Law 183 of 2014, and Legislative Decree 23/2015를 참고하라.

〈표 8-2〉 15인 이상 사업장의 개인해고규정

구분	2014년 이전 고용	2015년 이후 고용
정당한 해고사유	• 정당사유: 근로자의 심각한 행실(예: 불복종, 절도, 근무지 내 폭력) • 정당한 주관적 사유: 계약 의무사항 위반(예: 합당한 사유 없는 잦은 결근) • 정당한 객관적 사유: 사업체의 경영상 필요성(예: 경영위기, 구조조정)	
불법적 해고 제재조치	• 복직: 차별적 해고, 근로자 책임, 근거 없는 경영상의 이유일 때만 가능 • 정당하지 않은 경영상의 해고일 경우, 금전적 배상만 가능	• 복직: 차별적 해고일 때만 가능 • 정당하지 않은 경영상의 이유일 경우, 금전적 배상만 가능
퇴직금	• 복직: 고용주는 최대 12개월의 지난 임금을 배상해야 함. • 경영상의 해고: 최소 12개월에서 최대 24개월의 임금에 해당하는 퇴직금을 지급해야 함.	• 퇴직금은 한 고용주에 대해 근로 기간에 따라 늘어나며, 그 수준은 최소 4개월에서 최대 24개월의 임금에 해당함(12년의 재직 후). • 조정을 통한 경우, 최대 12개월의 퇴직금을 지급함.

2) 기간제 계약과 임시파견직

이탈리아는 최근 기간제 계약의 규정을 완화했다. 이는 노동시장 경색에 따라 노동시장 내 분절현상 타파라는 목적보다 일자리 창출에 대한 필요성이 더 크게 대두되었기 때문이다.

2014년의 폴레티 법령에 따라,[7] 고용주는 기간제 노동계약에 있어 상당한 유연성을 갖게 되었다. 기존에 고용주는 임시파견직을 포함하여, 최대 3년간 고용되는 임시직 계약에 대해 타당한 근거를 제시해야 할 법적 의무가 있었다. 그러나 개혁은 이 의무를 없애고 3년 동안 계약사항의 수정을 최대 5번까지 가능케 했다. 그 결과 3년의 기간에 추가로 최대 1년의 계약 연장이 가능하지만, 단서조항에 따라 이는 반드시 노동당국의 감독하에 계약이 이루어져야 한다. 이러한 조건들을 충족하지 못할 경우 이 계약은 정규직으로 인정받을 수 있다. 단체협약은 언제든지 위에 제시된 조건을 무

7) Legislative Decree n. 35 of 2014를 참고하라.

시하고 규정을 정할 수 있다.

그런데 개혁의 몇 가지 요소는 임시직 계약을 억제하는 데 목적을 두고 있다. 기간제 근로자는 임금, 노동 및 사회보장과 관련해 정규직과 동등한 권리를 누릴 수 있다. 그리고 매년 이루어지는 기간제 고용의 비중은 한 회사 내 전체 정규직 근로자 수 대비 20%를 초과할 수 없도록 법적으로 규정되어 있다.[8] 이를 준수하지 않은 기업은 국가의 재정적 제재조치를 받는다. 중요한 것은 기간제 계약을 맺을 경우 기업의 사회보험료 부담금 지출이 더 늘어난다는 점이다. 2012년 이래로 기간제 계약의 경우, 기업은 1.4%의 사회보험료를 추가로 납부해야 하며 이는 고용보험기금의 재원으로 사용된다.[9]

위에서 언급했듯, 기간제 계약조건은 임시파견직 부문에서도 동일하게 적용된다. 임시파견직은 경제의 모든 영역에서 이루어지고 파견업체는 근로자를 고용하여 기간제 또는 정규직 형태로 고용주의 기업에 배치한다(이른바 '직원임대').[10] 이러한 파견업체는 정부 노동부처로부터 허가를 받아 운영할 수 있고, 파견업체의 근로자는 고용주 기업에서 다른 근로자와 똑같이 동등한 권리를 보장받는다. 고용주 기업은 파견직원에 대해 추가로 임금의 4% 수준을 사회보험료로 지출해야 하며, 이는 각 부문의 복지제도 재원으로 사용된다.

임시직의 비중이 늘어나는 상황에서도(〈그림 8-2〉 참조), 임시파견직은 상대적으로 미미하게 증가했다. 임시파견 근로자는 약 48만 2천 명으로, 전체 이탈리아 인구의 1.2%에 해당한다. EU의 평균은 2014년 기준 1.7%이다(CIETT, 2015).

8) 신생기업, 휴직 대체인력, 시즌 활동, 50세 이상의 고용은 양적 제한을 두지 않는다.
9) 기간제 계약을 정규직으로 전환한 경우, 고용주는 추가 납부비용 전체를 배상받을 수 있다.
10) 직원임대는 개인돌봄서비스와 부문별 단체협약에 의해 승인받은 경우에만 가능하다.

3) 파트타임직

이탈리아에서 파트타임직은 지난 10년간 자율화를 경험했다. 전통적으로 이탈리아에서 상근직(주 40시간)보다 더 적게 근로하는 것은 드문 일이다. 이는 까다로운 규정과 더불어 파트타임직이 근로자의 일과 삶의 균형보다 기업의 인건비를 낮추기 위한 수단으로 사용되기 때문이다.

일반적으로 이탈리아의 파트타임직 체제는 근로시간을 다르게 배분할 수 있도록 한다. 파트타임직의 '탄력성'(*elasticity*)과 '유연성'(*flexibility*) 조항에 따르면, 고용주는 필요에 따라 근로시간의 양과 분배를 결정할 수 있다. 그런데 전통적으로 이탈리아에서는 노동조합이 사업체 내부의 규정을 결정할 권한을 갖고 있었기 때문에 고용주는 단체협약을 통해 근로시간의 양과 분배를 결정할 수 있었다. 그러나 2015년 잡스액트의 도입으로 단체협약 없이도 근로자 개인의 추가 근로시간 및 분배를 결정할 수 있게 되었다. 또한 추가 근로시간의 임금에 대해 주요 근로시간 대비 최대 25%에 해당하는 만큼의 급여를 추가로 지급하여야 한다는 법적 기준을 마련했다. 특정한 조건을 만족하면, 근로자는 파트타임직으로의 전환을 요청하고 이 요청을 다시 철회할 수 있는 권리를 갖는다.

2015년 파트타임직의 비중은 2008년 대비 약 3% 증가하여, 전체 고용의 11.7%를 차지했다. 이를 여성으로 한정하면 파트타임직의 비중은 전체 여성 고용의 22.5%를 초과한다(ISTAT, 2016). 그런데 상근직 근무를 희망하는 파트타임 근로자를 의미하는 '비자발적 파트타임직'의 규모는 EU 평균의 2배에 육박하며 전체 파트타임 근로자의 약 65%에 해당한다.[11)]

---

11) Eurostat의 Labour Force Survey 중 "Part-time employment as percentage of the total employment, by sex and age(%)"를 변수로 사용했다.

4) 인턴십

청년실업률이 47%가 넘는 역사적 최고치를 기록하면서 이탈리아에서는 청년의 노동시장 진입을 지원할 수 있는 더 매력적이고 효율적인 인턴십체계의 구축이 제도적 우선순위로 부상했다. 잡스액트[12]를 마지막으로 이미 일련의 개혁이 이루어졌다. 이 개혁들은 독일의 이중시스템(노동과 교육의 혼합을 통한 청년층 노동시장 진입 지원제도)을 바탕으로 하며 이를 통해 독일에서의 성공을 이탈리아에서 재현하고자 했다.

인턴십은 훈련과 고용을 동시에 추구하는 정규직의 형태로 만들어졌다. 이는 세 가지 유형으로 분류할 수 있는데, 각각은 첫째, 중등교육 이상의 학위 취득, 둘째, 전문자격 취득, 셋째, 연구 또는 고등교육(18~29세 한정)을 목적으로 하며 이를 달성하면 인턴십은 완료된다. 특히, 두 번째 유형은 전체 인턴십 계약의 95%를 차지한다.

인턴사원은 일반적으로 부문별 단체협약에서 설정된 특정한 낮은 수준의 임금을 받는다. 또한 국가, 지방 정부, 그리고 부문별 노사대표가 정한 기준에 따라 고용주와 개인별 교육 프로그램에 대해 합의해야 한다. 인턴십 프로그램은 근로시간 일부를 보내게 되는 외부교육 또는 훈련기관을 찾고 인턴십 교육의 목적을 찾을 수 있도록 한다. 인턴십은 명목상의 정규직 계약이며 사실상 제한 기간이 있다. 그러나 만일 이 기간에 어떠한 집단도 명시적인 계약종료를 요청하지 않을 경우에는 정규직으로 전환될 수 있다. 단체협약은 더 많은 근로자가 더 큰 규모의 기업에서 정규직으로 일할 수 있도록 전문자격 취득이라는 두 번째 유형의 인턴십 비중을 결정할 수 있다. 이에 대한 법적 기준은 기본적으로 20%에 해당한다.

---

12) Legislative Decree n. 81 of 2015. 잡스액트 개혁 이전의 마지막 인턴십 개정은 2011년에 있었다.

결과적으로 잡스액트는 중등교육을 마치지 못한 장년층의 직업숙련도 향상을 지원하기 위해, 모든 연령의 근로자가 학위취득을 목적으로 하는 첫 번째 유형의 인턴십에 참여하는 것을 가능하게 했다. 마지막으로 인턴십제도는 2015년부터 충분한 실업급여와 임금보상기금(WCF)의 보호를 받을 수 있게 되었다.

인턴십을 지원하기 위한 방안으로 기업에 세제혜택이 도입되었지만, 아직은 만족스러운 결과가 나타나지 않았다. 인턴사원의 수는 2008년 64만 5천 명에서 2015년 41만 명으로 지속적으로 감소했으며, 특히 이탈리아 중부와 남부가 저조한 편이다(ISFOL, 2016a). 현재 이탈리아는 기업에 첫 번째 유형의 인턴십 계약을 장려하는 것, 그리고 청년의 노동기회 확대를 위해 학교에서 노동 중심의 교육을 촉진하는 조기개입 방안과 관련한 도전에 계속해서 직면하고 있다.

5) 독립계약자와 일용직

이탈리아에서는 한계고용을 규제하기 위해 다른 종류의 근로계약이 확산하는 추세에 있다. 특히, 이 중에서도 독립계약자(이른바 '프로젝트 업무계약')와 최근의 일용직(이른바 '바우처')의 근로 형태는 불안정, 낮은 보호수준, 저소득의 근원으로 중요하게 다뤄졌다. 2012년과 2015년의 개혁은 명백한 시장의 왜곡을 해결하려는 목적 아래 독립계약자에 대해 엄격한 규제를 한 반면, 일용직에 대해선 규제를 완화하였다.

프로젝트 업무계약은 2003년에 종속 근로자와 자영업자 사이의 회색지대에 존재하는 고용 형태를 규제하기 위해 도입되었다. 이 근로 형태에서는 근로자가 근무지, 근무시간과 임금을 결정할 수 있다. 그러나 질병 또는 실업과 같은 위험에 대해 이들은 낮은 사회적 보호를 받고 낮은 사회보험료를 지불하며 고용주는 높은 유연성을 갖는다. 2010년에는 이미 40만 명을 넘어설 정도로(ISTAT, 2011: 115) 프로젝트 업무계약은 일반적 고용에 따르는 규제와 비용을 피하기 위한 목적으로서 예기치 않게 확산되었다. 이러한 계약의 확산은 빈번한 사기 사건과 근로자의 소득 불안정의 확대를 동반했다.

2015년의 잡스액트[13] 는 프로젝트 업무계약과 관련한 조항을 신설하여, 실제 독립적으로 이루어지는 업무와 몇몇 부문에만 가능하도록 제한하는 등 이를 엄격하게 규정하였다. 결과적으로 2008년 대비 프로젝트 계약은 23% 감소하였으며, 2015년에는 약 35만 명으로 줄었다(ISTAT, 2016).

한편, 2012년의 포르네로 개혁은 상대적으로 일용직에 대한 규정을 더욱 느슨하게 하였다. 일용직은 사회보험료를 포함하여 시간당 10유로부터 근로자 개인의 최대 경제적 소득까지 바우처를 통해서 지급된다. 바우처를 통한 소득은 근로자에 면세혜택을 제공한다. 2012년 이후, 과거 몇몇 부문에서만 허용되었던 바우처는 전 경제영역으로 확대되었고, 상한선은 연간 5천 유로에서 7천 유로로 상향되어 결과적으로 근로자의 노동 의욕을 고취할 뿐만 아니라 일용직 근로자에 대한 공급을 늘렸다.[14] 또 제한되었던 근로시간 역시 상향되었다. 이러한 요인들과 더불어 한계고용을 합법화하는 계약상의 유형인 프로젝트 업무계약이 감소하면서 일용직은 놀랍게 급증했다. 이뿐만 아니라 2008년 50만 개였던 바우처 구입이 2015년 1억 1,500만 개로 늘어났고, 2008년 2만 4천 명이 고용되어 있던 일용직은 2015년 기준 130만 명을 고용했다(INPS, 2016b). 현재 일용직은 이탈리아에서 가장 불안정한 근로 형태의 상징이 되었다.

13) Legislative decree n. 81 of 2015를 참고하라.

14) 그러나 근로자는 한 고용주로부터 2천 유로 이상 지급받을 수 없다.

3. 임금결정체계

유럽의 공통화폐제도 도입 이후, 수출 위주의 이탈리아 제조업은 대외 경쟁력을 위해 임금의 수준이 무엇보다 중요해졌다. 특히, 경제위기는 공적 부문에서 극심한 임금의 조정을 가져왔다. 이는 높은 노동세의 영향을 받는 인건비를 줄이기 위함이었다. 〈그림 8-3〉은 명목임금 증가율이 하락하는 양상과 단위노동비용의 상승이 억제되는 양상을 보여 준다. 이탈리아는 경기침체 속에서 가능한 임금인상이 한계에 다다랐다. 〈그림 8-3〉은 이러한 상황에서 노동생산성의 증대가 이탈리아의 중대한 과제라는 것을 보여 준다. 이탈리아의 임금결정체계 구조는 그 부진한 경제적 성과에 대한 책임으로 시험대에 오르게 되었다.

이탈리아의 임금결정체계는 상대적으로 높은 수준의 중앙집권화와 낮은 수준의 부문 간 조정의 형태를 보여 준다. 체제는 산업 부문 차원에서 이루어지는 단체협약을 바탕으로 한다. 단체협약은 전국적 임금기준뿐만 아니라 해당 부문의 모든 근로자에 공통적으로 적용되는 규율을 결정하는데, 규율은 노동단체 및 근로조건의 구체적 특징과 관련이 있다. 가장 대표성이 있는 고용주와 근로자 단체가 협약에 서명한다. 임금수준을 결정하는 데 있어 부문 간의 조정은 거의 없으며, 부문 간 조정이 있더라도 대부분은 중심 제조업 부문 간의 비공식적 관계에 한정되기 때문에 거시경제적 측면에서 임금수준을 효과적으로 통제하는 데 방해가 된다. 원칙적으로, 국가적 단체협약이 결정하는 기준임금은 서명한 단체의 회원들인 고용주와 근로자에만 의무적으로 해당되지만, 실제로 법원은 이를 부문 내의 모든 근로자에게로 확대 적용하였다. 즉, 법적으로 규정된 최저임금이 없는 이탈리아에서는 전국적 단체협약이 각 부문의 최저임금을 결정한다고 이해할 수 있다. 자연스럽게, 그 일부가 다른 결정을 하더라도 이 협약의 유효 기간은 3년이다.

〈그림 8-3〉 이탈리아의 선정된 임금지표

(단위: %, 전년 대비 변화량)

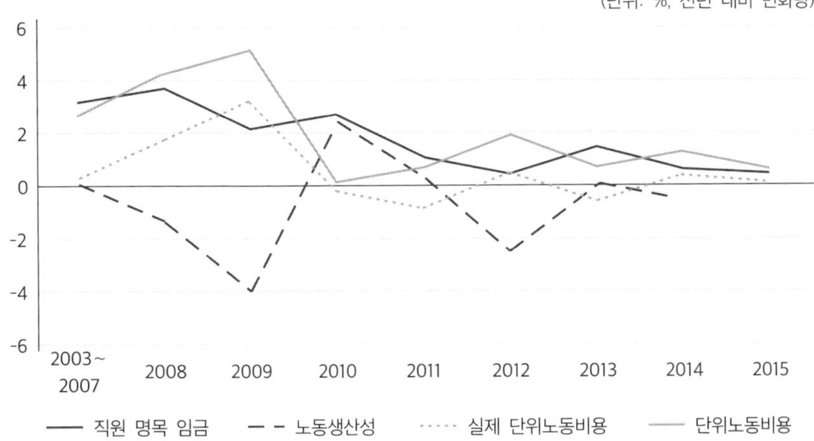

자료: European Commission, 2016.

이러한 바탕에서, 2010년대 노사정이 참여한 일련의 부문 간 협약은 지역 또는 사업체 차원에서 이루어지는 협약, 즉 더 낮은 층위를 향한 임금교섭의 분권화(*decentralization*)에 대한 여지를 넓혔다.[15] 스페인, 포르투갈, 그리스와는 달리 이탈리아는 경제위기가 중대한 개혁을 가져오지 않았고 부문 차원의 단체협약은 여전히 문제없이 임금기준을 설정하고 있다. 그런데 업무의 조직과 관련하여 이제는 점점 더 많은 기능이 지역 또는 사업체의 수준에서 결정될 수 있다. 이는 부문 차원의 협약을 부분적으로 수정하여 가능한데 이른바 '면책조항'이라 불리는 관련 권한이 부문 협약에 명시되어 있다. 중요한 것은 분권화가 임금의 결정에 영향을 미쳤다는 점이다. 낮은 층위의 협약은 전국적 수준에서 결정된 기본 임금기준에 생산

15) 가장 중요한 최고 층위의 단체협약은 2012년('생산성과 경쟁력 증진을 위한 가이드라인')과 2014년('대표성에 관한 통합규정')에 이루어졌다. 특히, 후자는 단독기구의 대표성과 관련한 규정을 재정의하는 것을 목적으로 하여 협상력을 갖고자 했다. 지면상의 이유로 이러한 측면은 여기서 다루지 않는다.

성 인센티브를 통해 임금수준을 더 높일 수 있는 재량을 갖는다. 이탈리아 정부는 낮은 노동생산성을 제고하고 임금이 경제상황에 따라 더욱 즉각적으로 반응할 수 있도록, 생산성 관련 급여에 대해 세금환급과 같은 제도를 적극적으로 지원한다.

이러한 참신함에도 불구하고, 이탈리아의 2층의 단체협약체계는 큰 인기를 끌지 못했다(European Commission, 2016). 일반적으로 내부에 노동조합이 별로 없는 소규모 사업체에서 고용주 대부분이 협약에 참여할 만한 가치를 느끼지 못했기 때문이라는 점이 이를 부분적으로 설명한다(Terzi, 2016).[16] 또한 2014년 최고 층위의 협약에서 제조업 부문이 최소한의 몇 가지 기준을 세웠음에도 불구하고, 협상할 조합의 대표성을 정의하는 기준이 논란이 되어 2층 단체협약체계의 불확실성은 더욱 높아졌다. 그 결과, 설문조사에 따르면 대략 30%의 기업만이 지역수준에서 이루어지는 2층의 협약으로부터 보장받으며 이는 대형 제조업과 건설업 부문에서, 그리고 이탈리아 북부지역에서 다소 높은 비율을 보인다(CNEL, 2015).

한편, 현 상황에서 노사정 전체의 자율적 임금결정이 비효율적인 최저임금기준을 제시할 수 있다는 회의적인 시각도 있다(Kampelmann et al., 2013). 고용주와 노동조합이 사업체의 생산능력을 유지하기 위해 애쓰는 동안 단체협약의 보장 비율은 급격히 감소했다. 그 결과, 가장 덜 조직된 사업체의 근로자가 피해를 입을 위험을 감수해야 했다. 현재 이탈리아에서 근로자의 빈곤위험은 높고 계속해서 높아지고 있다(2014년 11%, EU 평균 9%). 근로자의 빈곤위험은 근로자가 빈곤의 위험에서 간신히 벗어나는 수준만을 유지하도록 한다는 점에서, 부적절한 임금수준을 나타내는 포괄적 지표로 이해할 수 있다.

---

16) 노동조합은 200인 이상 사업장의 60%에서 그 대표성을 갖는 반면, 50인 이상 사업장의 경우 이 대표성은 8% 하락한다. 동시에 고용주협회의 회원은 대기업에서 80%에 해당하는 반면 중소기업에선 43%로 떨어진다(CNEL, 2015: 107).

2016년 렌치 정부는 법적으로 규정된 최저임금의 도입을 포함한 임금교섭체계의 포괄적 개혁을 위해 노사정에 권한을 위임하였지만, 아직 뚜렷한 성과는 나타나지 않았다.

4. 소득보장체계

이탈리아 노동시장개혁에 있어 두 번째 기둥은 소득보장체계의 정비이다. 이는 2012년 포르네로 개혁에서 확대되어, 특히 2015년 잡스액트에서 두드러졌다. 이러한 개혁들은 경제위기의 사회적 영향을 완화하려는 목적과 실직 시 소득보장 기준을 높여 고용보호 입법의 규제 철폐를 합법화하기 위한 목적으로 이루어졌으며, 다음과 같은 전형적인 유연안정적(*flexicurity*) 제도를 따른다.

이 제도의 재구조화는 기존체계의 3가지 주요 결점인 ① 실업급여의 낮은 관대성, ② 보장범위의 차이(특히, 불연속적 근로자에게 취약함), ③ 근로시간 단축〔이른바 '임금보상기금'(WCF)〕의 지나친 확대를 보완하는 것을 목적으로 한다. 이어서 설명하겠지만, 개혁 결과 실직 시 소득보장에 병행하는 활성화 방안이 강화되었다. 마지막으로, 2016년 이탈리아는 빈곤을 타파하기 위해 자녀를 둔 저소득 가구를 대상으로 '적극적 사회통합을 위한 지원'(Support for Active Inclusion)[17]이라는 공공부조를 제도화하였다. 이는 이탈리아에 부재했던 보편적 최저소득 보장제도를 보충하기 위한 첫 발걸음을 뗐다고 이해할 수 있다.

이러한 변화는 이탈리아가 프랑스와 독일 같은 EU 국가의 기준을 단계적으로 뒤따라가는 데 기여했다.

---

17) Inter-ministerial decree of 26 May 2016를 참고하라.

〈표 8-3〉 이탈리아, 프랑스, 독일의 노동시장정책 지출

(2008~2014년, 단위: %, GDP 대비 비율)

		2008년	2011년	2014년
노동시장정책(전체)	이탈리아	1.19	1.65	1.91
	프랑스	1.95	2.28	2.46
	독일	1.89	1.76	1.6
실직 시 지원	이탈리아	0.69	1.23	1.54
	프랑스	1.12	1.36	1.47
	독일	0.96	0.94	0.90

자료: Eurostat. Labor Market Policy.

1) 실업급여

이탈리아의 새로운 실업급여체계는 주요 제도인 '새로운 실업수당'(Nuova prestazione di Assicurazione Sociale per l'Impiego: NASPI)과 장기실업자를 위한 실업부조제도인 '실업수당'(Assegno Sociale di Disoccupazione: ASDI)의 두 제도를 바탕으로 한다.18)

새로운 실업수당은 사회보험을 바탕으로 하여 민간 부문의 근로자가 비자발적으로 실업할 경우 받는 실업급여를 의미한다. 〈표 8-4〉는 제도의 주요 특징을 요약해서 보여 준다. 먼저, 급여수급을 위한 자격조건으로는 2년 이상 고용보험 가입 및 1년 이상의 고용경력이 필수적이다. 이 자격조건은 임시직 근로자와 노동시장에 갓 진입한 이에 대해 제도의 접근성을 제고하기 위해 개혁 전보다 상당히 완화된 양상을 보인다. 다음으로 소득대체율은 강력한 재분배 효과가 있다. 월 상한선을 고소득자에겐 빠듯한 1,300유로로 설정하여, 저소득 근로자와 불연속 근로자가 더 큰 몫의 급여를 수급하도록 했다. 관련한 활성화정책은 5에서 다루고자 한다.

또한 실직한 자영업자를 대상으로 하는 제도(이른바 'DIScoll')가 자리를

18) 2015년의 잡스액트가 2012년의 포르네로 개혁에서 도입된 제도들을 대체하였기에, 간결한 설명을 위해 2012년의 제도는 여기서 다루지 않을 것이다.

잡았다. 이 급여수급을 위해선 지난해의 소득 및 근로 개월 수와 관련한 특정 조건을 만족해야 한다.

실업급여는 자산조사를 통해 정해진 NASPI 급여를 모두 지급받은 저소득 장기실업자에게 지급된다. 결과적으로 이러한 실업급여의 도입은 쇠퇴하는 기업에서 근로했던 장기실업자를 대상으로 한 이직수당(Mobility Allowance) 제도를 대체했다. 실업급여는 최대 2년간 수급이 가능하다. 과거 이직수당에 비해 실업급여의 접근성은 모든 근로자에게로 확대되었고, 자산조사를 도입하여 욕구를 바탕으로 급여지급이 이루어질 수 있게 했다.

〈표 8-4〉 이탈리아 실업급여체계의 주요 특징

	새로운 실업수당(NASPI): 실업급여	실업수당(ASDI): 장기실업부조
자격조건	• 지난 4년간 13주 이상의 고용 • 지난 12개월 동안 30일 이상의 고용	• NASPI 지급 기간 만료 • (자산조사를 통한) 저소득 가구
급여	• 기존 임금의 75%, 1,195유로를 초과하는 급여에 대해서는 보충함. • 급여 상한선 월 1,300유로 • 4개월간 수급 후엔 매달 3%씩 감소	• 가장 최근에 수급한 NASPI의 75%, 자녀가 있는 경우에는 보충함.
기간	• 최대 1년 반	• 최대 6개월
조건	• 구직활동 • 재취업 바우처	• 고용서비스를 바탕으로 하는 활성화계획

〈표 8-5〉 초기실업자의 소득대체율: 평균임금의 수준에 따른 분류

(2014년)

	평균임금의 67%	평균임금의 100%	평균임금의 150%
자녀가 없는 독신 근로자			
이탈리아	73	60	44
EU 중앙값	68	58	46
한국	56	40	28
두 자녀를 둔 편부모 근로자			
이탈리아	78	71	66
EU 중앙값	86	79	54
한국	79	66	53

자료: OECD & European Commission. Tax and benefit indicators.

2) 업무중단 기간의 소득지원

임금보상기금(Wage Compensation Fund: WCF)은 '근로시간의 단축'이라는 일시적 업무중단 기간 동안 근로자의 소득을 보장한다. 이 기간에 근로자는 그들의 직장과 소득수준을 유지할 수 있고, 고용주는 노동력을 비축하기 위한 경제적 지원을 받는다. 이는 주요한 두 개의 제도로 나뉜다.

- 통합적 위기 대응 WCF(일반적 WCF): 기업의 단기적 생산성 저하 때문에 발생하는 일시적 업무중단 위기를 다룬다.
- 구조적 위기 대응 WCF(비일반적 WCF): 사업장의 구조조정, 조직 재개편, 또는 연대협정으로 발생하는 장기적 업무중단 위기를 다룬다.[19]

경제위기의 정점에서 매년 즉각적 조정이 이루어졌고, 이후 2015년 잡스액트는 WCF에 관련한 조정을 통해 체계적 규제를 가했다.[20] WCF의 주요 특징은 〈표 8-6〉에 요약되어 있다.

이 기금은 사회보험을 바탕으로 한다. 기업은 이 기금에 최대 임금의 5.3%에 해당하는 높은 보험료를 납부해야 하며, 이 외에도 기본적으로 고용보험을 위한 보험료를 납부해야 한다. 이 WCF는 전통적으로 산업 및 건설 부문, 관련 기능직에만 한정되었으며 추가적으로, 상업서비스를 제공하는 대기업에 한해 비일반적 WCF가 적용될 수 있었다. 2015년 이루어진 개혁의 가장 주요한 특징 중 하나는, 모든 경제 부문에 이른바 연대기금(*solidarity funds*)이라 불리는 기금을 의무적으로 설립하도록 하여 WCF가

---

19) 간결한 설명을 위해 연대협정은 여기서 자세하게 다루지 않을 것이다. 이는 관리자와 근로자 간 이루어지는 기업 차원의 협정으로, 위기상황에서 정부가 지원하는 근로시간 단축을 통해 정리해고를 방지하는 것을 목적으로 한다.

20) Legistlative Decree n. 148 of 2015를 참고하라.

〈표 8-6〉 일반적 및 비일반적 WCF 규제의 주요 특징

(2016년)

	통합적 WCF	구조적 WCF
사업장 자격	• 제조업, 건설업, 건설기능업	• 15인 이상의 제조업, 관련 기능업 • 50인 이상의 관광 및 상업, 신문업
근로자 자격	• 최소 90일 이상 근무한 고위직 근로자	
급여수준	• 근무 외 시간의 총시급의 80%. 상한은 971유로 • 월급여의 상한은 2,102유로(통합적 WCF); 1,168유로(구조적 WCF)	
급여지급 기간	• 연속 3개월 • 2년 내 12개월까지 연장 가능	• 5년의 기간 동안 최대 24개월
고용주 지출비용	• 보험료: 1.7~2%(사업장 규모에 따라, 높은 보험료율의 건설업 부문) • 관용적으로 근로시간 외 일반급여의 9~15% 수준	• 목적보험료: 0.9%; • 관용적으로 근로시간 외 일반급여의 9~15% 수준. 보험료는 전액 국가가 징수.

공공체계와 함께 전 경제영역으로 확대되어 적용될 수 있도록 했다는 점이다.[21] 이제 WCF의 적용범위는 근로자의 40%에서 예측값 기준 87%로 확대되었다.[22]

잡스액트에서 도입된 또 다른 중요한 변화는 WCF 최대 사용 기간의 제한이다. 과거 비일반적 WCF 제도의 경우 최대 4년까지 연장할 수 있었으나, 현 제도는 최대 24개월(건설업의 경우 30개월)의 제한을 두고 있다. 이 개혁으로 급여신청에 좀더 간소화된 절차가 도입됐으나, 이는 결과적으로 지방 정부 대신 이탈리아 사회보험청으로의 중앙집중화 현상을 가져왔다.

근로자는 월 1,168유로의 상한선하에서('호출형 근로'를 바탕으로), 상근 근로시간 대비 감소한 근로시간에 해당하는 시급을 받는다. 잡스액트는 기금의 남용을 제한하기 위해 근로자 중 근로시간이 절반 아래로 감소한 근로자에 대해 요건을 강화하였으며, 경험요율제를 도입하여 급여수급이 빈번한 기업에게는 고용주의 부담금이 늘어나는 불이익이 주어진다.

21) 연대기금은 공공체계로부터의 관리감독과 관련 비용 없이 WCF와 동일한 기능을 수행하기 위해 2000년대 몇몇 부문의 은행, 보험사, 파견업체 등 노사정에 의해 설립되었다.
22) INPS의 관련 자료(2016a: 55~56)를 참조하라.

〈표 8-7〉 WCF 급여의 사용: WCF 유형별 급여지출, 정규직에 상응하는 총수급자

	2008년	2010년	2012년	2013년	2014년	2015년
총지출(백만 유로)	228	1,199	1,115	1,102	1,019	683
일반적 WCF(전체지출의 %)	49.6	28.5	30.5	21.4	24.9	26.9
비일반적 WCF(전체지출의 %)	50.4	71.5	69.5	67.6	75.1	73.1
수급 근로자 총원(만 명)	61	160	150	157	127	74

자료: INPS, 2016a.

제도의 접근이 용이할 뿐만 아니라, 해고하는 대신 노동력을 비축한다는 점에서 이 제도는 기업과 근로자에 상호 이익을 제공한다. 따라서 이탈리아의 위기상황에서 WCF는 기업에 대한 주요 노동정책수단으로 사용되었다(Sacchi et al., 2011). 2010년과 2013년 위기의 정점에서, 150만 명 이상의 근로자가 WCF 급여를 수급했다(〈표 8-7〉 참조). 위기상황이 더욱 극심해지면서 기업 자체의 위기를 다루는 비일반적 WCF가 점점 더 중요해졌다. 그러나 위기상황에서 급여의 연장은 시장의 왜곡을 야기할 위험을 가져왔고 동시에 제도에 대한 과도한 의존은 남용의 여지를 남겼다. 이러한 상황에서 공적 체계에서 제외되었던 소형 사업장까지의 대상 확대가 가져올 효과성은 아직 나타나지 않았지만, 잡스액트는 환영할 만한 제도의 합리적 변화로 여겨졌다.

5. 적극적 노동시장정책

최근 개혁의 세 번째 기둥은 적극적 노동시장정책(ALMP) 운영의 재편이다. 이탈리아는 전통적으로 적극적 고용정책지출(〈표 8-8〉 참조)에 있어 오랫동안 뒤처져 있었다. 특히, 공공 취업알선서비스에 대한 투자가 부족했고 거의 효과가 없는 복잡한 직업훈련시스템을 가지고 있었다(Pirrone & Sestito, 2006; EEPO, 2014). 실업자의 재취업은 구직활동요건 조정 또는

〈표 8-8〉 다양한 적극적 노동시장정책 공공지출

(구직자 1인당, 2014년, 단위: GDP 대비 %와 구매력 기준)

		이탈리아	독일	프랑스
적극적 노동시장정책 총지출	GDP 대비 비율	0.28	0.29	0.73
	1인당 지출액	584	1,959	3,180
취업알선서비스	GDP 대비 비율	0.03	0.37	0.26
	1인당 지출액	54	2,481	1,123
직업훈련	GDP 대비 비율	0.13	0.22	0.36
	1인당 지출액	282	1,454	1,561
고용 인센티브	GDP 대비 비율	0.13	0.02	0.04
	1인당 지출액	264	136	179

자료: Eurostat, 2014.

취업활성화(*activation*)의 방안이 아니라 고용주에게 주로 사회보험료 면제 형식의 재정적 인센티브를 제공하는 방식으로 촉진되었다.

잡스액트[23] 개혁은 적극적 노동시장정책의 전환점이 되고자 했다. 이와 관련하여, 세 가지 측면을 짚고 넘어가야 한다.

첫 번째, 소극적 노동시장정책과 적극적 노동시장정책의 통합, 그리고 적극적 정책 프로그램과 취업알선서비스 및 직업훈련 제공자 간의 조정을 위해서 '적극적 노동정책 국가 기관'(Agenzia Nazionale Politiche Attive Lavoro: ANPAL)이 새롭게 도입되었다. 이제 실업급여를 청구한 사람은 더 효과적인 취업활성화서비스를 받기 위해 이 기관에 등록해야 한다. ANPAL은 헌법적으로 분산되어 있는 적극적 노동시장정책에 대한 역량을 보완하고자 설립되었다.[24] 무엇보다도, ANPAL은 이탈리아 전국의 구직과 구인정보를 하나의 데이터베이스에 통합 관리하는 시스템을 통해 서비스를 능률화하고, 이를 위해 강화된 공공 취업알선서비스 네트워크

23) Legislative Decree n. 150 of 2015를 참고하라.

24) 취업알선서비스에 대한 국가 차원의 권한을 변화하는 등 여러 조항을 포함한 법 개정안은 의회의 승인을 받았다. 법률의 발효는 주민투표 결과에 달려 있었으며, 주민투표 결과가 부정적으로 나와 개혁은 이루어지지 못했다.

를 관리 감독하고자 한다.

두 번째, 소득보조급여 수급자와 구직활동 및 프로그램 간 연계가 강화됐다. 공공 취업알선서비스의 의무등록제는 서비스 계약을 수반한다. 이 계약으로 제공되는 취업알선서비스는 개인별 맞춤형 구직방향을 제시한다. 또한 EU가 지원하는 청년보증 프로그램(*youth guarantee programme*)[25]은 청년실업자와 경제 비활동 인구에 추가적 중점을 두었다. 프로그램 등록 후 4개월 이내에 취업알선서비스는 이들에게 우선적으로 구직보조 및 구체적 제안을 제공해야 한다(ISFOL, 2016b). 결과적으로 4개월 이상 실업급여를 수급한 사람은 재고용급여(Re-employment Allowance)를 수급할 자격을 얻는다. 이 급여는 바우처 형태로 지급되어 공공기관 또는 사설기관으로부터 전문적, 집중적 구직활동지원을 받을 때 사용할 수 있다.

세 번째, 관행대로(EEPO, 2014) 이탈리아는 새로운 정규직 고용과 기간제 계약의 정규직 전환을 활성화하기 위해 관대한 인센티브 제공에 투자했다.[26] 기업은 2015년 한 해 동안 이루어지는 매 신규 정규직 고용 또는 정규직 전환마다 사회보험료를 36개월간 최대 8천 유로까지 면제받을 수 있다. 이러한 상당한 자금의 투입은 정규직 고용에 박차를 가하여, 2015년에는 150만 명 이상의 근로자의 고용이 이루어졌다(INPS, 2016a). 그러나 다음 해인 2016년에는 인센티브에 대한 조건이 강화되어 정규직 고용이 감소했다(INPS, 2016b).[27] 이는 이탈리아 기업의 고용의사 결정에 노동비용의 감소가 큰 영향을 미치고 있음을 보여 주었다.

전반적으로 새로운 적극적 노동시장정책은 북유럽 국가에 대한 전통적

---

25) 유럽연합 위원회(European Commission)의 "Proposal for a Council Recommendation on Establishing a Youth Guarantee〔COM(2012) 728 final〕"를 참고하라.

26) 〈안정법〉(*Stability Law*, n. 190 of 2014)을 참조하라.

27) 〈2016년 예산법〉(*Budget Law for 2016*, n. 208 of 2015)은 신규 정규직 고용에 대해 연간 상한선을 3,250유로로 하여 2년간 총사회보험료의 40% 환급으로 제한했다.

격차를 줄였다. 그럼에도 불구하고 새로운 제도의 효과적인 기능, 차별화된 기관에서의 결과향상을 위한 역량, 그리고 실업자를 위한 서비스에 대한 이탈리아 지역의 역할은 앞으로 몇 년간 이탈리아의 주요 과제로 여겨질 것이다(European Commission, 2016).

6. 맺음말

2015년과 2016년, 이탈리아의 고용전선에 한 줄기 빛이 비쳤다. 실업지표는 처음으로 하락했고 미미하지만 긍정적 경제성장이 있었다. 이탈리아는 유럽지역과 전 세계의 안정적 경제상황이라는 혜택을 분명히 받았지만, 노동시장개혁의 효과는 적어도 고용회복의 미시적 역동성을 결정하는 데 틀림없이 영향을 미쳤다. 예를 들어, 개혁 전의 제도하에선 최근의 정규직 고용의 회복은 거의 불가능했을 것이다. 그럼에도 노동분절 현상을 해결하고 전체적으로 저조한 여성의 노동참여 및 지역 간 불균형과 같은 사라지지 않는 문제들을 해결하고 개혁이 장기적으로 일자리 창출을 촉진할 수 있을지에 대해선 의문이 제기된다.

이 장의 1에서 알 수 있듯, 정규직 고용에 따르는 관대한 인센티브로 인해 2015년 평생 정규직 고용은 급증했다. 이 인센티브는 2016년 축소되었는데, 그 영향으로 신규 정규직 계약 증가율이 눈에 띄게 감소했다. 몇몇 연구는 일자리 창출이 실제로 개혁이 가져온 결과인지 의문을 제기했다(Fana et al., 2015). 특히, 비용에 민감한 초소형 및 소형 사업체가 전체 노동력의 약 80%를 고용하는 국가의 경우, 높은 노동세는 일자리 창출에 있어 강력한 저해요소가 된다. 영구적 재정개혁을 통한 노동조세 격차 감축이라는 유럽연합 위원회의 요청은 아직까지 이행되지 못하고 있다. 따라서 노동세 대신에, 어느 정도까지의 해고비용 감소가 기업의 고용결정에 주요한 결정요인으로 밝혀질지는 아직 미지수로 남아 있다.

정규직 계약의 상대적 증가에도 불구하고, 임시직은 이탈리아에서 계속해서 주요한 역할을 한다. 일용직에 대한 자율화(*liberalization*)는 생산성이 낮은 서비스 부문의 사업체로 하여금 손쉽게 일용직에 접근하여 값싼 노동에 의지할 수밖에 없도록 하는 계기를 마련했다. 일반적으로, 영구적인 시장불확실성의 상황에서 이탈리아 기업은 만약 특정한 법적 제약이 없다면 임시직 계약을 감축하지 않을 가능성이 높다. 또한 강화된 보호를 받는 신규 정규직 계약은 새롭게 고용된 경우에만 해당한다는 점이 주지되어야 한다. 이는 다른 보호권리를 부여받은 고위직 근로자와 관련하여, 노동 분절 현상의 역동을 강화하고 있다.

이탈리아는 사회경제적인 구조에 깊이 뿌리내린 수많은 고용 문제에 직면해 있다. 먼저, 여성의 경제활동률과 고용률은 EU의 높은 기준[28]보다 훨씬 낮다. 이는 이탈리아의 잠재적 가능성을 보여 준다. 전통적으로 남성 생계부양자 모델을 고지한 복지국가의 결과, 이탈리아는 여전히 돌봄서비스의 공급이 불충분하고 저소득 가구의 부소득자(*second-earners*)에게 세금제도가 운영되며, 그리고 일·가정 양립을 지원하기 위한 노력이 거의 없는 모습이다(Naldini & Saraceno, 2008).

두 번째로, 이탈리아는 저숙련 근로자와 육체 근로자의 충분한 공급에 비해 수요가 부족하고, 대학졸업자의 경우에도 기업의 수요에 비해 과도한 공급의 양상을 보인다. 3차 교육(전문대학 이상의 교육기관)을 수료한 인구의 비중이 매우 낮고 한때 강력했던 노동집약적 제조업체계는 동유럽과 동남아시아의 저비용으로 인해 가격경쟁에서 패배하면서, 이탈리아의 저숙련 근로자의 고용은 지속적인 문제로 남아 있다. 그 결과, 청년층 고숙련

---

28) 2015년 기준, EU 평균인 70.9%와 비교할 때 이탈리아의 여성 경제활동참여율은(2007년의 54%에서 상승한 것이긴 하지만) 58% 수준을 맴돌고 있다. 이탈리아의 고용률은 견고하게 60% 수준을 유지하고 있으며 이는 EU 평균인 70%보다 낮은 수준이다.

대학졸업자의 급증하는 이민은 국내의 경쟁력 있는 일자리와 임금수준과 관련한 문제를 제기한다(European Commission, 2016: 41).

끝으로, 이른바 '메초조르노'(Mezzogiorno)라 불리는 이탈리아 남부지역의 심각한 경제상황이 계속 이어져 지역별 불평등이 극심하게 지속됐다. 2015년 이탈리아 내 가장 빈곤한 지역의 실업률은 이탈리아 평균보다 2배 더 높았고(23% 대 11.9%) 가장 부유한 지역의 실업률(3.8%)보다 거의 6배 더 높았다. 비공식적 경제는 이러한 지역의 강력한 특징을 보여 준다.

전체적으로, 이탈리아 노동시장제도를 개선하기 위한 인상적 근대화 방안들은 필수적인 것처럼 보이지만 국가가 회복하기엔 충분하지 않았다. 앞으로 이탈리아의 경제성과는 채택된 개혁의 철저한 시행뿐 아니라, 이에 못지않게 재정정책, 행정, 그리고 효과적 산업정책과 같은, 상호보완적 영역에서 이루어지는 개혁 관련 법안의 제정에 달려 있을 것으로 보인다.

■ 참고문헌

해외 문헌

Bassanini, A., & Duval, R. (2006). *Employment Patterns in OECD Countries: Reassessing the Role of Policies and Institutions* (*OECD Working Paper, n. 35*). Paris: OECD.

Berton, F., Richiardi, M., & Sacchi, S. (2012). *The Political Economy of Work Security and Flexibility*. Bristol: Policy Press.

Damiani, M., Pompei, F., & Ricci, A. (2014). Temporary job protection and productivity growth in EU economies. *International Labour Review*, *155*(4), 587~622.

EEPO (European Employment Policy Observatory) (2014). *Stimulating Job Demand: The Design of Effective Hiring Subsidies in Europe*. Luxembourg: European

Commission.

______(2015). *Upskilling Unemployed Adults (aged 25 to 64): The Organisation, Profiling and Targeting of Training Provision*. Luxembourg: European Commission.

Kampelmann, S., Garnero, A., & Rycx, F. (2013). *Minimum Wages in Europe: Does the Diversity of Systems Lead to a Diversity of Outcomes? (ETUI Report n. 128)*. Brussels: ETUI.

Lucidi, F., & Kleinknecht, A. (2009). Little innovation, many jobs: An econometric analysis of the Italian labour productivity crisis. *Cambridge Journal of Economics, 34*(3), 525~546.

Naldini, M., & Saraceno, C. (2008). Social and family policies in Italy: Not totally frozen but far from structural reforms. *Social Policy & Administration, 42*(7), 733~748.

Picot, G., & Tassinari, A. (2015). Politics in a Transformed Labour Market: Renzi's Labour Market Reform. *Italian Politics: The Year of the Bulldozer, 30*, 121~140.

Pirrone, S., & Sestito, P. (2006). *Disoccupati in Italia: Tra Stato, Regioni e Cacciatori di Teste*. Bologna: Il Mulino.

Sacchi, S. (2015). Conditionality by other means: EU involvement in Italy's structural reforms in the sovereign debt crisis. *Comparative European Politics, 13*(1), 77~92.

Sacchi, S., Pancaldi, F., & Arisi, C. (2011). The economic crisis as a trigger of convergence? short-time work in Italy, Germany and Austria. *Social Policy & Administration, 45*(4), 465~487.

기타 자료

CIETT(International Confederation of Private Employment Services) (2015). Economic report 2015. http://www.wecglobal.org/fileadmin/templates/ciett/docs/Stats/Economic_report_2015/CIETT_ER2015.pdf. 2018. 2. 8. 인출.

CNEL(Consiglio Nazionale dell Economia e del Lavoro) (2015). La contrattazione collettiva di secondo livello in Italia: Caratteristiche e impatto sulla performance delle imprese, Rome.

Eichhorst, W., Marx, P., & Wehner, C. (2016). Labor market reforms in Europe:

Towards more flexicure labor markets?. IZA Discussion Paper No. 9863.
European Commission(2012). Proposal for a Council Recommendation on Establishing a Youth Guarantee[COM(2012)728 final].
______(2016). Country report Italy[Staff Working Document SWD (2016) 81 Final].
Eurostat. http://ec.europa.eu/eurostat. 2018. 2. 8. 인출.
______(2014). Labour market policy, expenditure by LMP intervention. Public expenditure on different Active Labour Market Policies (in % Gross Domestic Product and Purcharsing Power Standard per person willing to work), year 2014. Italy.
Eur-Lex(2014). Council Recommendation of 8 July 2014 on the National Reform Programme 2014 of Italy and delivering a Council opinion on the Stability Programme of Italy, 2014. http://eur-lex.europa.eu/legal-content/EN/TXT/?uri=CELEX:32014H0729(11). 2018. 2. 8. 인출.
Fana, M., Guarascio, D., & Cirillo, V. (2015). Labour market reforms in Italy: Evaluating the effects of the Jobs Act(ISI Working Paper n. 5). http://www.isigrowth.eu/wp-content/uploads/2015/12/working_paper_2015_5.pdf. 2018. 2. 8. 인출.
Garibaldi, P., & Taddei, F. (2013). *Italy: A Dual Labour Market in Transition (ILO Working Paper, n. 144)*. Geneva: ILO. http://www.ilo.org/wcmsp5/groups/public/---ed_emp/---ifp_skills/documents/publication/wcms_218971.pdf. 2018. 2. 8. 인출.
INPS(Istituto Nazionale della Previdenza Sociale) (2016a). XV rapporto annuale, Rome, July 2016. http://www.lavoro.gov.it/notizie/Documents/INPS_rapporto_2016.pdf. 2018. 2. 8. 인출.
______(2016b). Osservatorio sul Precariato. Dati sui nuovi rapporti di lavoro. Report Mensile Gennaio-Maggio 2016. https://www.inps.it/docallegati/DatiEBilanci/osservatori/Documents/Osservatorio_Precariato-Gen-Mag_2016.pdf. 2018. 2. 8. 인출.
ISFOL(Istituto per lo sviluppo della formazione professionale dei lavoratori) (2016a). Verso il sistema duale. XVI monitoraggio sull'apprendistato, Rome, July 2016. http://www.cnos-fap.it/sites/default/files/rapporti/xvi_rapporto_apprendistato.pdf. 2018. 2. 8. 인출.
______(2016b). Rapporto sulla Garanzia Giovani in Italia, May 2016. http://www.

lavoro. gov. it/notizie/Documents/Rapporto-Isfol-GG. pdf. 2018. 2. 8. 인출.

ISTAT(2011). Rapporto del Mercato del Lavoro 2011. Roma.

______(2016). Le dinamiche del Mercato del Lavoro: una lettura per generazione. In Rapporto annuale sulla situazione del paese, Rome. http://www. istat. it/it/files/2016/04/Cap_3_Ra2016. pdf. 2018. 2. 8. 인출.

OECD. Labour Market Statistics: Employment by permanency of the job: Incidence.

OECD & European Commission. Tax and benefit indicators.

Schindler, M. (2009). *The Italian Labor Market: Recent Trends, Institutions and Reform Options* (*IMF Working Paper, 09/47*). Washington, DC: IMF. https://www. imf. org/external/pubs/ft/wp/2009/wp0947. pdf. 2018. 2. 8. 인출.

Terzi, A. (2016). An Italian job: The need for collective wage bargaining reform, Bruegel Policy contribution 2016/11, July 2016. http://bruegel. org/wp-content/uploads/2016/07/pc_2016_11-2. pdf. 2018. 2. 8. 인출.

09
산재보험제도

1. 입법의 발전과정

이탈리아에서 입법상 사회보장은 노동 행위에서 근로자의 도덕적 인격과 육체를 보호하는 것을 말하며 〈헌법〉(3조, 32조, 38조)에 명시되어 있다. 여기서 문제로 제기되는 것은 실제로 그러한 원리가 어떻게, 얼마나 적용되는지를 아는 것이다.

이런 의미에서 근로자의 안전과 보호에 관한 이탈리아 입법의 역사적 재구성을 간략하게 고찰해 보는 것이 유익할 것이다. 이 입법에는 〈보험법〉 내용뿐만 아니라, 특히 보험규범의 실제 의미와 해석이 담겨 있다.

이탈리아의 국가 통일 후(1865년 당시 〈민법〉이 시행 중), 보험기관은 부족했고 재해를 당한 근로자는 고용주를 믿고 신용하거나, 공공자선 혹은 고용주의 박애정신에 의지하였다. 실제로 당시 현행법은 기업주의 과실이 명백히 인정된 경우에만 손해배상의 권리를 규정했다.

근로자가 기업주의 과실이건 사고의 검증이건 간에 입증해야 하는 부담을 고려하면, 이 같은 현행법은 어쩌다가 손해배상을 인정받기는 하더라도 근로자에게 실질적 도움은 되지 못하였다. 기업인은 근로자의 재해를 피하기 위하여 모든 가능한 조처를 다했다는 '자유 실험'을 기회로 손해배상을 모면하려고 했다. 이에 대비하여 근로자는 맡아서 일하던 작업에서 일어난 손해책임을 고용주에게 일임하는 '객관적 책임이론'에 의지하곤 하였다.

법률의 잘못된 기능 때문에 주로 소송에 휘말린 한쪽 편 과실에 대한 손해배상이 생기게 되었다. 이러한 체제에서 볼 때, 손해배상을 앞둔 고용주는 개개인의 부담 때문에 이 손해배상을 모면하려고 했으며 소송에서 무리하게 증언했다. 이 때문에 근로자는 자신의 권리를 인정받을 실질적인 담보를 받지 못했다. 더구나 드물게 있었던 손해배상도 고용주의 소득신고나 경제사정 조건에 따라 지불받았고, 또 피해받은 손해를 여러 번 다그쳐야만 가능했다. 이와 같은 고용주의 사고행태와 기도 때문에 운영조직이 필요하다는 의견이 모였고, 그 기능이 재해 근로자에게 급여지불을 보장하도록 고용주에게 필요한 재원을 마련하게 하였다. 이러한 관점에서 볼 때, 이탈리아의 사회보장은 민영기관[1]에 자격을 부여하고 시행되기 시작했는데 이 민영기관은 개인보험계약이 서서히 해지되면서 시간의 경과와 함께 '공공법인'의 특징을 명료하게 갖기 시작하였다.

그 결과로, 근로자에게 노동재해가 발생할 경우 경제적 급여를 보장하는 '전문직 위험이론'이 생겼고, 초기의 손해배상과 다른 개념으로 일시불 형태의 뜻을 가졌다. 이 같은 상기 전문직 위험이론은 노동의 위험개념에 바탕이 되었고, 고용주나 기업주는 노동으로부터 이윤을 내고 있으므로 결국 노동으로부터 파생되는 근로자의 건강과 신체적 피해에 대한 책임을 져야 했다.

노동재해에 대한 보험규정을 정하는 법률제정 과정에는 엄밀히 말하면

---

1) 1883년 2월 18일 협약으로 노동재해에 관한 국립 금융기관이 설립되었고 1884년 밀라노에서 그 업무가 시작되었다. 1933년 6월 29일에는 무솔리니 파시즘 정권 시기에 법에 따른 군소기관들의 합병이 있은 후 INFAIL이라고 명명되었다. 이 금융기관은 오늘날 INAIL의 전신이다.

장구한 시간이 걸렸다. 1898년 〈헌법〉 80조에 의해 근로자를 위한 보험은 의무화되었고 국영업체나 위임업체 혹은 지방기관 근로자는 유일하게 국립 기금에 맡겨졌다.

1900년 통합문서에서(일부는 1935년 〈헌법〉에 이전) 민영양식의 구조는 그대로 유지하면서, 보호임무를 다루는 법적 공인을 직업 위험사항에 집중하였다. 보호임무는 마치 민사책임 면제의 보상인 것처럼 고용주에게 부과되는 납세부담 때문에 대단히 모험적이었다.

피해 보상금은 총액에 이르지는 못해도 적절한 한도에서 봉급에 비례되었다. 시장가격의 여파를 고려하여 산업에 과도한 부담을 주지 않으려는 우려 때문에 근로자가 재해를 당했을 때 피해보상을 확실히 받는다는 관리방식을 수용하였지만, 확실히 경제적 희생을 떠맡을 수밖에 없었다.

1929년에는 〈칙령〉 928조를 통해 몇 가지 직업병에 대한 보호책이 확산되기 시작하였다. 이 보호책은 법적으로 단지 노동 때문에 발생한 병으로 진단된 '직업병 목록' 체계에 집중되었다. 이 같은 칙령의 좋은 점은 재해의 관리방식을 직업병으로 동일시하는 데 있었다. 비로소 1935년 법령 개혁으로 의료혜택이 도입되었고, 영구 장애인이나 사망자의 경우 직업 상해 위험이론이 급여배당의 실질적인 구체화를 이루었다.

현재도 부분적으로 유효한 원칙은 재해 담당자가 보험기관에 상주하며 처리하는 급여의 자동화, 욕구가 발생할 때 근로자를 돕는 위험분산기법(*pooling*), 보험료를 최소화하면서 모든 근로자를 재해로부터 보호하는 법률, 국가가 책임져야 할 의무 가운데 산업재해로부터의 보호를 포함하는 것, 권리와 의무 그리고 보험료와 급여를 통제하는 법적 제도를 정비하는 것 등이다.

이에 따라 행정적 제재규정이 보완되었다. 보험기관에게는 금융의 정상적 유입을 안전하게 하기 위해 제한된 과세 권한이 부여되었다. 또한 운영조직에게 고용주의 동산이나 부동산을 담보로 손해를 만회할 수 있도록 사법상 소송의 전제조건과도 같은 특수 행정소송이 기획되었다.

1904년 통합문서와 비교하면, 개개의 직업으로부터 노동공정에 이르기까지 보험의 적용대상을 견습생을 포함한 18세 이상의 모든 근로자로 확대하여 생산공정에 관련된 모든 권리 주체에 대한 작업을 논하기 시작했다. 사적인 전형적 손해배상 개념은 보상이란 기능 측면에서 능동적이든 수동적이든 간에 필요에 의해 물리적·경제적 통합 개념으로 대체되었다. 따라서 재해 근로자의 실질적 조건에 맡게끔 월급 대신 급여를 제공하며, 임시급여일 경우 평균 하루당 월급의 3분의 2가 제공되었다. 배상에 대한 근로자 무능력의 최저등급은 11%로 정하고 장례비수당과 재해 근로자의 유족이 재정적 급여를 받는 권리를 제정하였다. 1935년 개혁은 산재보험의 성격을 재해에 대한 보호책으로 한정했지만, 이후 노동공정과 질병으로 분야를 넓히면서 직업병에 대한 고유한 입법을 개선했다.

농업 분야에서 근로자의 보호는 또 다른 과정을 밟았다. 이 분야의 근로자는 1917년 초부터 겨우 법적으로 인정되었고, 곧 급여의 자동화체계가 이루어졌다. 하지만 보험료 납부는 고용자가 아니라 기금의 규모에 비례한 실제 권리(소유권자)를 가진, 땅에 매인 농작인 간에 이루어졌다. 1943년 3월 25일 〈제 325법령〉 제정 이후 보험 운영체계는 산재보험공단(INAIL)으로 이전되었고 1946년에 가서야 장애인 치료의 권리가 인정되었다.

1) 현재 추이 및 제도

언급한 바와 같이, 법률적 측면뿐만 아니라 사회적 기준에 있어서도 재해보험 의제의 새로운 개념이 어떻게 발전되었는지 알 수 있다. 정치적 논쟁을 겪으면서 여러 사회적 계층으로부터 진전된 제안이 많았다. 특히, 국가가 경제위기의 시기에 있을 때 적어도 부분적으로는 사적 성격의 배상받을 권리를 인정하는 체제로 되돌아가려는 제안이나 기도가 자주 목격되었다.

많은 사람에게 알려진 것처럼 1970년대 초부터는 절감을 목적으로 공공계정에서 사회보장을 폐기하거나 재조정을 기도했던 다수의 예가 발견된다.

시기적으로 보아 최근의 예들은 2000년까지 소급된다. '급진당'(Partito Radicale)이 발기한 INAIL의 독점권 폐기에 관한 문제에 대하여 헌법재판소가 국민투표를 승인하지 않았던 것과, 2011년에 '위기로부터 탈출'이라는 타이틀이 붙은 보고서를 제출했던 브루노 레오니(Bruno Leoni) 연구소의 제안을 들 수 있다. '민영화 비망록' 대략 원칙에서 요점은 시스템의 효율성을 높이면서 손실과 부채를 줄이기 위해 최대한 자유시장으로 돌아가는 것이었다. 여러 가지 제안 중에 INAIL의 민영화 기도가 그것인데, 운영조직의 기반인 법적 전제조건과 무엇보다도 노동부담의 필연적 상승으로 보험원가를 높이는 위험을 감안하지 않은 것이었다.

노동재해에 관한 역사적 변천과정을 좀더 이해하려면 급여 자동성에 깊이 권한을 갖는 연구원 활동의 연대주의 특성이 얼마나 있는지 강조해 볼 필요가 있다. 이 연대주의 특성이란, 조세의 부담시스템을 적용하며 실제 보험위험에 비례하지 않고 저소득 보험의 가입자에게 배상금을 반드시 보장하기 위하여 급여와 지불한 보험료 간의 비례적인 제도를 규정하지도 않는다는 것이다. 주로 민간의 권리가 엄격한 자유시장의 민간보험회사에게 이 같은 원칙이 보장되기는 어려울 것이 자명하다(〈민법〉에서 규정됨).

대부분의 민간보험회사는 보험료 요금을 올리면서 보험영수증마다 이득을 고려하거나 재해사고가 크게 늘어날 것을 대비하거나 혹은 재해가능성을 참작하여 고객을 거절해야 운영이 가능하다. 공공과 민간 간에 격차가 발생하는 이유는 경제적 양상 때문이다. 근로자의 INAIL 보험료는 연간 390유로이다. 이 390유로만으로 보험보증뿐만 아니라 예방, 치료, 재활과 취직의 임무까지 INAIL이 책임을 진다.

더구나 INAIL은 낮은 운영비와 행정시스템의 효율성(단지 9,600명의 피고용자로 2천만 가지 이상의 역할을 운영)을 갖췄다. 덕분에 INAIL은 매년 사회적 가치의 성과를 거두거나 공동체를 위하여, 또한 근로자에 대한 담보로서 현저한 성과를 거두고 있다. 경쟁 측면으로 볼 때 민간보험조직이 같은 규모로 운영하기는 어려울 것이다.

2) 1947년부터 현재까지 법률의 발전

사회보장의 유지는 근로자 개개인의 이해관계뿐만 아니라 공동체 전체 이해관계와 일치해야 하고 결과적으로 국가가 법률적으로 조치해야 하는 임무다. 이러한 원칙에 따라, 노동위생(〈제 303법령〉, 1956. 3. 19)과 관련된 직업상 재해와(〈제 547법령〉, 1955. 4. 27)[2] 직업병 및 예방에 대한 관련 법령이 처리되었다.

이 법령들은 엄격한 규정으로 노동환경의 위생, (고용주나 근로자의 결정사항이 아닌) 유독성분・방사능 방어책 서비스, 허가받기 전의 의사진찰, 특정 기업 근로자를 위한 주기적 방문, 노동환경의 조성, 노동의 보호책 및 기계 사용법 안내 등을 수행할 책임을 부과했다. 이러한 법령에는 고용주와 기업 책임자가 앞서 언급한 것을 준수하고 있는지 경계하고, 채택한 산재방지책을 근로자에게 알리도록 규정되었다. 이러한 법규를 준수하지 못하는 경우 기업주와 기업 책임자는 형사적 처벌을 받을 수 있었다.

보험 가입대상인 근로자는 1963년 〈헌법〉을 수정한 〈헌법〉 18조에서 신규 법규에 의하여 규정되어 있다. 보험에는 종신직이든 임시직이든 간에 법규가 위험하다고 단정하는 업종에서 근무하는 근로자를 포함한다. 그 예는 다음과 같다.

---

2) 단지 자격만을 소지한 자가 운영하는 업체, 광산동굴, 이탄지(泥炭地), 선박, 항공기를 제외한 모든 근로자 혹은 그 가족에게 적용된다. 해상근무 수행 근로자 재해에 대한 보험운영조직은 처음에는 'IPSEMA'라는 명칭으로 운영되었다. 2010년부터 이 업체의 주식은 INAIL의 주식과 통폐합되었다.

- 육체적 노동
- 타인의 지휘하에 또는 타인에 종속되어 작업을 수행
- 어떠한 성질이나 형태로든 보수를 받는 경우

요약하면, 이 같은 법률로 기업이나 서비스 및 농업 분야에서 그때까지 아직 보호정책이 결핍되었던 많은 문제를 포함하여 근로자, 근로자에 대한 수호 영역이 확대되고 재해 배상금 지급에 관하여 영구 불구자에 대한 전반적 평가기준이 회복되었다.

헌법재판소에 의해 보험가입의 강제 의무는 기계를 운용하는 지식계급 근로자에게도 확대되었다. INAIL에서 지급하는 급여는 보험에 가입한 근로자가 가능한 한 빨리 노동능력을 되찾게 하는 병원치료 의료급여뿐만 아니라, 재해 희생자가 그 상속인에게 지급하는 금액인 현금급여, 사회집단으로 불구 근로자를 복귀시키는 재활급여로 구분된다. 의료급여는 법률의 진정한 혁신이었다. 그때까지만 해도 급여란 대개 경제적 보상의 성격을 갖고 있었기 때문이다. 한편 노동시간은 〈민법〉 2107조와 2108조에 규정되었다.

1965년에는 6월 30일 자로 〈제 1124법령〉(노동 재해와 직업병에 대한 통합문서) 이 가결되면서 기업체 내에서나 농장 안에서 노동으로 인한 질병과 보험을 조절하는 모든 규정을 통합하였다.

(1) EU 규정: 운영체계

유럽 공동체(CEE) 지도부 출범 이후, 이탈리아는 1994년 〈헌법〉 626조와 1996년 〈헌법〉 494조 조항을 통해 1999년대부터 유럽 공동체를 수용했다. 이탈리아 〈헌법〉의 이 같은 유럽 공동체 수용은 직업병과 산재에 대한 보험 및 재해예방체제를 구축하는 데 강력한 구조적 변천을 가져왔다.

그때까지의 법규체계는 수동적 산재보호로 간주될 수 있었다. 이 분야의 많은 실무자에 따르면, 〈헌법〉 626조 이전의 법규체제는 노동하는 과정에 얽힌 모든 문제에 능동적으로 참여하거나 관여하지 않고, 단지 예외적이고 구식이 된 법규를 기계적으로 집행할 뿐이었다. 이는 '바보도 실행할 수 있는 실험'과도 같은 것이었다.

고용주는 이러한 체제에서 현실과는 동떨어지게 관념적으로 모든 이의 복지를 위하여 상기 언급한 것처럼 행동에 옮기는 "가정의 훌륭한 아버지" 역할을 수행하였다.

적어도 법률상 새로운 체제에서는 안전관리와 생산공정에 관련된 모든 근로자의 참여와 적극적 조력을 요구하는 '운영체제'의 논리에 답하게 되고, 각 개인은 노동의 위생과 안전에 대한 자기행동에 대하여 직접 답하게 된다. 이 새로운 체제로 노동 문제에서 합리적으로 안전을 다루고 계획하는 데는 강행규정과 일치하는 예비 검사만으로는 충분하지 않다. 기업체의 산업재해 사정을 분석하고 법규에 근본적으로 일치하는 검사를 따라야 한다.

새로운 법규는 고용주와 기업체의 장에게 이전 법령 이행에 더하여 노동조건의 지속적 개선, 직업교육, 작업 중 위험에 대한 지식을 도입하게 한다. 이러한 관점으로 보면, 안전에 관하여 책임 있는 새로운 직업적 양상이 생겼다고 볼 수 있다. 1994년 〈제 626법령〉으로 도입된 새롭고 중요한 사항은 여러 가지로, 고용주 혹은 고용주와 함께하는 안전책임자 측으로부터의 위험성 평가[3] (Risk Assessment) 의무의 도입, 고용주가 책임을 지는 예방과 구호서비스의 도입을 들 수 있다. 이러한 서비스 책임자의 예로는 적절한 훈련을 받은 고용주, 고용주와 협력하는 외부전문가, 근로자 대표 등을 들 수 있다(〈제 626법령〉 18항).

---

3) 노동의 위험성 평가는 노동작업을 이행함에 있어서 근로자 안전과 건강을 위하여 위기에 노출된 위험을 측정하고 사고를 예방하기 위해 수행하는 모든 작업의 총체를 의미한다. 이 서류에는 위험평가와 조정 및 예방책이 포함되어야 했다.

(2) 직업상 위험의 종류

직업상 위험의 종류는 사고 및 환경의 위생도로 인해서 크게 두 분류로 나뉘었고 사고 발생 시 관련 보험은 INAIL에서 모두 처리했었다. 하지만 이탈리아가 고용주의 의무에 대한 EU의 〈노동법〉(유럽공동체의 1989년 〈제 391지시〉, 1994년 〈제 626법령〉 4조에 따르면 고용주는 근로자를 위하여 회사 및 공장 내 모든 위험요인을 고려해야 한다)을 지키지 못한 결과, 유럽 사법재판소(European Court of Justice: ECJ)의 선고에 따라 그동안 이탈리아에서 고려하지 못했던 회사조직, 인체공학, 심리사회적인 측면과 연계된 위험요인들이 노동안전제도에 추가되었다.

직업상 위험이란 피할 수 있는 손해를 의미한다. 측정 방법은 대부분 기술 공학과 관련된 양적인 계산이다〔예: 위험 = F × M (F = 예상된 빈도, M = 그 결과의 진폭; 혹은 위험 = I + D (I = 불확실성, D = 피해량)〕. 이런 복잡한 방법보다 사회적인 의미가 강한 루만(Luhmann)의 정의가 더 적합하다는 것이 많은 학자의 의견이다. 루만은 일상생활에서 발생하는 사고를 위험한 상황과 구분한다(Cannavò, 2003).

2000년 2월 23일 〈제 38법령〉은 산재보험 적용대상을 확대했으며, 외근 중인 근로자에게도 적용되도록 하였다. 이 법령의 4조, 5조, 6조에 따라 2000년 3월 16일부터 다음 분류의 근로자는 상해보험을 의무적으로 지원받는다.

- 4조: 계약 및 법적으로 개인보험을 가진 실무 근로자
- 5조: 비정규직 근로자
- 6조: 계약적 및 법적으로 개인보험을 가진 프로운동선수, 출퇴근길(자택이나 자택 주변에서 일어나는 사고는 포함하지 않음), 외근 중일 때, 회사식당이 없을 경우 점심식사를 외부에서 할 때[4)]

〈제 38법령〉의 또 다른 획기적인 실행은 '생물학적 피해'를 보상하는 것으로, 기본 보상 외에 추가 보상이 이루어진다.[5] 2000년 7월 25일 이후 기준을 따르면, 근로자가 병환으로 입은 생물학적 피해가 6% 이하인 경우에는 상해보험이 적용되지 않는다. 즉, 6% 이상의 생물학적 피해만 보상된다. 16% 이상일 경우, 생물학적 피해 보험처리 및 장애에 대한 보상이 지원된다. 법령에는 이전보다 확대된 장애 종류의 표가 나오며 외모에 피해를 보는 경우에도 보상 처리된다. 지불할 급여의 수준을 계산하기 위한 지수 표도 명시되어 있으며, 이는 소득수준과 관계없이 모든 근로자에게 동등하게 적용된다.

이전에도 직업상 업무 축소, 성희롱, 계약을 위반하는 근무시간 외에 상부에서 부실한 업무 처리를 하였을 때 근로자가 받는 스트레스도 법적으로 생물학적 피해로 여겼으며, 이러한 직업상 안전성에 대해서 보험조치의 필요성이 있었다. 이러한 문제점 때문에 몇 년 전부터 직업병과 직업상의 사망 및 재해에 대한 조치가 시급했다. 따라서 이탈리아의 〈근로안전법〉을 수정하는 과정이 필요했으며 2007년에는 〈제 123법령〉 1조가, 2008년 4월 9일에는 〈제 81법령〉(안전에 대한 통합문서) 이 〈근로안전법〉에 추가되었다.

---

4) 출퇴근할 때 다른 교통수단이 없을 경우, 교통수단이 있어도 근무 시간과 안 맞을 경우, 걸어서 출퇴근이 불가능할 경우에는 개인 차량을 사용해도 보험이 유효하다. 음주 혹은 약물복용 때문에 사고가 일어날 경우, 치료 목적이 아닌 마약 복용이 있을 경우, 근로자가 면허증 없이 운전할 경우에는 보험이 적용되지 않는다.

5) 〈제 38법령〉 13조는 생물학적 피해를 아직도 실험적인 차원에서 접근한다. 이때의 정의는 근로자가 의료진단(〈민법〉 2087조, 〈헌법〉 32조) 을 받을 수 있는 육체적·정신적 피해를 입었을 경우를 말한다.

2. 새로운 법의 필요성

〈제 81법령〉은 직업상 또 다른 위험 및 직업병을 인정한다. 즉, 무엇보다도 1994년 〈제 626법령〉의 부족한 면을 채우기 위하여 실시되었다.

1957년부터 직업상 부상률 추이를 보면 첫 단계에서 자연스럽게 증가하다가 서서히 줄어드는 추세이다. 그 이유는 제조업 생산량 및 건설 시장이 발전하면서 이탈리아 경제가 성장한 것, 〈제 57법령〉이 실시되면서 부상에 대한 예방・대비책을 세운 것이 반영되었기 때문일 수 있다.

하지만 절감 추이를 더욱 자세하게 보면 〈제 626법령〉에 인하여 달라진 상황은 기대에 못 미쳤다. 전문가들은 직업상 부상률 절감의 원인이 법령 때문이라기보다, 위험성을 방지하고 아울러 안전에 대한 관리 및 계획이 더욱 철저해졌기 때문이라고 보았다. 아울러 〈안전법〉에 대한 효과・효율도를 평가하기 위해 2005년의 자료를 〈표 9-1〉과 같이 깊이 조사하도록 하였다.

이탈리아의 직업상 부상률 및 사망 수는 심각한 수준이다. 관련된 법은 훌륭하지만 완벽하지는 않은 것으로 나타났다. 상황의 심각성을 이해하기 위해 예를 들면, 걸프 전쟁이 시작된 2003년 4월부터 2007년 4월까지 연합군에서 사망한 군인은 3,520명이었다. 그런데 비슷한 기간(2006년 말까지) 동안 이탈리아에서 직업상 사망한 근로자는 5,252명이다. 즉, 일하는 것이 전쟁터에 나가는 것보다 더 위험했다.

2003~2005년까지 전국의 직업상 절대적인 사망 수를 보면 사고가 발생하는 지역이 대부분 같았다. 롬바르디아(Lombardia) 및 에밀리아로마냐(Emilia-Romagna) 지역이 3가지 분야에서 1, 2위를 차지했다. 3~9위까지도 대부분 같은 지역이 등장한다(모든 부상 건 중에 76% 차지).

INAIL에 의하면 이 결과는 몇 년 전부터 같다. 지역의 평균 수치를 살펴보면 북부지역에서 직업상 사망률이 중부 및 남부보다 더 높다(〈표 9-2〉 참조).

하지만 사망 발생 정도를 보면(사망 수 / 총근로자) 결과가 다르다. 상위권에 들어간 지역이 대부분 실업률이 높은 남부지역이기 때문이다. 즉, 불법, 불규칙한 노동 때문일 가능성이 높다. 전문성이 없는 근로자를 위한 사고 방지법도 약한 경우가 많다(〈표 9-3〉 참조).

근로자의 부상상황은 다소 다르다. 직업상 부상은 북부지역에서 가장 많이 발생한 것으로 나타난다. 여기에 포함된 것은 INAIL에 신고된 부상, 즉 보험이 적용되는 경우를 말한다. 특히, 에밀리아로마냐에서 심한 부상률은 가벼운 부상률보다 눈에 띄게 낮은 편이다. 위험성이 높은 직업에 대한 안전조치가 더욱 철저하기 때문일 수도 있으며, 동북지역 특성상 고용률이 높

〈표 9-1〉 INAIL에 신고된 이탈리아 직업상 부상률 및 사망 수

(단위: %, 명)

연도	부상률	절대적인 사망 수
1990	5.2	2,417
1991	5.5	1,941
1992	5.4	1,807
1993	4.9	1,469
1994	5.0	1,328
1995	4.9	1,366
1996	4.6	1,359
1997	4.5	1,443
1998	4.5	1,473
1999	4.9	1,423
2000	4.5	1,389
2001	4.5	1,528
2002	4.3	1,454
2003	4.2	1,433
2004	4.1	1,312
2005	3.9	1,265

주: 〈제 626법령〉 10년 이후, 〈제 38법령〉 5년 이후와 비교 조사한 자료. 2005년 자료가 가장 최근의 자료임.

자료: INAIL, 2011; ISTAT, 2007.

〈표 9-2〉 이탈리아의 지역별 절대적인 근로자 사망률

(2005년, 단위: %)

지역	사고로 인한 평균 사망률
북부	65.1
중부	63.2
남부	45.9

자료: INAIL, 2011의 데이터에서 재계산.

〈표 9-3〉 이탈리아의 지역별 평균 사망 발생 수치

(2005년, 단위: %)

지역	사고로 인한 평균 사망률
북부	0.061
중부	0.075
남부	0.114

자료: INAIL, 2011의 데이터에서 재계산.

아서 불법 근로자가 비교적 많지 않고 산재가 발생하면 신고되는 경우가 대부분이기 때문일 수도 있다.

이탈리아의 직업상 사망률은 유럽 국가들의 평균보다 높다. 심한 부상률은 유럽의 평균 수치와 비슷하며 유럽 대표국가들보다는 나은 편이다(3일 결근, 보험처리 되는 경우). 직업상 사망이 발생할 경우 치안 판사나 법원이 개입하면서 형사범으로 판단하므로 현황을 더욱 정확하게 파악할 기회가 생긴다.

근로자 사망률은 건설업에서 가장 높다. 건설업계에는 사고 예방조치가 어려우며 관련 안전제도를 염두에 두지 않는 경향이 강하고 불법 근로자(대부분이 외국인 불법 체류자)를 고용하는 경우가 많아 기록된 가벼운 부상률 상황을 파악하기가 쉽지 않다. 근로자 사망률이 높은 다른 제조업은 에너지 및 운송업으로 전체 근로자의 6%를 차지한다. 이탈리아 내에서 운송은 대부분 차량으로 진행되므로 교통 및 도로상황, 근무시간이 근로조건을 많이 좌우한다. 고용주에게 약자인 불법 이민 근로자는 농업 분야에서 가

장 많이 일한다. 즉, 건설업, 농업에서 발생하는 근로자의 평균 부상률은 지하 노동시장을 고려하면서 취급해야 한다.

직업상 부상률은 사고발생 정도 및 부상 심각성과 관련된 다른 변수와 연계된다. 업무의 종류와 상관없이 근무시간이 길수록, 업무의 육체적·정신적 강도가 높거나 직장생활 기간이 길수록, 일의 반복성 때문에 발생하는 스트레스나 일에 대한 소외감이 악화할수록 사고가 날 확률이 높아진다. 즉, 근무 중 휴식시간이 부족하거나, 근무시간이 길고 일이 반복적이거나, 탈진 위험이 있는 일이라면 근로자의 주의력이 약해져서 큰 사고를 당할 확률도 높아진다.

1) 문제점

1994년 〈제 626법령〉 및 2008년 〈제 81법령〉 통합문서를 토대로 남은 과제는 근로자와 고용주에게 부여할 권한 및 의무(INAIL이 제공하는 보험·보상)를 정하여 직업상 위험성을 예방 및 보호하는 것이다. 비정규직 일자리, 실업률, 가동량, 시간당 급여, 연금 수급자 연령이 늘어날수록 개선 방법이 더욱 시급해진다. INAIL 소속 전문가들의 의견을 따르면, 법이 제 기능을 하지 못하는 이유는 기업에서 안전과 예방 개념을 꺼리기 때문이다. 안전제도의 중요성을 이해하기보다, 위반으로 부과되는 벌금을 피하기 위해 법을 따라야 한다는 의무감이 더 강하다. 기업과 근로자도 대외적 이미지 때문에 법을 지키는 상황이며 위험성 평가 프로그램에 대한 실제 관심도도 매우 낮은 편이다.

〈제 81법령〉 통합문서는 상해보험 적용대상을 계약 형태와 관계없이 모든 근로자로 확대하였으며 공공기관, 개인회사, 급여 없이 일을 배우는 근로자에게도 보험처리가 되게끔 하였다. 위험성 평가의 문제에 모든 당사자들을 개입시키기 위하여 〈제 81법령〉 20조는 고용주뿐만 아니라 모든 분

〈표 9-4〉 이탈리아의 각 경제 분야별 직업상 부상

(2009~2010년)

경제 분야	부상		치명적 경우
	수(명)	비중(%)	수(명)
농업	5,900	4.9	22
상업 및 서비스	113,448	94.4	115
건설	15,010	12.5	32
운송 및 통신	9,331	7.8	21
기업을 위한 서비스	9,260	7.7	12
금속	8,319	6.9	5
호텔 및 음식점	6,198	5.2	6
무역	5,796	4.8	5
의료 및 복지서비스	5,107	4.3	2
가정 도우미	3,791	3.2	3
공무원	787	0.7	1
합계	120,135	100	138

자료: INAIL, 2011.

야의 근로자에게도 본인 안전과 건강에 대해서 책임을 지웠다. 이제 주변 근로자가 피해를 입지 않도록 '행동이나 실수'에 대해서 주의를 줘야만 하는 상황이다. 근로자는 '본인 교육 및 트레이닝 혹은 직장에서 받은 교육에 따라' 고용주를 간접적으로 돕게 되었다. 이 모든 과정은 지속적인 교육 프로그램을 통해서 가능하고 근로자와 고용주의 적극 참여가 필요하므로 프로그램의 중요성을 모두가 이해해야 한다.

36조는 모든 근로자가 자신이 하는 일이 본인의 안전과 건강에게 어떠한 영향을 주는지 알아야 함을, 37조는 관련 안전 및 예방제도에 대해서 정보 및 교육을 받아야 함을 규정한다. 또한 17조에 따르면 위험성 평가 및 안전 서류는 고용주가 정하되 전문직원이 개입하며 고용주가 예방 및 보호서비스의 책임자를 지정해야 한다.

〈표 9-4〉에도 나타나듯이, 법이 실행된 후에도 2009~2010년에 분야별로 발생한 부상률은 상당히 높다. 특히, 건설업에는 안전과 예방제도가 불

법 근로자 문제 때문에 현실화되기가 매우 어렵다. 현시점에서 〈제81법령〉을 평가하기에는 아직 이르며 몇 년 후에 더욱 정확한 결과를 볼 수 있을 것이다.

2) 보험체결, 재해의 정의, 급여 종류

산재보험은 근로자가 고용된 순간부터 자동으로 발효된다. 고용주가 5일 안에 INAIL에게 통보하면 INAIL이 기업의 경제적인 규모 및 위험수준에 따라 보험료의 액수를 계산한다. 직업상 부상은 "일할 때 극심한 이유로 해로운 사건"이라고 정의한다. 대법원(Cassazione)은 "치명적 경우"를 갑작스럽고 강렬한 외부 요인으로 인한 것으로 본다. 산재보험은 직업상 모든 순간에 적용된다. 예를 들면 회사 밖에서의 외근, 근무시간 외에도 유효하며 이동 중일 때도 적용된다. 직업상 부상의 원인은 불가피한 경우일 수도, 〈안전법〉을 위반한 경우일 수도 있다.[6]

INAIL의 급여는 일시적 급여 및 영구적 급여로 나뉜다. 일시적 급여는 근로자의 결근을 처리하며 고용주에게 3달 급여의 60%, 그 이후의 급여 75%를 돌려준다. 근로자 급여의 나머지 차액은 고용주가 부담해야 한다. 부상으로 장애가 생기거나 후유증이 있다면 INAIL의 규정 및 표에 따라 퍼센트로 측정해야 한다.[7] 이런 경우는 생물학적 피해와는 또 다르다.

---

6) 어떤 경우에 속하느냐에 따라 피해자에게는 상당한 차이가 있다. 첫 번째 경우 근로자는 INAIL에서만 보험처리를 받을 수 있다. 두 번째 경우에는 고용주의 잘못이라면 민사상 책임을 따라서 관련 보상을 받는다.

7) 5%의 영구적 장애를 입은 근로자는 급여를 받지 못한다(비보험자가 부담), 6~15%의 영구적 장애를 입은 근로자에게는 예외성의 금액을 지원한다(4,500유로 이상). 16% 이상의 영구적인 장애일 경우 근로자가 매달 종신급여를 받는다.

3) 최근 추이

〈제 626법령〉과 〈제 81법령〉은 노동권한과 근로자가 받을 수 있는 보험에 대한 이슈를 많이 드러냈으며 해석도 다양했다. 예를 들자면 최근에 비첸차〔Vicenza, 베네토(Veneto) 주 소재〕 법정이 내린 판결이 의외성이 강해서 화제가 되었으며 선례를 만들기도 하였다.

비첸차 법정의 첫 번째 제안은 공동 책임을 정하기 위해 다른 관점에서 근로자의 행동을 평가해야 한다는 것이었다. 1994년 9월 19일의 〈제 626법령〉이 정하듯이 근로자의 또 다른 측면을 봐야 하며, 부상을 입을 경우 본인의 책임도 있다고 해석한 것이다. 이는 대법원이 2004년 2월 18일에 내린 판정 3213호와는 달랐다.

비첸차 법정의 두 번째 제안은 INAIL이 새로운 법령에서 정한 조건에 따라 생물학적 피해에 대해 보험처리를 해주는 것이다. 새로운 법은 근로자 및 고용주를 사고와 예방관리에 관해서 똑같이 개입시킨다. 근로자에게 더 많은 권한 및 보호를 주는 반면 책임도 많아서, 보험금을 전부 받는다는 확실성이 없어진다.

INAIL의 2010년 연간 보고에 따르면 2008~2010년 동안 근로자의 부상률은 급격히 줄었다. 그 이유는 심해지는 실업률 및 직업상 안전성에 관심이 높아지면서 보험예산 관리에 영향을 주었기 때문이다. 몇 년 전부터 INAIL에서는 부상을 인정하지 않으려고 하며 근로자는 직장에 복귀를 못 하는 경우가 많아졌다. 그 결과를 생각하면 문제의 심각성을 파악할 수 있다.

위험에 대한 예방제도를 현실화하기 위해서 2010년 8월 1일부터 위험성을 평가하는 서류에 일로 인한 스트레스도 업무로 추가되었다. 근로자의 스트레스 강도를 평가, 예방하고 스트레스의 확률에 대비하는 조치는 3단계로 나뉜다. 첫 번째 단계는 초기 평가이며 스트레스 지표는 모든 근로자를 평가해 감지해야 한다. 스트레스 지표는 다음과 같다.

① 증상: 근로자의 사고 발생도, 병환 결근, 병원에서 경고, 근로자의 집중적이고 잦은 불만 표시
② 직장 환경: 시설, 업무량, 일 진행 속도, 근무시간 및 교대조건, 근로자의 자격요건과 업무내용의 적합도, 업무 축소
③ 직장 성향: 조직 내에서 근로자의 역할, 자율결정 및 조종도, 인맥관리 및 집단 괴롭힘(*mobbing*), 승진성, 소통능력

두 번째 단계는 평가를 토대로 한 예방책 수립이다. 초기 평가에서 특별한 문제점이 발견되지 않으면 고용주가 그 사실을 위험예방에 관한 서류에 기록하고 예방조치를 고려한다. 반면 스트레스로 인한 위험요소가 나타나면 그것에 관해 계획을 세운다.

세 번째 단계에는 계획의 효과가 없었을 경우 설문지, 초점집단(*focus group*), 인터뷰 등을 통해 주관적 관점에서 근로자를 개별조사한다. 이 과정은 전문 상담자의 도움으로 이루어진다. 이 모든 과정을 실시하려면 상당한 비용이 든다. 필요한 상황이더라도 근로자가 신고하지 않는 이상(모빙 등) 3단계까지 현실화되기가 어렵다. 2008년에 발효된 법령과 마찬가지로 이 새로운 법의 효과를 판단하기는 아직 이르다. 근로자의 집중력을 떨어뜨리는 직업상 위험성을 예방하지 못하면 질병, 혹은 근로자의 부상확률을 높이는 악효과가 발생할 수 있다.

3. 직업병

직업병은 INAIL에 등록된 근로자가 오랫동안 제한된 장소에서 위험(대체적, 심각한, 혹은 특별한)에 노출된 것을 말한다. 직업병의 예전 정의는 제한적인 의미가 있었다. 보험처리가 되는 질병은 '1965년 대통령령 제 1124호

1조에 해당하는 업무'뿐이었다.

그러나 대법원과 헌법재판소가 질병 원인 평가방식을 혁신하면서 직업병의 범위가 더 넓게 확대되는 계기가 되었다. 예를 들어 빠르고 집중적으로 영향을 주는 병원균이 몸에서 극심한 반응을 유발할 경우는 질병이라고 부르지만, 같은 병원균이 느리고 지속해서 만성병을 유발하는 경우는 '직업병'이라고 볼 수 있다. 질병은 단순한 예문으로 병의 원인을 다소 쉽게 확인할 수 있는 반면, 직업병의 경우에는 시간이 갈수록 근로자 사생활의 여러 변수가 개입하기 때문에 직업과 연계된 발병 원인을 추적하기 어렵다. 이런 불확실한 요소 때문에 법적 논쟁이 잦아졌으며, 처음에는 정해진 직업병 목록에 포함된 상황만 인정받았다. 이 목록에 포함된 직업병이 제한된 업무 및 분야, 제한된 기간 내에 발생하면 사회복지제도의 보장을 받을 수 있었다. 목록이 정하는 조건에 맞는 질병을 가진 근로자는 직업과 연계되는 병의 원인을 증명하지 않아도 되는 혜택을 받았으나 그렇지 않은 경우는 보장에서 제외되어 논쟁이 많았다.

1988년 2월 18일에는 헌법재판소가 179호 판결을 내리면서 복지제도에 해당하는 직업병 범위를 넓혔다. 직업병 목록에 포함되지 않았더라도 병의 원인을 증명할 경우에는 보장을 받을 수 있도록 했다. 현재의 제도가 '혼합제도'로 알려진 이유는 직업병 목록에 포함된 질병과 증명된 질병을 모두 인정하기 때문이다. 고용주의 권한을 일부 보장하기 위하여 많은 〈직업 노동법〉에는 '직업상 걸린 기타 질병'이라는 문장이 추가되었다. 해당 질병들은 병의 원인이 다른 직업병에 비해 명확하지 않다. 고용주가 지정하지 않은 직업병일 경우 근로자가 발병과 근로의 상관관계를 입증해야 한다.

INAIL은 지급되는 급여를 줄이기 위해서 직업병의 증명이 필요함을 납득시키고자 하지만, 근로자는 발병 원인을 밝히기 어려운 질병(암 등)에 대한 보상금을 받는 경우가 흔하지 않아 어려움을 겪는다. 대부분의 직업병은 제조업 및 서비스업, 그리고 농업 분야에서 많이 발생한다.

4. 맺음말

이탈리아의 노동안전 및 산재보험에 관한 법률은 매우 상세하며 여러 기관(정부, 지역 정부, INAIL 같은 보험기관)의 참여로 만들어졌다. 이 법률은 EU의 지시를 따라야 하며 현재도 지속적으로 개선 중이다. 법률이 실행 중이지만 아직도 직업상 사고 및 사망률이 높아서 사회 문제이기도 하다. 그 이유는 다음과 같다.

우선 안전에 대한 인식이 부족하다. 직업상의 안전뿐만 아니라 그 외의 상황에서도 위험으로부터의 보호 및 예방조치가 부족하다. 안전제도 관리를 개선하고 법을 더 엄격하게 실시한 결과 근로자의 부상과 사망률을 조금 낮췄으나 기대에는 못 미쳤다. 〈안전법〉에 대한 이해가 부족한 경우는 물론 이를 악의적으로 활용하는 경우도 있다. 보상금을 받기 위해서 고용주 및 근로자가 법을 남용하거나 일부러 법망을 피하려고 한다. 이탈리아 법의 복잡함 때문에 쉽게 넘어갈 수 있기 때문이다.

같은 지역에서 근로자의 부상 및 사망률이 증가하는 현상은 각 지방 정부가 견적만 검토하고 가장 낮은 금액을 제시한 입찰자를 낙찰하는 것, 철저하지 못한 관리, 불법노동, 높은 실업률의 영향이 크다.

예방 및 관리제도의 결함은 정부가 〈노동법〉을 정하지만 실제 실행은 지방 정부가 맡으므로 명확한 전략이 결여되며 행정절차가 복잡한 것이 원인이다. 통합문서가 실시된 것은 관련된 복잡한 법률을 더욱 가볍게 형성하려는 의도라고 볼 수 있다.

폐질보험 및 사기 통제에 대한 제도는 폐질환자협회에 의하면 별다른 효과를 못 봤으며 복잡한 법률제도로 인하여 복지혜택 제공 절차가 지나치게 어렵다고 한다.

현재는 INAIL이 해상 부문 보장기관(Istituto di Previdenza per il Settore Marittimo: IPSEMA) 및 산업안전보건연구원(Istituto Superiore per la Prevenzione e la Sicurezza del Lavoro: ISPESL)을 인수한 상태다. INAIL은 이탈리아에서 산재보험을 공급 및 관리하는 유일한 기관이며, 노동환경 개선을 촉진하고 아직도 부족한 근로자 및 고용주 참여의 수준을 넓힐 수 있는 기관이다. 현재 상황을 개선하려면 정부의 새로운 조치가 필요하다. 하나의 방법은 정부에서 2000년 〈제 38법령〉이 정하는 안전 및 사고예방제도를 철저히 실행하는 기업에게 세금혜택을 주는 것이다.

■ 참고문헌

해외 문헌

Barnaba, L., & Ratti, E. C. (2008). Il rischio da stress e la nuova normativa: Quale ruolo per la psicologia in materia di sicurezza sul lavoro?. *Notiziario dell'Ordine Degli Psicologi del Lazio*, 2/3, 73~75.

Botta, F. (1965). *Nozioni di Diritto del Lavoro*. Imola: Galeati.

Cannavò, L. (2003). *Conoscenza Esperta e Studi Sociali del Rischio*. Roma: Euroma.

Carrà, E. (1992). Rischio: Analisi di un concetto sociologico. *Studi di Sociologia*, *30*(1), 47~59.

Cimaglia, G., & Rossi, P. (2000). *Danno Biologico: La Tabella di Legge*. Milano: Giuffrè.

D'Orsi, F., Guerriero, G., & Pietrantonio, E. (2014). *ABC della Sicurezza*. Roma: EPC libri.

Gallino, L. (1987). Culture emergenti del lavoro e decisioni manageriali. *Quaderni di Sociologia*, *8*, 3~17.

______(1989). Lavoro e spiegazione sociologica. *Sociologia del Lavoro*, 29.

Macchiarelli, L., Arbarello, P., Cave-Bondi, G., Di Luca, N. M., & Feola, T. (2008). *Compendio di Medicina Legale*. Torino: Minerva medica.

Miccio, A. (2008). La nuova tabella delle malattie professionali: Aspetti applicativi per la tutela del lavoratore(INAIL, Sovrintendenza Medica Generale).

Giornale Italiano di Medicina del Lavoro ed Ergonomia, *30*(3), 260~262.

Passarelli, G. S. (2009). *Diritto dei Lavoratori*, 3rd edition. Torino: Giappichelli.

______(Ed.) (2000). *Diritto e Processo del Lavoro e della Previdenza Sociale*, 3rd edition. Milano: IPSOA.

Potenza, S. (2008). Le nuove tabelle delle malattie professionali: Risvolti propositivi e criticismi medico legali per gli Enti di Patrocinio, Parti Sociali, Lavoratori (Medicina legale: Università degli studi di Roma "Tor Vergata"). *Giornale Italiano di Medicina del Lavoro ed Ergonomia*, *30*(3), 263~266.

Scognamiglio, R. (2000). *Diritto del Lavoro*. Napoli: Jovene.

Starr, C. (1985). Risk managment, assessment, and acceptability. *Risk Anal*, *5*, 97~102.

ISFOL(2011). *La Buona Occupazione*. Roma: ISFOL.

Weil, S. (1994). *La Condizione Operaia*. Milano: Mondatori.

기타 자료

2008년 4월 9일 법령, 안전 통합문서 81호.

Eurispes(2007). Infortuni sul lavoro: Peggio della guerra. Indagine patrocinata dal presidente della Commissione Attività Produttive della Camera dei Deputati.

Avallone, F., & Bonaretti, M. (2003). *Benessere Organizzativo: Per Migliorare la Qualità del Lavoro nelle Amministrazioni Pubbliche*. Roma: Rubettino. http://www.cantieripa.it/allegati/Benessere.pdf.

INAIL(2011). Rapporto annuale 2010 con analisi dell'andamento infortunistico. Coordinatore generale F. D'Amico 2011.

ISPESL(2012). Linee Guida per la valutazione del rischio D.lgs 626/94 allegato al numero 4/95 Di fogli di informazione. Linee Guida per la valutazione del rischio D.L.vo 626/94 allegato al numero 4/95 Di fogli di informazione.

ISTAT(2007). Statistiche dell'assistenza e della previsione sociale.

Network AIAS(2008). Documento di indirizzo per la valutazione dei rischi e redazione del documento programmatico 2008. Comitato tecnico Scientifico C2.1. http://www.aias-sicurezza.it.

Sentenze Corte d'Appello di Milano Note Informative n.35 - aprile 2006 ; Corte d'Appello di Milano Sent. 20/6/2005, n. 407 Est. Accardo; Sent. 21/6/

2005, n. 425 Est. Curcio; Corte d'Appello di Milano Sent. 21/6/2005, n. 431 Est. Trogni.

Guida all'assicurazione INAIL Istruzioni per l'uso. http://www.inail.it.
http://www.ipsema.gov.it.
http://www.istat.it.
http://www.cantieripa.it/allegati/Benessere.pdf
http://www.aias-sicurezza.it.
http://www.puntosicuro.it.
http://www.sindacatomarittimi.eu.
http://www.laprevidenza.it

10
가족수당제도

1. 머리말

2000년 〈제 328법〉은 이탈리아 복지정책의 의미 있는 출발점으로 볼 수 있다. 이 법은 이탈리아 사회복지제도를 개혁하였으며 정부, 지역, 지방 관리기관 간의 관계를 새로 형성시켰다. 가장 큰 변화는 복지지원 대상자를 '도움을 필요로 하는 존재'로만 보지 않고 출신지역, 가정배경과 자원 등의 개별적 특성을 가진 '사람'으로 인식한 것이다. 즉, 일반적 복지제도에서 적극적으로 사회를 보호하는 제도로 바뀐 것이다. 아울러 지원 대상자의 근본적 문제를 해결하고 무엇보다 사회에 복귀하는 방향으로 실시되었다.

특히, 제 16조는 '가족의 책임감을 지원하고 향상시키는 것'에 중점을 둔다. 포괄적 복지서비스제도는 "사람의 성장 및 보살핌에 있어 가족의 특별한 역할을 인정하고 지원하며 사회적 화합과 행복을 추구한다. 힘들고 위기상황과 일상에서 수많은 어려움을 겪는 가족을 높이 평가, 지원하며 가구 간에 협동, 상호 도움, 집합을 지원한다. 복지서비스 제공과 서비스 평가를 계획하고 제안하는 가족의 적극적 역할을 중히 여긴다".

가족을 실제로 돕기 위한 정책으로 요양급여 및 양육을 지원하는 다양한 수단, 일·가족 양립정책, 부모님을 위한 조언 및 정보서비스, 가사노동 도움, 쉼터서비스, 양호 위탁 등의 방법이 우선적으로 실행된다.

〈제 328법〉이 실시된 시기에 이탈리아는 경제적, 사회적, 정치적으로 많은 변화를 겪었다. 특히, 사회적인 측면에서 노동시장이 유연해지면서 복지 욕구 및 일·가족 양립 문제를 해결하는 것이 시급해졌다(Bergamante & Canal, 2015). 또한 금융위기 상황이 닥치면서 빈곤층이 증가했고 사회적으로는 소외 문제가 악화되었다.

경기침체는 복지예산에 영향을 주어 "국가의 잔여적인 의향과 전국의 평등을 방치하는 상황을 일으키며 복지서비스 지원에 큰 변화가 생겨 보편주의가 아닌 선정주의 위주로 진행되었다"(Carrera & De Sario, 2015). 선정주의 입장은 의도적 결정이라기보다는 경제적인 어려움 때문에 발생한 현상이라고 볼 수 있다. 즉, 심해지는 사회 양극화를 완화하기 위해 도움을 가장 필요로 하는 계층을 지원하는 '풍부한' 선정방법이 아니라 가장 빈곤층에서 차별화를 일으키는 '부족한' 선정주의적 제도가 실시되고 있다(Carrera & De Sario, 2015).

올바른 길로 다시 돌아갈 가능성은 희미해 보이며 경제적인 여유를 되찾아야 정치정책과 복지정책을 개선할 수 있을 듯하다(CNEL, 2014). 또한 예산부족은 복지 효율성에 대한 논의를 일으켰으며 가구를 위한 여러 수단 및 실행사항이 겹치는 문제도 도마 위에 올랐다.

아울러 이탈리아에서는 다양한 복지지원 방법이 실시되고 있으나 44% 이하의 빈곤층 가구는 아무 지원을 못 받고 있으며 지원을 받을 경우에도 실제 필요성과 거리가 먼 경우가 많다(*Etica e Economia*, 2016). 현재 복지제도 개정에 대한 토론은 이어지고 있으며 절대적 빈곤층을 위한 보편주의 지원제도 실시 여부도 검토 중이다.

2. 사회보장과 가족정책에 대한 투자

이탈리아 사회보장 전체에서 가구를 위한 예산비율은 늘 부족하였다. 여러 정책을 개정하기 위한 노력이 있었으나 경기침체로 인해 가구를 위한 추가 조치는 없었으며 오히려 빈곤율은 상승하였다. 이탈리아 빈곤 상승세의 문제는 현재 하원에서 논의 중이며 보편주의 복지제도를 도입하고자 한다. 아울러 사회통합을 위한 기초소득(Reddito di inclusione sociale: REIS)의 도입도 현재 논의 중이다. 도입 조건은 대상자의 실제 필요성을 검증하고 대상자가 구직에 참여하는 것이다.1)

유럽에서 실행되는 복지형식은 방향과 투자목적이 매우 다양하다. 간단하게 구분하자면 스칸디나비아 복지국가모델은 시민성 및 여성과 아동을 위한 기회균등에 기반을 둔다. 반면, 이탈리아를 포함한 남유럽 복지국가모델은 "가족적인 연대성"(Saraceno, 2006)이라고 표현한다. 이탈리아 가구에게 지원되는 복지방식(복지급여 등)은 일반적으로 사회주의 국가가 근로자 위주로 실행하는 모델과 같으며 "근로자들의 권리를 지지하는 정책이다"(Saraceno, 2013).

유럽 각국의 복지모델은 서로 다른 가치관, 다른 투자형태와 투자예산을 바탕으로 구성된다. 이탈리아 복지투자의 상황은 다른 유럽 국가와 매우 다르다. 북유럽 국가에서는 가족을 위한 예산(서비스 및 실제 급여 포함)이 가장 높은 반면, 지중해 국가들은 그렇지 않다. 가족·아동 범주에 주어진 지출(현금·현물)은 임신, 출산, 입양, 자녀 및 타 가족구성원의 돌봄에 쓰인다. 다른 유럽 국가가 이 분야에 쓰는 평균 지출(GDP의 2.3%)에

---

1) REIS의 대상자는 절대적 빈곤층이며, 물질적 상황을 개선하여 사회와 노동시장의 진입을 돕는 역할을 한다. 절대적인 빈곤 평가는 가구의 경제적 상황 위주로 정해진다. REIS에 대한 더 자세한 정보는 링크(http://www.redditoinclusione.it/cose-il-reis/percorso-attuativo)를 참조하기 바란다.

〈그림 10-1〉 EU 27개국과 이탈리아의 GDP 대비 사회보장지출 비교

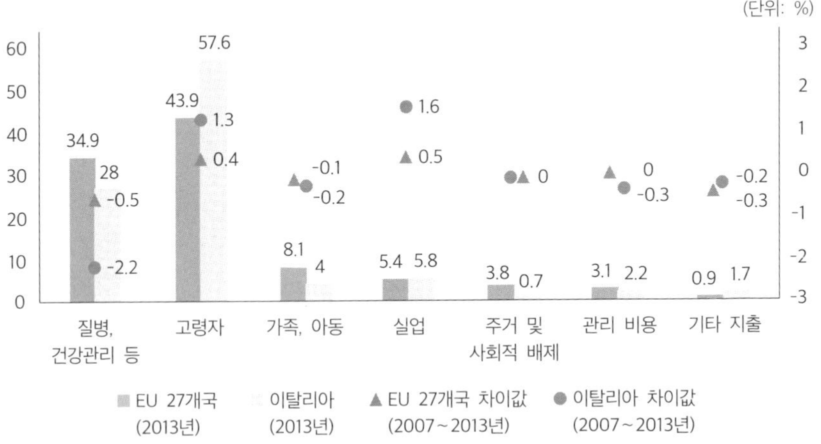

자료: Eurostat, 2013의 데이터 가공.

비해 이탈리아의 지출은 GDP의 1.2%에 불과하다.

이탈리아 정부는 경제위기로 인해 복지개선, 특히 실업자[2]를 위해서 많은 해결책을 찾고자 한 반면, 경제적 어려움에 처한 가족의 필요 사항은 충분히 고려하지 않았다.

이탈리아를 포함한 지중해 국가들의 복지예산은 현물서비스 제공보다 현금급여에 집중되어 있다(〈그림 10-2〉 참조). 경제위기 동안 이탈리아의 예산 구성에는 변화가 없었으나 유럽 국가들의 복지정책은 현물서비스의 비중을 늘리고 있었다. 많은 전문가에 의하면 현금급여보다 현물서비스 제공이 평등적 효과를 준다고 하지만, 반대로 주장하는 경우에는 현금급여를 통해서 가족에게 실제로 필요로 하는 서비스를 구입할 기회를 준다고 한다. 그러나 이 같은 경우에는 시장의 실패가 위험한 요소가 되며, 저소득층 가구의 욕구가 충족되기 어려울 수도 있다(Saraceno, 2013).

이탈리아 복지의 또 하나의 특징은 현금급여와 현물서비스를 제공하는

2) 이 책의 8장 '고용보험제도 및 고용정책'을 참조하라.

〈그림 10-2〉 EU 27개국과 이탈리아의 복지예산 현금급여와 현물서비스 구성

(단위: %)

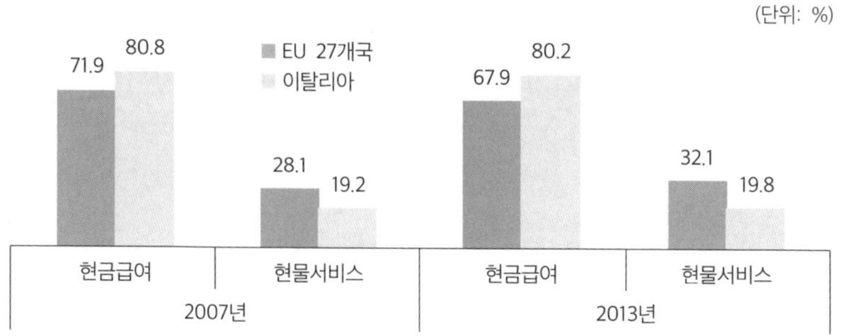

자료: Eurostat, 2013의 데이터 가공.

방식이다. 급여는 주로 자산조사를 바탕으로 이루어지며 복지혜택은 재산의 일정한 수준 이하에 속해야 주어진다. 공공예산이 부족하므로, OECD 국가들은 이러한 자산조사 방식이 연약하고 도움을 청하는 계층에게 효과적이라고 여기고 있다(OECD, 2014). 특히, 이탈리아는 자산조사를 바탕으로 하지 않는 사회보장이 45.8%(Eurostat, 2013)를 차지하는 반면, 유럽 국가들의 평균 비율은 77.3%다.

복지지원을 받는 방식에 대해서도 많은 논의가 있다. 유럽 국가들은 보편주의 복지지원제도를 대신하여 점차 소득에 기준을 두는 지원방식을 택하는 추세다(Leventi et al., 2016). 제한된 예산과 이념적 패러다임의 변화 앞에서 많은 국가가 대상자를 표적화하는 정책을 실행한다(Mkandawire, 2005). 유럽연합 위원회(European Commission, 2013)와 OECD(2011; 2013)는 이런 변화를 지지했으며, 특히 OECD(2013)는 자산조사형 정책의 혜택이 보편주의적 정책보다 이점이 있다고 보았다.

그러나 자산조사의 표적화가 잘 적용되지 못하고 약점에 대한 대책이 부실할 경우, 예산이 충분하게 활용되지 못하는 문제가 일어날 수 있다. 즉, 복지지원을 가장 필요로 하는 저소득층 및 빈곤층을 얼마나 효과적으로 도울 수 있는지에 대한 의문이 분명히 있다(Notten, 2015; Saraceno, 2013).

자산조사방식은 소득분포의 가장 낮은 위치를 차지하는 대상자를 지지하는 방식이다(Leventi et al., 2016). 반대로 보편주의방식을 채택하는 유럽 복지제도는 차등화된 급여의 원리를 통해 저소득층뿐만 아니라 중간소득층도 고려한다. 자산조사방식의 도약은 급여대상자의 왜곡된 행위를 방지하기 위한 의도도 있다.

복지지원방식의 선택은 어려운 것이 사실이다. 예산을 줄이거나 급여대상자를 한정하는 전략을 사용하여 타협점을 찾는 노력을 해야 할 것이다(Leventi et al., 2016).

3. 이탈리아 가족수당의 특성

이탈리아 가족복지정책과 현금급여의 이전 원리를 이해하려면 정부개입과 그 운영방식을 살필 필요가 있다. 1800~1900년 사이 유럽과 미국에서 처음으로 현금급여제도가 도입되었을 때는 가족 형태가 복지 '문화'를 정하곤 하였다(Saraceno, 2013). 가족복지정책은 주로 남성 생계부양자를 기준으로 하여 가족수당의 형태로 이루어진다(Saraceno, 2013). 이러한 모델을 바탕으로 해서 유럽에서 출산휴가, 육아휴가, 유아 및 아동을 위한 서비스는 뒤늦게 실시되었다(Saraceno, 2013).[3)]

유럽 복지국가는 유형이 다양하며 시간적 변화도 상당하였다. 이탈리아의 경우 다른 유럽 국가보다 다소 느린 가족모델의 변화 과정을 겪고 있다. 정부에서 의도하는 방식과 달리 가족정책은 보수적 성향이 여전히 강하다. 이탈리아 가족복지정책은 육아비용의 '사회화', 또는 인구학적 출산율 증가에 목표를 두었다. 특히, 현금급여의 이전은 빈곤을 막는 수단이라고 할

3) 이 책의 15장 '아동 및 보육서비스'를 참조하라.

〈그림 10-3〉 EU 27개국과 이탈리아의 가족복지정책 범주를 위한 자산조사 혹은 자산조사에 기반을 두지 않는 현금급여 이전의 구성

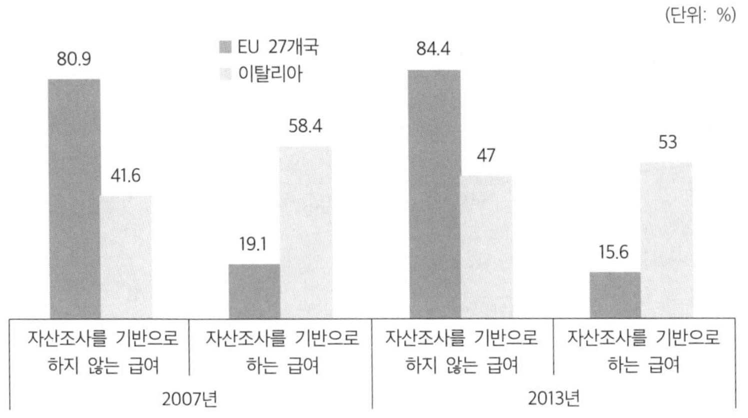

자료: Eurostat, 2013의 데이터 가공.

수 있다(Saraceno, 2013).

복지정책의 성향을 보았을 때 또한 중요한 요소는 보편주의 및 선정주의 간의 균형이다. 이와 더불어 복지개입을 정하는 데 있어서 대상자를 범주화할 때는 어떠한 기준으로 선정해야 하는지가 고민되기 마련이다.

이탈리아의 복지제도는 선별적인, 또는 대상자를 범주화하는 제도다. 대상이 되는 범주는 고용자의 가족이며 선정기준은 복지지원을 실제로 필요로 하는 대상자다(Saraceno, 2013). 선정기준은 가족 구성, 소득과 고용 직위 등이다. 위에 언급하였듯이 유럽 국가들보다 이탈리아는 자산조사를 기반으로 하는 현금급여를 선호한다(〈그림 10-3〉 참조). 경기침체 때 선정된 대상자에게 지원된 급여는 다소 감소하였으나 선정주의제도는 여전히 압도적이다.

4. 급여의 종류

가족을 대상으로 하는 현금급여는 주로 다음과 같이 5종류로 분류할 수 있다(European Commission, 2011).

- 아동출산에 따른 소득보장(Income Maintenance Benefit in the Event of Childbirth)
- 아동출산급여(Birth Grant)
- 육아휴가급여(Parental Leave Benefit)
- 가족·아동수당(Family or Child Allowance)
- 기타 현금급여(Other Cash Benefits)

아동출산에 따른 소득보장은 임신 혹은 출산(입양 포함)으로 결근했을 때의 손실액에 대한 지원금이며 남성도 대상이 될 수 있다. 아동출산급여는 자녀를 출산 혹은 입양할 경우 일시불로 지원된다. 육아휴가급여는 육아를 위해 근무를 중단하거나 혹은 근무시간을 줄일 경우 부모에게 지원되는 급여다. 가족수당은 자녀를 부양하는 부모를 위해 육아를 돕는 정기적 지원금이다. 기타 현금급여는 가족수당과 다른 지원금이다. 구체적 필요사항에 지원되며 지속적, 혹은 일시적 성격을 가지고 있다.

아동출산에 따른 소득보장과 육아휴가급여는 법적으로 통합된 지원금과 맞벌이 부모 범주에 해당되는 이유로 이 연구에 통합시켰다.

현금급여에 관한 이탈리아의 공공지출 구성을 살펴보면 가족수당에 집중하는 경향을 볼 수 있다. 그럼에도 불구하고 유럽의 평균적 수준과 뒤떨어진 비율이다(〈그림 10-4〉 참조). 반면 출산 및 육아휴직 범주는 유럽 평균에 비해 높은 비율을 차지한다.

이 급여의 종류를 다음과 같이 구체적으로 설명하고자 한다.

〈그림 10-4〉 EU 27개국과 이탈리아의 종류별 현금급여 구성

(단위: %)

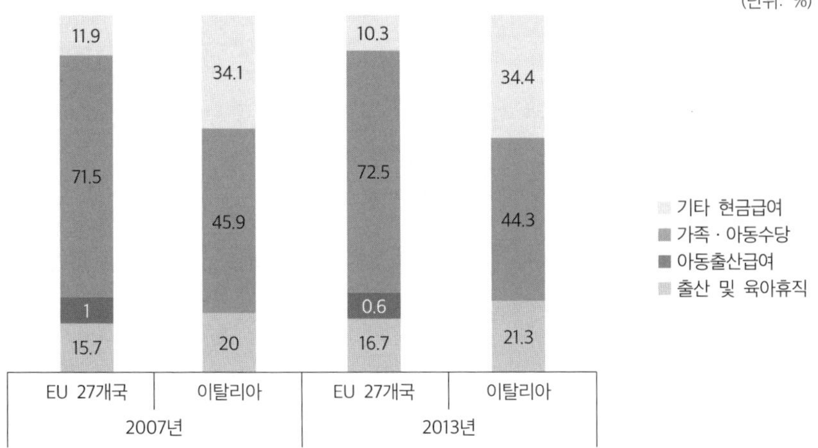

자료: Eurostat, 2013의 데이터 가공.

1) 출산 및 육아휴직

출산 및 육아휴직 범주에 대한 급여의 비율을 살펴보면, 최근의 〈제 80법령〉은 입양된 아이의 부모를 친부모와 대등하게 놓으며 육아휴직 기간을 연장한 점을 기억해야 한다. 그러나 주로 여성 위주로 지원되며 주요 대상자는 모친이다. 부친이 대상자가 되는 경우에는 모친이 없는 경우가 많다. 또한 이 제도의 대상자는 고용자인 이유로 자영자 가족과 특성 근로자는 같은 복지혜택을 받을 수가 없으며 신청할 수 있는 휴직 기간도 비교적 짧다.

40세 이하 여성의 43%는 아무 혜택을 받을 수 없다는 사실에 현재 첫 아이의 엄마를 위주로 보편적으로 5개월의 수당을 지원해야 한다는 의견이 많아졌다(*InGenere*, 2010. 6. 18). 또한 출산, 육아휴직의 연장과 맞춤제도(〈제 80법령〉)를 모든 근로자 범위에게 적용하고자 한다. 그러나 가장 시급한 사항은 부친에게도 영유아 육아에 부담과 참여의식을 고취하는 것이다. 최종목표는 부친에게 주어진 육아휴직을 기본 10일로 연장하여

최대 6개월까지 쓰도록 하는 것이다.

출산휴가는 임신과 산후 기간 동안의 의무적 결근을 말한다. 이 기간에 여성 근로자는 직장급여의 80%에 해당하는 지원금을 받으며 입양 및 아이를 위탁할 경우에도 휴직과 지원금을 받을 수 있다. 적용 기간은 5개월이며 출산 전 1~2개월, 산후 3~4개월을 신청하면 된다. 부친을 위한 육아휴직의 지원은 모친이 출산휴가를 받을 수 없는 상황일 경우(예: 사망 혹은 질병)에만 가능하다. 2012년 〈제 92법〉의 실행 이후, 실험단계로서 고용자 부친은 육아휴직 하루를 의무적으로 지원받으며 2013~2015년 내 자녀출산 후 5개월 안으로(반나절도 가능) 써야 한다. 또한 부친은 추가로 이틀을 신청할 수 있으나 모친이 출산휴가 이틀을 포기해야 가능하다. 〈제 208법〉은 2016년 부친의 의무적 육아휴직을 이틀로 2배 연장하였다.

고용자 부모를 위한 육아휴직은 최대 10개월까지 가능하며(부친이 3개월 결근할 경우 11개월까지) 아이가 12살이 되기 전에 이용이 가능하다. 위탁 혹은 입양한 아이일 경우 부모는 12년 안에 10개월의 육아휴직을 받을 수 있다. 또한 아이가 6살이 될 때까지 급여의 30%에 해당하는 지원금을 받을 수 있다. 6살 이후에 적용되는 급여는 없다.

특정 근로자(INPS 가입자) 일 경우 육아휴직 기간은 최대 3개월이며 아이 생후 1년 이내에 가능하다(위탁 혹은 입양 후 1년 기준). 또한 해당 해에는 최소 3개월 동안 소득세를 납입해야 한다.

2015년 〈제 80법령〉은 시간별 육아휴직제도를 도입하였으나 기업의 수준으로 이루어지는 노동협상에 의하여 적용되는 것이기 때문에 아직 실행되지 못하였다. 시간별 육아휴직제도는 맞춤 성격이 강해 반나절로 이용이 가능하며 고용주에게 이틀 전에 알려야 한다. 육아휴직 외에 모유휴직도 가능하다. 모유휴직은 근무시간 단축(비정규직은 한 시간, 정규직은 두 시간 내) 으로 실행되며 고용자에게만 적용된다.

2) 아동출산급여

경제위기 전, 전 세계와 이탈리아에서 출산율이 증가하기 시작했다.[4] 특히, 중부・북부지역에서 출산율이 증가한 이유 중 하나는 아동복지서비스의 발달이었다. 경제위기 이후에는 복지서비스를 위한 예산이 줄어들고, 경제적 여유가 없는 부부와 청년실업률이 증가하면서 출산율 상승세가 멈췄다(*Neodemos*, 2014. 11. 12).

베를루스코니(Silvio Berlusconi) 정부는 출산율 증가를 목표로 2004년에 '출산수당'(Bonus Bebè)을 처음 실행했다. 2004년에는 둘째 자녀를 출산할 경우 이 정책의 지원대상이 되었다. 2005년에는 5만 유로 이하의 소득을 가진 가구가 첫째 자녀를 출산할 경우, 2006년부터는 둘째 자녀를 출산할 경우에도 지원대상에 해당되었다. 이 지원금은 유럽 국가의 시민이 아닌 가족을 제외했다는 이유로 인종차별주의적 성향이 있음을 지적하는 의견이 많았다(*Neodemos*, 2014. 11. 5).

출산수당은 2015년에 한 차례 변화를 겪었다. 이제 아동출산급여는 출산, 혹은 입양아를 위해 3년 동안 매달 지원된다. 이 급여를 신청하려면 해당 가구의 수익이 연간 2만 5천 유로 이하여야 한다. 급여는 가구수익을 따라서 연간 2만 5천 유로 이하일 경우 총 960유로가 지원되며 연간 7천 유로 이하일 경우 1,920유로가 지원된다.

가장 큰 변화는 장기간 체류비자를 가진, 유럽 국가의 시민이 아닌 가구도 대상에 포함되었다는 점이다. 즉, 최근 이탈리아 출산율 증가에 기여한 사람들을 말한다. 그러나 아동출산급여를 비판하는 사람들은 낮은 출산율을 해결하기 위해 보상을 주는 제도는 일시적 효과를 줄 뿐이며, 현재 부족

---

4) 1990년대 중반에 이탈리아는 역사상 최소 출산율을 기록하였다(1995년 기준 1.19). 그 이후에는 출산율이 증가했으며 최근 10년간 역사상 최대 출산율을 기록했다(2010년 기준 1.46). 2015년 평균 출산율은 1.35로 나타났다(ISTAT, 2014).

한 면이 많은 아동복지제도를 개선해 더욱 화합된 제도를 추구해야 한다고 지적한다.

가족복지제도가 잘 발달된 북유럽 국가들과 프랑스는 출산율이 다시 증가하였다. 실행 중인 복지제도는 가구에게 지원되는 넉넉한 투자를 자랑하며 보편적인 해결책을 찾는 경향이 있다. 즉, 거주, 구직, 복지서비스, 육아분담에 대한 문제점을 체계적으로 다룬다(*Lavoce*, 2016. 9. 2). 또한 출산증가에 아동출산급여의 영향은 매우 적다는 조사결과도 나온 바가 있다(*Neodemos*, 2014. 11. 5). 가장 시급한 것은 가족의 경제적 상황을 직접, 혹은 간접적으로 개선하는 다양한 복지서비스를 조직화하는 것이다.

가족의 수익기준 도입은 고소득층을 제외하므로 보편주의적 성향이 강하다. 그러나 다른 북유럽 국가의 보편주의적 복지서비스와 이탈리아의 정책은 차이점을 보인다. 다른 국가에서는 그 외에 빈곤을 대비하는 전반적 서비스를 추가로 동시에 실시(혹은 실험) 한다(*Neodemos*, 2014. 11. 5).

3) 가족 · 아동수당

이탈리아에서 지원되는 현금급여는 가족 피부양자에 따른 세금감면과 이탈리아 사회보장공단(INPS)에서 지불하는 가족수당 등 두 가지 형태로 나뉜다. 이 현금급여는 적용범위를 정하는 데에 있어서 낮은 효율성과 지나친 선정주의적 성향 때문에 많은 비판을 받았다(Bosi, 2016). 모든 수당을 통합해서 세금감면이나 급여제공에 있어서 좀더 일관성 있는 제도를 마련해야 한다는 지적도 많다.

2014년에 이 급여를 위해서 투자된 금액은 18억 7천 유로이다. 그중에 12억 유로는 세금감면을 위해 사용되었으며 대상자인 1,230만 명의 가구는 평균 1,500유로를 지원받았다(Bosi, 2016).

수당의 통합 논의가 나오는 것은 세금감면 대상자인 1,120만 명 중에

490만 명은 가족수당도 지원받기 때문이다(Bosi, 2016). 세금감면에 해당되는 가족구성원은 자녀, 부양하는 배우자, 그 외 다른 식구들이다. 전반적으로 세금감면을 가장 많이 받는 가족 형태는 미성년자를 포함한 가족이다(약 750만 가구). 그러나 480만 가구는 미성년자가 아닌 부양하는 배우자 혹은 젊은 니트족으로 인해 세금감면을 받는다(Bosi, 2016).

600만 가구가 가족수당을 받고 있으며 그중 69%가 미성년자가 포함된 가족이다. 가족수당은 자녀를 돌보기 위한 지원금만이 아니다. 그러나 한 부모 가족, 혹은 자녀가 병자일 경우 추가 지원금이 제공된다. 또한 대가족일 경우에도 추가 지원금이 제공된다.

가족수당의 효율성에 대한 논쟁은 여전하다. 지원금이 넉넉하지 않아 육아에 보태기에는 터무니없이 부족하며 저소득층 자영 근로자를 수급 대상에서 제외해 모든 빈곤층을 지원하지 못한다.

선정주의적 면에서는 가구의 수익에 기준을 두지만, 세금감면과 가족수당은 각각의 제도에 적용되는 기준이 다르다(Bosi, 2016). 세금감면은 개인소득을, 가족수당은 가족소득을 기준으로 둔다. 즉, 세금감면제도는 가족수당제도에 비해 덜 선정주의적이라고 볼 수 있다(Bosi, 2016). 소득이 기준이라면 일정한 기준을 정해서 가구의 경제적 상황을 파악해 선정주의적 제도의 기반을 세울 필요가 있다.

범주주의적인 면에서는 고용자의 소득이 가족 수익의 70%일 경우, 또한 사회 하위(고용자, 실업자, 실업보험자, 특정한 근로자, 연금 대상자)에 자리를 잡은 범주일 경우 가족수당이 지원된다. 그 외에 가족수당을 필요로 하는 많은 종류의 근로자가 제외된 상황이다.

세금감면에 대한 논쟁도 여전하며 주로 여성 근로자의 낮은 수혜비율과 연결되는 주제이기도 하다. 노동시장에서 여성의 현재 위치가 남성 생계부양자를 가진 가정모델의 우세에 밀려 있는 것이 사실이기 때문이다.

가족 세금지수 도입에 대해서는 수많은 논쟁이 엇갈렸다. 이 제도는 한 가지 소득을 가진 가구에게 유리하기 때문이다. 한 가정에서 한 사람만 월급을 받는다면 평균 세금지수가 감소되는 상황이다. 만약 맞벌이 부부일 경우 금액이 더 적은 월급(주로 여성의 월급)의 평균 세금지수가 높아진다. 즉, 가족 세금지수는 맞벌이 부부와 일하는 여성을 막는 것처럼 보이며, 특히 대부분 여성은 배우자보다 더 많은 세금을 납입하게 돼 노동시장 진입이 더욱 힘겨워진다(Bergamante, 2011; *Lavoce*, 2008. 5. 10).

세금조정은 논쟁의 소지가 있는 주제다. 현재 이탈리아 정부도 직접 법적인 개입을 취하려고 했으나 예산절약 기조 때문에 결국 포기해야 했다(Marocco, 2016). 2014년 12월 10일, 〈제 183법〉은 정부에게 직장, 생명, 육아에 관한 보호 및 유화의 정책을 위임하였다. 또한, '세액공제'(Tax Credit)를 통해서 기본 총소득이 평균 이하인 가족, 미성년자 혹은 장애인 자녀를 가진 여성 근로자(자영 근로자도 포함), 부양가족이 있는 배우자가 부담하는 세금감면을 조정하고자 하였으나 무산되었다.

자녀의 육아와 노부모 보살핌을 위한 세액공제는 정부가 제공하는 실비정산이며 일하는 여성이 해당 지출에 대한 서류를 제출해야 수급할 수 있다. 부모가 가족을 위해 지출하는 비용을 각자 연구한 조사결과는 모친에게 경제적 여유가 생길 때 자녀를 위한 지출(의료, 교육 등)이 증가한다는 것을 보여줬다. 여성이 세액공제 서비스를 더 자주 이용하도록 유도한다면 가족 보살핌의 부담을 덜고 가족을 위한 서비스 종류도 다양해지면서 노동시장도 활발해질 것이다(Ferrera, 2008; *Lavoce*, 2007. 5. 10).

4) 기타 현금급여

보편주의제도와 선정주의제도를 여러 차례 비교한 바 있으나 어느 제도에도 속하지 않은 현금급여도 지원되고 있다. 베이비시팅 혹은 어린이집 바우처가 이러한 경우다. 형태는 현금급여지만 서비스 이용조건이 다르기 때문이다(Saraceno, 2013).

이 바우처는 2012년 〈제 92법〉을 통해서 도입되었으며 대상은 INPS 가입자이면서 고용된 어머니이다. 〈제 92법〉은 2014년 10월 24일 〈제 287법령〉으로 수정되었으며 2014~2015년에 바우처 이용조건 및 방법을 새롭게 개정했다. 이 법령은 바우처 금액을 늘리고 대중에게 많이 알려지게 하였다. 이탈리아의 2016년 예산안은 여성 자영 근로자와 사업가도 바우처를 이용할 수 있게끔 했다.

이 바우처는 INPS에 가입한 여성 고용자들에게 매달 600유로(비정규직의 경우 근무시간에 따라 변동)를 지원하며 최대 6개월 동안 받을 수 있다. 여성 자영업자와 사업가에게 주어진 기간은 3개월이다. 이 바우처는 육아 휴직 대신 지원된다. 이 바우처의 좋은 점은 육아에 도움을 주는 동시에 고용주가 여성 근로자에게 근무기회를 주도록 한다는 점이다.

경제위기로 가정의 경제적인 여유가 줄어들면서 지원금이 적은 육아휴직제도를 이용하는 부모가 감소해 이탈리아 가족의 일·육아 균형 패턴에 지장이 되었다. 이런 상황에서 바우처는 이탈리아 가족에게 보상이 될 수 있을 것으로 보이나, 매년 예산안에 포함되어야 하기 때문에 지속성을 보장하는 데에 어려움이 있다. 또한 이 바우처는 이탈리아 복지제도가 필요로 하는 구조적 개정을 대체할 수는 없다.

장애아동의 부모에게는 베이비시팅 혹은 어린이집 바우처 이외에도 다른 급여가 주어진다. 우선 심각한 장애가 있는 만 3세 아동의 부모(위탁 혹은 양부모)는 매달 3일 휴가(시간당으로 신청 가능), 육아휴직 연장, 매일 근무시간에 따라서 1~2시간의 휴식을 혜택으로 받을 수 있다. 다만 만 3~12세 아동의 부모는 매달 휴가와 육아휴직 연장만 가능하다. 또한 장애인 자녀를 돌보는 부모는 최대 2년의 특별 휴가를 신청할 수 있다. 이 혜택은 고용자와 비정규직에게도 지원된다.

5. 맺음말

이탈리아를 포함한 지중해 국가에서 가족은 비공식적인 사회복지와 보호 역할을 해왔다. 이러한 역할은 이탈리아의 가족이 지금까지 충분한 지원을 받지 못한 이유가 될 수 있다. 그러나 가족이 '충격을 흡수하는' 역할을 맡는 것은 체계적 복지제도와 함께 가야 한다. 복지제도는 새로운 가족모델을 따라 가족을 위한 유용한 정책을 세워야 한다. 또한, 이탈리아 내 부유하고 혁신적인 북부지역과 가난한 남부지역의 분할은 심각한 문제이다. 정부에서 현금급여를 줄이면서 최근 몇 년 사이 지방 지자체의 복지예산이 부족해졌다(ISTAT, 2014). 즉, 북부와 남부의 분할이 심해질수록 이탈리아 각 지역 사이의 격차를 줄이는 체계적 방법을 찾는 것이 시급하다.

육아에 관한 서비스는 최근 관련 규정이 개정되면서 보호영역이 넓어졌다. 하지만 아직 제대로 된 해결책이라고 보기는 어려운 상황이다. 또한 가족을 위한 정책을 개선하려면 추가예산의 발생도 불가피하다. 이탈리아에서는 복지정책을 정할 때 재정적 어려움을 겪는 경우가 자주 있었는데, 부친의 의무적인 육아휴직 연장과 같은 정책이 이러한 이유로 무산되었다.

현재 이탈리아에서 실시하는 복지제도가 효율적이지 못한 이유는 여러 가지다. 우선 대상의 자격을 가진 모든 범주를 고려하지 않으며 빈곤층을 위한 지원이 부족하다. 또한 육아에 관한 지원제도는 남성과 여성이 분담하는 현실을 반영하지 못하고 있다. 여기에 더해 특정 근로자가 지원대상에서 빠져 있으며, 제공하는 지원금 액수도 매우 적다. 이탈리아 정부는 의료 및 교육에 있어서 보편주의적 제도에 집중했으며 아동이 있는 가족을 위한 정책적 노력은 비교적 부족했다. 현재 이탈리아의 가족은 '충격 흡수'를 더 이상 하기 어려운 상태이다. 새로운 가족모델이 생겨난 지금, 일과 생활의 밸런스를 유지하기 위해 정부는 더 큰 노력과 혁신적인 답을 추구해야 한다.

■ 참고문헌

해외 문헌

Bergamante, F., & Canal, T. (2015). Evidenze e prospettive della qualità del lavoro. In Cavarra, R., Rella, P., Rossotti, L., Bergamante, F., & Canal, T. (Eds.) (2015). *Il Lavoro in Crisi: Trasformazioni del Capitalismo e Ruolo dei Soggetti*. Santa Palomba(RM): Aracne Editrice.

Eurostat(2013). *European System of Integrated Social Protection Statistics(ESSPROS) 1990-2013*. Bruxelles: Eurostat.

European Commission(2011). *ESSPROS Manual: The European System of integrated Social Protection Statistics(ESSPROS)*. Luxembourg: Publications Office of the European Union.

Ferrera, M. (2008). *Il Fattore D: Perché il Lavoro delle Donne Farà Crescere l'Italia*. Milano: Mondadori.

Notten, G. (2015). How poverty indicators confound poverty reduction evaluations: The targeting performance of income transfers in Europe. *Social Indicators Research*, *127*(3), 1039~1056.

OECD(2011). *Divided We Stand: Why Inequality Keeps Rising*. Paris: OECD Publications.

______(2013). Design and implementation of means testing for social protection. In *Greece: Reform of Social Welfare Programmes*. Paris: OECD Publications.

Saraceno, C. (2013). *Il Welfare*. Bologna: Il Mulino.

기타 자료

Bergamante, F. (2011). *Occupazione e Maternità: Modelli Territoriali e Forme di Compatibilità*. Roma: ISFOL. http://sbnlo2.cilea.it/bw5ne2/opac.aspx?WEB=ISFL&IDS=17856. 2016. 9. 30. 인출.

Bosi, P. (2016). Riforma delle detrazioni Irpef per familiari a carico e degli assegni familiari(CAP Paper n. 138, Aprile 2016). http://155.185.68.2/campusone/web_dep/CappPaper/Capp_p138.pdf. 2016. 9. 30. 인출.

Carrera, F., & De Sario, B. (2015). Le prestazioni sociali tra universalismo e selettività, Novembre 2015. http://www.fondazionedivittorio.it/sites/default/

files/content-attachment/Rapporto%20n. %203-2016%20_Inca-Fdv_report%20Isee_2015. pdf. 2016. 9. 30. 인출.

CNEL (2014). *Rapporto sul Welfare: 2012 ~2013*. Roma: CNEL. http://www. cnel. it/53?shadow_documenti=23418. 2016. 9. 30. 인출.

European Commission (2013). Towards social investment for growth and cohesion: Including implementing the European Social Fund 2014~2020 〔COM(2013) 83 final〕.

http://www. redditoinclusione. it/cose-il-reis/percorso-attuativo. 2016. 9. 30. 인출.

ISTAT (2014). L'Offerta comunale di asili nido e altri servizi socio-educativi per la prima infanzia. Statistiche Report. http://www. istat. it/it/files/2014/07/Statistica-report-asili-nido_rev. pdf?title=Offerta+comunale+di+asili+nido+-+29%2Flug%2F2014+-+Testo+integrale. pdf. 2016. 9. 30. 인출.

______(2015). Rapporto annuale 2015: La situazione del Paese. http://www. istat. it/it/files/2015/05/Rapporto-Annuale-2015. pdf. 2016. 9. 30. 인출.

Leventi, C., Rastrigina, O., & Sutherland, H. (2016). The importance of income-tested benefits in good times and bad: Lessons from EU countries. Euromod Working Paper (No. EM2/16). https://www. econstor. eu/bitstream/10419/157933/1/856606227. pdf. 2016. 9. 30. 인출.

Marocco, M. (2016). Il Jobs Act: Analisi di una riscrittura del diritto del lavoro. In Canal, T. (Ed.) (2016). *L'Italia fra Jobs Act ed Europa 2020: Rapporto di Monitoraggio del Mercato del Lavoro 2015*. ISFOL: Roma. http://isfoloa. isfol. it/jspui/bitstream/123456789/1288/8/Rapporto%20di%20Monitoraggio%20del%20Mercato%20del%20lavoro_Capitolo%202. pdf. 2016. 9. 30. 인출.

Mkandawire, T. (2005), Targeting and universalism in poverty reduction (UNRISD Social Policy and Development Programme, Paper Number 23). http://citeseerx. ist. psu. edu/viewdoc/download?doi=10. 1. 1. 579. 9254&rep=rep1&type=pdf. 2016. 9. 30. 인출.

OECD (2014). Social expenditure update: Social spending is falling in some countries, but in many others it remains at historically high levels.

Etica e Economia (2016. 5. 4). Equità e spesa sociale. La proposta dell'IRS. http://www. eticaeconomia. it/equita-e-spesa-sociale-la-proposta-dellirs.

InGenere (2010. 6. 18). Per un assegno di maternità uguale per tutte. http://

www. ingenere. it/articoli/un-assegno-di-maternit-uguale-tutte. 2016. 9. 30. 인출.

Lavoce(2007. 5. 10). Chi lavora in famiglia. http://www. lavoce. info/archives/24255/chi-lavora-in-famiglia. 2016. 9. 30. 인출.

______(2008. 5. 16). E le donne restano a casa. http://www. lavoce. info/archives/24925/e-le-donne-restano-a-casa. 2016. 9. 30. 인출.

______(2016. 9. 2). I bambini non nascono sotto un Fertility day. http://www. lavoce. info/archives/42640/i-bambini-non-nascono-sotto-un-fertility-day. 2016. 9. 30. 인출.

Neodemos(2014. 11. 5). Bebè? Non troppo Bonus. http://www. neodemos. info/articoli/beb-non-troppo-bonus. 2016. 9. 30. 인출.

______(2014. 11. 12). Come può uno scoglio arginare il mare? La recessione delle nascite e gli effetti del bonus bebé. http://www. neodemos. info/pillole/come-pu-uno-scoglio-arginare-il-mare-la-recessione-delle-nascite-e-gli-effetti-del-bonus-beb. 2016. 9. 30. 인출.

11
공공부조제도

1. 머리말

통일 국가를 이룬 시점부터 지금까지 이탈리아의 빈곤 퇴치를 위한 복지정책의 가장 큰 특징은 바로 최저소득 측정법의 부재라고 단언할 수 있다.

이는 이탈리아 내 사회보장구조의 범주 설정과 사회급여 수급자의 선별 및 임의적 시스템에 영향을 미쳤다. 실제로, 한 개인이 사회보조금을 받을 대상이 되기 위해서는 제일 먼저 '보호' 계층 범주에 속해야 하며 또한 '자산조사' 과정을 통과하여야 한다. 빈곤 및 탈빈곤 대책 연구 전문가인 사라체노(Saraceno, 2004)는 "다른 EU 국가들과 달리 이탈리아에는 국가적 수준의 소득지원 조치가 없다. 설사 그것이 최소한의 기준에 국한된다 해도 연령, 성별, 거주지와 관계없이 모든 시민에게 동일한 소득지원 조치가 없다. 시민으로서의 지위가 전부다"라고 말했다.

그러나 최근 그릴로(Beppe Grillo)의 오성운동당(Movimento 5 Stelle)의 제안으로 '시민 기본소득' 도입 논의가 시작되었고, 이 제도가 이탈리아에도 필요한지를 따지는 정치논쟁이 화두로 떠오르고 있다. 이는 각 가정에 최저소득을 제공하는 일종의 중앙 지원 조치인 정부 차원의 제도를 뜻한다. 2016년 12월까지 총리였던 렌치(Matteo Renzi)가 속한 민주당은 시민기본소득이 수동적 보장제도로서 이탈리아 내 빈곤감소에 유의미한 영향을 끼치기에는 부적합하다고 보는 입장이다. 이들은 처음부터 기본소득의 도입에 강한 반대의사를 표명했다.

빈곤에 처한 사람을 위한 국가적 소득보장 조치의 부재, 그리고 최근 몇 년 사이 연속적으로 생겨난 관련법 및 방책에 근거한 '빈곤'이란 단어에 채택된 다양한 정의는 시민으로서 갖는 권리에 대하여 가난한 사람들 사이에 또 다른 불평등의 상황을 야기했다는 현실을 언급하지 않을 수 없다. 이탈리아에서는 시민권의 개념조차 동일하게 보이지 않는다. 먼저 국가적 측면에서 재정지원과 함께 어떠한 기준 및 표준, 권리, 최저수준을 정하지 않은 채, 빈민층 원조의 대부분을 지역적 차원으로 위임한 것은 한편으로 지역수준의 개혁을, 그리고 또 다른 한편으로는 자유재량권의 확대와 더불어 일반적 시민 자격의 약화를 가져왔다.

다음에서 이어질 내용에서 알 수 있듯이, 이러한 상황은 현물서비스 제공보다는 현금급여 전달에 집중된 이탈리아식 자원 재분배 형식에 의해 악화되었다. 또한 경제적 지원 실시로 인하여 수혜자에게 자신과 자신의 필요에 대해 비참한 이미지를 갖게 하였으며 적극적 사회참여와 재취업 형태로 임하는 개개인의 능력을 이끌어 내기 불리하게 만들었다. 렌치 정부가 최근 도입한 '출산수당'(Bonus Bebè)과 같은 새로운 빈곤 대비 조치나, 리보르노(Livorno) 시에서 오성운동당 및 노가린(Filippo Nogarin) 시장의 선정 가정 100호에 한해 일시적으로 기본소득(6개월간 100명에게 500유로의 수당을 제공) 지원 등 지역적 차원의 시도가 학술토론 및 사고의 개념을 다시 열고 있다.

이번 장에서는 이탈리아 내의 소득보장 및 빈곤 대비 주요 정책에 대하여 다양한 법률의 변화와 개정을 포함한 전반적 그림을 제공하고자 한다.

구체적으로는 1997년 오노프리(Onofri) 위원회 시기부터 도입된 동등화 경제수준 지표(Indicatore della Situazione Economica Equivalente: ISEE), 최저소득 시범사업(1998년 시험적 단계로 도입됨), 2000년 〈제 320법〉, 가장 최근의 정책 변화인 2001년 이탈리아 〈헌법〉 제 5장의 개정에 이르기까지 다룰 것이다. 전통적으로 실시된 사회정책을 포함하여 뚜렷한 방향성을 지닌 특징적인 정책들을 설명하고자 한다. 많은 어려움에도 불구하고 탈빈곤 실행정책들은 자신만의 위치와 유효한 기능을 찾고 있다.

2. 이탈리아의 빈곤 개요: 통계 및 정의

빈곤이란 주제는 이미 1951년부터 가난에 관한 의회조사와 같이 학술사업의 대상이었지만 큰 반향을 일으키지는 못했다(Braghin, 1978). 이 주제에서 중요한 자취를 남긴 이탈리아 최초의 연구는 사르펠론(Sarpellon, 1982)이 유럽연합 위원회(European Commission)의 위탁을 받아 작성한 것이다. 그는 빈곤을 "복합적인 사회적 관계를 지탱하는 여러 관계 네트워크의 일부로, 전반적인 사회적 동역학에 그 기원을 두고 있는 특별한 사회적 과정"이라고 정의하며 처음으로 언급했다. 사르펠론의 연구는 빈곤의 특정 문제에 주의를 기울이지 않고 오직 경제 문제에만 초점을 맞추고 있다.

이러한 경향은 이탈리아 복지개발이 빈곤 문제는 가장자리로 밀어 놓고 계층 간 사회격차란 주제를 중심으로 운영되기 때문이다. 이는 이탈리아의 다른 공공정책에서도 동일하게 찾아볼 수 있다. 이탈리아의 사회정책은 진정한 소외계층은 소홀히 한 채로 중산층과 노동계층에게만 특권을 부여하였다. 정치참여에서도 제외된 사람들의 특징 역시 빈곤이었다. 이를 처리하기 위해서 이탈리아 복지제도는 원조적 형태의 대안에 치중했지만 불평등이란 근본원인은 해결하지 못하고 다만 간신히 유지하는 수준에만 머물

렀다(Ranci, 2004).

사르펠론 이후 1980~1990년대에 이루어진 연구들은 빈곤을 그 나라의 사회·경제적 발전에 의해 발생하는 결과로 생각하는 관점에서 출발했다. '신(新) 빈곤'에 대한 정부의 관심〔1985년에 고리에리(Gorrieri)가 작성한 빈곤에 대한 첫 보고서가 정부위원회에 의해 발행됨〕과 동시에, 사회적 배제 및 소외 문제에 관한 국제적인 논쟁(Mingione, 1996)이 활발해지면서 '신빈곤'을 주제로 한 지역연구의 물결이 확산되었다.

1990년대에는 재정을 투자하던 이탈리아 사회정책의 배경이 분명히 변화했기 때문에 빈곤에 관해 다시 숙고해 보는 것이 중요하였다. 관련 연구(Mingione & Zajcziyk, 1992)에 의하면, 이른바 '신빈곤'의 바탕에는 첫째, 가족 구성의 변화(독신 및 노부부의 증가, 유자녀 가구의 감소), 둘째, 교육시스템과 노동시장 간의 격차(이는 복직을 위한 효과적 방법의 결여를 가져옴), 셋째, 복지정책의 잔여적 성격, 넷째, 증가하는 노동의 유연화 등 4가지 사회현상이 존재한다. 이탈리아의 사회·경제적 상황에 대해 아는 독자라면 분명 상기 연구가 최근 현상들을 정확히 예측했다는 사실에 놀랐을 것이다. '자녀가 있는 젊은 가정'을 위한 사회보장시스템의 부재와 불안정한 노동으로 대표되는 이탈리아의 복지제도는 '신빈곤'의 사회현상을 맞아 총체적 난국을 맞이하고 있다.

다른 말로, 1980년대에는 아직 드러나지 않았던 '신빈곤'이 지금 우리가 사는 이 시기에 갑자기 강하고 빠르게 부각된 것이다. 깨진 가정으로 인한 이혼여성, 어떠한 연고도 없는 니트족, 일정한 거주지가 없는 성인, 특히 늦은 나이에 직장을 잃어 재취업의 기회조차 없는 이들이 '신빈민층' 부류에 속한다. 상황의 변화는 이탈리아 내 빈곤 측정양식에도 영향을 끼쳐 일시적이거나 장기적인 관점으로 다각적 현상[1]의 요인 및 상황을 다 포용할

1) 최근에는 빈곤과 '사회적 배제' 개념 사이에 차이가 있다는 의견이 주를 이룬다. 빈곤은 사

수 있도록 양적으로뿐만 아니라 질적으로도 새로운 조사 전략을 도입하게 되었다. 일시적 관점의 채택은 빈곤에 대한 개념을 다양한 요인과 주관적인 경험이 어떠한 탈출구도 없이 악순환되면서 누적된 과정의 결과처럼 가볍게 여겼다는 것을 말해 준다. 이러한 개념은 대부분 강하게 낙인찍힌 보조적 특징으로 인해 '과중한' 개입의 필요성에 근거한 정책경향과 결부되어 있다. 반면에 시간이 지남에 따라 빈곤의 다양한 '경로'를 재건하는 것은 가장 심한 빈곤현상(현재 통계상 빈곤선 이하로 나오는 이탈리아 인구의 대다수와 관련)과 빈곤이 실생활에 지속적인 흔적을 남기게 되는 가장 만성적인 상황을 구별하도록 해준다.

2016년 이탈리아 내 빈곤현상에 대한 이탈리아 통계청(ISTAT) 보고서를 보면 계속해서 빈곤상황이 심각해지는 일반적 추세에 놓인 이탈리아 가정의 총체적 상황을 확인할 수 있다. 따라서 이를 저지할 수 있는 혁신적인 장치가 필요함을 알 수 있다. 이 보고서에는 두 개의 구별된 빈곤 측정과 관련하여 널리 사용되는 개념이 언급되어 있는데, 이를 주목할 필요가 있다. 이 개념은 절대빈곤 및 상대빈곤[2]으로, ISTAT에서 실시한 가구 소비지출에 관한 조사자료를 바탕으로 두 개의 다른 정의와 원리를 사용하여 분류된다.

2015년 절대빈곤 상태에 있는 가구 수는 158만 2천 가구였으며 개인은 459만 8천 명으로 추정된다. 이는 2005년 이후 가장 높은 수치이다. 최근 3년간 절대빈곤 상태인 가구 수는 통계수치상 큰 변화 없이 기본적으로 일

회복지에 필요한 물질적 조건뿐만 아니라 시민으로서 구성되고 재생산하는 데 필요한 사회 관련성 또한 박탈된 상태를 의미한다. 이런 관점에서 빈곤은 현대시민에게 있어 사회통합의 가장 큰 문제가 된다. 여기에 대한 더 자세한 정보는 관련 연구(Negri, 1990; Ranci, 2004)를 참조하라.

2) 절대빈곤은 '기본적인' 것으로 간주되는 재화를 이용할 수 없는 무능력한 상태를, 상대빈곤은 중산층의 생활을 유지할 능력이 부족한 상태를 의미한다. 매년 ISTAT에서 실시하는 이탈리아 내 빈곤현상에 대한 조사는 이 두 가지 개념을 기초로 이루어진다.

정한 수준을 유지(2015년 거주 가구의 6.1%, 2014년 5.7%, 2013년 6.3%)한 반면, 절대빈곤 상태인 개인의 수는 증가했다(2015년 거주 인구의 7.6%, 2014년 6.8%, 2013년 7.3%). 근래 나타나는 이러한 추세는, 특히 두 자녀를 둔 부부로 구성된 4인 가정(2014년 6.7%에서 2015년 9.5%로 증가, 이하 2014년과 2015년 비교)과 보통 대가족인 외국인 가정(23.4%에서 28.3%로 증가) 중에서 절대빈곤에 해당하는 상황이 증가했기 때문이다.

북부지역 내 절대빈곤 발생률은 가족(4.2%에서 5%로)과 개인(5.7%에서 6.7%로) 모두 증가했다. 특히, 외국인으로만 구성된 가족의 경우 이러한 현상이 더 뚜렷하게 나타났다(24%에서 32.1%로). 대도시 중앙지역에서 거주하는 가족(5.3%에서 7.2%로)과 45~54세 연령대의 개인을 포함한 가정(6%에서 7.5%로)에서도 악화될 징후가 보인다.

절대빈곤율은 관련인의 나이와 교육수준이 올라갈수록 감소한다. 구체적인 수치를 보면, 64세 이상의 개인으로 구성된 가구일 경우 절대빈곤율의 최소치는 4%이며, 고교졸업 이상 학위자의 빈곤 발생률은 초등교육만 받은 사람의 3분의 1에 해당한다.

직업이 있는 사람이 포함된 가구 중에서도 절대빈곤율도 증가(5.2%에서 6.1%로)하고 있다. 특히, 이 현상은 근로자계층에서 확연히 드러난다(9.7%에서 11.7%로). 경영인이나 간부 및 회사원(1.9%) 그리고 퇴직자(3.8%)의 가구일 경우에는 낮게 유지된다.

ISTAT 발행물에는 상대빈곤 규정도 포함되어 있다. 절대빈곤과 달리 상대빈곤은 지역의 평균적인 삶의 수준과 비교하여 가구의 빈곤을 측정하는 것이다. 통계청은 월 1,051유로 이하를 소비하는 2인 가족을 이 범주 안에 포함시킨다. 2인을 초과하는 가구의 경우에는 기준금액이 균등화 지수에 따라 재산정된다. 가구별 상대빈곤 수치는 일정하나 개인으로 계산할 경우 다소 증가했음을 알 수 있다(1년 이내에 12.9%에서 13.7%로 증가하는 추세). 절대빈곤의 경우와 마찬가지로 남부지역 및 대가족의 경우일수록 상대빈곤의 증가가 더 현저하게 나타난다.

이탈리아 내 빈곤의 분포와 관련해서도 이탈리아의 전형적인 남북 간 격차가 반영된다는 사실에 주목할 필요가 있다. 칼라브리아(Calabria), 시칠리아(Sicilia), 바실리카타(Basilicata) 그리고 몰리세(Molise)주에는 전국 평균 빈곤율의 두 배가 넘는, 10.4%에 해당하는 빈곤자가 존재하며 이는 몇몇 중부·북부 지역과 비교하면 4배 이상 높은 수치이다. 달리 표현하자면 남부의 일부 지역에서는 4명 중 1명이 빈곤자인 것이다. 토스카나, 롬바르디아, 에밀리아로마냐 그리고 베네토의 4개 주에서는 20명 중 1명이 빈곤층에 해당하는 것으로 나온다. 이러한 수치는 국가적 빈곤 대비를 위한 최근 조치를 관련 구역의 지역적 특수성과 연관 지어 적절히 적용하여야 함을 반영하고 있다.

빈곤상황은 서로 밀접한 상관관계를 지닌 다양한 원인에 의해 빠르게 증가했다. 극심한 빈곤 퇴치 활동기관이자 비영리조직인 '이탈리아 노숙자를 위한 기구 연합'의 사회정책 책임자인 코르테세(Cortese, 2012)는 2008년 금융위기가 사회적 배제의 메커니즘을 촉발했으며 이는 현재까지 이어지고 있다고 보았다. 그는 "우리는 현재 사회를 투자비용으로밖에 생각하지 않는 우리나라의 낮은 의식수준과 긴축정책 및 금융경제위기의 결과들을 겪고 있다"라고 설명했다.

코르테세는 단일 조치가 아니라 전략적 접근이 필요하다고 말했다. 빈곤에 대비하기 위해서는 견습이나 비정규직이 아닌 안정적인 일자리 창출이 필요하며 주택정책과 높은 임대료에 대한 지원정책이 있어야 한다는 것이다. 또한 학교 중퇴에 대해 조치를 취해야 하며 사회통합소득의 제정을 고려할 필요가 있다고 말했다. 그는 이 전략적 접근에 대해 "다른 말로 표현하자면 빈민층 또는 유사 빈곤층을 유발하는 메커니즘에 대한 조치가 필요한 것"이라고 설명했다. 또한 여기에 덧붙여 "우리는 상대적, 절대적, 극심 상태, 위험 상태, 물질손실(*material deprivation*) 등에 대해 말할 수 있지만, 정말 필요한 것은 빈곤을 전체적으로 바라보고 빈곤을 야기하는 근원에 영향을 미치는 것이다"라고 말했다.

3. 빈곤 대비 주요 지원정책

소득보장정책은 생계에 필요한 경제자원 부족에 처한 개인 또는 가족 지원을 목표로 하기 때문에 대체로 수동적 성향이 있다. 이는 문제의 원인을 제거하는 데 주목적을 두는 능동적 정책과는 반대된다. 능동적 정책의 예로, 장기적으로 가난의 원인이 되는 실업상태를 벗어나길 원하는 외국 이민자를 위한 구직지원정책이 있다.

이탈리아 소득보장정책의 일반적 개요를 소개하고 경제지원을 위한 지역정책에 대해 간단히 언급하기 위해, 먼저 국가적 차원의 정책에 특별한 주의를 기울여야 한다. 실제로 탈빈곤을 위한 국가 방책과 관련하여 중앙정부 개입 및 지침의 유기적 틀이 없기 때문에 몇몇 지방 정부는 최근 몇 년간 지역 내 원인을 규명하고 특별 프로젝트를 후원하였다.

빈곤과 사회적 배제, 그리고 소득보장정책 연구 전문가와 분석학자들은 이탈리아의 탈빈곤제도가 '복잡하고 단편적이며 불완전'하다는 사실에 모두 동의한다(Benassi, 2001; Boeri & Perotti, 2002; Eardley et al., 1996; Negri & Saraceno, 1996, Sacchi, 2005; Turcio, 2004). 각 필요에 다양한 해답을 제시하며 불평등을 해소해야 할 이 제도가 역설적으로 과거에는 또 다른 불평등을 야기했다. 구체적으로 사회보험급여와 공공부조 간의 불균형이 이탈리아 소득보장 정책시스템의 '이원적 특성'에 대해 이야기하도록 만들었다(Biolcati, 2006).

그러므로 기본 논리에 따라 공공부조적 형태의 대책과 사회보험적 대책을 구분하는 체계를 기준으로 주요 소득지원정책을 제시하는 것이 적절해

〈표 11-1〉 급여 및 수혜자 타입별 소득보장정책

구분	사회보험급여	공공부조급여
가족	가족수당	세 자녀 이상의 가족수당, 출산수당
노인	최저연금 보조금	사회수당, 사회연금
장애인	장애연금 INPS(Istituto Nazionale della Previdenza Sociale)	시민 장애연금, 보조수당
	거동 불구자를 위한 일반수당	간병급여

자료: Biolcati, 2006.

보인다. 사회보험적 형식의 대책에 개인이 가입할 가능성은 기본적으로 자신의 근무경력, 즉 기여경력에 의해 좌우된다.

앞으로 설명할 정책들에 대한 개괄적 항목을 보여 주는 〈표 11-1〉에 관하여, 사회보험(또는 사회보장) 급여가 경제적 보조기능을 전개하지만 근로기여와도 연결되어 있음을 정확히 할 필요가 있다. 보험적 특성과 사회보장적 특성이 '혼합된' 방식이 일반적이다. 반면 공공부조의 급여는 보험료와 어떠한 연관성도 없다.

〈표 11-1〉에 나오는 수혜자는 가족과 노인 및 장애인으로 구분되지만 어떤 경우의 수혜자는 여러 종류의 필요를 동시에 가질 수 있다. 따라서 하나의 제한적 범주 안에만 속하지 않는다.

이탈리아 재화지원 전경에서 유일하게 보편적인 측정방식, 즉 간병급여부터 설명해 보자. 여기에는 거동이 불편하거나 자기 자신을 돌볼 수 없어 지속적인 간병을 필요로 하는 개인 중, 한 달 이상 공공시설에서 무상으로 보호받지 못하는 사람이 해당된다. 급여의 지급은 요청자의 신체적 상황에 대한 의학적 진단에 의해 좌우되지만 평가를 받지는 않는다. 이것은 시간이 흐를수록 자급자족이 불가능한 노인을 위한 사회보장의 원천으로서 그 중요성이 더욱더 커지고 있다.

사회보험급여에서 가장 두드러지는 것은 다음과 같다.

- 가족수당: 소득조사 후 매달 지급되는 것으로 한 직장의 직원이거나 혹은 직원이었던 퇴직자 가정을 대상으로 한다. 지급금액은 가정의 규모와 비례하고 소득과는 반비례하여 결정된다.
- 최저연금 보조금: 최소 지정치(2003년 기준 약 5,227유로)에 도달하기까지 노동조건을 보완하기 위한, 보상성 연금 수혜자에게 해당하는 급여이다. 보조금 지급은 수혜 대상자의 과세소득(1994년 이후에 급여를 신청한 사람은 배우자의 과세소득도 포함)과 지원 자격요건 증명이 필요하다. 60세 이상의 연금 대상자는 연령별로 차등을 둔 급여인상('사회적 급여인상')이 적용된다.
- 장애연금 INPS(더 정확히 말하자면 장애연금과 일반 장애수당): 이 급여는 적어도 5년 이상(이 중 최소 3년이 최근 5년 이내에 포함되어야 함) 세금을 납부한 근로자에게 지급된다. 혜택 제공은 의료진단 후 결정된다. 일반 장애수당은 근로소득과 함께 누적되는 것으로 소득수준에 따라 변동되며 근로능력이 3분의 2 이상 현저한 감소를 보일 때 부여된다. 1984년에 채택된 개정법에는 좀더 엄격한 의료검진과 기간 검토가 추가되었다. 1998년부터 법안은 자영업자(기간제 근로자, 프로젝트 근무자, 방문판매 사원, 프리랜서)를 위하여 INPS와는 별도의 관리 신청자에게까지 확대되었다. 미혼의 연금 대상자에게 있어 소득한계선은 연 최소 설정금액의 두 배와 같다. 기혼 대상자를 위해서는 이중소득 한계선을 적용하며 개인소득 및 전체소득이 확인 대상이다. 부부소득의 합계는 연 최저설정 금액의 4배를 초과해서는 안 된다.

소득이 낮은 수혜자는 사회수당 금액까지 합쳐진 급여를 받는다.

공공부조 성격의 급여에 대해서는 이탈리아의 시스템 내 다음 항목들이 포함되어 있다.

- 시민 장애연금(더 정확히는 시민 장애연금 및 보조수당, 〈표 11-1〉 참조): 이 연금은 수혜자가 분담해야 하는 것은 아니며 사회보험 형태의 장애연금 수급을 위한 필요조건을 갖추지 못한 사람도 신청할 수 있다.
- 사회연금: 퇴직연금을 받을 수 있는 모든 조건을 충족하지 못한 65세 이상의 노인을 위한 최저소득 보장제도이다. 연금지급은 자산조사 후 결정된다.
- 사회수당: 1995년에 도입된 급여로 필요조건 부족으로 인해 퇴직연금 또는 기여제 노령연금을 받을 권리가 없는, 또는 평균 사회복지수당 미만의 연금을 받는 65세 이상의 노인을 대상으로 한다.[3] 이 또한 자산조사를 거쳐야 한다(과세 대상보다 더 광범위하게 규정). 신청자가 미혼인 경우 개인 자산에 그리고 기혼인 경우 본인과 배우자의 합산 자산에 실시하고 모두 자산조사를 통과하여야 한다.
- 세 명 이상의 자녀를 둔 가족수당(3자녀수당): 빈곤으로 인한 고위험 문제에 봉착한 수많은 가정 내 가난을 경감시키기 위한 수당이다. 〈1999년 예산법〉에 의해 도입된 것으로 세 명 또는 그 이상의 미성년 자녀를 둔 이탈리아 또는 EU 소속 가정에게 지급된다. 수당은 자산평가에 의해 결정되며 평가도구는 1998년에 도입된 ISEE이다. 이 지표에 대해서는 4에서 자세히 설명할 것이다.
- 출산수당: 이 또한 〈1999년 예산법〉에 의해 도입된 것으로, 보험성격의 출산보상금을 받지 못하는 이탈리아, EU 출신 또는 체류허가증이 있는 여성에게 지급된다. 급여의 기쁨을 누릴 수 있는 자격은 출산은 물론, 아동의 가정위탁이나 입양에 의해서도 주어진다. 수당지급은 ISEE에 의한 자산평가를 거쳐야 한다.

---

3) 새로운 지원자를 위해 1996년 1월 1일부터 사회복지 연금을 대체하였다.

확실한 것은 이러한 지급목록이 대부분 노인과 장애인, 더 정확히 말하자면 근로 불능자에게 해당한다는 것이다. 가장 나중에 도입된 두 수당을 제외하고 여기 나열된 급여에 관해 놀라운 점은 가정의 규모와 구성(예를 들어, 가족구성원 중 장애인 존재 여부)이 고려되지 않았다는 것이다. 장애인수당이 신청자의 소득에만 집중하는 반면, 최소 생계보조금과 연금 및 사회복지수당은 신청 당사자와 그 배우자의 모든 소득을 동등화하는 지수(*equivalence scale*)를 사용하지 않고 있는 그대로 고려하여 적용한다. 사회적 배제 조사위원회에 의하면 가족을 위한 수당에 있어 지원금액은 동등화 지수와는 어떠한 연관도 없이 가구별로, 그리고 자산별로 달라진다고 한다.

4. 새로운 공공부조: 이탈리아의 전망

앞서 2016년 통계청 보고서에 기재된 데이터 표는 학술적 및 정책적 영역에서의 연구 및 성찰을 통해 탈빈곤정책의 시스템을 개정해야 할 필요에 주의를 기울이도록 하였다. 최근 몇 년은 새로운 장치를 도입하며 새 방안을 실험할 기회의 시간이 되었으며 이는 시간경과에 따른 효과를 평가할 필요가 있었기 때문이다.

고리와 조반네티(Gori & Giovannetti, 2014)는 '빈곤의 정상성'을 저술하면서 2014년 수치를 2013년이 아닌 이탈리아 금융위기 바로 전해, 즉 2007년과 비교·강조하며, ISTAT의 최신 보고서에 정의된 바와 같이 '절대빈곤'의 안정화 유효에 대한 흥미로운 생각을 소개하였다. 절대빈곤층은 전체 3.1%에서 6.8%로 상승하였다. 즉, 불황 이전의 이탈리아와 비교했을 때에 빈곤자의 수는 배 이상으로 급증하였다. 게다가 세계대전 이후 최악의 경제위기는 가장 약자들에게 타격을 입혔다. 그 수가 크게 증가한 것 이외에도, 빈곤자는 상태가 더욱 악화된 사회의 일부를 대표한다.

오늘날의 빈곤은 여러 요인에 의해 좌우되는 좀더 복합적인 현상이다. 소득의 부재뿐만 아니라 기회에 대한 접근성, 다시 말해 경제 및 사회생활에 활발하게 참여할 가능성과도 밀접하게 연결되어 있다.

현재 국가 정책은 개입의 범위나 수단의 유형 등에서 더 넓은 범위의 다양한 임무 및 법안 발의에 초점을 맞추면서 사회적 통합을 지향하는 성격을 띠고 있다. 지금의 국가 정책과 관련하여 구체적으로 개인 및 가족소득을 지원하기 위한 전체적 조치 중, 특히 점차적으로 독립성을 획득할 수 있도록 실시되는 통합을 위한 중재는 이전과 차이를 만들 수 있을 것이다. 아울러, 드러나는 빈곤현상의 양적·질적 분석, 극심한 빈곤상황에 대한 연구, 적합한 개입양식의 정의 등은 또 다른 행동을 보여 준다.

렌치 정부는 인구의 가장 많은 부분을 차지하는 가족소득을 지지하기 위한 일부 개입조치는 물론, 빈곤상태의 핵가족을 위한 다양한 방식의 개입을 도입했다. 여기에는 소셜 카드(Social Card), 노동 근로자를 위한 80유로의 근로수당, 3세 이하 자녀를 둔 가정을 위한 출산수당(Bonus Bebè), 대가족수당 및 실업수당(ASDI)이 포함된다. 2016년에도 〈안정법〉에 의해 확정된 소셜 카드는 큰 지출비용의 부담이 있어 월말까지 생활이 불가능한 가족을 도와주기 위해 만들어졌다.

현재 패밀리 카드(Family Card, 세 자녀 이상 가정 신청 가능. 이는 일정 품목 및 공공서비스 또는 제휴업체 이용 시 할인혜택을 주는 도구) 외에 다른 두 종류의 소셜 카드가 있다. 2016년에 실시가 확정된 정규 소셜 카드(Social Card Ordinaria)와 36개월 이내에 실직했거나 근무 중이라도 연 소득이 4천유로 미만인 경우 신청 가능한 실직 소셜 카드(Social Card Disoccupati)가 여기에 해당하는데 후자의 경우 〈안정법〉에 의한 승인이 아직 이루어지지 않은 상태이다.

정규 소셜 카드는 식료품 및 위생품 구입과 공과금 지불 등에 사용할 수 있는 충전식 선불카드로 이탈리아 사회보장공단(INPS)에서 공급하는 월

40유로의 보조금을 제공한다. 이 도구는 제휴처에서 사용이 가능하다. 이 정규 소셜 카드는 핵가족 내 적어도 한 명이 65세 이상 또는 3세 이하의 구성원인 경우에 신청 가능하다.

2015년 기준으로 수혜자의 조건은 다음과 같다.

- 최소 65세 및 ISEE 기준 연 소득 6,795.38유로 이하(연금생활자 포함)
- 최소 70세 및 ISEE 기준 연 소득 9,060.51유로 이하(연금생활자 포함)
- 연 소득 6,795.38유로 이하이며, 3세 이하의 유아 가족원을 한 명 이상 포함하고 있는 핵가족
- 자동차(1,300cc 이하) 및 오토바이(250cc 이하)를 한 대 이하 소유
- ISEE 기준 자산총액이 1만 5천 유로를 초과하지 않으며, 한 채 이하의 주거용 부동산 또는 비주거용 부동산 소유

아동수당은 2015~2017년 사이에 태어난 자녀를 둔 핵가족을 대상으로 가족의 자산이 ISEE 기준 2천 5만 유로 이하일 경우 월 80유로를 지급한다. 만일 ISEE가 7천 유로 이하일 경우 수당 총액은 160유로로 배가 된다. 어떠한 경우든 지원금은 자녀 생후 36개월까지 지급된다. 최대 보급의 해인 2017년은 절대빈곤에 처한 가구의 평균소득이 2.6% 상승할 것이다. 이는 이탈리아를 강타한 특정 빈곤의 발생대상인 어린 자녀를 둔 가구를 위한 제도로, 제한된 시간 동안 한정적 대상을 지원한다. 2017년에는 빈곤가구의 최대 약 9%가 수혜를 입게 될 것이다.

대가족수당은 자녀양육에 유용한 제품 및 서비스 구매를 위한 바우처이다. 4자녀 이상을 두고 ISEE 기준 연간 소득이 8,500유로 이하인 가구에게 제공된다. 이 제도는 단일수당 형태의 지원으로 총 4,500만 유로가 할당되어 있다. 제한된 수혜자를 감안할 때 빈곤상태의 전체 인구에 대한 효과는 충분하지 못할 것이다.

실업수당은 새로운 실업수당(NASPI)을 수여받을 가능성이 없지만 여전히 무직 상태이고 빈곤상황에 처한 사람 중 일부에게 제공되는, 공공부조에 의한 급여이다. 마지막으로 제공된 NASPI 액수의 75%에 해당하는 금액을 받으며 어떠한 경우에도 사회수당을 초과할 수 없다. 실업수당은 최대 6개월까지 수급이 가능하며 이 수당을 받을 가능성은 자금 가용성에 따라 달라진다. 2015~2016년에 이 제도를 위해서 준비된 예산 할당액은 연 2억 유로이다.

또 다른 소득지원 조치 중, 적극적인 사회적 통합을 위한 지원(Sostegno per l'inclusione attiva: SIA)은 능동적인 탈빈곤제도로 일부 대도시에서 실험적으로 실시한 후 2016년부터는 전국으로 확대 실시되고 있다. SIA는 통합소득에 있어 몇 가지 본질적 내용을 예측하기 위해 완전히 재설계되었다. 이 제도는 탈빈곤을 위한 법안의 의회 심의와 후속 이행과정을 완수하기 위한 국가적 빈곤 대비 조치를 바로 시행하도록 하는 일종의 '교량 역할로서의 조치'라고 볼 수 있다.

이러한 조치들의 시행을 돕는 도구로 ISEE가 있으며 이는 2015년 1월부터 내용 및 절차에 있어 전면 개정되었다. ISEE는 사회적 통합 및 탈빈곤을 위한 개입이 올바르게 이루어지도록 시민의 요구에 가장 공정한 방식으로 응대하는 기능을 지니며, 다양한 성격의 급여(학교 급식, 보금자리, 요양시설 등)에 접근할 수 있도록 주 정부 및 지자체 그리고 기타 실행기관에서 관리하는 여러 원조의 기초 지표가 된다.

실제로 이탈리아에서는 빈곤 및 사회적 배제 대비 정책들이 여러 정부 차원(국가, 주 및 지역)에서 지도자 자리에 있는 여러 주체에 의해 추진 및 시행되고 있다. 이러한 측면은 필요의 판독뿐만 아니라 정책의 계획 및 평가가 용이하지 못하도록 한다. 시스템을 더 효과적으로 운영하기 위해서는 정책을 추진하는 주체 간에 각기 보유한 기존의 여러 정보를 통합하고 빈곤 및 사회적 배제 위험에 놓인 사람들의 인구통계학적 특성을 파악하는 소통이 필요하다.

이러한 관점에서 중앙 정부가 토스카나의 주 정부를 선두로 다른 지방 정부들과 실시한 빈곤 및 사회적 배제 극복을 위한 정책, 사회서비스 관련 정보시스템(SIP)을 구축한 실험 프로젝트는 의미가 크다 하겠다. SIP는 사회서비스 정보시스템(SISS) 구축 사업이란 좀더 광범위한 프로젝트의 일환이다. 〈제 328법〉에 의해 규정된 SISS는 한 가구에 제공되는 모든 급여를 확인 가능하도록 만들어 줌으로써 사회정책의 계획 및 모니터링, 관리를 향상시킬 것으로 예상된다.

'극심한 빈곤'에 관한 연구활동의 일환으로는 주요 도심지에서 실시한 조사, 이탈리아 내 심각한 성인 소외(*adult marginalization*) 대비 가이드라인의 규정에 실마리를 제공하는 노숙자 및 서비스에 대한 지도작업(*mapping*)이라는 국가 프로그램을 주목할 수 있다. 상기 조사는 2015년 12월에 채택되었으며 사회서비스정책의 통합적 전략모델의 채택을 지지하면서 노숙자 및 특정 장애가 있는 사람을 위한 유기적이고 구조적인 도움을 보장하는데 그 목적을 둔다.

마지막으로 EU의 협조금융 결속정책의 영향하에 관련 부처는 국가 정책들과 시너지 효과를 줄 두 종류의 빈곤 및 사회적 배제 대비 운영 프로그램을 2014~2020년 기간 동안 담당하게 되었다. 유럽 사회기금에 의해 공동출자된 사회적 통합 국가 운영 프로그램(PON)과 유럽 빈민원조기금이 운영하는 FEAD(Fund for European Aid to the Most Deprived) 프로그램이 이에 해당한다.

요컨대, 렌치 정부에 의해 가족수당(80유로의 지원금, 아동수당 등) 지원과 같은 중요한 경제정책 조치가 실현되었고 이와 동일한 의미를 지니는 다른 조치들도 발표되었다. 여기에 대한 예로는 2014년 〈안정법〉에 의해 제정된 TASI(Tassa sui Servizi Indivisibili, 일종의 지역자원시설세) 및 소득세의 감소 등을 들 수 있다. 그러나 빈곤가구의 소득에 이러한 조치들이 미치는 영향을 평가하는 것은 시기상조로 보인다.

5. 최저소득 시범사업

빈곤퇴치 역할을 담당하는 국가 시책, 특히 각 시책의 개별적 특성에 대한 설명을 살펴보면 이탈리아 내 연령이나 신체적 조건과 상관없이 모든 시민에게 해당되는 소득보장 관련 방책의 부재가 명백하게 드러난다.

이미 언급한 그런 종류의 정책은 과거에 남부를 중심으로 몇몇 지방에서 최저생계보조금(RMI) 이란 명칭으로 '실험'됐다. 1998~2000년 사이 39개 지방에서, 그 이후에는 306개 지방에서 실시되었다. 1998~2000년 사이에 이루어진 첫 번째 실험단계에서 약 2억 2천만 유로에 해당하는 보조금이 3만 4천 호 이상의 가구에게 지급되었다. 두 번째 단계는 여러 기복이 있었지만 정책적 관련성 측면에서 2002년에 마무리되었다고 볼 수 있다. 두 단계 모두 독립적 연구기관들에 의해 평가되었다. 첫 번째 실험단계에 대한 평가보고서는 예견된 바와는 다르게 공식적으로 발간되지 않았으며 그 평가결과에 대해서도 의회에 보고된 적이 없다.

RMI는 경제적 빈곤 및 사회적 배제 완화를 목표로, 자산증명 후 지급되는 재화적 요소와 함께 수혜자의 '활성화'(*activation*) 요소로 구성되었다. 재화적 요소는 동등화 경제수준 지표(ISEE) 를 통해 가족규모 및 구성에 따라 조정된, 일련의 계층 간 차이와 동일한 현물보조로서 한 수혜대상 가구가 1달 동안 사용할 수 있는 소득에 해당한다.[4] 여러 남부 지역에서 실시된 RMI 시범 사업의 실패에 대한 논의는 2003년 2월 복지에 관한 백서(Libro

---

4) '시범사업' 및 도구에 관한 자료와 결과에 대해서는 관련 논문(Calza Bini, Nicolas, & Turcio, 2003) 을 참조하라.

bianco sul welfare)에까지 이어졌는데 여기서도 물론 RMI에 대한 평가는 부정적이었다.

2003~2005년의 기간 중 2003년 7월에 나온 두 번째 '사회적 통합을 위한 국가적 행동계획'(Piano Nazionale di Azione per l'Inclusione Sociale)은 빈곤을 대비하는 목적으로 최후조치급여(Reddito di Ultima Istanza: RUI)의 도입을 제안하였다. 이 자료에서도 RMI의 경험을 "경제적 지원도구로서의 특성에 있어 사회적 재활방법의 계획 및 실현능력의 부족, 이탈리아 복지제도의 전형적 결함의 원인으로 지목되는 과도한 기능 등 문제의 연속"(Sacchi, 2005)이라 기술한 것을 알 수 있다. RMI 시범사업은 이 정책의 설계부터 집행, 그리고 재화적 요소의 도입에 있어서 정책이 지닌 많은 문제점을 드러나게 했다. 실제로, 시범사업의 목적이 바로 국가 전 지역을 대상으로 RMI의 일괄적용을 진행하기 이전에 보완되어야 할 결점 및 모순점을 찾아내는 것이었다. 결국 이 정책은 무산되었고 〈2004년 예산법〉에는 RUI의 도입이 규정되었다. "정부는 사회적 배제의 위험에 처한 가구 중, 그 구성원이 다른 어떤 종류의 개인 사회 안전망의 혜택도 받지 못하는 핵가족을 대상으로 실시되는 사회적 재통합 프로그램에 필요한 경제적 지원도구인 '최후조치급여'를 제정하는 지방 정부에 자금을 지원한다".

그러나 RUI의 짧은 역사는 2004년 말, 채택된 규정들에 대해 헌법재판소가 '사회복지급여의 기초수준에 포함된 수당이 아니기에 정부는 지방 정부 측과 결속된 협조금융(*cofinancing*)을 제공할 이유가 없다'는 헌법위배 판결을 내리면서 끝을 맺었다.

1) 시민 기본소득: 현 논점 및 전망

이탈리아 내 기본소득 도입은 오성운동당이 최근 제안한 계획 중 하나였다. 특히, 2016년 안정화계획에 관하여 EU 이사회가 "예산에 큰 영향을 미치지 않는 선에서 국가적 차원의, 활발한 사회적 통합 원리에 기초한 최저소득 보장체계"(Ministero dell'Economia e delle Finanze, 2016) 도입을 권고하였기에 지금까지 '뜨거운 쟁점'으로 다뤄지고 있다.

그렇기에 오성운동당 정책계획의 핵심적 제안, 즉 기본소득은 유럽 각료이사회에서 그 합법성을 찾은 것으로 보인다. 그 동기는 "이탈리아 내 빈곤수준은 심각한 상태이며 사회복지급여는 부족하고 단편적이기 때문이다"(Ministero dell'Economia e delle Finanze, 2016).

렌치 정부의 위임법안인 '빈곤법안'은 빈곤대책과 더불어 사회서비스, 중재시스템, 급여의 재정비와 관련된 규정을 포함한다. 이 법안의 승인을 놓고 의회에서 심의 중일 때 오성운동당은 자신들이 믿고 있는 기본소득의 아이디어와 빈곤법안의 취지 사이에 존재하는 명확한 차이점을 설명하며 이에 대한 반대 의사를 표명하였다. 그렇다면 오성운동당의 법안과 렌치 정부의 빈곤법안의 차이점은 무엇인가?

정부는 이 정책을 이탈리아 내 보편적인 빈곤대비책이라고 소개하는 반면, 오성운동당은 이를 베를루스코니 정부 시절 도입된 소셜 카드의 개정판으로 여기고 있다. 오성운동당에 따르면 기본소득과 의회에서 다반수의 승인을 얻은 법안의 첫 번째 차이점은 이 정책에 유입되는 총금액이다. 원래 법안의 예측액은 1,550만 유로가 아니라 1,700만 유로라 주장한다.

또 다른 차이점은 의회에서 승인된 정책 내에는 사회 및 근무 복귀에 관한 어떠한 절차도 언급되지 않았다는 사실에 있다. 오성운동당 관계자는 빈곤법안에 도입된 정책을 사회복지적 측면에서 평가했다. 이에 따르면 이 정책은 "우리나라가 당면한 빈곤 문제를 구조적으로 극복하지 못하고 도움이 필요한 사람 중 단지 소수에게 제한된 불충분한 지원정책"이며, "이탈리아에 필요한 개입은 모든 시민이 빈곤한 상황에서 벗어나 사회로 복귀할 수 있도록 돕는 지원정책"[5]으로 최대 약자에 해당되는 사람에게만 적용될 것이라고 보았다.

통합소득은 절대빈곤층으로 일상생활을 영위하는 데 필요한 수단을 조달할 능력이 없는 사람에게 주어지며, 빈곤법안에 월 기부금 관련 규정으로 포함되었다. 그러므로 통합소득은 이탈리아의 모든 시민에게 주어지는 보조금이 아니라 빈곤선 이하에서 생활하는 사람을 위한 경제지원금이다.

의회에서 통과된 빈곤법안은 아직 승인확정 단계이지만 공식화될 경우 일련의 경제적 어려움에 놓인 가구는 지원금 지급과 더불어 개별화된 복지 서비스의 활성화 또한 누릴 수 있다. SIA는 2016/2017년 신(新) 소셜 카드와 실업 소셜 카드의 시행과 함께 2016년 9월부터 실시되었다. 이 연구가 진행된 시점(2016년 10월)에서는 아직 상세한 요구조건 및 요청양식은 정해지지 않았으며 시행법령 제정을 기다리고 있다.

능동적 통합소득(Reddito di inclusione attiva: RIA)은 빈곤가구 지원을 위한 두 가지 조치를 실시하도록 되어 있다.

- 수혜자가 활발한 근로활동에 참여할 수 있도록 가족구성원 수에 따라 200~400유로의 금액을 지급하는 경제보조금
- 빈곤 탈피를 위해 200~600유로의 금액을 지급하는 소득지원금

기본소득을 받기 위한 요구조건은 아직 발표되지 않은 상태이다. 여기서는 수혜자의 조건사항에 대한 이해를 돕기 위해 풀리아(Puglia)의 주 정부가 2016년 시행한 기본소득 양식을 대신 참고하려고 한다. RIA 혜택의 수혜 조건은 다음과 같다.

- 이탈리아 시민, 체류 허가증을 소유한 외국인, 비 EU 시민

---

5) 그릴로의 홈페이지(www. beppegrillo. it)를 참조하라. 오성운동당에서 제안한 기본소득 관련 법안 1148조의 전문도 이곳에서 찾아볼 수 있다.

- ISEE 기준 연 소득 3천 유로 미만인 가족
- 미성년자, 장애인 또는 임신부가 포함된 가족

6. 맺음말

이번 장에서는 탈빈곤을 위한 이탈리아의 기존 정책들과 경제위기 이후 이탈리아 정치인에 의해 새롭게 제시된 조치들을 비교해 보았다. 이 분석의 목적은 상기 정책들의 효과를 평가하는 데에 있지 않다. 지금까지 시행된 빈곤 대비 정책들의 효율성 감소에 관한 경각심을 심어 주고 이탈리아 내 존재하는 빈곤 문제의 심각성과 관련하여 정책들의 특성을 살펴보는 데 목적이 있다. 지역의 실제 필요를 바탕으로 하고, 통합적인 방식의 사회결속과 지역발전을 돕는 정책을 만들기 위해서는 이탈리아 경제보호 관련 정책이라는 좀더 광범위한 체계 내에 최저소득 범주를 넘어서는 대책이 필요할 것이다.

이탈리아가 경제위기를 극복한 이 시점에서는 다른 나라에서 이루어지는 것처럼 일반조세 부담으로 운영되는 공공부조 형태의 개입과 기존 사회보험 형태의 개입을 규정하는 소득보장제도를 구체적으로 시도해 볼 필요가 있다. 과거의 수당들은 급한 불만 끄자는 식이었기 때문에 문제를 해결하지 못했다. 이제까지 지원에서 제외되었던 근로자에게 규정 외 급여보조기금을 확장하고 각 지방별 자원부족상황과 단편화, 그리고 자유재량에 의해 특징지어진 소득보조형식(예: 소셜 카드)을 규정하는 데 그쳤다. 임금 및 사회 내 불평등과 신빈곤의 확대를 방지하기 위해서는 전통적으로 분리되어 왔던 정책 분야 간의 통합이 불가피할 것으로 보인다.

■ 참고문헌

해외 문헌

Benassi, D. (2001). *Le Politiche Nazionali Contro la Povertà in Italia.* Roma: Commissione d'indagine sull'esclusione sociale.

Biolcati, R. F. (2006). *Povertà, Teoria, Tempo.* Milano: Angeli.

Boeri, T., & Perotti, R. (2002). *Meno Pensioni, Più Welfare.* Bologna: Il Mulino.

Braghin, P. (Ed.) (1978). *Inchiesta Sulla Miseria in Italia (1951~1952).* Torino: Einaudi.

Calza Bini, P., Nicolais, O., & Turcio, S. (Ed.) (2003). *Reddito Minimo di Inserimento: Che Fare?.* Roma: Donzelli.

Cortese, C. (2012). *Scenari e Pratiche Dell'Housing First: Una Nuova via Dell'Accoglienza per la Grave Emarginazione Adulta in Italia.* Milano: Franco Angeli.

De Vincenti, C. (2004). Sostegno alle responsabilità familiari e contrasto alla povertà: Ipotesi di riforma - II. *Rivista delle Politiche Sociali,* 2, 167~180.

Eardley, T., Bradshaw, J., & Ditch, J (1996). *Social Assistance in OECD Countries (Volume II: Country Reports).* London: HMSO.

Gori, C., & Giovannetti, M. (Eds.) (2014). *La Pratica del Welfare Locale: L'Evoluzione Degli Interventi e le Sfide Per i Comuni.* Milano: Maggioli Editore.

Mesini, D., (2009). Le politiche e gli interventi regionali di contrasto alla povertà. *Prospettive Sociali e Sanitarie,* 6-7, 15.

Mingione, E. (Ed.) (1996). *Urban Poverty and the Underclass: A Reader.* Oxford: Blackwell.

Mingione, E., & Zajczyk, F. (1992). Le nuove povertà urbane in Italia: modelli di percorsi a rischio nell'area metropolitana milanese. *Inchiesta, 97-98,* 63~79.

Negri, N. (Ed.) (1990). *Povertà in Europa e Trasformazione dello Stato Sociale.* Milano: Angeli.

Negri, N., & Saraceno, C. (1996). *Le Politiche Contro la Povertà in Italia.* Bologna: Il Mulino.

Ranci, C. (2004). *Politica Sociale: Bisogni Sociali e Politiche di Welfare.* Bologna: Il Mulino.

Saraceno, C. (Ed.) (2002). *Social Assistance Dynamics in Europe: National and Local Poverty Regimes.* Bristol: The Policy Press.

______(2004). Introduzione: L'analisi delle dinamiche dell'assistenza economica. In Saraceno, C. (Ed.) (2004). *Le Dinamiche Assistenziali in Europa: Sistemi Nazionali e Locali di Contrasto alla Povertà*. Bologna: Il Mulino. 36~37.

Sarpellon, G. (1982). *La Povertà in Italia*. Milano: Angeli.

Turcio, S. (2004). La politica dell'assistenza. In Pugliese, E. (Ed.) (2004). *Lo stato sociale in Italia: Un Decennio di Riforme (Report IRPPS-CNR 2003~2004)*. Roma: Donzelli.

기타 자료

Ministero dell'Economia e delle Finanze (2016). Documento di economia e Finanza 2016 sezione i programma di stabilità dell'Italia.

Sacchi, S. (2005). Reddito minimo e politiche di contrasto alla povertà in Italia. Working Paper, URGE 1/2005.

www. beppegrillo. it.

제 3 부 의료보장 및 사회서비스

12 보건의료제도

1. 머리말

이탈리아는 1978년부터 건강보호를 개인의 기본권리로 인식하고(단체의 이익뿐만 아니라) 개인 또는 사회적 조건에 따른 차별 없이 전 시민의 평등을 확실시하는 방식에 따라 모든 국민에게 예방은 물론, 치료 및 재활계획에 관련된 폭넓은 서비스 및 수당을 보장하는 보건의료제도를 〈제 833법〉과 함께 갖추게 되었다.

이 제도를 제정한 지 약 40여 년이 지났으나 이탈리아의 의료서비스는 기본적 특성이라 할 수 있는 보편성의 목적을 달성하지 못한 것으로 보인다. 기존 범주 및 세분된 보호 양식의 잔재로 말미암아 문제가 드러났던 도입 초기 시기가 지난 후, 1990년대 및 2000년대의 개혁은 평등 의료보호의 관점에서 큰 영향을 끼치며 보건서비스의 경제효율성과 시행 및 거버넌스에 있어 지역적 격차를 확대했다. 다음 내용에서 1978년 법령 제정까지 이탈리아 보건민주화의 과정이 길어진 요인을 확인하고, 그 이후 제도의 온전한 시행을 방해하는 요소들을 알아보고자 한다.

2. 기원

1800년대 말 이탈리아에서 건강 문제는 초기 산업화 및 도시화의 시작과 함께 수반되었으며, 편향되고 통제된 응급의료의 성격을 띠었다. 그러나 공적 개입방식은 부르주아계층 내에서 국가가 독일이나 영국의 사회정책 노선을 따라가길 원했던 검소한 계몽층을 상대하는 동시에 보수주의적 성향이 강한 집권세력에게도 받아들여져야만 했다.

자유주의 정부는 국민의 필요에 관한 권리-의무를 인지한 의료정책시스템을 설정하는 데 오랜 시간을 투자했다. 그리고 시민 생존을 보장하기 위해 모든 사회연대 형태에 따른 잔여적 복지모델을 정하기에 이르렀다. 여기에는 자연적 또는 사회적으로 부여된 집단인 가족을 비롯하여, 기업 차원에서의 종교적 온정주의, 조합의 연합주의, 직장 내 상호 자동원조 등이 포함되었다. 동시에 전통적으로 시 공영 진료소에서 관리했던 빈곤자 지원방식을 지자체 법규에 따라 의무적으로 수행하며 확대 및 합리화할 수 있을 것으로 판단했다. 이에 따라 전국 및 도시의 위생보호에 협력할 의무를 부여하기 위해 새로운 전문 인력(보건 관리자) 및 관리기구가 제정되었다. 자유주의 정부는 시민에게 허용된 자유의 정도는 매우 미약하지만 최대의 우선권을 부여하는 제도를 활용했다. 이를 통해 최소한의 도움을 빈곤자 및 병자에게 제공했으며 기존의 또는 새로운 사회질병에 의해 위협받는 국가 안전을 보호할 의무를 졌다(Vicarelli, 1997a, 1997b).

이 관점에서 1900년대 초기에 채택된 주요 법률도 여전히 국민(그중에서도 남부 지역민) 삶의 환경에 대한 전반적 개선에 기여하는 사회투자의 형태를 이어받았고, 따라서 당시 정부도 실질적 혁신을 가져오지는 못하였다. 생명보험 운용에 대한 독점권을 갖는 국민보험공단(Istituto Nazionale Assicurazioni: INA) 설립에도 동일한 문제가 발생했다. 이는 의회의 졸리티(Giovanni Giolitti) 총리가 국가 사회보험제도를 이을 수 있는, 이탈리아 금융 및 정치적 환경에 신용청산 관련 공공기구를 설정하지 못하는 것으로 이어졌다. 이를 대신하기 위해 1907년 발생한 말라리아 관련 법규, 1910년 의사협회 설립, 여성 및 아동 고용 제한 및 국가 출산기금 설립을 규정하는 법규, 그리고 마지막으로 매춘 관련 규정 등이 정비됐다. 이는 공공단체를 보호하고 성장 추세인 산업화로 인해 계속해서 제조업에 종사하게 된 국민에게 최소한의 보장을 제공하기 위함이었다.

상기 사항들과 더불어 1922년 출범한 파시스트 정권이 결핵 및 직업병에 대한 보험을 의무화하면서 합리적 수준까지 상호 부조 기구를 증가시켰고, 병원 복합단지를 체계화하였으며, 모자보건을 위한 보편적 성격의 기관들을 설립하며 이탈리아에 진정한 첫 사회보건정책의 집합체를 제공하였음을 자랑하는 것은 놀라운 일이 아니다. 그러나 보건위생 내 새로운 중재 모형은 기본적으로 피보험자의 직업 종류와 밀접한 관련이 있는 의료보험 범주화였으며 건강을 위한 서비스 생산에 있어 가족의 혁신적인 관여와 관련되었다는 특징이 있었다. 즉, 이는 전반적인 정치 및 시민 자유의 억압 풍조에서 중산층 및 근로자계급의 사회통합 기능이 시장과 가족공동체에 위임되면서 형성된 조합 및 가정복지시스템이었음을 나타낸다. '실제 관심과 제도의 분리'라는 문제에 있어 단일 정당의 통일된 존재가 파시즘체제에서 만든 모든 보호 및 지원방식이 진행되도록 하는 균형추 역할을 하였을 것이다(Vicarelli, 1997a, 1997b).

자유주의 국가가 된 이탈리아에서 해결되지 않은 사회 문제와 20년의 파시스트 정권에서 생겨난 특수성은 역사가 공화국 설립으로 이어지도록 인도한 주요 원인 중 하나를 형성했다. 1948년에 들어선 이탈리아 공화국은 보건 영역에 있어서 과거와의 단절보다는 오히려 연속성의 노선을 선택했다. 영국에서 실행되었던 것과 유사한 형태의 개혁안들이 실패하면서 범주별 상호부조제도를 수정하지 않기로 결정하고, 다만 이탈리아 전 국민에게 점진적으로 확장하기로 한다. 실제로 일반적인 관심사를 포함하지 못하는 무수한 범주(*category*) 안에서 해체된 사회조직 위에 정부가 제시한 잔여적인 복지 및 조합형식의 복지 프로젝트를 연장 및 재적응하기로 결정하였는데, 이는 "상호적으로 실행되나 때로는 특정 이익을 달성하기 위한 소모적인 대결형식"을 띠기도 한다(Preti, 1987: 160).

그렇기에 이탈리아 국민 입장에서는 당연히, 국가의 취약한 관리과정 앞에서 새로운 위생 및 보건의 필요를 충족시킬 의무가 있는 전통적 사회안전제도(가족, 친족, 지역사회, 전문적 범주)에 다시 한 번 지속적인 개선이 있어야 했다. 궁극적으로 파시스트 정부의 자취 위에서 공화 정부는 더 이상 빈곤자와 병자의 보호자 역할에만 머무르지 않고, 보장된 직업을 가진 이들의 시민권에 기반을 둔 상호보조시스템을 통해 신(新) 사회안정방식을 운영할 보증자적 위치에 있었다. 사실, 이 시기에 자주 고발되는 의료보험 및 사회급여 내 불평등과 기관의 세분화(*fragmentation*), 치료절차의 중복성, 인력자원 및 재정적 낭비 등은 보건을 거대한 고용창출의 저장소이자 비밀자금 조성수단, 사회적 합의의 도구로서 여기는 입법조치의 결과가 아닐 수 없다.

이는 국민의 요구에 근접하고 아래에서 통제하기 쉬운 지방분권적 공공구조 내에서 모두를 위한 의료보건 모형 요청을 전개하던 1960, 1970년대의 유사방식과는 반대된다. 위 요청은 새로운 의료제도 운영이 필요한 자치 시 및 주(州)의 새 행정적 역할의 정의와 관련이 있다. 따라서 1978년 국가 의료서비스 제정(〈제 833법〉)과 더불어 보건 관련 권리의 정당화 양식이 부상했다. 이는 정부가 다양한 지리적 범위별로 재정을 지원하고 이에 참여하는 의료기관을 관리하는, 보편적이고 제도적인 복지 형태로 장려되고 제공되었다(Vicarelli, 2010). 그런 의미에서 이전의 경우처럼 환자 또는 이용자 입장이 아닌 전문적, 관계적 및 조직적 품질계획에 더 적합한 사회급여에 초점을 둔 고객의 입장에서 의료서비스를 접할 수 있는 권리와 의무가 모든 시민에게 인식되었다(Vicarelli, 2016).

3. 1990년대 및 2000년대의 개혁

이탈리아 국가의료서비스(SSN)의 뒤늦은 제정은 국제적 차원에서 공공정책의 강력한 재조정 및 변화 시기와 일치하면서 그 시행에 있어 적지 않은 문제를 야기했다. 1980년대 초부터 유럽 내에서는 전통적인 상의하달식 정책기준에 따라 처음부터 비용억제(본인 부담 및 상한제를 통한 비용축소)를 지향하는 의료보건비용 긴축정책을 펼쳤다. 다시 말해, 사전 설정된 예산으로 관리된 경쟁(*managed competition*) 방식을 시행하고 다른 한편으로는 건강보호에 최대효율을 보장하기 위해 관리된 협력(*managed cooperation*)을 실현하는, 여러 자금조달 및 관리 주체의 기능을 규정하는 상향식 규제 형태를 띠었다. 이러한 프로세스 내에서 이탈리아도 넓은 의미에서는 다른 많은 유럽 국가의 경우와 비슷한 경로를 따라, 비록 전국적 수준은 아닌 지방 차원에 국한될지라도 새로운 제도적 중앙집권제 형태를 취하였다.

〈제 833법〉 시행 직후 조건들이 변경되었고 SSN의 이행 및 상황별 변화 형식은 이 새로운 조건에 부합해야 했다. 즉, 힘들게 시스템 내부조직 및 제도적 통합을 이루는 동안 1980년대의 새로운 정치 및 경제형식과는 더더욱 무관한 상태가 되어 갔다. 구체적으로 나라의 생산 혁신과정을 이끌고 있는 중산층 및 중상층(*upper middle class*)은 공공안전의 감소 또는 적어도 높은 유연성을 예측했다. 그렇게 함으로써 추가비용 없이 지금까지 누렸던 공공안전에 의해 부과된 제약에서 벗어나면서 사회 및 경제쇠퇴에 대처할 수 있기를 바라는 전통적인 자유부르주아계급(상인, 소규모 수공업자)의 필요에 부합한다. 반면, 교사와 공무원 및 사무근로직, 의료종사자, 기술자 및 정규직 근로자는 보건비용 삭감을 시행하고 시민 본인 부담방식(급여 및 의약품비 관련 본인 부담 티켓제도)을 도입하면서 복지국가로의 향상을 강조하고 이를 위한 뿌리 깊은 혁신을 요구하며 상류층 및 자유부르주아계층의 상기 조정에 반대했다. 이는 1980년대 내내 나라를 이끌어 간 모든 중도우파 정부에 의해 광범위하게 시행되었다.

1990년대 초 새로운 지배계층이 희망한, SSN 관련법 재검토를 위한 기나긴 시도 끝에 나온 결과가 바로 〈제 502법령〉(1992년 12월 공포)이다. 이 법률은 이탈리아에 명확한 관리된 경쟁(*managed competition*) 방식을 도입하는 데 대한 규정으로, 민간의료보험 가입을 원하는 사람에 한하여 국가의료서비스(SSN)에서 탈퇴할 가능성 또한 규정하였다.

그러나 1993년 2월에 보건 분야에서 발생한 부정부패를 시작으로 나라 전체에 대대적인 제도적 해체를 동반한 일종의 스캔들이 터진다. 이로 인해 아주 짧은 시간에 이탈리아 보건당국의 모든 간부가 교체되고 그 당시 집권당이었던 중도우파 정당들(천주교민주당, 사회당, 자유당)이 해산되었다. 이러한 당시 상황에서 야당 대표들이 새로운 정부에게 〈제 502법령〉의 주요 개정, 특히 9조의 "분화된 지원방식"을 "SSN에서 제공하는 보험과 비교하여 추가 급여를 지급하기 위한 보조방식"으로 개정 삽입하는 것에 대한 승인을 촉구한 것은 당연한 일이었다(〈제 517법령〉). 이는 관리된 경쟁이 SSN의 기업화 및 지역화와 함께 모두에게 수용된 반면, 공공보험에서의 철회 옵션이 취소됨을 의미했다.

그러나 1978년처럼 제 517호 시행 직후의 기간은 새로운 정당과 이익 연합의 제안 때문에 제도상의 혼란이 가중된 시기였다. 예를 들어 북부동맹(Lega Nord)은 SSN 등록의무 폐지를 주장하였다. 중도우파 연합동맹인 자유인민당(Polo delle Libertà)은 "그 기능과 책임 부분을 완전히 경감시킨, 이로 말미암아 비용도 절감되는 사회 국가"를 제안(Ferrera, 1986: 7)하였고 중도좌파를 대표하는 올리브 동맹(Ulivo)은 다양한 유형의 공급업자 사이에서 시민 보건수당 패키지와 비용의 안정화, 연방조직, 그리고 관리 및 통제 가능한 경쟁체제의 완전한 구현 등의 기조를 이루는 합리화에 집중하였다. 사실 〈제 502법령〉 및 〈제 517법령〉의 시행을 방해하는 여러 요인에는 지방법률 제정의 지연과 선택의 어려움, 새로운 보건소를 운영해야 하는 관리자(*general director*) 임명, 명확한 설명 및 효과적인 시행을 기다리는 관련 분야 종사자 신분에 대한 불완전한 정의 등이 포함된다.

1996년 들어선 중도좌파 연립정부는 이러한 상황에서 의료보건 분야에 3가지 단계에 걸친 중재계획을 제시하였다. 단기간의 첫 번째 단계는 사회비용 및 보건비용을 비생산적인 것처럼 여기는 문화에 대항하는 것이다. 〈1996년 예산법〉, 〈1997년 예산법〉은 최초로 티켓(*ticket*) 또는 비용 삭감을 규정하지 않고 대신 공무원의 강한 책임의식을 제기하였다. 두 번째 단계는 공공투자의 새로운 시대를 시작하고 국민보건종합계획 중에서 공공보건 운영에 필요한 지원도구의 실행을 목표로 한다. 가장 구조적인 특성을 지닌 세 번째 계획은 〈제 502법령〉 및 〈제 517법령〉의 변화에 대한 것으로, 관리된 협력(*managed cooperation*)에 기반을 두는 규제방식(1999년 〈제 229법령〉)을 실현하기 위함이다. 합리화 및 경제성의 목적에서 벗어나지 않는 선에서 건강 관련 시행조치를 조정 및 보완하기 위해 소환된 모든 관련자에게 최대한의 권리를 부여하여 효율성, 공정성 및 인간화(*humanization*) 연구를 진행하고자 하였다.

이러한 목적으로 제정된 〈제 229법〉은 일반의와의 협력관계 원칙을 재정립한다. 이를 통해 의사협회를 조성하고, 전문 프리랜서의 상호 간 협력과 보건소와의 협력을 위해 유용성을 촉진하며, 보건 및 비용 억제라는 목적을 공유한다. 또한 경영 시도, 자산, 회계사무에도 개입하며 공공구조 강화작업을 진행한다. 공공서비스에 종속된 의사와의 관계를 재정의하며 민간 및 경쟁 분야에서의 활동에 제한을 두고 공공 분야 내 업무를 지원한다(경제적 인센티브 지급 및 승진). 합병 또는 기업화가 가능한 병원의 모든 시스템을 전체적으로 재구성할 수 있도록 지방 정부에 권한을 준다. 통합 의료보험방식, 다시 말해서 SSN에서 보장하는 사항과 대체되지 않는 추가적 보조금 제공을 위한 형식을 제정한다.

다른 표현으로 상기 개혁과정 책임자인 보건부 빈디(Rosy Bindi) 장관은

1990년대 초반 법률에 따라 시행된, 관리방향으로 바뀐 정책방향의 희생을 제거해야 할 방해물이 아니라 수정이 필요한 사항으로 보았다. 그는 "조직 간(*interinstitutional*) 건강보호정책"적 특징을 더 많이 수용하는 보건정책의 모든 시행자의 책임 위에 연합 및 협력관계가 형성될 것으로 예상하였다(Stefanini, 2000: 79).

이 규정들은 복지제도의 보호 아래 있는 중산층이 기타 사회적 영향력 중 강한 영향력을 지니고 있으며 그들을 대표하는 중도좌파 연합 정부 입장에서는 필연적 사항들을 획득하였음을 보여 준다. 그러나 반대 세력의 강한 정치적 영향력으로 좁아진 승리의 여유, 중산층 및 민간의료보험의 광범위한 이해관계, 주 정부 및 자치 정부의 주인공이 되고픈 의지, 자발적 단체(*voluntary associations*)의 인식 문제, 시민들의 잠재 불만 등은 더욱 더 복잡한 그림을 만들고 있다. 더불어 2000년 4월 16일에 치러진 지방선거 후 맞이한 정부의 위기는 빈디 장관의 교체라는 결과로 이어졌는데, 중산층과 반대되는 입장을 펴면서 중산층 표의 이탈 및 지지율 하락에 원인을 제공하였다는 비난을 받았기 때문이다.

정해진 기한(2001년 봄) 내에 입법활동 임무를 마무리해야 했던 새로운 총리 아마토(Giuliano Amato)는 국정운영을 통해 의료 분야에도 강력한 반향을 일으켰다. 새 국무총리가 암 전문의인 베로네시(Umberto Veronesi)에게 보건복지부를 위임하려는 동안, 이미 의회에서는 관리된 경쟁(*managed competition*)의 재활성화와 의료서비스 연합조직의 빠른 출범에 관해 논의하였다. 2001년 5월에는 선거를 통해 베를루스코니(Silvio Berlusconi)가 이끄는 중도우파 연맹이 집권하면서 정부활동을 다음과 같이 규정하였다.

- 최대한의 재정 및 운영 자치권을 지방 정부에 부여하여 의료제도의 권한을 이양
- 티켓제도의 재도입과 함께 의료비용 조정

- 〈제 229법〉에 의한 전문 프리랜서 작업에 부과된 제약조건 폐지와 더불어 의사 역할 강화

이러한 목표들은 베를루스코니 정부가 중도좌파 정당들이 제정한 법률이 정한 모든 규정을 동결하는 한편, 이탈리아 보건제도에 부여하기 원하는 변화를 우의적으로 보여 준다.

2001년 10월 18일 이탈리아에서는 기나긴 제정 과정 후에 1990년대 초의 법령(〈제 502법령〉 및 〈제 517법령〉)으로 이미 시행된 SSN의 지방분권화 절차를 강조한 〈헌법〉 개정(〈헌법〉 3조)이 공포되었다. 〈제 117법〉의 새로운 제정은 정부의 독점 경쟁상황에 보편적인 의료보호를 보장하는 기초지원수준(LEA)을 설정하면서 보건과 관련하여 지방의 경쟁력을 확대시켰다. 〈제 119법〉은 지방 정부의 재정자율성(수입 및 지출 자치권)을 보장하는 법률로, 전 지역에 동일한 수준의 서비스 공급이 이루어지도록 하기 위해 평등기금을 제정했다. 그런 의미에서 이 시대 의료정책〔신 지방 중심주의(*neo regional centralism*)〕의 진정한 주인공이 된 지방 정부의 선택은 언제나 합리성 및 합의, 민간기관 포용 및 통제, 사회격차 조정 및 수용, 탈병원화(*dehospitalization*), 지역활동 증진 등에 목적을 두고 이루어진다. 이 기준들은 진정한 의료 및 복지정책을 따르기보다는 경제 및 근로시장정책과 더 일치하는 경향이 자주 있는데, 특히 이탈리아 남부에서 그렇다.

이러한 상황에서 2001년부터 2008년 5월까지 이탈리아는 경제부처 산하에 있던 의료 분야에 있어 열악한 관리 시기를 경험한다. 남부를 필두로 수많은 지방의 의료서비스가 취소되는 심각한 금융상황에 이르자 경제부는 지방예산에 대한 모니터링을 명령하고 경비 억제 및 의료서비스 재정비 정책을 의무적으로 실시하도록 하였다. 그러나 지방 재정자율성 보장 실패, 지방 후원정책의 비중 증가, 지역 의료서비스 행위 평가에 필요한 데이터의 구조적 부족 등의 원인 때문에 상기한 과정대로 실행하는 데 큰 어

려움을 겪었다. 이 시기에는 지방 의료서비스청(Agenzia nazionale per i servizi sanitari regionali: AGE. NA. S)에서도 다른 유럽지역에 존재하는 관리기구들과 동일하게 의료제도 평가를 위한 독립기관의 역할을 담당하지 못했다.

2008년 금융위기 초반은 베를루스코니가 이끄는 마지막 중도우파 정부의 출범과 겹친 시기로 이들은 계속해서 건강부 측에서의 제한적 관리와 지역 차원에서의 폭넓은 조직개편 형태(기능 면에서의 차이점을 부각)를 제안하였다. 중도우파 정부는 2011년에 들어서야 비로소 보건 분야에 직접 개입하기로 결정하며 2년 동안의 예산을 75억 유로로 삭감한다. 삭감의 대부분은 경비 면에서 최대한 시민의 참여(*ticket*)를 이끌어 낼 가능성과 더불어, 의약품비와 의료기기 그리고 일반적인 재화 및 서비스 면에서 진행됐다. 그러나 2011년 한 해 동안 이탈리아 경제는 추락하고 국가적 위기에 해당하는 심각한 상황이 닥치면서 베를루스코니는 11월 16일 사임하기에 이른다.

그 뒤를 이은 정부는 의료제도에서 재정, 병원 네트워크, 1차 진료 및 의약품 지원의 4가지 기본적 측면에 대해 다음과 같이 개입했다(Dirindin, 2012). 첫 번째로 베를루스코니 정부에 의해 이미 제정된 비용억제의 목표에서 그치지 않고 상당한 금액의 지출억제정책 규정이 추가됐다. 두 번째는 즉각적 실행은 불가능하겠지만 병원 네트워크의 재조성 가설 아래 2012년 〈제 95법령〉 제정과 함께 병상 수의 지대한 감소(2016년 인구 천 명당 병상 수 3.7 — 2012년 1월 대비 약 7,400개 감소) 그리고 입원율의 감소(2016년 인구 천 명당 160명 입원 — 2010년 평균 175명)에 대한 것이다. 세 번째는 하루 종일 모두에게 열린 1차 진료시설의 탄생에 대한 것으로, 국가와 일반의 사이에 체결한 협약 갱신에 따라 확실하게 이행된다. 마지막 네 번째 개입은 의약품 가이드북 및 지역보건의(GP) 처방방식을 재검토하는 등 다양한 장치를 통한 의약품비의 총체적 감소를 위한 계획이다.

전체적으로 보건 관련 주요 문제(병원 및 기초 약품)를 고용의 및 일반의와의 교섭 뒤로 미루는 동안, 적어도 단기간에 지방 정부와 "계속 더 어려운 근무조건에 처하게 되는" 근로자에게 떠넘기는 의료급여 제공 및 서비스의 일반적 감소가 예상된다(Dirindin, 2012: 95).

4. 현황

이러한 상황에서 오늘날 이탈리아 보건의료가 유럽 국가의 맥락에서 직면해야 할 핵심은 다음의 세 가지로 볼 수 있다. 첫 번째는 의료 분야의 경제성(*economic efficiency*), 두 번째는 제도 이행(*performance*) 그리고 세 번째는 거버넌스(*governance*)이다.

1) 경제성

금융위기 시기, 모든 OECD 회원국의 공공보건지출이 평균 4.7%에서 0.8%로 하락하며 과거 대비 낮은 연간 성장률을 보였다(European House-Ambrosetti, 2013). 실제로 지출비용은 확연한 감소를 보인 포르투갈, 이탈리아, 아일랜드, 그리스 및 스페인을 제외한 모든 국가에서 1% 이상의 성장을 지속하였다. 이탈리아와 포르투갈에서 2008~2011년간 성장률은 각각 0.4%, 0.8%를 기록했다. 게다가 최근 이탈리아 내 공공보건비용은 2010년 1,125억 유로에서 2011년 1,116억 유로로, 2012년에는 1,108억 유로로 감소했다.

공공의료비 관점에서 보면 2013년 유럽의 1인당 의료비 지출은 2,223유로이다. 총소비 측면에서 가장 높은 수준을 보이는 네덜란드는 1인당 의료보건비 지출에 있어서도 가장 높은 3,369유로를 기록하였다. 8개국(영국,

핀란드, 프랑스, 벨기에, 스웨덴, 덴마크, 독일, 오스트리아)의 지출비는 2천~3천 유로 사이이다. 이탈리아 공공의료비 지출은 1,837유로로 2012년보다 다소 감소하였다(European House-Ambrosetti, 2015).

민간의료비 지출 부분을 살펴보면, 2013년 유럽에서는 1인당 658유로에 해당하는 의료비를 지출하였다. 아일랜드가 1인당 가장 높은 민간의료비(942유로)를 지출하였고 그다음이 오스트리아(892유로), 독일(840유로) 순이다. 가장 낮은 지출수준을 보이는 영국은 500유로 이하를 기록한 유일한 나라이다. 이탈리아의 민간의료비는 14개 EU 회원국의 평균비용에 조금 못 미치는 517유로이다. 이는 2000년대에 이탈리아가 공공 및 민간 두 요소 모두에 있어 가장 낮은 지출수준을 보인 나라 중 하나로, 의료비용을 통제하에 두고 있음을 의미한다. 이미 축소된 지출수준이 계속 줄어들 경우 시민의 건강에 심각한 영향을 미치며 의료시스템 내부 품질에 손상을 끼칠 수 있다(European House-Ambrosetti, 2015).

공공의료비 내 가장 두드러진 항목은 병원서비스로 전체 지출의 53.2%인 589억 9천 유로를 차지했다. 이 또한 2011년 대비 2012년에 0.1% 감소한 수치이다. 이 항목에 대한 억제는 두 가지 요소에 기인한다. 하나는 2012년 〈제 97법령〉에 따른, 새로운 구매절차로 인한 재화 및 서비스에 대한 지출 저하 때문이며, 다른 한편으로는 계약 갱신 차단으로 인한 인력비용의 감소 때문이다. 반면, 지역보건의 지원서비스는 전체 지출의 6.1%인 67억 4천 유로를 차지하며 안정적으로 유지되었다. 이와는 달리 전문의 지원서비스는 2011년 47억 2천에서 2012년 47억 4천 유로로 0.4%의 감소를 보였다. 마지막으로 의약품 지원을 살펴보면 총지출 내 비율(2011년 8.8%, 2012년 8.3%)뿐만 아니라 절댓값〔2011년 98억 6천 유로, 2012년 91억 5천 유로(7.5%)〕에서도 감소하였다. 이러한 추세는 적절한 치료 처방에 대한 모니터링 개선과 약사 및 도매업자가 부담하는 의약품 가격의 할인율 증가로 설명된다(European House-Ambrosetti, 2013). 그러나 경제위기 발생은 기술개발, 인프라 구축 및 개선에 투자하던 비용의 감소로 이어졌다. 이는 의료공간 및 시설의 효과적 적격성을 보장하고 기술개발계획의 경쟁력을 유지하기 위한 공공서비스의 역량에 대한 명확한 구속을 야기했다.

2) 제도 이행

경제적 지속가능성의 관점에서 볼 때, 이탈리아는 앞서 살펴본 바와 같이 평균 이하의 의료비 지출수준으로 인해 유럽에서 지속가능성이 높은 나라 중 하나이다. 그러나 공공비용의 지출에 대한 제한이 국가의료서비스(SSN)의 이행에 영향을 미쳤다는 사실도 함께 고려해야 한다.

이에 대하여 유럽 의료제도 이행을 조사하는 사립기관인 보건 자오선(Meridiano Sanità)에서 실시한 조사분석 결과에 주목할 필요가 있다(European House-Ambrosetti, 2015). 이 조사에서는 이탈리아와 14개 EU 회원국 간 ① 국민 건강 상태, ② 건강 관련 필요에 대한 의료제도의 대처 능력, ③ 의료제공의 효율성 및 적절성, ④ 의료서비스의 질 및 의료제도의 대응성 등 4개의 영역에서 비교하였다. 4개의 영역 모두에서 도출된 유럽 국가의 결과를 보면 스웨덴이 7.1점으로 가장 높은 점수를 기록했다. 점수 차는 있지만 6.7점의 네덜란드가 그다음이다. EU 주요 5개국은 모두 프랑스(6.1점)부터 이탈리아(5점)에 이르기까지 유럽 평균점수를 기록했다(European House-Ambrosetti, 2015).

의료제도의 일반적인 이행에 있어 이탈리아의 문제는 '건강 관련 필요에 대한 의료제도의 대처능력' 영역에서 드러난다(EU 14개국 평균=6점, 이탈리아=3.9점). 특히, 이는 혁신 신약 이용의 지연과 소아 예방접종, 지역별 만성질환의 관리(장기 치료를 위한 병상 수)에서 극명하게 나타난다. 2014년 조사에서는 노인을 위한 독감예방접종 프로그램 적용에서 평균에 상당히 웃도는 점수를 받았으나 2015년 조사에서는 동일한 결과를 얻지 못했다.

이탈리아의 위치가 유럽 평균 이하인 또 다른 영역은 '의료서비스의 질 및 의료제도의 대응성'이다(EU 14개국 평균=5.6점, 이탈리아=4.5점). 임상적 품질의 프락시(*proxy*)로 선택된 두 개의 지표인 급성심근경색 및 뇌졸중으로 인한 사망률 부분에서 실제로 이탈리아는 유럽 평균 이상의 점수를 얻었다. 반면에 위기에 놓인 영역은 의료정보화의 수준과 의료제도에 대한 환자의 만족도에 관한 것이다. '의료제공의 효율성 및 적절성' 영역은 유럽 평균보다 다소 밑돈다(EU 14개국 평균=5.6점, 이탈리아=5.3점). 상기 영역 내 위치는 입원의 적합성 및 제네릭(*generic drugs*) 시장 규모 부분에서 달성한 우수한 제도 이행의 결과이다. 하지만 크게 대형화된 것으로 보이는 진단장비 공급 면에서는 부정적인 결과를 기록하였다. 항생제 소비(규정 적합성) 및 급성 심근경색 평균 입원 기간(지역병원시스템의 효율성) 또한 평균 이하에 머물렀다. 이탈리아가 최고점을 받은 영역은 '국민 건강상태' 영역이다(EU 14개국 평균=5.1점, 이탈리아=6.1점).

한편, 평균을 훨씬 웃도는 부분은 사망률과 성인 위험요소 지수이다. 가장 중요한 영역은 아동에 대한 위험요소 지수로, 향후 국민 건강상태가 위태롭지 않도록 가장 젊은 사람들의 삶의 방식에 더 투자할 필요가 있다는 지적을 받는다. 양호한 건강상태에서의 기대수명은 유럽 평균 대비 조금 낮은 편이지만 지속적인 감소 추세에 있기에 매우 걱정스러운 부분이다.

그러므로 상기 지수에 따르면 이탈리아 의료제도의 실행은 전체적으로 훌륭하다고 평가할 수 없다. 실제로 이탈리아는 비교조사에서 가장 하위에 위치한 그리스 바로 위라는 낮은 순위에 머물고 있다.

2001년을 시작으로 공평성에 관하여 풀어야 할 최대 매듭은 지방 자율화의 격차와 기초지원수준(LEA)에 의해 보장된 권리의 일관성 사이의 균형점에 관한 것이다. SSN 이행 관련 일부 연구에서 보여 준 중·북부 지방과 남부 간 차이는 극심했고 최근 10년간 동일한 상태였음을 알 수 있다(Pavolini & Vicarelli, 2013; Osservatorio Nazionale sulla Salute nelle Regioni Italiane,

2007). 이러한 상태 또한 금융위기와 함께 악화하는 경향을 보이는데, 기초적인 급여수준의 효과적 적용을 보장하는 지방 의료제도를 제한하는 재정 지원의 장애가 발생하기 때문이다.

예를 들어, 2010년에 실시된 LEA 적용 검증에 있어서 거의 모든 중·북부 지방(바실리카타 포함)이 '실시 중'인 반면, 리구리아(Liguria)와 아브루초(Abruzzo)는 '실시 약속' 범주에 들어갔다. 그러나 절대적 위기상황에 처한 지역은 바로 남부지역 전체로, 적용 재합류계획에 포함되어 있다. 유사한 맥락에서 2008년에 시작된 경제위기 때문에 2011년 약 900만 명(고령자 240만 명, 남부지역·도서지역 거주자 400만 명 포함)의 이탈리아인이 '경제적 이유'로 의료서비스를 받을 수 없었다고 표명하였음은 놀라운 일이 아니다(Action Institute, 2013). 보건티켓 관련 데이터는 상기 상황을 지지해 준다. 실제로 2012년에 지방 수익은 22억 8,500만 유로로 예상보다 5억 4,900만이 적었다. 그리고 이탈리아인 한 명이 티켓에 소비하는 연 평균액이 150유로인 것은 360만 명이 티켓 지불을 포기했음을 의미한다.

이탈리아의 일간지 〈라 레푸블리카〉의 기사에 의하면 누군가는 개인병원을 찾아가고 다른 누군가는 소득(3만 6천 유로 이하)이나 나이(65세 이상)로 인해 면제 혜택을 받았다. 그러나 그들 중 절반인 180만 명이 면제와 상관없이 티켓을 지불할 돈이 없어 스스로 치료를 포기하였다(*La Repubblica*, 2013. 4. 26). 그러므로 금융위기는 치료 또는 공공 및 민간서비스 중 선택적 행동의 감소를 초래한다.

다른 한편으로, 최근 나타나는 일부 의료계층의 조기퇴직은 공공의료기관보다 더 저렴하거나 경쟁력 있는 비용으로 진찰 및 검사, 분석 등의 서비스를 제공하는 개인시설의 개업에 근원하고 있다. 극단적 상황에 놓인 소수를 위해 만들어졌지만, 일반 시민도 이용 가능한 민간기관(예: 응급병원)보다는 저비용(*low cost*) 진료소 및 조합(특히, 치과치료 관련) 측의 서비스 제공 또한 확연히 드러나고 있다. 몇몇 조사에 의하면 종합병원 형태가 아닌 단순한 외래치료 분야 내에 저비용이 확산되고 있으며(Del Vecchio & Rappini, 2011) 이는 유료로 이루어지는 전체 의료시장의 3분의 1을 차지한다(Censis, 2012). 결국, 이탈리아 의료제도의 이행은 낮은 수준의 지출로 위협받고 있으며 이 제도의 보편성은 이전보다 더 명목뿐인 상태로 지역별 사회적 변동이 매우 심하다. 오히려 기존의 위기상황과 관련하여 비용억제를 위한 조치들이 남부를 중심으로 그리고 대부분의 소외계층에 대하여 의료 및 보건상의 불평등 상승을 야기하는 것으로 보인다.

3) 거버넌스

이탈리아 의료제도의 세 번째 핵심 장애는 낮은 수준의 거버넌스 그리고 경제성 및 SSN 이행에서와 동일하게 나타나는 지역 변동성에 관한 것이다.

이탈리아의 2014년 보건행정은 국민의 참여와 같은 상향식 민주주의 형식과는 거리가 있었으며, 수많은 법안에서 제시된 다양한 임상관리방식이 제정되지 않은 상태로 남아 있었다. 여기에서 의료서비스의 계획 및 관리 선택에 있어서 우선은 시민의, 다른 한편으로는 보건의료 전문가 및 의사의 책임이 생겨난다.

반면에 제도적 차원에서 2001년 시행된 지방분권화는 항상 임무를 수행하는 관료제의 지지를 받는 것이 아니었으며 지역 보건 담당부서에 따라 달라지던 중앙집권적 및 정치적 관리체계를 대체하는 것에 불과했다. 이는 결과적으로 보건소에 부여된 자율성의 감소를 가져왔다(Vicarelli, 2004). 강한 이익 결합(대부분 불법적)의 지역적 접근 또한 무시할 수 없는데, 이는 평균적으로 지방예산 총액의 80%에 해당하는 막대한 경제자원을 다뤄야 하는 지역 평의회 담당자를 꽤 어렵게 만든다.

1990년대의 개혁정책과 2000년대 들어 나타난 보건복지부 규제의 부재 앞에서, 지방 정부들은 의료제도 관리에 있어 3가지의 각기 다른 방식을 취한 것으로 보인다. 첫 번째 방식은 공공은 물론 민간시설의 관리된 경쟁(*managed competition*)에 기반을 둔, 이른바 '롬바르디아 방식' 설정이다. 두 번째는 중·북부 및 북동지역의 특징적인, 관리된 협력(*managed cooperation*) 원리에 기초한 방식을 설정하는 것이다. 마지막으로 남부지역에서는 상의하달 형식의 전형적인 관료적 모형이 널리 퍼져 있는 것으로 나타난다(Neri, 2011; Pavolini & Vicarelli, 2013).

이러한 규제의 선택에서 지방 정부의 정치적 색깔과의 연계성은 미약한 편이다. 예를 들어 1995년부터 줄곧 중도우파 연맹이 집권한 베네토와 롬바르디아는 매우 다른 조직 및 규제구조를 갖고 있으며 베네토는 여러 면에서 중·북부 좌파 동맹 지역들과 더 유사해 보인다. 그러나 정치적 무게가 매우 강하게 남은 의료정책의 영역도 존재한다. 의약품비용에 이해관계자 합작(*joint participation*)의 도입과 같은 강력한 윤리적 또는 상징적 가치 문제를 포함하는 지역적 선택의 경우가 이에 속한다.

반면에 네리(Neri)는 중도좌파가 다스리는 지방 정부는 의약품 관련 티켓 도입을 내켜 하지 않거나 또는 거절하고, 약품의 직접유통과 같은 다른 정책에 더 크게 투자하는 것을 선호한다고 하였다(Neri, 2011). 그러나 가장 최근에는 중앙 정부에 의해 구현된 경제 및 금융정책에 따라서도 관리된 협력이란 규제 모형에 부분적 통합으로 일부 경향이 구체화되었다. 이 경향들은 무엇보다도 비용통제와 관련된 공통의 우려에 의해 좌우된다(Neri, 2010).

1990년대에 시작되고 2001년부터 강화된 SSN의 지방분권화 과정은 지방 의료제도의 조직 및 규제 내 강한 차별화 현상을 촉발했다. 법적·근본적 해결책을 위해 경제계획은 물론 치료의 질에 있어서도 더 규칙적인 결과를 생산할 때까지 폭넓은 검토 및 수정과정이 요구된다. 이런 방향으로의 추세에 더하여, 만일 렌치(Matteo Renzi) 총리가 이끄는 중도좌파의 현 정부가 약속한 것처럼 의료정책 중 일부의 재중앙화를 규정하면서 2001년의 〈헌법〉을 개정한다면 중앙 정부 차원에서 더 합의된 공동 보건정책에 기여할 수 있을 것이다.

5. 맺음말

이탈리아는 자체 복지시스템을 구축하기 위해 긴 시간을 보냈고 어려운 과정을 겪었다. 그러나 다른 유럽 국가와 비교해 볼 때, 오늘날에도 여전히 국민들의 의료요구에 대한 대응 및 의료서비스 제공의 제도적 및 보편화계획을 다 완성하지 못한 것으로 보인다.

이탈리아 의료서비스 앞에 놓인 과제는 여러 가지이다. 일단 효과적인 보편적 대처를 보장하고, 지역 및 사회계획상 격차가 점진적으로 감소되도록 하고, 더 많은 의료욕구(특히, 인구통계학적 및 전염병 역학에 대한)에 맞추어 점점 더 고가의 서비스 및 급여를 제공하며(기술 및 과학적 진보에 있어서), 동일한(최소수준이 아닌) 경제자원으로 국민에게 서비스를 제공하는 방법을 찾아야 한다. 또 다른 과제는 나라의 모든 지역의 전문가 및 시민을 주인공으로 만들며 전체적 측면에서 공공서비스의 민주화 강화 과정을 확고히 하는 것이다. 이는 다시 말해 의료 분야 종사자 및 수요자가 제도적 복지 공유 양식의 실제적 구축자가 되는 것을 의미한다. 만일 이탈리아가 이러한 과제를 해결한다면, 연구자의 미래 연구에 복잡하고도 매력적인 주제를 새롭게 남겨 줄 것이다.

■ 참고문헌

해외 문헌

Censis (Ed.) (2012). *Quarantacinquesimo Rapporto Censis sulla Situazione Sociale del Paese.* Roma: Censis.

Del Vecchio, M., & Rappini, V. (2011). Il low cost in sanità. In Cergas (Eds.) (2011). *Rapporto OASI 2011.* Milano: Cergas-Egea. 331~368.

Dirindin, N. (2012). Salvaguardare il sistema di welfare, Riconvertire le risorse. *Politiche Sanitarie, 13* (2), 94~108.

Ferrera, M. (1986) Aspetti organizzativi e domanda sanitaria: Il caso italiano. In Ferrera, M., & Zincone, G. (Eds.) (1986). *La Salute che noi Pensiamo.* Bologna: Il Mulino.

Neri, S. (2010). La régionalisation de la santé et la nouvelle gouvernance du Service National de Santé. *Sociologie Santé, 32,* 99~121.

______(2011). Mercato, devolution e culture. Il New Labour e la modernizzazione del National health service. In Vicarelli, G. (Ed.) (2011). *Regolazione e Governance nei Sistemi Sanitari Europei.* Bologna: Il Mulino. 123~150.

Osservatorio Nazionale sulla Salute nelle Regioni Italiane (2007). *Rapporto Osservasalute: Stato di Salute e Qualità dell'Assistenza nelle Regioni Italiane.* Roma: Università Cattolica del Sacro Cuore.

Pavolini, E., & Vicarelli, G. (2013). Una danza generativa: Lo studio della sanità in Italia fra management, Professioni e politica. *La Rivista delle Politiche Sociali. La Classe Dirigente Pubblica. Ruoli di Governo e Capacità Amministrativa, 4s,* 187~209.

Preti, D. (1987). Fortune e miserie della classe medica nell'Italia fascista (1922~1940). In Brezzi, C (Ed.) (1987). *Cultura e Società Negli anni del Fascismo.* Milano: Cordani Editore.

Stefanini, A. (2000). Politiche di salute e salute della politica. *Qualità Equità, 19,* 74~82.

Vicarelli, G. (1997a). *Alle Radici della Politica Sanitaria in Italia: Società e Salute da Crispi al Fascismo.* Bologna: Il Mulino.

______(1997b). La politica sanitaria tra continuità e innovazione. In Barbagallo,

F. (Ed.) (1997). *Storia dell'Italia Repubblicana, Volume III, L'Italia nella Crisi Mondiale. L'ultimo Ventennio.* Torino: Einaudi. 569~619.

______(2004). Aziendalizzazione and management in the evolution of the Italian healthcare system. In SISS(Ed.) (2004). *The Sociology of Health in Italy: Topics, Approaches, Practicability.* Milano: Angeli.

______(2010). *Gli eredi di Esculapio: Medici e Politiche Sanitarie nell'Italia Unita.* Roma: Carocci.

______(2016). *Oltre il Coinvolgimento: L'attivazione del Cittadino nelle Nuove Configurazioni di Benessere.* Bologna: Il Mulino.

기타 자료

Action Institute(Ed.) (2013). Healthcare roadmap 2030: Un insieme organico di riforme per preservare universalità ed equità del Servizio Sanitario Nazionale. http://www.actioninstitute.org.

European House-Ambrosetti(Ed.) (2013). Meridiano Sanità. Le coordinate della salute. Rapporto 2013. http://www.ambrosetti.eu/it/download/ricerche-e-presentazioni/2013/meridiano-sanita-le-coordinate-della-salute-rapporto-finale-2013.

______(2015). Meridiano Sanità. La sanità del futuro: Prevenzione, Innovazione e Valore-Rapporto. http://www.ambrosetti.eu/wp-content/uploads/Meridiano-Sanità-2015_Rapporto-Finale_v2.pdf.

La Repubblica(2013. 4. 26). Gli esodati della sanità. Così due milioni di persone decidono di non curarsi. 26~27.

13

의료보장제도

1. 머리말

앞서 설명한 바와 같이 이탈리아에는 현재 1978년에 도입된 국가의료서비스가 규정되어 있다. 하지만 그 이전에는 보험형식의 의료시스템이 운영되었다. 상호부조(*mutualism*)적 제도에서 보편적 형태의 제도로 이동한 후 보험은 조합 및 민간보험, 기업이 지원한 의료기금과 부가적 의료기금을 통해 지속될 수 있었다. 이와 같이 기금 신청을 장려한 의료제도 개혁으로 인해 그리고 전체적으로 복지제도를 억제시키고 그 구성요소의 재교정(*recalibration*) 단계를 초래한 2008년의 경제위기로 인해, 과거의(그러나 1990년대 초부터는 새로운 확장의 단계를 경험한) 상호부조 전통을 촉구하는 현상이 생겨났다. 이 장의 2에서는 이와 관련한 사항을 살펴볼 것이다.

이 장의 3에서는 공공 및 민간의료비 지출동향에 대해 설명하고, 4에서는 부가의료기금과 관련된 규정조치의 진화에 대해 자세히 보여 줄 것이다. 마지막으로 이 장의 5에서는 보완적 의료지원 개발에 있어 상호부조의 역할을 분석할 것이다.

2. 의료기금에서 국가의료서비스로

이탈리아 의료제도의 역사는 의료기금에 바탕을 둔 제도에서 국가의료서비스(Servizio Sanitario Nazionale: SSN)를 설립함으로써 1978년에 완성된, 중앙 정부 운영으로의 전환이라 설명할 수 있다. 전환 단계에서 정부와 의료기금의 권한은 〈표 13-1〉에 기재된 바와 같이 구분된다.

1978년 국가의료서비스는 질병이나 장애, 출산의 위험에 대비하여 의료서비스를 제공하기 위해 모든 시민에게 열려 있는 유일한 국가 보장이었으며 모든 범주의 상호부조를 대체하도록 설립되었다. 자금조달에 대하여는 완전한 사회부담 면제를 추구하며, 사회기여금이 국민건강기금에 합병되었다가 서비스 지불을 위해 각 지방으로 재분배된다. 새로운 국가의료서비스의 행정조직은 기존의 수많은 의료기금을 폐지한 후 지방분권적 구성을 취하였다. 반면 운영시스템은 시민이 직접 선출한 대표자에 의해 관리되는 정치-제도적 자율권을 지니며 중앙 정부, 지방 정부, 지역협회의 세 단계로 나누어졌다.[1]

〈표 13-1〉 1950, 1960년대 의료제도의 정부시설 및 상호부조시설

정부시설	상호부조제도 책임하의 시설
• 위생 및 건강보호 - 보건부 출장소 - 위생 및 예방을 위한 주 정부 연구소 - 시 보건사무소 및 위생감독 조합 • 기본 및 단체 의료서비스 - 보건 관리(의사, 산과, 수의사 관련) - 결핵예방 지방조합 - 국가 모자보호시설(ONMI) 서비스 - 사회 의료센터, 학교 의료센터, 직장 의료센터	• 약품 관련 지원 - 시(市) 소속 약국 - 협력 민간약국 • 전문서비스 - 상호부조협회의 공공의료시설 - 의료기금으로 계약을 맺은 민간조직 • 의료기관서비스 - 공공의료기관 - 의료기금으로 계약을 맺은 민간요양소

자료: Maino, 2001.

1) 더 자세한 사항은 12장 '보건의료제도'를 참조하라.

국가의료서비스 설립 후 '부가의료기금'의 보급은 1990년대부터 공공 및 민간 분야의 책임 재편성은 물론, 서비스 공급에 대한 권한 배당까지도 포괄하는 가장 광범위한 프로젝트에 포함되었다(Piperno, 1997). '부가의료기금'은 많은 시민에게 국가의료서비스에서 보장하는 급여에 추가적인 급여를 제공하는 것 이외에, 본인 부담의 개인의료비용을 통해 자기 부담으로 누리는 서비스를 계속 보장받도록 하는 도구로서 형성되었다. 그래서 제3자를 통해 시민의 개인비용을 관리하기 위한 의료기금 및 건강기금을 도입하는 것이다(Maino, 2009).

3. 공공 및 개인의료비용: 경향과 구성

이탈리아 개인의료비용은 국가의료서비스가 도입된 해인 1978년부터 계속 상승하였다. 〈표 13-2〉는 이탈리아와 동일한 의료제도를 갖춘 몇몇 국가의 공공 및 민간비용(전체 의료비용 대비)을 백분율로 표시하여 비교한 의료지출비 자료이다. 여기에서 볼 수 있듯이 이탈리아는 2013년에 공공의료비용이 전체 의료비의 77.4%를 차지한 반면, 개인비용은 22.1%이다. 민간의료비용에서 가장 높은 비율을 기록한 나라는 호주, 아일랜드, 캐나다와 스페인 등이다. 북유럽 국가는 공공비용이 남유럽 국가보다 높은 비율을 나타냈다.

이탈리아에서는 국가의료서비스가 있음에도 불구하고 본인 부담의 개인의료비가 현저히 높은 비율을 차지한다. OECD 자료에 의하면 2011년 개인 의료비용이 국내총생산(GDP)의 2.1%를 기록한 반면 공공의료비용은 9.5%를 차지했다. 모든 유럽 국가 내 공공지출 비율은 처음엔 감소했다가 후에 다시 증가하는 것이 일반적이다. 2006년 이탈리아 내 평균 개인지출비는 전체 의료비용의 21.9%를 차지하며 중부(21.4%), 그중에서도 남부

(17.9%)에 비해 북부(24.7%)가 월등히 높다. 같은 해 이탈리아에서 사용한 1인당 개인 의료비용은 476.3유로이다. 북부의 한 시민이 평균 545.6유로를 소비했고 중부에서는 505.7유로, 남부에서는 351.4유로를 각각 소비했다(Spandonaro, 2009).

〈그림 13-1〉을 참조하면, 2003~2014년 이탈리아 보건을 위한 공공지

〈표 13-2〉 국가별 공공 및 민간의료비용

(2013년, 단위: %)

국명	공공의료비용	민간의료비용
스웨덴	83.4	16.6
덴마크	84.3	15.7
영국	79.5	20.5
아일랜드	69.8	30.2
호주	67.6	32.4
캐나다	70.5	29.5
이탈리아	77.4	22.6
스페인	70.9	29.1

자료: OECD, 2017.

〈그림 13-1〉 공공보건지출, 연도별 증가 추세 비율

(2013~2014년, 단위: %)

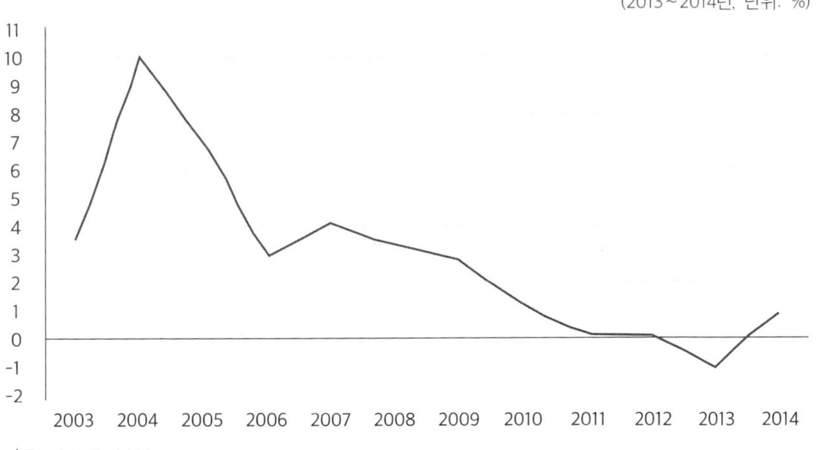

자료: ISTAT, 2016.

출의 추세가 보인다. 2004년부터 2013년까지 계속적으로 하락하는 추세가 보였으나, 2014년부터 다시 증가하고 있다.

지방별 비용 구성을 분석(Spandonaro, 2009)하면, 라치오주(州)를 포함하여 북부지역 대부분의 지방이 공공과 개인 모두에서 1인당 비용이 평균보다 높은 것으로 기록되었다. 반면 프리울리베네치아줄리아(Friuli-Venezia Giulia), 롬바르디아, 베네토는 1인당 공공비용이 이탈리아 평균에 미치지 못하지만 개인비용은 평균보다 높았다. 아브루초와 몰리세는 공공비용이 평균보다 높고 개인비용은 평균 이하인 유일한 두 지방이다. 이는 남부지역과 중부지역의 나머지 대다수 지방이 1인당 공공 및 개인비용이 평균보다 낮음을 의미한다.

가장 낮은 1인당 소득을 보이는 남부지역에서 개인의 지출비용은 표준 이하이다. 아브루초, 몰리세(상환계획 해당 지역)를 제외한 남부지역에서는 공공비용 또한 마찬가지이다. 북부지역에서 공공비용이 평균 이하인 곳은 프리울리베네치아줄리아, 베네토 그리고 롬바르디아뿐이다. 지역 간 총비용의 가변성은 공공비용이 더 큰 것으로 나왔다. 개인비용은 지역 간 비용 차이를 증가시키는 영향을 미친다. 그러나 개인비용의 25%에 근접한 수치가 국제수준의 규정이라면 이탈리아에서 이 비용은 대부분 본인 부담인 것이 사실이다.

개인의료비용 분석에서 고려해야 할 기본요소는 구성이다. 받은 재화와 서비스에 대해 실사용자가 직접 지불하거나 또는 제 3자(보험, 의료기금, 고용주)가 지불할 수 있다. 이탈리아 개인지출의 대부분은 사용자 부분에서 재화 및 서비스 공급자에 이르기까지 본인 부담(*out of pocket*)이라 정의된 직접적인 지불형식으로 이루어져 있다. 〈그림 13-2〉에 나타나듯이, 2013년 민간보건지출의 비중은 22%였다. 이 중 본인 부담의 비율은 82%였으며 민간보험 부문은 18%를 차지했다.

관련 연구(Avitabile & Jappelli, 2010)에 의하면 이탈리아 국민 한 사람이

〈그림 13-2〉 공공 및 민간보건지출, 본인 부담 비율

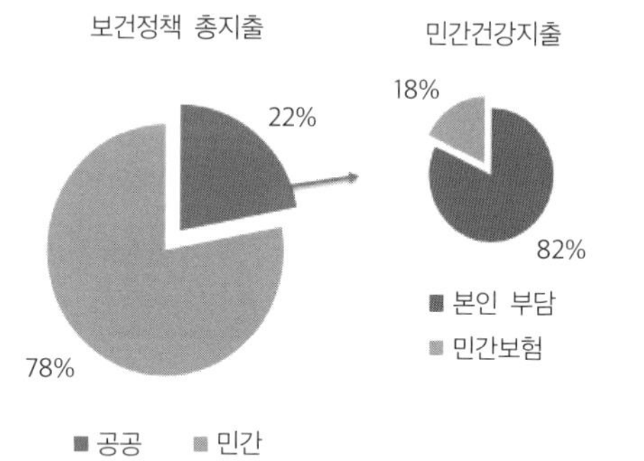

자료: The World Bank Open Data.
https://data.worldbank.org. 2018. 2. 6. 인출.

2006년 한 해 동안 쓴 의료비는 약 418유로인데 이는 50세 이상의 프랑스인이 소비한 82유로와 비교하면 매우 높은 금액이다. 또한 동일한 조사에 의하면 조사대상 국가 내에 적어도 하나의 보험증권을 가진 사람의 비율이 프랑스와 벨기에와 같은 나라에서는 약 80% 정도로 매우 높았으며 이탈리아는 5% 내외로 매우 낮았다.

1990년대 개인의료비용의 상당 부분이 국가의료서비스에서 이미 보장하는 재화 및 서비스를 지원하기 때문에 '중복' 지출을 초래하였다. 실제로 개인의료비용은 국가의료서비스에 대한 요금 및 기부금에 관하여 실시되는 것에 비하여 보충적인 것이어야 한다(Piperno, 1997). 이러한 사항은 오늘날에도 근본적으로 변화되지 않았고, 특히 사용자의 부담이 되어 버리는 비용의 이중부과와 연결된 문제를 해결하지 못하였다.

보험시장[2]의 이용을 늘리기 위한 EU의 시도에도 불구하고 여러 유럽 국가에서 의료비에 대한 보험지원이 평균적으로 매우 낮은 것으로 나오며

2) 이는 보험료 및 보험조건에 대한 국가적 통제를 폐지한 생명보험 이외의 다른 보험에 관한 지침 92/49/EEC와 관련된 것이다.

그중에서도 이탈리아는 자발적인 개인의료보험을 가진 인구 비율이 가장 낮은 나라이다. 이를 개선하기 위해서는 보험시장에로의 가입을 촉구하는 한편, 가장 가난한 계층도 보험시장에 접근할 수 있도록 만드는 조건을 연구하는 것이 중요하다. 현재 이탈리아 의료시스템에서는 개인의료비용의 극히 일부분만이 보험이나 기금, 부가기금의 도움을 받을 수 있는 반면, 나머지는 각 가정의 직접적 지불을 통해 운영된다. 이런 상태는 자급자족이 힘든 노인을 돌보는 경우처럼 막대한 금액 지불이 예측되는 의료사건이 발생했을 때, 각 가정이 빈곤 및 사회적 배제의 위험에 처할 수 있는 결과를 초래한다.

4. 부가의료기금의 유래 및 발전

보완적 의료보장형식 중에서 건강보험비용 지불 문제에 대처하기 위한 방법을 생각할 때, 10여 년 전부터 논쟁의 중심에 있는 부가의료기금이 가능성 있는 해결책 중 하나로 꼽힌다. 부가의료기금의 발전과정은 매우 길고 불명확했으며, 1980년대 후반 첫 번째 기금 관련 법률이 공포된 시점과 1999년부터 실제 제정된 시점 사이의 시간적 지연이 매우 길었다. 부가의료기금 발전 장려금의 도입과 최근의 법적 개입, 그리고 법률 실시를 위한 정책관계자의 행동 등으로 인해 이 주제에 관한 새로운 관심이 최근(특히, 2008년 이후로) 들어 나타났다.

이탈리아 내 부가의료기금이 생겨나고 전개된 단계로 되돌아가면 주요한 최초 관련 법률을 1999년 〈제 229법령〉 9항에서 찾아볼 수 있는데 여기에서는 기금 창설을 위한 '가이드라인'을 제공하고 있다. 1999년 이전인 1986년 12월 22일 대통령령 917호 그리고 1992년 〈제 205법령〉은 국가의료서비스의 부가기금에 의해 제공된 서비스를 포함하는 개개별 중재 환경을 규정하고, 소득형성과 관계가 없는 계약이나 협정 또는 회사정책의 규정에 따라 독점적으로 보조적 목적만을 갖는 조합 또는 금융기관에 고용주 또는 근로자가 납입하는 건강보험분담금을 정하였다. 〈제 229법령〉은 부가의료기금이 국가의료서비스에서 보장하는 내용과 비교하여 보완적인 건강보험형식의 공급을 장려하려는 목적으로 제정되어야 한다고 정하고 있다. 이 기금은 국민보건계획과 관련 조치에 의하여 정해진 기초지원수준(LEA)에 미포함된 치료 및 서비스 제공을 강화하기 위해 제정되었다.

국가의료서비스의 부가기금 설정 출처로 표시되는 것은 다음과 같다.

- 업체를 포함한 단체 계약 및 협정
- 주 정부 단위의 협회 또는 노동조합에서 인정하는 자영업 및 프리랜서간 협정
- 지방규정, 지방 자치단체 및 공공단체
- 사회보건보험 또는 건강보험 분야에 있는 비영리 조직의 채택 협의
- 공인된 공제조합에서 채택한 협의
- 특별 단체 또는 개인에 대한 위험 또는 차별을 끼칠 수 있는 특정 전략 및 활동을 하지 않는다는 조건하에, 조합에 가입된 기타 공공 및 민간 주체에 의해 채택된 결의

부가기금은 기초지원수준에 포함되지 않으며 공인시설 및 전문가가 제공하는 추가 의료서비스와 관련되어 있다. 이러한 서비스에는 국가의료서비스가 부담하지 않는 서비스에 대하여 제한적으로 비공인시설이 제공하는 비협정 의료서비스나 온천요법, 치과치료 등도 포함된다. 그러나 지원대상자가 부담해야 할 분담액에 대해서만은 병원 근무시간 외의 상담 및 치료비용과 대상자 요청 시 숙박서비스 이용에 대한 비용을 포함하며 LEA에 속하는 건강보험이 보장하는 의료서비스 또한 포함된다. 마지막으로 지

원 대상자가 부담하는 금액과 관련해 위탁거주 및 반거주 시설 또는 방문서비스 형태로 제공하는 사회보건서비스가 있다. 부가기금 운영은 공동운영 형태나 의료 및 사회보건 분야의 공공 및 민간기관과 체결하는 협약을 통한 위탁운영이 가능하다. 부가의료기금 운영에 참가하도록 승인받은 곳은 주 정부, 자치시 그리고 지방 공공단체로 개별적으로 또는 연합하여 운영할 수 있다(Bordignon & Levaggi, 2003).

법령에는 국가의료서비스의 부가기금체계와 관련된 규정이 정리되어 있다. 여기에는 기금의 제정 및 취소, 행정 및 조정기구 구성, 기여 형태 및 양식, 지원대상, 지원자 및 그 가족에 대한 치료 및 보장, 부가기금의 자격·부여·권리·상실·원인 등이 포함된다. 〈제 229법령〉 9항은 정부가 아닌 보건부 책임하의 SSN 부가의료기금 목록과 SSN의 부가기금 감독기관 제정에 관해 확실하게 언급하고 있으며 의료기금 목록에는 정부가 감독하는 기금과 주 정부 차원의 감독 대상인 기금을 등록하도록 되어 있다. 목록 및 감독기관 모두 부가의료기금 활용에 관한 복잡하고 세심한 감독 임무와 관련되어 있지만 둘 다 효과적으로 제정되고 시행되기 위해서는 거의 10년의 시간을 기다려야 한다.

기술될 제도적 체계에는 비영리(부가기금) 기관으로서 자체적으로(공동운영의 경우) 또는 재정적 위험요소를 보험이나 공제조합 같은 또 다른 비영리 기관으로 전가시켜 활동하며 보험을 제공할 수 있는 권한이 부여된 개인이 포함된다. 부가의료기금은 제 2의 중심축으로서 연금과 유사한 방식에 따라 보건시스템의 재편성 전략 및 기획체계 내에 배치되어 있다.

무라로와 레바(Muraro & Rebba, 2003)에 의하면 보완적 의료보장에 관한 소식은 2000년대 초 3개의 중심축으로 이루어진 체계에 따라 구분되었던 이탈리아 의료시스템의 구조를 근본적으로 변경하였다. 정확히 말하자면 다음의 3개 층으로 구분되어 있었다.

- LEA에 해당하는 서비스를 모든 시민에게 제공하는 국가의료서비스
- 공공제도에서 다루지 않는 모든 서비스에 대하여 집단적인 기준으로 적용범위를 제공하면서 SSN의 기본급여를 보완하는 비영리 의료기금(기업 자금, 범주 및 전문 자금, 공제조합)
- 이전 단계에서 보장하는 적용범위의 수준을 추가적으로 확장하는 개인의료보험

〈제 229법령〉 제 9항에 도입되고 규정되어 'DOC 기금'(Fondi DOC) 이란 명칭으로 불리는 부가의료기금은, 특히 공공의료보다 자발적인 보충적 의료보장형식을 취하고 있다. 이 기금은 SSN에서 보장하는 서비스와 비교할 때 좀더 보완적이면서 추가적인 서비스 종류를 보장한다. 이는 위험요소의 비선택(가입 시), 지불 보험료에 대한 비차별 그리고 SSN과의 비경쟁 등과 같은 요소를 특징으로 한다(Muraro & Rebba, 2004). 반면, '부가의료기금 이외의 기금'(Fondi non Doc) 은 위 언급된 제약으로부터 자유롭기 때문에 외부 대체서비스[3] 또한 지원할 수 있다. DOC 기금과 비교하여 정책결정자의 기대(배분적 효율성 및 사회적 평등) 는 아마도 대체기금이나 개인의료보험과는 달리 특별 세금혜택의 즐거움에 대한 인식을 자극하는 근거가 된다(Muraro & Rebba, 2004).

지금까지 설명한 것에도 불구하고 부가의료기금의 제정 및 기능에 관한 틀은 1990년대 말에도 다 정립되지 못했고, 그렇기에 시행되지도 않았다. 규정으로 정해진 모든 것이 즉각적으로 시행되지는 않았는데 다시 말하자면 법적으로 규정되어 있었어도 실질적인 실행과는 거리가 있었던 것이다. 부가의료기금의 출발이란 관점에서 볼 때 2000년대 초반 상황은 과거에 비해 크게 변하지 않았다.

3) SSN 비공인시설에서 제공받는 LEA 내 치료를 말한다(cfr. Muraro & Rebba, 2004).

2008년 3월 31일 자 건강부령〔일명 투르코(Turco) 령〕에는 SSN의 부가기금 범주 내에서 제공되는 의료서비스[4] 가 어떤 것이어야 하는지에 대한 좀 더 정확한 지시사항이 주어졌다. 이 법령에 언급된 서비스는 다음과 같다.

- 예방, 치료 및 재활 관련 의료 및 사회보건서비스
- 1992년 〈제 502법령〉 및 이후 개정법에 이미 언급된 사회보건서비스
- 현행법상 보장받을 수 없는 질병 또는 재해로 인해 일시적인 무능력 상태에 있는 개인의 건강회복을 위한 서비스
- LEA에 포함되지 않는 치과서비스

이 법령은 또한 SSN의 부가의료기금의 활동범주에 포함되지 않고 지원하는 목적만을 갖는 법인 및 금융기관, 공제조합의 개입 범위를 정하고 있는데, 2010년부터는 전체 자원 중 최소 20%를 부가의료기금에서 제공하는 것과 동일한 의료서비스 제공에 사용해야 한다는 조건도 걸었다.

부가의료기금의 형성 및 발전 의지라는 관점에서 볼 때 투르코령에 의해 도입된 혁신적인 핵심 요소는 건강부에서 제정한 의료기금 목록이다. 등록인원의 관리라는 주 특성과 양적 효율을 평가하는 데 유용한 도구일 뿐만 아니라 보완적인 의료보장의 확장으로 가는 중요한 수단이기도 하다. 그만큼 중요한 조직이지만, 2016년까지는 아직 본격적 · 효율적으로 실행되지 못했다.

2009년 10월 27일 노동 및 보건 사회정책부령〔일명 사코니(Sacconi) 령〕은 2008년 3월 31일 자 법령에 추가 개정을 도입한 법으로, 장기요양이 필요한 개인을 대상으로 하는 치과서비스와 사회보건서비스, 그리고 질병 및 재해

4) 부가의료기금 제공서비스 정의에 있어서 특별한 중요성이 있는 〈제 328법〉은 노인과 장애인의 요양시설 거주를 보장하기 위한 집중 지원 프로그램 영역 내에서 제공된 사회복지서비스에 대해 수익자가 지불한 비용까지 SSN 부가의료기금의 보장 범위를 확장하였다.

로 인해 일시적 장애를 겪는 개인의 건강회복을 목적으로 하는 의료서비스 제공을 위해 해당 자원금액 계산을 위한 기준 및 방식을 결정하였다.5) 사코니령(Sacconi Decree)을 좀더 자세히 살펴보면 다음의 서비스가 기재되어 있다.

- 거주지에서의 생활, 특히 일상생활을 전개하는 데 필요한 타인의 도움과 가사일 도움, 사회 활동 장려 등과 자립을 도울 수 있도록 장기요양을 필요로 하는 사람에게 보장해 줄 의료서비스 그리고 방문요양이 불가능한 사람을 위한 호텔 포함 전문 주거시설을 보장하는 의료서비스
- 집이나 전문 요양시설의 환경에서 혼자 거동할 수 없는 사람에게 보장되어야 하는 지원의 강도, 복합성 및 기간 등을 기본으로 필요에 따라 진행되는 의료서비스
- 질병 또는 재해로 인한 일시적인 장애를 겪는 사람의 건강 회복에 필요한 도움 및 장치를 제공하는 등의 서비스와 온천 요법, 그리고 허가된 의료시설에서 진행되는 기타 재활서비스
- 틀니 제공을 포함한 치과서비스

여기까지 설명한 법적 개입은 시민의 의료지원 요청을 만족시키기 위한 보완적인 의료보장의 도입을 통해 정부의 보건복지와 더불어 '제 2의 층'으로 세우려는 정책결정자의 의도를 잘 보여 준다. 명확한 법률체계를 통해 보완적 의료보장 분야에서 조직별 조치가 매우 다르다는 사실을 알 수 있다(Muraro & Rebba, 2004). 여기에 속하는 조직으로는 '폐쇄형 기금'(자율기금, 기업자금, 건설자금 및 범주, 직업, 기업별로 운영하는 공제조합) 그리고

5) 이 금액은 지원 목적만으로 운영되는 협회 및 금융기관, 공제조합의 모든 서비스를 진행하는 총액의 20% 미만이어서는 안 된다.

‘개방형 기금’(지역별 운영 공제조합)이 있다. 최근에는 ‘가짜의 기금’(*mutue spurie*)도 등장했는데, 비영리 조직과 유사하게 세금감면을 누리지만 이들과 달리 연대성을 목적으로 두지 않아 혼합적 성격의 조직이기도 하다.[6)]

만일 계약상의 협의대로 카테고리별 기금과 기업자금이 규정을 이행한다면 공제조합에는 시민 또는 시민단체의 자유참가가 예측된다. 이 차이는 다양한 결과를 야기하며 부가적 의료보장이란 특별형식의 기능방식에 영향을 미칠 수 있다(Muraro & Rebba, 2003).

부가의료기금의 도입 및 발전양식을 규정하는 법률 공포에 의해서 이탈리아는 보완적 의료지원형식에 있어 구체적인 경험을 다양하게 겪었으며 형식마다 다른 특성과 운용방식을 갖고 있다.

5. 부가의료기금 발전에 있어 의료기금의 역할

근로자 공제조합(SOMS)에서 질병, 장해 또는 사망, 그리고 자신의 힘으로 해결할 수 없고 대부분 빈곤의 상황으로 이어질 수밖에 없었던 17세기 말의 농부와 근로자 가정의 위기에 빠진 조합원에게 도움을 주려는 법이 1886년에 제정되었다. 이는 시간이 지날수록 더 절대적으로 필요한 원조가 되었고 처음에는 의료기금에 의해 운영되다가 1978년부터는 정부가 일반과세를 통해 직접 관리하는 의료제도로 구축되었다. 상호부조적 전통을 한 번도 벗어난 적이 없음을 자랑하는 유일한 SOMS는 1877년 밀라노에서 생겨난 체사레 포조(Cesare Pozzo) 공제조합으로, 처음에는 철도원 사이

---

6) 가짜의 기금은 빠른 속도로 대규모로 성장해서 ‘순수한’ 기금조직의 논란이 생기면서 이들에서부터 ‘연대성 기금의 법전’이 선언되었다. 법전은 시장원리를 기반으로 해서 비영리 조직의 가치관 및 연대성을 방치한 채 세금감면만 누리고자 하는 가짜의 기금을 본격적으로 반대하는 입장이다(FIMIV, 2015).

에서 시작되었다가 1993년 이후부터는 모두에게 열렸다.[7] 그러나 다른 시도들은 이탈리아에서 의료시스템이 제도화되던 시기에 생겨났다. 의료기금의 전통 위에 결부된 사업들은 비록 소수라 할지라도 현대 복지국가의 위기에서 가장 신뢰할 수 있는 방법의 하나로 대표되는 부가 의료지원 분야가 시작되는 계기를 주었다.

이탈리아의 자발적 상호부조 연맹(FIMIV)에 소속된 상호건강 컨소시엄(Consorzio Mutue Sanitarie: MU.SA) 조합이 좋은 예이다. 이는 일부 특성에 있어 다른 타입의 조직과는 차별화된 모델에 따라 상호부조서비스를 제공하는 9개의 주요 공제조합이 모여 만들어졌다.[8] 조합 규약에서 정하고 있는 목적에 따라 자신의 이익을 재투자하기 위해 만들어진 비영리 조직이다. 여기에 소속된 사람은 행정조직 참여 권리를 행사하는 조합원이 된다. 가입에 있어 차별하지 않고 탈퇴시키는 권리 또한 행사하지 않는다. 다른 조합보다 낮은 요금을 부과하는데 이는 관리와 자원봉사자의 활용, 협력체제에 있는 기관과의 유리한 협약 체결, 세금 우대 등으로 인한 비용절감 덕분이다.

유럽 국가 내 사회기업의 시스템을 갖춘 MU.SA 조합은 계속해서 더 무질서해지는 시장과 그것을 통제할 능력을 상실해 가는 정부 사이에 벌어진 넓은 공간을 채우고 있다(Luciano, 2012; Maino & Ferrera, 2013; Maino, 2014; Maino & Ferrera, 2015). 효율과 지속가능성이라는 기업적 기준에 따라 재화 및 서비스를 생산하지만 확실한 사회적 목적을 추구하는, 정부로부터 독립적인 민간 주체이다.

---

7) 체사레 포조 공제조합은 현재 조합원이 8만 6천 명이며 이탈리아 전역에서 직원과 자원봉사자가 관리하는 창구를 운영한다. 처음부터 지역에 국한되지 않고 점차적으로 모든 운송업 종사자를 대상으로 한 거대한 연합 기반을 형성했고 이것이 조합의 지속에 기여했다.

8) MU.SA 조합과 최근 10년간 생긴 의료기금에 대해서는 관련 연구(Payra, 2015)를 참조하라.

이러한 새로운 단계에서 상호부조 운동을 어떻게 재편성할 것인가? 보완적인 상호부조의 시스템이 일반 과세를 바탕으로 한 보편적인 의료제도에서 가질 수 있는 효과는 어떤 것이 있는가? 우리가 강조한 바와 같이 이탈리아 가정의 건강을 위한 본인 부담비용은 전체 의료비의 20% 내외이다. 2005년 이탈리아 통계청(ISTAT)의 다목적 조사자료에 의하면 치과 및 산부인과 진료비율 등 매우 높은 전문진료의 57% 이상을 환자가 지불한 것을 확인할 수 있다(Cislaghi & Giuliani, 2008). 진단 검사의 직접적인 지불 부담은 매우 낮지만(혈액검사의 6.6%, 특수 검사의 21%) 의약품에 대한 개인지출은 50%에 조금 못 미치는 수준이다. 돈이 청구되는 의료서비스를 신청하는 대부분의 경우는 위급한 상황이며 공공의료서비스는 특히나 긴 대기자 명단을 의미하기 때문이다. 그러나 이는 제공된 서비스의 질하고도 연결된다. 자신의 돈으로 전문진료 및 검사비용을 지불하는 사람 중 다수가 공중보건의를 신뢰하지 못하기 때문이다. 이는 특히, 환자가 북부의 의료시설을 찾을 수밖에 없는 남부에서 빈번하다(Checconi, 2012).

센서스-포럼 아니아 소비자의 보고(Censis-Forum Ania, 2014)에 따르면 2008년 경제위기는 이탈리아 가구에 미치는 영향이 크기 때문에 의료지출이 가계부의 안정성에 상당한 위협이 될 수 있다. 조사 참여자의 34%는 병원의 본인 부담과 전문적인 진료, 약품에 대한 예산이 가계부에 부정적 영향을 미친다고 응답했다. 게다가 500개 이상의 부가기금에도 불구하고 민간지출의 약 83%를 가정에서 직접 부담한다는 사실을 주목해야 한다. 5% 이하를 보험회사에서 보장하고 약 14%는 비영리 상호부조기관이 보장한다. 직원이라는 큰 범주의 집단협상에 의해 대부분 만들어지는 이 비영리 상호부조기관은 40억 이상의 자기재정(*self-finance*)으로 운영되며 500만 명 이상의 사람에게 서비스를 제공하고 있다(Luciano, 2012).

1978년, 국가의료서비스에 공간을 주기 위해 과도하게 넘쳐나던 의료기금들이 폐지되었다. 루치아노(Luciano, 2012)가 강조했던 것처럼 이런 억

압은 부가의료기금 형태를 사라지게 하지 못하였고 오히려 계속해서 성장시켰다. 1988년에는 상공회의소 사회사업 위원회에서 국토 전역에서 운영 중인 약 200여 개의 상호부조회, 금융기관 및 기금 그리고 97개의 보험회사(이탈리아 기업 80개와 외국기업 17개)에 대한 인지조사를 진행하였다. 최근 데이터를 참고하면, 전국적으로 보건사회적인 업무를 담당하는 상호부조회는 약 100개이며(사회적인 업무만 포괄하는 기관만 보면 총 150개), 덕분에 보충의료에 가입되어 있는 이탈리아인은 약 100만 명이다(Maggi & De Pietro, 2015).

앞서 본 것처럼 이 조사에 바로 이어 부가의료기금을 통제하기 위한 일련의 조치들이 승인됐다. 특히, 〈제 229법령〉 9항은 국가의료서비스의 보장형식과 비교해 부가적 의료지원의 제공을 규정한다. 즉, SSN이 부담하는 서비스에 있어 수익자 부담금의 환원을 포함하여 국민건강계획에서 정한 LEA에 포함되지 않는 의료서비스를 공급하기 위함이다. 2008년에는 당해 예산의 실시에 있어 부가기금과 서비스를 제공하도록 허가받은 공제조합, 협회의 서비스 범위를 구체화한 법령을 공포했다.

부가의료기금에 대하여 약술된 법적 틀은 보험회사에서 제안하는 시장원리에 들어갈 의도가 없는 민간의료모델로서 상호부조적 형식을 장려하기에 적합한 언급들을 제공하고 있다. 부가의료기금을 설립 및 운영하는 조합을 승인하는 최신 규정은 상호부조현상을 그 역사적 기원대로 되돌려 놓는 동시에 자신의 조합원 기반을 확장하고 다른 형태의 기관들과 견고한 관계를 형성하면서 사회기업처럼 행동할 가능성을 열어 놓았다. 부가의료기금 관련 조합과 관계를 형성하는 기관은 다음과 같다.

- 보험계약을 체결할 수 있는 큰 규모의 국제 공제조합
- 병원 및 가택 간호사 지원을 운영할 수 있는 사회적 협동조합
- 의료 분야 관련 비영리 기업, 프리랜서, 영리 의료시설 등

국가 차원뿐만 아니라 주 수준에서도 상호보조회의 역사・사회・문화적 역할을 보호하거나 추진하고자 하는 입법과정이 있었다. 그 과정은 1990년부터 피에몬테(Piemonte) 주의 〈제 24지역법〉(상호보조회의 역사・사회・문화적 역할을 보호하거나 추진) 및 풀리아(Puglia) 주의 〈제 32지역법〉(상호보조회의 주의 목록 설립)이 예로 꼽힐 수 있다. 현재 상호부조에 관한 입법과정을 밟은 주는 15곳이며 발레다오스타(Valle d'Aosta), 트렌티노알토아디제(Trentino-Alto Adige), 에밀리아로마냐와 캄파니아(Campania)만 여기에서 제외된다.

상호부조 역할은 보완적 지원영역에서 가장 중요하다. 여기에 대한 관심이 커진 것은 의료자금의 대체적 출처 연구와 보험회사를 중심으로 한 시장을 의지하는 것이 지금까지 별다른 결과를 가져오지 못했다는 인식에서 비롯되었다.[9)]

가정이 직접 부담하던 다양한 의료비용 가운데 병원치료 항목에서는 보험이 제공하는 서비스와 SSN이 보장하는 서비스가 명확히 중복될 경우가 있다. 이때는 보험계약을 통해 제공되는 서비스가 주로 채택되며 그렇기 때문에 역선택의 문제가 발생한다. 보험회사에서 제공하는 의료서비스는 직접적인 의료지출이 더 많은 고소득 가정의 높은 수준의 서비스에 대한 요구를 충족시킨다. 관련 보고서(CEIS, 2007)는 이 비용이 SSN보다 실질적으로 두 배 이상 비싸고 피보험 가정의 본인 부담비용이 추가되는 것이며, 전체적인 의료시스템의 낮은 효율과 종합적인 서비스 향상을 위한 부차적 의료발전에 대한 장해임을 표시하며 보험형태의 부가진료에 대한 조사를 마무리하였다.

---

9) 현재 이탈리아에 의료비용의 거의 5%를 담당하는 95개의 회사가 운영되는데 근래에 들어 다른 보험 부문에 못 미치는 결과를 기록하였다. 통계청과 이탈리아은행에 의하면 중북부 지역에서, 높은 교육을 받은 중・고소득 전문직 중년층이 현저하게 높은 이용을 보인다(CEIS, 2007).

보험회사 경영에 있어 중대한 기능장해〔유럽에서 상호부조(*mutualism*)에 관한 높은 관심을 두도록 기여하고 있는 옹호(*advocacy*) 단체 네트워크의 존재 이외〕[10]를 드러나게 했던 근래의 경제위기는 이런 타입의 조직에 대해 새로운 관심을 불러일으켰다. 반면 상호부조식 조합 내에서는 조합원이 곧 주주인 동시에 고객으로서 연대주의 원칙에 따라 행동한다. 회사를 운영하는 구조와 이에 대한 경영권을 갖는 조합원 간의 관계가 복잡할 수 있을지라도, 이 조합에서는 주주의 이익에 심각한 손해를 끼치는 행동으로부터 보호하는 메커니즘이 작동 중이다. 이러한 관점에서 볼 때, 기업 성장을 위해 사용될 수 없는 이익을 재투자하고 조합원에게 최고의 서비스를 돌려주기 위한 의무에 의해 형성되었다는 것이 분명한 강점이다.

국가의료서비스 운영에 있어 충분한 자격으로 일하든지 또는 부수적인 역할을 수행하든지 의료 분야에서 활동하는 공제조합은 가입 시 위험요소에 대한 주관적인 평가를 적용하지 않는다. 다시 말해 피보험자의 특정 위험요소에 따라 보험료를 계산하지 않고 고위험 직업군의 사람을 거절하지도 않기에 보험과는 구별된다. 그러므로 경제적 원리 측면에서 이런 조합이 의료서비스를 운영하는 데 있어 대표적인 이점은 역선택 및 도덕적 해이이다(Granaglia, 2010). 보험상의 주요 위험요소를 보유한 개인을 제외하지 않고 기회주의적 행동도 하지 않아도 되는 이유는 자발적인 가입 및 경영에의 민주적 참여와 같은 특성 덕분이다.

그러나 이런 관점에서도 위험요소가 없는 해결책은 없다. 첫 번째가 바로 역선택에 관한 것이다. 만일 보험시장에서 실시 중인 적용과 비교한다면 가입 시 선택의 부재와 거부권의 결핍은 상호부조조합을 유리한 위치에

---

10) 2007년부터 존재하는 유럽 단체 AMICE는 상호부조와 협동조합의 두 형태에 있어 대표적 기관 AISAM과 ACME가 합쳐진 것이다. AISAM는 1964년에 상호부조와 협동 그리고 자신의 원칙을 장려하기 위해 설립되었다. ACME는 1978년 유럽 단체에 있어 분야의 조직을 대표하기 위해 세워졌다.

올려놓지만, 동시에 상호부조 형식일지라도 부차적 의료와 SSN 간에 비교가 이루어졌는지 확언할 수 없다.

SSN는 오늘날 서비스 질에 관한 지역적 불평등은 물론, 서비스에 대한 접근에 있어서만 아니라 자금공급방식에 있어서도 심한 불평등을 보인다. 서비스 측면에서 인구 평균보다 높은 기대수명을 즐기는, 좀더 교양 있고 경제적으로도 여유로운 사회계층이 다른 사회그룹보다 예방 및 전문진료에 좀더 잘 접근한다. 재정적 측면에서는 재산 및 수입에 세금을 부과하는 경향이 적고, 높은 탈세로 인한 타격을 입은 세금제도의 불공정성이 이론상 SSN의 조달자금이 되어야 할 세금이 쌓이지 못하게 만들었다. 상대적으로 더 낮은 수입을 받는 직원이 더 많이 지불하게 된다. 그렇기 때문에 부가의료시스템은 여러 목표 중 서비스 이용에 있어서의 불평등을 감소시키는 데 목적을 두어야만 한다.

사실 현재 가장 많이 확산되어 있는 계약형식의 통합적 건강보험은 더 중요한 계약상의 보호를 이미 받는 범주의 근로자에게 서비스를 제공한다. 정규직의 보호망을 누릴 수 없는 비정규직 및 임시 근로자의 범주에 접근 가능한 통합 건강보험 상품을 실현해야 한다는 필요성이 사회구성원 간 대화에서 그리고 기금 경영자의 문건에서 자주 언급되기는 하지만, 낮은 수입과 심한 불안정 상태에 놓인 근로자가 실제로 이용할 수 있는 방책이 아직까진 존재하지 않는다. 그러나 가입에 있어 직업이 장애가 되지 않는 상호부조적 기금에서도 조합원 중 이런 근로자가 차지하는 비율은 높지 않다. 그리고 일반적으로 상호부조적 기금의 장기 지속불가능이란 위험을 안고 동일 기금[11]에 가입한 사람 중 젊은 층은 적은 편이다.

---

11) 그러나 최근 다른 지역조합과 협력관계에 있는 체사레 포조와 같은 대규모 공제조합이 이례적 근로자를 위한 특별상품을 실용화하였다는 사실에 주목하여야 한다. 사회적 협동 내부세계에서는 이 주제에 대한 반향과, 특히 젊은 세대를 위한 상호부조형식의 몇몇 시도도 생겨나고 있다.

공제조합이 잘 알고 있는 이러한 역선택의 위험요소 이외에, 현 부가의료서비스 제공의 특성과 그것의 효과에 대해서도 생각해 볼 필요가 있다(FIMIV, 2008). 공제조합의 의료 관련 서비스 제공은 다음의 3가지 중심 분야로 나누어진다. 첫 번째로, 재해 및 장기 질병, 전신 장해, 사망의 경우 수입보조의 분야가 있다. 두 번째로, 의료 티켓 지불과 지출비 상환 또는 가택 및 병원의료 지원서비스 제공의 분야가 있다. 세 번째로, 장기요양 상태에서 필요한 주거서비스 제공, SSN가 보장하지 않는 중대한 외과 수술과 진단에 사용한 비용의 상환과 관련된 분야가 있다.

의료지원과 치료, 외과 수술, 중병 또는 고연령대에서 주로 발생하는 장기요양 등의 상황에 있는 사람의 삶의 조건을 개선하는 것은 강하게 확산되고 있는 새로운 사회적 필요 중 하나다. SSN은 장기요양 상태에 있는 사람의 삶의 질을 향상하기 위해, 경제적 해결방안을 찾고 있는 가정과 제 3분야(*the third sector*)에 집중하고 있다. 재가보호와 의료 및 보조서비스 통합 관련 주제에 대하여 이 분야에서 일하는 사회기업을 차단하며 상호부조가 중요한 역할을 맡을 수 있을 것이다.

반면에 SSN 이용 대신 가정에서 지출한 진료비용을 상환하는 것은 공중보건의 대체로 형성되었다. 그러나 이 경우에는 많은 재산을 가진 개인이 제도 밖으로 나갈 기회는 증가하며 동시에 좀더 약하고 자신의 권리를 지킬 능력이 부족한 개인만이 제도 안에 머물 위험이 증가한다. 이는 공공제도에 자금을 조달하는 데 사용될 수 있는 자원이 민간 분야로 우회하는 위험을 증가시켜 추후의 서비스 질 저하를 초래할 수 있다(Luciano, 2012).

6. 맺음말

살펴본 바와 같이 이탈리아의 보건시스템은 상호부조적 전통과의 결속을 유지하는 데 성공하였다. 대략 20여 년간 침묵의 시기를 보낸 후에 이 결속은 점진적으로 중요한 역할을 다시 맡게 되었다.

부가의료기금 도입을 위한 그리고 SSN에서 보장 제공하는 수당 및 서비스와 비교하여 좀더 보완적인 목표를 가진 기금의 역할을 다시 선보이기 위한 법적 개입은 부가의료서비스와 의료상호부조 역할의 잠재력에 대한 관심 및 논의를 촉진한 것뿐만 아니라 의료기금 제공을 강화 및 다양화시키기도 하였다.

분명히 이 모두는 이탈리아 의료시스템의 보편성에 대해 논의한 것이 아니다. 오히려 의료기금의 보급에 대한 언급과 함께 의료보장의 선택에 있어 보완적 도구는 보편적인 측면을 방어하고 보존하기 위한 것이다. 이는 복지국가, 특히 의료복지의 위기 앞에서 서비스 제공을 확장하고 시민의 요구에 응답하기 위한 새로운 방안이 윤곽을 드러내고 무대에 새로운 주역이 등장한다는 중요하고 주목할 만한 신호이다.

그러나 의료기금이 직면하고 해결해야 할 가장 중요한 문제는 활발한 참여와 민주적 조정을 보장하면서 다양한 형태의 상호부조를 경제적으로 유지하도록 하는 것이다. 경험에 의해 쉽게 양립할 수 없는 두 개의 필요가 존재함을 알 수 있다.

특히, 역선택과 차별을 방지하기 원할 때, 경제적 지속가능성은 많은 양의 기금을 모으고 운영비를 절약하고 합리적인 가격의 서비스와 그 품질을 관리할 수 있도록 유능하고 효과적인 설비를 갖춘 큰 규모의 단체를 설립할 것을 요구한다. 또한 공중보건시스템의 품질 저하와 이 시스템으로의 접근기준의 재설정 등을 수반하는 2층의 생성을 억제함에 있어서도 주의를 기울여야 할 것이다.

■ 참고문헌

해외 문헌

Avitabile, C., & Jappelli, T. (2010). L'assicurazione sanitaria in Italia e in Europa. In Brugiavini, A., & Jappelli, T. (Eds.). *Verso un Nuovo Sistema di Architettura Sociale per la Famiglia*. Bologna: Il Mulino. 105~137.

Bordignon, M., & Levaggi, R. (2003). Il ruolo della Regione nella progettazione dei fondi sanitari integrativi. *Tendenze Nuove*, 6, 483~500.

CEIS(2007). *Rapporto Sanità 2007*. Roma: Università di Roma Tor Vergata.

Censis-Forum Ania Consumatori(2014). *Gli scenari del Welfare: Verso uno Stato Sociale Sostenibile*. Milano: Franco Angeli.

Checconi, O. (2012). Il quadro italiano della mobilità regionale. *I Quaderni di Monitor*, *29*(9), 38~44.

Cislaghi, C., & Giuliani, F. (2008). Out of pocket sanitario nelle regioni italiane. *I Quaderni di Monitor*, *22*(3), 161~177.

Granaglia, E. (2010). I fondi sanitari integrativi: Una strada da potenziare? Alcuni rilievi critici. In De Vincenti, C., Finocchi Ghersi, R., & Tardiola, A. (Eds.) (2010). *La Sanità in Italia*. Bologna: Il Mulino. 497~512.

Luciano, A. (2012. 5). Dalle società di mutuo soccorso alla mutualità. Risposte alla crisi del welfare. Paper presented at the meeting 'Colloquio scientifico sull'Impresa Sociale', Brescia University.

Maggi, S., & De Pietro, C. (Eds.) (2015). *Le Prospettive del Mutuo Soccorso nel Sistema Sanitario Italiano*. Bologna: Il Mulino.

Maino, F. (2001). *La Politica Sanitaria*. Bologna: Il Mulino.

______(2009). The Italian health system: Cost containment, mismanagement and politicization. In Bull, A., & Baldini, G. (Eds.) (2009). *Italian Politics 2008: Governing Fear*. Oxford: Berghan Books. 203~220.

Maino, F., & Mallone, G. (2016). Welfare aziendale, contrattuale e territoriale: Trasformazioni in atto e prospettive di sviluppo. In Treu, T. (Ed.). *Welfare Aziendale 2.0*. Milano: Ipsoa-Wolters Kluwer. 73~112.

Muraro, G., & Rebba, V. (2003). La previdenza sanitaria integrativa nelle proposte di riforma della sanità italiana. In Nomisma(Ed.). *I Fondi Sanitari Integrativi*.

Milano: FrancoAngeli.

______(2004). Situazione attuale e prospettive dei Fondi sanitari integrativi. In Fiorentini, G. (Ed.). *I Servizi Sanitari in Italia - 2004*. Bologna: Il Mulino.

Payra, B. (2015). La mutualità di territorio: Le società di mutuo soccorso nella sanità integrativa. In Maino, F., & Ferrara, M. (Eds.). *Secondo Rapporto sul Secondo Welfare in Italia 2015*. Torino: Centro di Ricerca e Documentazione Luigi Einaudi.

Piperno, A. (1997). *Mercati Assicurativi e Istituzioni: La Previdenza Sanitaria Integrativa*. Bologna: Il Mulino.

Spandonaro, F. (2009). La via italiana alla sussidiarietà nel Sistema Sanitario Nazionale, il ruolo del sindacato, le prospettive. *Laboratorio Terziario*, 2, 41~57.

Toth, F. (2009). *Le Politiche Sanitarie: Modelli a Confronto*. Roma-Bari: Laterza.

기타 자료

FIMIV(2008). Rapporto di missione della mutualità volontaria. Il contributo del mutuo soccorso alla sussidiarietà, alla responsabilità partecipata, al vivere civile e solidale, Roma.

______(2015). Codice identitario delle società di mutuo soccorso, approved from Fimiv Directorate. http://www.secondo-welfare.it/edt/file/CODIC.

ISTAT(2016). Il sistema dei conti della sanità per l'Italia, Anni 2012-2016. Roma.

Maino, F. (2014). Mutualismo e secondo welfare: Quali i nessi possibili?. http://www.secondowelfare.it/mutualismo/mutualismo-e-secondo-welfare-quale-nesso.html.

Maino, F., & Ferrara, M. (Eds.) (2013). Primo rapporto sul secondo welfare in Italia 2013, Torino: Centro di Ricerca e Documentazione Luigi Einaudi, 2013. http://www.secondowelfare.it/edt/file/PRIMO_RAPPORTO_SUL_SECONDO_WELFARE_IN_ITALIA.pdf.

______(Eds.) (2015). Secondo rapporto sul secondo welfare in Italia 2015, Torino: Centro di Ricerca e Documentazione Luigi Einaudi, 2015. http://www.secondowelfare.it/edt/file/Estratto_2R2W.pdf.

OECD(2017). OECD Health Statistics 2017. http://www.oecd.org/els/health-systems/health-data.htm

The World Bank Open Data. https://data.worldbank.org. 2018. 2. 6. 인출.

14

고령자 및 장애인 복지서비스

1. 머리말

노인 및 장애인 복지서비스의 접근성과 보장범위는 돌봄의 책임과 전략에 대한 다양한 생각과 이것들이 복지국가 발전에 미치는 영향을 반영한다. 복지국가 비교 연구는 돌봄정책과 서비스의 차원을 고려해 왔고, 성인인 개인이 가족과 친족관계에 의존하지 않고 사회적으로 받아들여지는 삶의 수준을 유지할 수 있는 정도로서 탈가족화라는 기준을 도입했다(Antonnen & Sipilä, 1996; Daly & Lewis, 2000; Naldini, 2003; Bettio & Plantenga, 2004; Jensen, 2008).

이탈리아에서 돌봄정책과 돌봄서비스 분야는 다소 관심 밖의 영역이었다. 그리고 이러한 뒤처진 발전은 제도가 가족과 친족의 결속에 큰 기대를 거는 가족적인 접근과 이탈리아 복지시스템의 낮은 탈가족화 정도를 반영한다(Naldini, 2003; Saraceno, 2003, 2008; Naldini & Saraceno, 2008; Da Roit & Sabatinelli, 2013).

이번 장은 돌봄에 대한 수요와 돌봄정책 및 서비스에 관해 개괄적으로 설명할 것이다. 먼저, 돌봄욕구의 증가와 이에 대한 돌봄제공의 증가하는 격차를 나타내는 일반적인 사회인구학적 추이를 보여 준다. 그리고 이탈리아의 시간에 따른 돌봄정책의 주요 특징과 발전과정을 요약해서 설명하고, 주요 정책과 서비스에 대해 개괄적으로 살펴본다.

2. 인구구조의 변화와 노인돌봄에 대한 욕구 증가

장기요양서비스에 대한 수요는 모든 OECD 국가에서 상당히 커지고 있다. 특히, 장기요양욕구는 75~85세의 연령대에서 기하급수적으로 증가했다(OECD, 2011). 유럽 통계청(Eurostat)이 발표한 가장 최근의 인구 추정자료인 '2013 유로팝(Europop)'에 따르면, EU 28개국 인구의 나이 중윗값은 2014~2080년 사이에 4.2년까지 증가할 것이며, 총인구 중 노인인구(65세 이상)의 비율은 2014년 18.5%에서 2080년 28.7%까지 10.2%p 증가할 것으로 예상된다. 또한 80살 이상 인구수는 다른 어떤 연령층의 인구보다도 빠르게 증가할 것이며 2060년에는 현재의 3배에 이를 것으로 예상된다(European Commission, 2015).

이탈리아는 EU 국가 중에서도 가장 노령화된 인구구조를 가지고 있다. 2015년에 인구의 21.7%가 65세 이상이었고(EU 28개국 평균은 18.9%) 6.5%가 80세 이상이었다(EU 28개국 평균은 5.3%). 이는 OECD 국가 중 일본, 독일, 한국에 이어 4번째로 높은 비율이다. 2050년에는 거의 3명 중 1명이 80세 이상일 전망이다. OECD 국가들에서 노인인구 중 장애의 확실한 감소 신호가 없음에 비추어 봤을 때, 결국 이러한 자료들은 앞으로의 장기요양수요 증가를 명백하게 보여 준다(OECD, 2011). 이탈리아 통계청의 예측에 따르면, 경제활동인구 대비 노인인구 비율인 노인부양률은 2015년에 33.7%(이는 2005년보다 4.3% 증가한 비율)에서 2065년 59.7%로 급격하게 증가할 것으로 나타난다. 그리고 또한 이 예측은 이탈리아에서 장기요양이 필요한 장애노인의 수는 2030년에 230만에서 350만 사이일 것이라고 추정한다(N. N. A. 2011). 비록 이것이 위험요인 변화에 개입할 가능성을 강조한 단순화된 계산이라고 하더라도, 이것은 앞으로 수십 년간 증가할 돌봄욕구에 대해 생각하게 한다.

이렇게 증가하는 사회적 위험은 인구구조 변화의 결과로서 의존과 장기요양욕구와 관련이 있는데, 이는 여성의 경제활동 참가가 증가하고 가족의 돌봄능력이 축소되면서 더욱 악화된다. 이러한 맥락에서 고려할 중요한 측면 중 하나는 이탈리아에서의 이민자의 역할이다. 이민자의 유입은 인구고령화 속도를 늦춰 주는 경향을 상당하게 나타낼 뿐 아니라 이주 가사노동자(거의 여성)는 지난 수십 년간 장기요양의무를 점점 더 많이 수행해 왔다(Catanzaro & Colombo, 2009; Da Roit & Facchini, 2010; Degiuli, 2010; Pasquinelli, 2013; Pasquinelli & Rusmini, 2013).

3. 이탈리아 노인돌봄정책의 발전

지난 수십 년간 진행된 이탈리아의 복지국가 개혁에도 불구하고 돌봄정책은 구조적으로 무시되어 왔다. 돌봄의 제공은 여전히 주로 가족의 문제였다. OECD에 따르면, 이탈리아는 OECD 국가 중에서 노인이나 장애인을 가족이 돌보는 인구비율이 제일 높았다(OECD, 2011). 다른 대륙 복지국가나 지중해 복지국가와는 대조적으로, 이탈리아 돌봄정책의 현대화와 확대는 이데올로기적으로 그리고 구조적인 이유로 방해를 받으면서 이루어지지 못했다. 여전히 가족주의에 뿌리를 둔 접근, 제도적 관성과 분열, 커다란 재정적 제약, 또한 정치적 및 사회적 주체의 역할 등이 국가 차원 개혁의 부족함과 더불어 이미 잔여적인 사회복지개입 영역을 더 축소하는 상황을 설명하고 있다(Albertini & Pavolini, 2015; Costa, 2013a; Da Roit & Sabatinelli, 2013).

이탈리아의 공공돌봄정책의 구조는 중앙과 주, 지역수준의 개입이 비슷한 수준과 모델을 가지고 있다는 점이 특징이다. 이러한 점에서 봤을 때, 이탈리아 돌봄정책에서 중앙 정부는 구조적 개혁과는 거리가 멀며 경로 의존적이다. 또한 주 정부의 정책, 지역의 복지방식, 지역 프로그램은 어느 정도의 활력이 있는 것으로 보인다(Naldini & Saraceno, 2008; Albertini & Pavolini, 2015).

장기요양에 있어 국가적 차원의 가장 중요한 사건은 본래 장애인만을 대상으로 했다가 돌봄을 필요로 하는 노인에게까지 대상을 확대한 국민요양수당의 도입이었다. 1997년 오노프리(Onofri) 위원회에 의한 관련 권고사항과 통합 사회서비스의 시스템을 위한 틀을 다룬 2000년 〈제 328법〉에도 불구하고 1990년대의 구조적 재편은 실패로 돌아갔다. 이는 한편으로는 2001년의 헌법 개정과 같은 중요한 제도적 변화 때문이었다. 다른 한편으로는 국가 개입이 결여했기 때문이었는데, 국가 정치는 서비스 제공기준을 정하고 핵심 개혁안 실행에 필요한 재정적 자원을 제공하는 데 실패했다. 중앙 정부의 수준에서 증가하는 돌봄욕구에 대한 공공의 대응책은 2007년에 부양이 필요한 사람들을 위한 국가 기금(National Fund for Dependency)을 만든 것, 재가서비스 근로자를 위한 국가적인 계약을 설립한 것, 민간 재가서비스에 관련된 이민자의 거주 지위를 합법화한 것뿐이었다(Naldini & Saraceno, 2008; Costa, 2013a; Albertini & Pavolini, 2015).

2011년과 2012년에 부양이 필요한 사람을 위한 국가 기금은 크게 삭감되었는데, 최근에는 지방 정부의 수준에서 서비스 및 급여제공을 위한 국가 자원을 할당하며 다시 재정지원이 크게 이루어졌다(N. N. A., 2015).

지역 차원에서, 노인주거요양시설의 규정에 관해 처음의 재편 노력과 가정 내 돌봄의 첫 번째 해결책은 1980년대까지 거슬러 올라간다. 그때 이후로, 그리고 국가 차원의 부족한 구조적 개혁이라는 배경에 맞서서, 다른 주체들과 다른 수준의 정부는 아래로부터의 돌봄정책 현대화를 위해 노력해왔다(Albertini & Pavolini, 2015). 주와 지방당국은 지역기금을 수단으로, 그리고 제 3영역 기관 및 다른 민간 제공자와의 파트너십을 통해 돌봄정책 문제를 타개하고 돌봄서비스의 보장범위(*coverage*)를 증가할 새로운 방법을 발전시켰다. 또한, '근로자 복지'의 형태로 고용주가 제공하는 돌봄 관련 법정 휴가 외 추가적인 휴가 및 급여, 서비스는 근로자의 일·가정 양립을 도와주는 중요한 역할을 하며 그 역할은 점점 더 커지고 있다.

그러나 최초이면서 가장 중요한, 주요 반응은 가족으로부터 나왔다. 이들은 직접적으로 돌봄에 대한 도움이 필요했고, 민간서비스라는 스스로의 전략을 세워 나가고 있었다. 정부의 지원 부재에서, 이탈리아에서 노인 요양의 주된 특징이라 할 수 있는 이민자의 요양서비스 제공과 함께, 1990년대 이래로 가족은 민간돌봄시장에서 점점 더 많이 도움을 찾았다(Albertini & Pavolini, 2015; Costa, 2013a).

최근 몇 년간 경제위기와 재정감축을 겪는 동안, 이러한 아래로부터의 현대화 과정은 국가 기금이 삭감되고 지방 정부의 수입에 여러 문제가 발생하면서 약화되었다. 증가하는 부담 아래에서, 지방 정부 당국은 그들의 돌봄서비스 전달을 줄이거나 재고해야만 했고, 본인 부담금과 요금을 올리기도 했다. 동시에 가족 또한 증가하는 경제적 문제와 맞닥뜨렸는데, 심지어 많은 중산층 가족까지 민간돌봄시장에 진입하는 데 어려움을 느꼈다.

최근의 국가 기금 전환은 중앙 정부의 중요한 반응이다. 그러나 이탈리아의 돌봄레짐의 전반적인 특징은 수십 년간 상당 부분 바뀌지 않았다. 이렇게 점점 더 중요성이 커지는 정책영역에서의 자연스러운 구조개혁이 시급함에도 불구하고 여전히 관심 밖에 있다.

4. 이탈리아의 공공 노인요양정책과 서비스

공공의 개입은 현금급여와 서비스로 이루어진다.[1] 국가적 차원에서의 가장 중요한 정책은 주와 지역 차원의 요양수당(Assegni di Cura)과 결합할 수 있는 보편적 국민요양수당(Indennità di Accompaganmento)이다. 요양서비스는 재가서비스, 준시설서비스, 그리고 시설서비스로 나눌 수 있다. 최근에는 또한 민간 요양서비스를 유지하려는 목적의 정책과 서비스가 도입되고 있다.

앞서 언급했듯, 이탈리아에서 노인돌봄정책에 대한 책임은 국가, 주 그리고 지방자치단체 간의 권한 관계 안에서 나눠진다. 그러나 요양급여와 서비스에 관해 어떠한 일관된 법적 골조도 갖추지 않았으며 종종 당국 간의 협력 부족과 보건복지서비스 간의 불충분한 통합이 나타나기도 한다(OECD, 2011; Costa, 2013a; N. N. A., 2015).

중앙 정부의 권한은 현금급여의 측면에서 국민요양수당과 세제혜택에 관한 것이고 또한(여전히 부족한) 사회복지서비스 제공에 대한 국가 기준의 정의에 관한 것이다. 주에서는 보건서비스 제공과 같은 중요한 법적 권한을 가지며, 지방자치단체(시군구)는 사회적 돌봄서비스 제공을 책임진다. 정책적 반응과 서비스의 접근성은 주에 따라, 심지어 시군구 단위에 따라서도 큰 차이가 난다. 노인장기요양서비스는 더 부유한 북부와 남부 사이의 불균형을 보일 뿐 아니라 지역에 따라 시설 또는 재가 기반의 요양서비스에 대한 지향성에서도 차이가 난다(N. N. A., 2010). 이러한 상황은 결국 이탈리아의 복지체계 안에서 다양한 주와 지방의 돌봄레짐이 굉장히 파편화되고 서로 달라지는 결과를 낳는다(N. N. A., 2010; Costa, 2013b).

---

1) 여기에서 공공서비스라는 용어는 공공과 공공의 지원을 받는 비영리 민간 부문 둘 다에 의해 운영되는 모든 종류의 공식적 돌봄서비스를 가리킨다.

〈표 14-1〉 노인장기요양서비스 및 급여 개괄

개입영역	서비스 및 급여
재가서비스	통합 방문요양서비스(Assistenza Domiciliare Integrata) 방문 요양보호사(Assitenza Domiciliare)
시설서비스	통합 건강 및 사회적 돌봄을 위한 거주시설(Presidi Sociosanitari) 노인주거요양시설(Presidi Socioassistenziali)
준시설서비스	데이케어 센터
현금급여	국민요양수당(Indennità di Accompagnamento) 주 또는 지역요양수당(Assegni di Cura)
민간 부문에 대한 지원	세제혜택, 요양보호사 고용을 위한 특별급여, 훈련 코스, 민간서비스 제공을 연결하는 카운터서비스

〈표 14-2〉 노인요양제도의 각각 구성요소에 대한 공공지출

(단위: %, GDP 대비 비율)

노인요양제도의 각각 구성요소에 대한 공공지출	2005	2008	2011	2014
보건의료비용	0.46	0.49	0.51	0.44
국민요양수당	0.49	0.56	0.61	0.64
지방자치단체의 요양비용	0.11	0.13	0.17	0.19
계	1.07	1.18	1.28	1.27

다른 유럽 국가와 비교하면 이탈리아는 시설요양과 재가요양 모두 낮은 이용률을 보인다. 이탈리아에서는 2012년도 기준으로 65세 이상 인구의 약 5.2%가 재가서비스를 받았으며, 2.1%는 시설에서 장기요양서비스를 받았다(Campbell et al., 2016). 이탈리아 요양서비스의 보장범위는 유럽 평균보다 확연히 낮은 수준이고 북유럽 국가의 서비스 이용률보다 한참 뒤떨어진다(OECD, 2011).

이탈리아에서 노인장기요양을 위해 사용한 전체 공공지출은 2014년에 GDP의 1.27%였다(Barbarella et al., 2015). 이탈리아의 장기요양 공공지출은 GDP 대비 비율로 했을 때 2030년에 2.6%에 달할 수 있을 것이고 2050년까지는 거의 GDP의 4%에 달할 것이다. 다른 OECD 국가와 비교했을 때, 현재 이탈리아의 전체 장기요양지출은 OECD 평균보다 낮은 수준이며 북유럽 국가에 한참 못 미친다(OECD, 2011).

1) 국민요양수당

국가적 차원에서 가장 중요한 정책은 1980년 〈제 18법〉에 의해 도입된, 나이와 소득에 상관없이 일상생활에 지속적인 도움이 필요한 심각한 장애를 가진 이에게 지급되는 국민요양수당(Indennità di Accompagnamento) 이다. 이 급여는 보험료와 관련된 사회보험급여도, 자산조사를 통한 급여도 아니다. 이것은 지역 보건당국에 의해 욕구사정이 이루어진 뒤 제공되며 조세가 그 재원이다. 2014년에 65세 이상 인구의 12%가 이 현금급여의 수급자였다. 이는 2010년 12.7%보다 약간 감소한 것이다(Barbarella et al., 2015). 현재 요양서비스 구매를 위해 지급되거나 비공식 돌봄인에게 전달되는 수당은 월 512.34유로이다. 앞서 보았듯이, 국민요양수당을 위한 지출은 이탈리아 전체 장기요양지출에서 가장 큰 부분이다(2014년 GDP의 0.64%). 국민요양수당은 장기요양에서 가장 중요한 정책으로 여겨진다. 특히, 다른 주나 지방에서 주는 수당이나 서비스가 없을 때 더욱 그렇다.

그러나 이 수당에는 여러 비판적인 요소가 있다. 국민요양수당은 특정 집단을 대상으로 하는 정책이 아니고, 또한 서비스 발전을 위한 개선 노력을 이끌어 내기보다는 간접적으로 민간 부문을 지원하면서 오히려 현재 상황을 지원하고 있다. 게다가 국가가 정한 기준을 바탕으로 평가를 하고 그에 따라 수당이 지급됨에도 불구하고, 각각 주마다 수당을 받는 비율이 큰 차이가 난다. 이는 단지 역학적인 특징과 노인부양률의 차이 때문이라고 보기 어렵다.

또 다른 비판은 급여가 조사된 욕구의 중대성에 따른 차이를 전혀 반영하지 못한다는 것이다(Luppi, 2015). 또한, 다른 보건복지정책과 급여와의 조정 및 협력도 부족하다. 마지막으로, 수당은 그 사용에 어떠한 규제도 없어서, 적절한 훈련을 받지 않은 비공식 돌봄노동자의 비정규 고용으로 이어진다(Forum Terzo Settore, 2011).

2) 주와 지역 차원의 요양수당

1990년대 중반부터 몇몇 주나 지방자치단체는 국민요양수당과 더불어 각기 다른 돌봄 문제 해결을 재정적으로 지원하기 위해 노인 또는 친족에게 직접 지급하는 지역요양수당(Assegni di Cura)을 도입하였다(Gori, 2001). 이러한 주 또는 지역요양수당은 노인의 병원 입원을 방지하고, 특히 요양시설에 대한 공공서비스의 부담을 완화하기 위해 경제적으로 어려운 의존적 노인을 지원하기 위한 자산조사형 급여이다. 그러나 불균등한 접근성과 주 및 지역정책의 각기 다른 수급기준은 또다시 이탈리아 복지체제의 분열과 주 및 지역별로 매우 다른 노인의 상황을 야기한다.

주와 지역 차원의 요양수당 도입은 서비스 제공을 통해 돌봄의 책임을 함께 지고 가족의 부담을 완화하려는 노력보다는 가족 '본래'의 돌봄기능을 지원하는, 좀더 비용이 적은 전략에 대한 선호로 풀이될 수 있다(Gori, 2001).

3) 요양시설

요양시설은 두 가지 주요 유형으로 분류될 수 있는데, 노인주거요양시설(Presidi Socioassistenziali)과 통합 건강 및 사회적 돌봄을 위한 거주시설(Presidi Sociosanitari)이 그것이다. 전자는 관련된 보건 욕구가 없는 노인을 위해 사회적 돌봄을 제공한다. 이 시설은 사회서비스시설로 간주되며 비용은 재정적 상황에 따라 지방 정부와 사용자가 나누어 부담한다.

보건의료와 사회적 돌봄을 제공하는 요양시설은 광범위한 관련 보건서비스(의료, 간호, 재활)를 포함하는 장기요양 양로원(Residenze sanitarie assistenziali: RSA)과 이보다는 낮은 정도의 의료와 간호서비스를 제공하는 보건사회서비스시설로 나누어질 수 있다. 통합 보건요양시설은 1980년대 말부터 1990년대 사이에 도입되었는데, 여기서는 보건과 돌봄서비스가 통합되어(*integrazione sociosanitaria*) 제공된다. 보건서비스 비용은 보건의료제도가 보장하고 돌봄서비스 비용은 지자체와 이용자가 나누어 부담한다. 이용자가 비용을 부담할 수 없는 경우에는 친족이 대신 비용을 지불할 의무가 있다. 일반적으로 중산층 이용자가 부담하는 비용은 아주 높은 편이다. 이는 이탈리아의 요양시설이 접근성이 낮을 뿐 아니라 그 비용이 중산층에게도 매우 비싼 편이기 때문에 장기요양시설에 대한 욕구가 가족에게 큰 부담을 지울 수 있음을 의미한다. 2013년에는 이탈리아의 65세 이상 노인인구의 2.14%가 요양시설에서 거주했고 그중 74%가 80세 이상이었다(ISTAT, 2015).

4) 재가서비스

재가서비스도 역시 보건서비스 요소에 따라서 두 가지 주요 유형으로 분류된다. 통합 방문요양서비스(Assistenza Domiciliare Integrata: ADI)는 사회적 돌봄서비스와 (가정간호 같은) 가정보건서비스를 결합하여 이용자가 가정에서 통합된 서비스를 받을 수 있게끔 한다. 통합 방문요양서비스에 의해 제공되는 일괄서비스 프로그램은 이용자의 욕구와 이용 가능한 자원에 따라 상당히 달라진다. 이용자의 조건과 욕구는 먼저 보건과 돌봄 두 분야의 전문가로 이루어진 '평가 및 계획 팀'에 의해 평가되고, 이들은 가장 적절한 요양계획을 수립한다.

방문돌봄서비스는 지방자치단체가 제공하고 재가보건서비스는 통합 방문요양서비스의 각기 다른 서비스 조정을 맡은 보건사무소(Azienda Sanitaria Locale)가 제공한다. 비용 면에서는 통합 시설서비스와 마찬가지로, 보건서비스는 보건의료제도가 재정을 부담하여 무료로 제공되고, 돌봄서비스는 경제적 상황에 따라 지자체와 이용자가 나누어 부담한다. 공식적인 재가서비스의 또 다른 주요 기둥은 가정도우미(Assistenza Domiciliare)로, 온전히 지방자치단체가 운영하며 방문서비스를 제공한다. 가정도우미 파견서비스는 대부분의 경우 신청자뿐만 아니라 그 친족까지 대상으로 하여 자산조사를 실시하고 그에 기반을 두고 비용을 받는다. 가정도우미 파견서비스의 발전은 아직도 산발적이며 지방자치단체에 따라 제공하는 서비스도 다른데, 일반적으로 북부 도시에서의 공급상황이 좀더 낫다. 1990년대부터 가정도우미 파견서비스의 제공은 사회적 기업과 같은 비영리 조직이 주가 되는 민간서비스 제공자에게 위탁하는 경우가 점점 늘어나고 있다(N. N. A., 2015).

다른 유럽 국가와 비교해 보면, 공식 가정도우미 파견서비스를 받는 노인의 비율은 상당히 낮다(OECD, 2011). 빠르게 증가하는 노인인구를 고려하면 통합 방문보조와 가정도우미 둘 다를 포함한 재가서비스의 제공은 적절하지 않은 수준이다. 2012년에 노인인구 중 5.6%만이 재가서비스를 이용하고 있었는데, 4.3%가 통합방문보조를 이용했고 1.3%는 가정도우미 이용자였다(Barbarella et al., 2015). 공공복지로 충족되지 않는 증가한 수요에 비추어 볼 때, 가족은 의존적 노인을 위한 장기요양 보장에 점점 더 어려움을 느끼고 있다. 특히, 자산조사에 따른 가정도우미 파견서비스의 대상이 아니면서 민간돌봄서비스의 비용을 감당하기 힘든 중산층 가족이 어려움을 겪는다(N. N. A. 2015).

5) 재가 노인요양보호사

1990년대 초부터 국제 이민의 증가와 함께 공공서비스로 충족되지 못한 채 증가하던 돌봄 문제는 민간 재가서비스를 필요로 하는 가족에게 직접 고용된, 주로 이민자 여성인 재가 요양보조원이 생기고 확산되도록 하였다. 지난 20년 동안 그들의 수는 기하급수적으로 늘어서 정점에 달했다. 2009년에는 90만 명이 넘는 돌봄 관련 근로자가 국가 사회보험기관에 등록된 것으로 나타났다. 그 이후로 그 수가 최근 몇 년 동안의 경제위기 효과로 눈에 띄게 줄었지만, 여전히 전체 돌봄 관련 종사자 중 주요 부분을 담당하고 있다(Pasquinelli, 2013; Pasquinelli & Rusmini, 2013).

이 영역을 규제하려는 다양한 시도와 고용된 여성의 합법적 지위를 보장하려는 다양한 움직임에도 불구하고, 분명히 열악한 근로조건과 착취로부터 전혀 보호받지 못하는 미등록 여성을 대거 고용하는 거대한 암시장이 여전히 존재할 것으로 추정된다. 이주민 요양보호사는 주로 여성이며 평균 연령은 42세이고, 이 중 60%는 주로 우크라이나와 루마니아 등 동유럽 출신이고 30%는 남아메리카 출신이다(Pasquinelli, 2013).

지난 몇 년간 현금급여와 세제혜택을 주고 요양보호사를 위한 훈련과정을 마련하며 공급과 수요를 연결해 주는 특별조직을 만드는 등 민간 요양서비스를 유지하고 합법화하려는 시도가 있었다. 그러나 몇몇 주에 도입된 현금급여와 가능한 세제혜택은 한정된 급여만을 제공하였고 그 미약한 결과로 정부의 민간서비스 유지 및 합법화라는 공인된 정책목표 달성은 실패하였다. 아마도 많은 경우 요양보호사는 체류허가 연장 이외의 이탈리아 사회보험급여에는 관심이 없고, 정규직 계약 대신 유동성을 더 선호할 수도 있다. 결과적으로 요양보호사는 실제로는 밤낮으로 풀타임 서비스를 제공하지만 공식적으로는 주 25시간의 최저계약을 맺는 경우가 종종 발생한다. 또한 요양보호사의 훈련 프로그램도 정식 체류허가를 받고 요양보호 업무와 훈련을 병행할 수 있는 요양보호사만 받을 수 있다. 이러한 요양보호사는 가정 내 민간요양 일을 그만두고 공식적 영역에서 일하고 싶을 수도 있다. 그러므로 대체로 민간 요양보호사를 유지하기 위한 각각의 제도는 단지 주변부적 영향만을 미칠 뿐이며 최악의 상황(불법체류)에 있는 요양보호사에게는 미치지 못하고 있는 것이다(Pasquinelli, 2013; Pasquinelli & Rusmini, 2013).

공공정책 및 서비스와 거의 통합되지 않는 민간 재가서비스와 이에 상응하는 (암) 시장의 확산 현상은 이탈리아 사례의 특성을 나타낸다. 1990년대에 다른 유럽 국가는 장기요양서비스에 대한 욕구를 '사회적 위험'으로 인식하고 새로운 사회보험제도 도입과 공공복지서비스의 강화를 통해 구조적 재편을 시작했다. 반면, 이탈리아는 증가하는 장기요양욕구에 대해 공공의 역할 강화가 아니라 민간영역을 유지하며 구조적 재편을 이루어내는 데 실패했다(Naldini & Saraceno, 2008; Da Roit & Sabatinelli, 2013). 주 및 지역 차원의 노력에도 이탈리아는 전반적으로 여전히 가족 및 친족 결속모델에 크게 의존하고 있다.

같은 맥락에서 이주여성이 제공하는 대규모 민간서비스 역시 '가족 내 복지' 모델의 영구화로 해석할 수 있다. 규제가 없고 값싼 민간서비스 암시장에서 서비스를 구매하는 것은 많은 이탈리아 가족의 해결책이 되며, 특히 중산층과 그 이상의 가족에게 그렇다. 게다가 현금급여와 서비스급여 둘 다 접근성이 거의 없는 지역에서는, 민간시장에서 서비스를 구매할 능력이 있는 여성 및 가족과 가정 내 무급 돌봄노동을 계속해서 제공해야 하는 저소득층 여성, 그리고 낮은 보수를 받으며 때로는 착취당하는 재가서비스 근로자 여성 간에 새로운 불평등 현상이 발생하고 있다(Degiuli, 2010; Albertini & Pavolini, 2015).

5. 장애인 복지서비스

이탈리아 복지체제에서 장애인이 처한 상황은 빛과 그림자로 특징지을 수 있다. 이탈리아는 장애인의 사회통합개념 촉진과 학교[2] 및 노동시장[3]에서의 통합정책을 위한 혁신적인 법적 틀 마련에 있어 발전도가 높은 국가 중 하나이다. 그러나 다른 한편으로 돌봄의 측면에서 보면, 상황은 지금까지 언급한 것과 비슷하다. 공공서비스가 부족하고 현금급여(연금과 공공부조 둘 다)에 대한 선호가 현물급여보다 강해서 장애인 가족은 대부분의 돌봄책임을 계속해서 떠맡고 있다(ISTAT, 2010).

이탈리아 통계청에 따르면, 약 200만 6천여 명의 장애인이 자택에 거주하며 약 19만 명의 장애인이 시설에서 생활하는 것으로 나타났다. 이탈리아의 장애인 수는 전체 인구의 5.2%를 차지한다. 가장 높은 장애비율은 자연스럽게 노인층에서 나타났는데, 74~79세 사이는 17.75%, 80세 이상은 44.47%가 장애가 있는 것으로 나타났다(ISTAT, 2010).

현금급여와 관련해서 보면 사회보장공단(INPS)이 장애인을 위한 다양한 종류의 급여를 제공하고 있다. 이 중 가장 중요한 것들은 18~65세 사이의 100% 등급판정을 받은 이를 위한 장애연금(Pensione di Inabilità), 일하지 않는 상태이며 74~99% 사이의 등급 판정을 받은 18~65세 사이의 이를 위한 월별수당이다. 또한 INPS는 18세 이하의 청년층에게 사회 및 학교통합 지원을 목적으로 특별 월별수당(Assegno Mensile)을 제공한다. 일상생활에서 지속적 도움이 필요한 장애인은 위에 설명된 바 있는 국민요양수당 수급권을 갖는다. 이뿐만 아니라 경제활동을 하지 않는 65세 이상의 장애인 역시 65세 이상 노인에게 지급되는 국민기초연금(Assegno Sociale)을 받는다. 이런 수당 외에도 고용상태의 장애인을 위한 특별급여 역시 존재한

---

2) 1971년 〈제 118법〉은 일반 교육과정에서 장애아동이 공공교육을 받을 권리를 보장하였다. 학교시스템 내로의 이 강력한 통합정책은 확정되어 왔고 장애인에 대한 법적 근거를 제시한 1992년 〈제 104법〉에 따라 다른 생활영역으로까지 확대되었다(Legge-Quadro per l'Assistenza, l'Integrazione Sociale e i Diritti delle Persone Handicappate).

3) 1999년 〈제 68법〉은 "장애인의 일할 권리"(*norme sul diritto al lavoro dei disabili*)를 보장한다. 이 법은 사회적 통합을 촉진하고 노동의 세계에 장애인의 자리를 마련함으로써 (1968년 〈제 482법〉에 의해 이미 도입된) 의무적 배치의 개념을 발전시켰다. 그러나 노동시장 참여를 개선하기 위한 상당한 입법 노력에도 불구하고, 경제활동 연령 장애인의 20%만이 고용상태이며, 그중 45~64세 사이의 남자가 높은 비율(24.6%)을 차지한다(ISTAT, 2010). 법에 의한 의무고용에 더해서, 많은 장애인은 또한 취약계층의 노동시장에의 통합을 위한 특별한 사회적 기업인 B유형 사회적 협동조합(Cooperative Sociali di Tipo B)에 고용되어 있다(Laratta, 2016).

다. 예를 들어 일반 장애수당(Assegno Ordinario di Inabilità)은 물론 고용주와 근로자 모두에게 적용되는 세제혜택이 있다. 또한 의존적 장애인을 가족으로 둔 근로자를 위한 육아휴직 연장, 야간근무 면제, 조기은퇴와 같은 특별한 정책도 있다.

돌봄서비스의 전반적인 상황은 이미 앞서 설명한 바 있다. 부양이 필요한 노인과 마찬가지로 장애인을 위한 서비스 역시 통합 재활시설 또는 요양원과 같은 거주시설, 데이케어센터와 같은 준거주시설, 재가서비스로 구분된다. 장애인의 93%는 자택에서 가족과 함께 산다(ISTAT, 2010). 가족은 장애인을 위한 가장 중요한 자원이지만, 동시에 그들은 보조와 돌봄에 있어 큰 책임을 지며 외부로부터의 도움은 거의 받지 못한다. 예를 들어, 자료에 따르면 이탈리아에서 장애인이 있는 가족의 32.8%가 방문보건 의료서비스를 필요로 하지만 13.2%만이 서비스를 받고 있으며, 한 명 이상의 중증 장애인이 있는 가족의 48.2%는 여전히 돌봄에 있어 비공식적 도움과 민간 및 공공서비스 모두를 포함한 어떠한 외부의 도움도 받지 못했다(ISTAT, 2010).

6. 맺음말

대체로 이탈리아에서의 돌봄에 대한 욕구 증가는 이에 상응하는 정책과 구조적 재편으로 충족되지 못하고 있다. 이탈리아는 여전히 가족 및 친족 결속모델에 의존하고 있는데 이것으로는 증가하는 욕구와 사회적 위험을 점점 더 감당하기 어려워지고 있다. 이는 노인과 중증장애인의 불충분한 생활환경과 가족의 과중한 부담, 특히 요양보호사가 제공하는 민간서비스 구매력이 없는 저소득 가정과 보조금 및 서비스가 미약한 지역에서의 새로운 불평등 측면에서 그러하다(N.N.A., 2015; Albertini & Pavolini,

2015; Costa, 2013a).

국가적 차원에서 가장 중요한 정책수단으로 국민요양수당이 존재하지만, 여기에는 또 다른 문제가 나타난다. 이 제도에 대한 최근 재편 제안을 보면 한편에서는 지역보건당국으로의 지출 위임을, 또 다른 한편에서는 각각의 다른 상황과 서비스 욕구에 따른 수당 등급을 제안한다. 이 조정안들은 제도의 대상을 좀더 명확히 할 것이며 지역서비스체계와 더 나은 연계를 가능하게 할 것이다(N. N. A., 2015).

진작 이루어졌어야 하는 국가 차원의 재편 노력은 전반적으로 일관된 법률체계를 정비하고, 이탈리아의 시스템 분열을 해결하며, 북부지역과 남부지역의 현격한 차이를 극복하기 위해 전국적인 돌봄서비스의 제공에 대한 기본 최저수준을 정하는 것을 목적으로 해야 한다. 이러한 규제된 제공과 함께 국가는 주 정부가 정책과 서비스를 발전시킬 수 있도록 재정적 자원의 할당을 상당히 키울 것으로 보인다. 전체적으로 보면, 국가는 사회적 위험을 잠재울 수 있게 장기요양욕구에 대응하고 사회의 다양한 책임 주체의 연합과 통합을 촉진해야 할 것이다(N. N. A., 2015).

지역 차원 장기요양서비스 제공의 발전은 노인과 그 가족에게 현실적 대안과, 현금급여 혹은 현물급여(서비스) 중 선택할 가능성을 주기 위해 기본적으로 필요하다. 통합서비스의 발전은 비영리 민간조직의 서비스 제공을 확대하고, 이들을 지역 차원의 지속 가능한 사회적 돌봄정책의 계획과 도입과정에 더 통합시키는 방안으로 실현되어야 한다.

마지막으로 중요한 점은 민간영역의 돌봄노동 유지와 수많은 비공식적 재가 요양보호사의 합법화를 위해 큰 노력이 있어야 한다는 것이다. 이런 의미에서 현금급여 지급에는 요양보호사 고용 여부가 고려되어야 한다. 게다가 민간의 재가서비스에게 제공되는 현금지원과 세제혜택이 재가 요양보호사를 정식으로 고용하는 데 실제 긍정적으로 작용할 수 있도록 해야 한다. 재가 요양보호사의 훈련 및 자격 취득과 민간의 재가서비스와 공공서비스의 통합을 위한 많은 노력 역시 필요하다. 이러한 노력들은 많은 이탈리아 노인의 생활환경을 개선시킬 것이며 그 가족이 감당할 수 있는 요양방안을 찾는 데 큰 도움이 될 것이다(N. N. A., 2015).

■ 참고문헌

해외 문헌

Albertini, M., & Pavolini, E. (2015). Care policies in Italy between a national frozen landscape and local dynamism. In Ascoli, U., & Pavolini, E. (Eds.) (2015). *The Italian Welfare State in a European Perspective: A Comparative Analysis*. Bristol: Policy Press. 133~156.

Antonnen, A., & Sipilä, J. (1996). European social care services: Is it possible to identify models?. *Journal of European Social Policy*, *6*(2), 87~100.

Barbarella, F., Chiatti, C., & Di Rosa, M. (2015). La bussola di NNA: Lo stato dell'arte basato sui dati. In N. N. A. (Network per la Non Autosufficienza) (Ed.) (2015). *L'assistenza agli Anziani non Autosufficienti in Italia: 5° Rapporto*. Rimini: Maggioli. 15~33.

Bettio, F., & Plantenga, J. (2004). Comparing care regimes in Europe. *Feminist Economics*, *10*(1), 85~113.

Campbell, J., Ikegami, N., Gori, C., Barbarella, F., Chomik, R., D'Amico, F., Holder, H., Ishibashi, T., Johanson, L., Komisar, H., Ring, M., & Theobald, H. (2016). How different countries allocate long-term care resources to older users: A comparative snapshot. In Gori, C., Fernández, J.-L., & Wittenberg, R. (Eds.) (2016). *Long-Time Care Reforms in OECD Countries*. Bristol: Policy Press. 45~76.

Catanzaro, R., & Colombo, A. (Eds.) (2009). *Badanti & Co.: Il Lavoro Domestico in Italia*. Bologna: il Mulino.

Costa, G. (2013a). Long-Term care Italian policies: A case of inertial institutional change. In Ranci, C., & Pavolini, E. (Eds.) (2013). *Reforms in Long-Term Care Policies in Europe.* New York: Springer. 221~241.

______(2013b). L'Italia del patchwork: Le politiche regionali per anziani. In Kazepov, Y., & Barberis, E. (Eds.) (2013). *Il Welfare Frammentato: Le Articolazioni Regionali delle Politiche Sociali Italiane.* Roma: Carocci. 113~134.

Da Roit, B., & Facchini, C. (2010). *Anziani e Badanti: Le Differenti Condizioni di Chi è Accudito e di chi Accudisce.* Milano: FrancoAngeli.

Da Roit, B., & Sabatinelli, S. (2013). Nothing on the move or just going private? Understanding the freeze on child- and eldercare policies and the development of care markets in Italy. *Social Politics, 20*(3), 430~453.

Daly, M., & Lewis, J. (2000). The concept of social care and the analysis of contemporary welfare states. *British Journal of Sociology, 51*(2), 281~298.

Degiuli, F. (2010). The burden of long-term care: How Italian family care-givers become employers. *Ageing & Society, 30*(5), 755~777.

European Commission (2015). *The 2015 Ageing Report: Economic and budgetary projections for the 28 EU Member States (2013~2060).* Luxembourg: Office for Official Publications of the European Communities.

Forum Terzo Settore (Ed. Gori, C.) (2011). *Quale Futuro per il Welfare?: Le Politiche Sociali tra Delega Assistenziale e Prospettive di Sviluppo.* Granarolo dell' Emilia (BO): Socialmente.

Gori, C. (2001). Gli assegni di cura: Una rivoluzione silenziosa del welfare italiano?. In Ranci, C. (Ed.) (2001). *Il Mercato Sociale dei Servizi alla Persona.* Roma: Carocci. 87~118.

Gori, C., & Rusmini, G. (2015). La rete dei servizi sotto pressione. In N. N. A. (Network per la Non Autosufficienza) (Ed.) (2015). *L'assistenza agli Anziani non Autosufficienti in Italia: 5° Rapporto.* Rimini: Maggioli. 57~85.

ISTAT (2010). *La Disabilità in Italia: Il Quadro delle Statistica Ufficiale.* Roma: Istituto Nazionale di Statistica.

______(2015). *I Presidi Residenziali Socio-assistenziali e Socio-sanitari.* Roma: Istituto Nazionale di Statistica.

Jensen, C. (2008). Worlds of welfare services and transfers. *Journal of European Social Policy, 18*(2), 151~162.

Laratta, R. (2016). An interface between mental health systems and the community:

Italian social cooperatives. *Journal of Policy Practice*, *15*(1-2), 102~115.

Luppi, M. (2015). Non autosufficienza e impoverimento. In N. N. A. (Network per la Non Autosufficienza) (Ed.) (2015). *L'assistenza agli Anziani non Autosufficienti in Italia: 5° Rapporto*. Rimini: Maggioli. 87~103.

N. N. A. (Network per la Non Autosufficienza) (Ed.) (2010). *L'assistenza agli Anziani non Autosufficienti in Italia: 2° Rapporto*. Rimini: Maggioli.

______(2011). *L'assistenza agli Anziani non Autosufficienti in Italia: 3° Rapporto*. Rimini: Maggioli.

______(2015). *L'assistenza agli Anziani non Autosufficienti in Italia: 5° Rapporto*. Rimini: Maggioli.

Naldini, M. (2003). *The Family in the Mediterranean Welfare States*. Frank Cass, London: Portland.

Naldini, M., & Saraceno, C. (2008). Social and family policies in Italy: Not totally frozen but far from structural reforms. *Social Policy & Administration*, *42*(7), 733~748.

OECD(2011). *Help Wanted?: Providing and Paying for Long-Term Care*. Paris: OECD Publishing.

Pasquinelli, S. (2013). Le badanti in Italia: Quante sono, chi sono, cosa fanno. In Pasquinelli, S., & Rusmini, G. (Eds.) (2013). *Badare non Basta. Il Lavoro di Cura: Attori, Progetti, Politiche*. Roma: Ediesse. 41~55.

Pasquinelli, S., & Rusmini, G. (2013). Il punto sulle badanti. In N. N. A. (Network per la Non Autosufficienza) (Ed.) (2013). *L'assistenza agli Anziani non Autosufficienti in Italia: 4° Rapporto*. Rimini: Maggioli. 93~111.

Saraceno, C. (2003). *Mutamenti della Famiglia e Politiche Sociali in Italia*. Bologna: il Mulino.

______(Ed.) (2008). *Families, Ageing And Social Policy: Intergenerational Solidarity in European Welfare States*. Cheltenham: Edward Elgar.

15
아동 및 보육서비스

1. 머리말: 이탈리아의 가족주의와 아동돌봄

유럽의 가족대상 사회정책은 전통적으로 항상 국가별로 표명하는 목표와 적용하는 방식에 따라 차별화되었다는 특징을 이루어 왔다.

가족정책 분야는 다양한 "가족문화"(Saraceno, 2013)를 보여 주기 때문에 다른 정책(연금이나 실업보험)보다 좀더 국가별 특수함을 잘 발휘한다. 다시 말해, 관계, 책임, 규율 또는 가족 간의 유대를 지각하는 다양한 방식을 함축하고 있다. 그러므로 국가마다 정부의 개입 정도가 다르고, 한 나라 안에서도 다양한 가족모델이 계속해서 변하고 있다.

이탈리아의 가족시스템에 대한 국가의 개입 정도는 투자한 재정적 예산, 운영법칙 및 서비스의 접근성과 관련이 있으며 '가족'에 대한 이해에 따라 추구하는 목표가 달라졌다. 주로 불평등 방지, 사회통합의 증진, 기회평등의 지원, 일·가족 양립, 여성고용 증가보다는 출산율 증가를 목표로 했으며 이를 위해 다양한 전략을 적용해 왔다(Saraceno, 2013).

특히, 이러한 정책을 추진하고 방향을 설정하는 데 있어 가장 중요한 역할은 EU가 했다. EU는 가족정책에 대한 분명한 계획이 없다. 그러나 전문가의 의견에 따르면 "사실상 전 유럽 회원국에서 암묵적으로 통용되는 가족정책이 존재한다. 이의 주춧돌은 가족 중에서 2인이 일하거나 최소한 1.5인이 일하는 가족모델로서, 여러 명이 다양한 방식으로 부분적으로 유아들을 돌보는 경우이다"(Saraceno, 2013: 99).

이탈리아는 전 유럽을 놓고 볼 때, 특히 과거 수십 년간 남성 생계부양자(*male breadwinner*) 가족모델이 특징적이다. 이 모델은 전통적 가족개념에 기반을 두며, 노동의 책임과 가족돌봄의 책임을 남녀 간에 구분한다. 가족을 돌보는 것을 가족 자체의 의무, 그중에서도 여성의 의무로 돌렸으며 여기에 국가가 별로 개입하지 않았다. 가족에 대하여 공적인 조치가 있었을 때는 빈곤가정을 위해 기획된 지원인 경우가 대부분이었다. 이탈리아 가정시스템이 이런 식으로 돌아가자, "비도덕적 가족주의"(*amoral familism*, Banfield, 1958)[1]라는 정의가 등장했고 이후 이탈리아의 사회논리적 문학에서 가족주의(*familism*)라는 개념으로 도입되었다. 그러므로 가족정책에 대한 공공의 잔여투자[2]도 복지시스템에서 가족주의적인 특징을 보인다(Saraceno, 2013; Naldini & Saraceno, 2011; Mantovanelli, 2007). 즉, 가족을 자력과 자체적인 재원을 가지고 스스로 지탱하는, 또는 경제적 어려운 경우 보호하고 지원하여야 하는 총체적 단위로 보는 것이다.

따라서 이탈리아 복지시스템은 가족의 각 구성원이 필요로 하는 것을 간

---

1) 비도덕적 가족주의는 밴필드(Edward C. Banfield)가 1950년대 바실리카타주의 한 작은 공동체에서 실행한 인류학적 연구 후에, 1958년 자신의 저서 《퇴행 사회의 도덕적 기초》(*The Moral Basis of a Backward Society*)에서 도입한 사회적 개념이다. 밴필드는 자신이 관찰한 가족들의 행동을 가리키기 위하여 이 용어를 만들어 냈다. 가족들의 행동양식의 주 특징은 사회적 안녕과 단체적 임무를 희생하고서라도 자신의 가족의 평안만을 추구하는 것이다. 이러한 시스템은 정부와 시민 간의 중간 매개체가 들어서는 것을 꺼리는 중앙 정부의 시스템, 특히 권위적 정부 안에서 확산된다고 저자는 강조하였다.

2) 이에 대해서는 이 책의 10장 '가족수당제도'를 참조하라.

과하고, 가족 전체가 필요로 하는 것만을 인정하는 경우가 많았다. 이러한 성향은 가족을 보호하기는커녕, 가족에게 신사회적인 위험만을 초래하였다. 예를 들어 성별 평등, 세대 간 평등(예를 들어, 청년이 가족으로부터 독립하는 과정에서 거의 지원이 없음)의 문제를 간과하고 단순히 소득이 상이한 가정 간 평등만을 추구하였기 때문이다(Saraceno, 2013; Naldini & Saraceno, 2011; Mantonavelli, 2007; Barbagli & Saraceno, 1997).

또한 최근 10년간 제안된 정책들은 총체적이고 체계적인 정책전략의 결과라기보다는, 오히려 간헐적이고 산발적인 방안의 결과물인 경우가 많았다. 소득보장, 세금감면과 공공부조, 아동서비스 등이 그러했다.

전체적으로 볼 때, 가족정책은 가족 간 평등이나 가족 구성원 간 평등을 추구할 때 다차원적인 맥락을 지니고 있어야 한다. 가족 문제를 바라보는 데 있어 많은 측면을 고려해야 하고, 아동, 노인 또는 장애인 복지, 급여의 이전 또는 서비스의 제공 등 다양한 조치를 취해야 한다.

가족정책에 대한 이러한 일반적인 소개를 통해 이탈리아의 아동복지서비스 실태와 유럽의 영향 등을 이해할 수 있을 것이다.

2. 아동서비스의 유래: 부조에서 교육으로

아동지원서비스 내에서는 문헌과 통계분석 모두 유아기(0~2살), 미취학 아동기(3~5세 또는 국가에 따라서 3~6세), 의무교육 시작 시기(국가별로 다르지만 6, 7세)의 교육을 목표로 정부가 공급하는 서비스를 구분한다. 또한 정부가 제공하는 서비스를 목적에 따라 유아보호와 교육으로 구별하는 것이 보통이다. 예를 들어, 가족과 자녀 대상의 서비스에 할당되는 사회지출에 대한 유럽 통계청(Eurostat)[3]의 구분 내에서는 3개의 항목이 있고, 항목별로 자산조사를 기반으로 하거나 혹은 그렇지 않은 아동시설(*child day care*), 주택지원(*accomodation*), 가사도움(*home help*), 기타 현물서비스(*other benefits in kind*)와 같은 항목이 있다.

이러한 서비스에 대한 유럽의 평균 지출수준은 이탈리아보다 훨씬 높다. 그러나 이탈리아에서는 유럽과 마찬가지로 주로 아동시설, 즉 유아와 미취학 아동을 위한 서비스에 투자한다. 그다음으로 이탈리아에서는 주택(2013년 30.8%) 항목이 따른다. 이는 주로 어린이와 어린이의 가족에게 공급하는 주택에 대한 지출이다〔예를 들어 그룹 홈(*case famiglia*)의 주택〕.

반면 유럽에서는 두 번째 항목으로 기타 현물서비스(2013년 31.2%), 즉 서머스쿨이나 놀이방과 같이 아동이나 가족을 대상으로 하는 현물서비스가 있다. 가사도움, 즉 어린이 돌봄을 위한 가정 내 도움에 대한 유럽의 지출은 매우 적은 편이며 이탈리아는 아예 없다(〈그림 15-1〉 참조).

유럽과 비교했을 때 이탈리아만의 또 한 가지 특징은 가족·어린이를 위한 모든 서비스가 자산조사를 기준으로 한다는 점이다.[4] 이탈리아의 서비스 중에는 59.2%가, 유럽의 서비스 중에는 37.5%가 이러한 기준에 종속되어 있다. 정도의 차이는 있지만 이러한 기준이 유럽에서 어떻게 모든 서비스에 적용되는지 관찰하는 것은 흥미롭다. 반면, 이탈리아에서는 가정의 소득수준에 따르는 서비스는 오로지 주택지원과 기타 현물서비스에만 해당하고 저소득층 가정만 수혜대상이 될 수 있다(〈그림 15-2〉 참조).

아동서비스는 이제 이탈리아에서도 "더 이상 개인적 요구에 따른 것이 아니라 사회적으로 필요로 하는 일반 교육서비스"로 간주된다(Gabbiani, 2014: 21). 유럽 여러 나라의 경우 이런 전통이 더 길다. 이탈리아의 투자수준은 아직 유럽 타 국가에 비해 매우 저조한 편이지만 최근 수년간 증가해 왔다.

---

3) 유럽연합 위원회의 관련 자료(European Commission, 2011)를 참조하라.

4) 이 책의 10장 '가족수당제도'를 참조하라.

〈그림 15-1〉 가정 · 아동 대상 현물서비스 구분 및 지출비율

(단위: %, GDP 대비 비율)

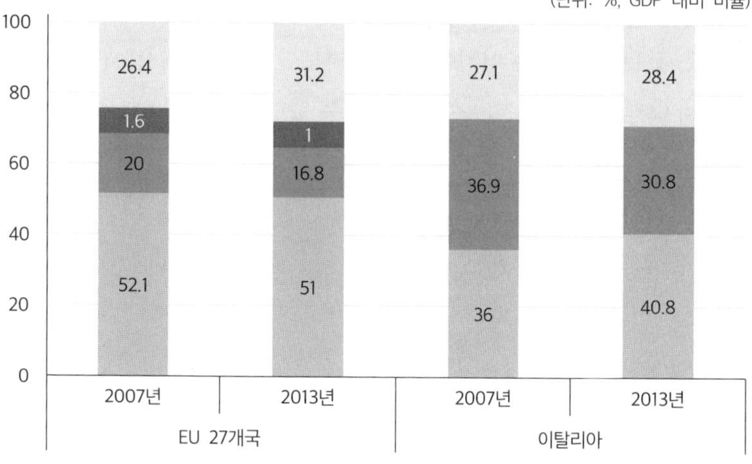

자료: Eurostat(2013)의 데이터 정리.

〈그림 15-2〉 가정 · 아동 대상 현물서비스의 구분 및 지출비율: 자산조사 기반 여부 기준

(2013년, 단위: %, GDP 대비 비율)

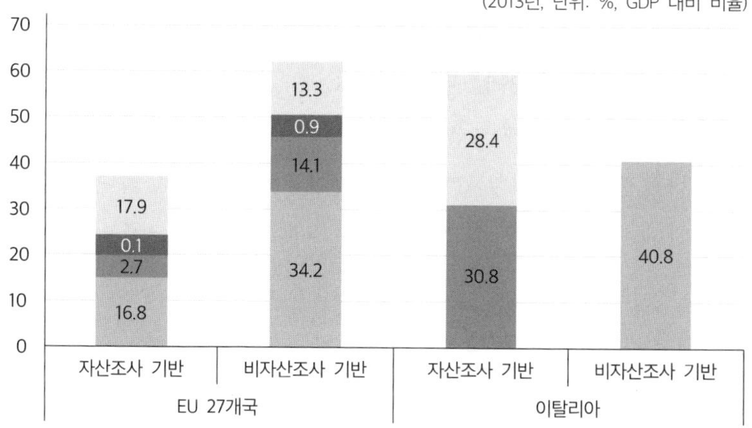

자료: Eurostat(2013)의 데이터 정리.

이탈리아의 아동서비스 현황을 살펴보기 전에 최근 수십 년간의 아동서비스의 시작과 발선과정을 되짚어보는 것이 좋을 것이다. 0~2세 아동을 대상으로 하는 서비스와 어린이집을 살펴보면 처음 설립할 때부터 원래의 목적과는 다르게 변화해 왔음을 관찰할 수 있다. 1850년 밀라노의 몇몇 자선가는 직접 나서서 근로자의 자녀를 위해 "젖먹이를 돌보는" 민간, 세속, 무료기관을 설립했다(Caroli, 2014; Catarsi, 2008).

유아기 아동에게 국가가 해주었던 최초의 혜택을 찾아보면 파시즘 정권시대, 특히 1925년으로 거슬러 올라가 보아야 한다. 그해에 '국가 모성 및 유아 지원기관'(Opera nazionale Maternità e Infanzia)이 창설되었다. 주된 목적은 '모성 옹호'를 통한 가족보호와 출생증진이었으며 여성 근로자에 대해서는 비판적 태도를 보였다(Caroli, 2014; Catarsi, 2008). 그러나 이 단체는 도움이 필요하거나 빈민층인 모친도 지원했고 유아 돌보기에 대한 의학적 지식을 보급했다. 또한 여성 근로자가 50명 이상 되는 공장에는 지원의 성격으로 어린이집을 만들었다(Caroli, 2014; Catarsi, 2008).

파시즘 정권시대가 끝나고 몇 십 년 이후 여성운동이 확산되면서 1970년대 들어 여성이 노동계로 대거 진입했다. 이에 따라, 〈제 1044법〉에 의거하여 다수의 어린이집이 세워졌다. 어린이집은 '공공성격의 사회서비스'로 정의되었다. 그 기능은 주로 돌봄의 성격으로 아직 교육적 기능이나 어린이 계발은 별다르게 고려되지 않았다. 상기 법 내에서는, 정부의 지원(50%)과 복합 단체(50%, 고용주가 의무보험의 연금기금으로 내는 근로자 봉급의 0.1%에 해당하는 보험료, 기타 연금기관으로 구성)의 기금으로 5개년간 3,800개소의 어린이집을 개설한다고 규정되어 있다.

그러나 이 법은 기대한 효과를 얻지 못했다. 예정되었던 어린이집은 세워지지 않았고, 세월이 흐르면서 중앙 정부는 주 정부에 관련 기금의 이전을 통한 지원을 중단하였다. 2000년대에 들어서야 정부는 아동지원 이슈에 다시 주력하기 시작했다. 특히, 2001년에 어린이집에 대한 국가 계획[5)]

법안이 선보였다. 이 법의 의도는 공기관과 민간인과의 협력을 통하여 전통적, 혁신적 유아서비스(유아센터, 통합유아원, 가정유아원, 특히 사내유아원)를 실현하는 것이었다.

이는 다양한 행위자(가정 및 기업)와의 협력을 통해서도 가능하지만, 민간시설의 개입도 필요하다. 유아원을 만들고 서비스 일부를 시청에 제공할 수 있는 기업(사내유아원), 유아도 수용 가능한 유치원(아동센터 및 통합유치원), 시청과 협약을 맺을 수 있는 사립협회(협약된 어린이집), 작은 유아원을 차릴 수 있는 가정(최대정원 12, 15명) 또는 가정유아원(*tagesmutter*)[6]이 여기에 해당한다.

법안에 따르면, 특정 프로젝트를 제출하면 주 정부와 시청이 분배하여 지원하는 연간 지원금을 지원하도록 되어 있다. 게다가 처음으로 '능동적 부모'(*active parenthood*)의 개념을 도입하였다. 가정과 모성을 개인적 가치를 초월하여 사회적 가치로 인식함으로써 이를 보호 및 지원해야 할 대상으로 인정한 것이다. 따라서 단순히 지원의 성격이 아닌 교육적 성격의 프로젝트를 활용했다. 이를 통해 아동의 성장과 계발 단계에서의 문제점을 감안하고, 부모의 다양한 요구에 부응하기 위하여 서비스 기획상의 융통성이 권장되었다(Caroli, 2014; Catarsi, 2008).

전체적으로 보면, 지속적인 저출산 시대에 유아를 위한 서비스에 있어 부모 역할의 사회적 가치를 인정한 것 이외에도 진정한 패러다임 전환을 엿볼 수 있다. 아이의 탄생은 인적 자본으로서 사회적으로 큰 의미가 있는

---

5) 2001년도 정부유아원계획은 제 1차 신청에서 2001년 12월 28일 〈제 70법〉 448항(2002년 예산법)의 공포를 통해 구체화되었다. 관련 자료(http://www.parlamento.it/parlam/leggi/01448l.htm)를 참조하라.

6) 가정유아원은 적절한 교육을 받고 자신의 집에서 한 명 이상의 어린이를 돌보는 전문인이다. 타인의 아이를 돌보지만, 자신의 아이도 함께 돌보기도 한다. 이러한 전문인은 1960년대에 북유럽에서 등장하여 최근 10년간 이탈리아에서도 확산되었다.

일이다. 그러므로 단순히 돌봄의 측면을 넘어 주로 지각계발과 교육의 측면에서 어린이를 돌보아야 한다.

또한, 아동을 서비스의 주요 대상자로 지정함으로써 유아원은 기회평등 증진의 계기가 되기도 한다. 이 안에서는 개인적 상황이나 가정환경 때문에 발생한 지각능력 부족을 해결하기 위하여 교사와 친구가 돕는다. 아동교육과 지원이 모든 어린이에게 유익한 것은 당연하지만, 가장 큰 수혜자는 불리한 가정환경을 지닌 어린이라는 사실이 수많은 연구에 의해 밝혀졌다. 이런 어린이는 아동지원을 통하여 사회적으로 어려움을 겪는다 해도 서비스를 통해 이를 보충할 수 있다(Felfe & Lalive, 2012; UNICEF, 2008).

그 후 2007년에는 유럽의 영향에 따라, 유아를 대상으로 하여 사회교육 서비스의 개발을 위한 새로운 3개년 특별계획이 주 정부와 자치주에서 시행되었다. 그리고 "영유아를 위한 서비스의 강화와 질의 보장을 위하여 이후 2012년까지 6억 1,600만 유로의 총재원이 투입되었다".[7] 국내에 존재하는 서비스를 강화 및 증가시키고, 정부와 각 기관과의 협력과 이해를 증진하는 것이 목표였다. 중앙 정부는 방향 설정 및 조정(필요한 단계의 설정, 재원 지원), 주 정부는 시설, 계획, 교육적 측면에서 필요한 사항 파악(다양한 전문인력 채용) 및 시설 인가, 시는 서비스 실행 및 민간영역에 속하는 기관과의 위탁임무를 맡았다.

또한, 여기에는 '모니터링 계획'이 수반되었다. 이를 통해 재원투입의 효과를 확인할 뿐만 아니라 각 지역의 개발단계에 대한 정보를 수집하고 전국적으로 공유하기 위하여 연간 보고를 한다. 2010년에 유럽 각국은 EU에서 제시한 공공-민간서비스의 제공 수준에 도달하여야 했다. 그러나 이탈리아는 제공 수준이 22%에 그치면서 기대치인 33%에 못 미쳤을 뿐만 아

7) 자세한 내용은 관련 자료(http://www.politichefamiglia.it/infanzia/azioni-e-progetti/2015/piano-straordinario-infanzia)를 참조하라.

니라 지역별로 큰 불균형을 보였다(ISTAT, 2010. 6. 14). 그러므로 관리가 가장 시급한 부분은 지역 간의 큰 불균형을 해소하는 것, 특히 남부지역의 서비스 부족을 해소하는 것이다. 이러한 문제는, 특히 2015년에 다루어졌으며 〈사회안정법〉[8] 내부에 새로운 가족지원기금의 조성을 규정하였다. 이 기금은 2015년부터 112만 유로를 조성하여 만들어졌다. 그중 100만 유로는 사회-교육서비스(유아원계획)의 지역시스템계획을 수립하는 데 지정되었다(Camera dei Deputati, 2015).

이후 열린 2015년 5월 7일 통합회의에서는 금융재원의 분배에 있어서 남부지역에서 새로운 시설의 오픈, 유아원 및 소규모 유아시설의 확장을 통해 유아서비스를 개발하기로 했다. 특히, 시설 내의 유아 수를 늘리기 위해 500만 유로를 지원하기로 결정하였다(Camera dei Deputati, 2015).

현재 이탈리아의 유아서비스는 이른바 우수학교 개혁법[9]을 통해 공식적으로는 교육시스템 내에 포함되어 있다. 개혁법 내에 나와 있는 '0~6세 통합시스템'의 정의 자체도 "더 혁신적이고 긍정적인 유럽의 사례를 본보기로 하여 이탈리아의 실정을 이에 맞추는 것은, 여태까지 품질(*quality*)의 표준을 한 번도 정의해 본 적 없는 서비스를 단순 복지시스템에 그치지 아니하고 교육시스템 안에 포함시키는 것을 의미"[10] 하며 이를 목적으로 한다.

유럽은 유아서비스 제공과 관련해 단순한 돌봄의 형태를 넘어선 일·가족 양립(*work-life balance*)과 유아의 지각계발을 돕는 기능으로 전환하는 데

---

8) 2014년 〈제 190법〉 1조 131항(http://www.normattiva.it/uri-res/N2Ls?urn:nir:stato:legge:2014-12-23;190)을 참조하라.

9) 2015년 〈제 107법〉(http://www.normattiva.it/uri-res/N2Ls?urn:nir:stato:legge:2015-07-13;107%21vig=)을 참조하라.

10) 풀리시(Francesca Puglisi) 상원의원 인터뷰(http://www.orizzontescuola.it/riforma-infanzia-puglisi-insegnare-laurea-triennale-avvieremo-formazione-servizio-scuola-statal)에서 발췌한 내용을 참조하라. 그녀는 2014년 〈제 1260법〉을 옹호하고 처음으로 서명했으며, 이 법안은 '우수학교 개혁법' 내에 통합되었다.

중요한 역할을 하였다. 이에 대하여, 2000년 이후 유럽의 정치 방향을 살펴보고 이 맥락 안에서 이탈리아의 상황을 관찰하는 것이 도움이 될 수 있다.

3. EU 정책의 맥락에서 본 이탈리아 아동서비스의 질

2002년 유럽은 바르셀로나의 의회에서 회원국에게 2010년까지, 3세부터 취학기 사이의 아동 중 적어도 90%와 3세 미만 어린이의 33%를 지원함으로써(공공 또는 민간) 노동시장 내의 여성 진입을 방해하는 요소를 제거할 것을 촉구한 바 있다. 이 목표는 리스본 안건(Agenda di Lisbona)의 수립을 위한 유럽 전략의 일부가 되었다.

유럽 통계청은 아동서비스를 다음과 같이 3가지 종류로 구분한다(European Commission, 2013).

- 공식(*formal*)은 학교시간 내 또는 외(이는 바르셀로나의 목표를 뜻한다)에서 이루어지는 학교서비스 및 공공-민간 유아지원서비스 등 공식적인 서비스를 모두 포함한다.
- 기타(*others*)는 다른 형태의 아동지원 형태를 말한다. 전문인(베이비시터), 조부모, 부모를 제외한 다른 가족구성원이 어린이를 맡아 돌보는 경우가 이에 해당한다.
- 부모(*parents*)는 부모가 어린이를 전담하여 맡아 돌보는 경우의 백분율을 나타낸다. 데이터는 연령대별과 주간 육아시간(1~29시간 혹은 30시간 이상)에 따라 구분된다.

2010년에는 회원국 중에서 단 12개국(덴마크, 스웨덴, 네덜란드, 노르웨이, 프랑스, 아이슬란드, 스페인, 포르투갈, 슬로베니아, 벨기에, 룩셈부르크,

영국) 만이 목표율인 33%를 달성했다. 이탈리아를 포함한 15개국은 25% 미만에도 못 미쳤다. 특히, 동유럽 국가에서 나타나는 매우 저조한 서비스에 주목할 필요가 있다(〈그림 15-3〉 참조).

유럽 전역에서 가족의 부담비용이 높은 점, 서비스의 제공시간이 미흡한 점, 몇몇 국가(예를 들어, 이탈리아와 독일) 에서의 지역별 차이로 인한 저조한 실적이 지적되었다. 특히, 도시지역과 시골 간의 차이가 큰 점이 원인이었다(European Commission, 2013).

2010년도 미취학 연령기(3세부터 6 혹은 7세까지) 의 유아돌봄에 대하여, 유럽의 목표였던 90% 달성은 11개국(벨기에, 아이슬란드, 프랑스, 스웨덴, 스페인, 독일, 에스토니아, 슬로베니아, 덴마크, 아일랜드) 에서 이루어졌고, 이탈리아는 2011년도에 이를 달성하였다(〈그림 15-4〉 참조).

일·가족 양립정책 수립과 아동서비스 투자로 인구가 증가한다는 사실은 이제 유럽 전역의 각 기관이 수행한 연구 및 과학적 문헌을 통해 확인되었다(Del Boca, 2015; D'Addio & D'Ercole, 2005; Del Boca et al., 2003; Ermisch, 1989). 또한, 효과적인 일·가족 양립정책을 갖춘 국가는 출산율과 여성 취직률이 타 국가보다 더 높다는 사실이 다수 기록으로 남아 있다.

아동돌봄에 대한 국제적인 연구에 의하면 국가가 아동서비스에 투자해야 하는 다양한 이유가 강조되는데, 여성 노동률(Del Boca et al., 2009; Borra, 2006; Frey, 2002; Jaumotte, 2003) 과 출산율(D'Addio & D'Ercole, 2005; Del Boca et al, 2003; Ermisch, 1989) 에 긍정적 영향을 미친다는 점과 어린이의 인지능력 계발과 사회참여에 두드러지게 기여한다는 점(Felfe et al., 2012; Ferrera, 2008; EGGE, 2009) 이 꼽힌다.

이러한 의미에서 국가가 유아서비스에 투자하는 것은 공평 재분배의 관점에서도 정당화된다(Del Boca, 2015).

또한, 과학적 분야의 새로운 이론들에서는 생애 초기의 수년간이 얼마나 인간능력 계발을 좌우하는지, 인지력 개발과 사회화의 측면에서 어린이

〈그림 15-3〉 공식시설에서 보호받는 3세 미만 아동의 비율

(2010년, 단위: %, 같은 연령대의 모든 아동 대비 비율)

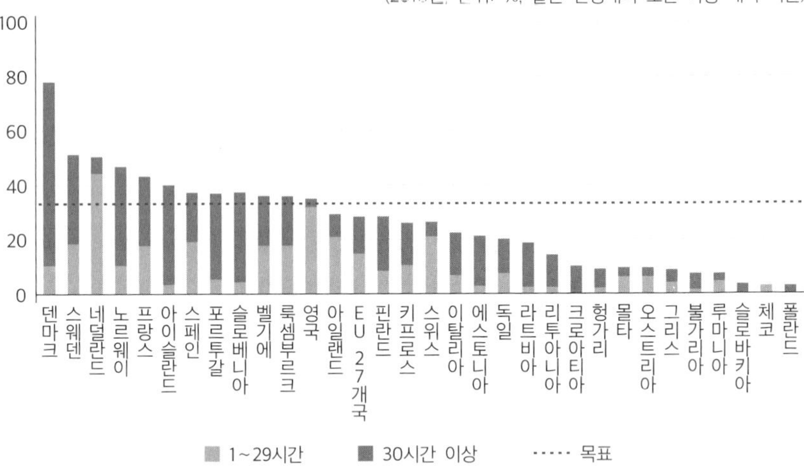

자료: Eurostat(2013)의 데이터 정리.

〈그림 15-4〉 공식시설에서 돌본 3세~취학기 아동의 비율

(2010년, 단위: %, 같은 연령대의 모든 아동 대비 비율)

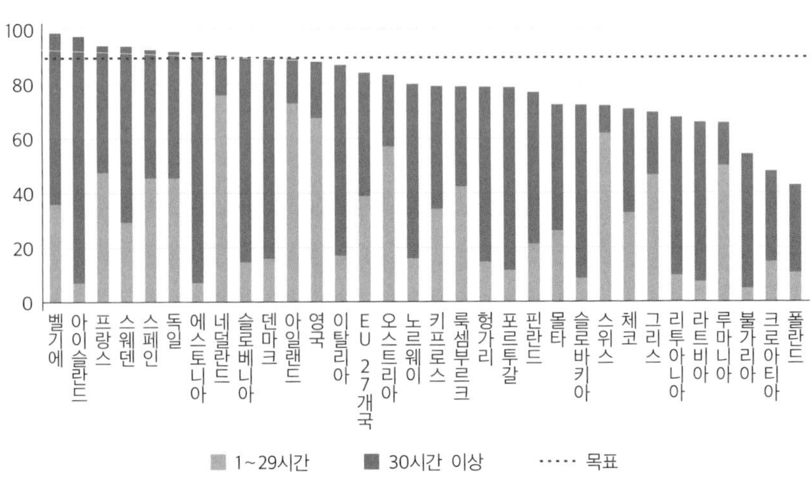

자료: Eurostat(2013)의 데이터 정리.

가 생애 초기 몇 년간에 접하는 기회가 얼마나 중요한지가 강조되었다. 노벨상을 수상한 경제학자 헤크먼(James Heckman)은 자신의 연구에서 개인적・사회적 발전은 생애 초기 몇 년간 매우 높게 이루어지다가 해가 갈수록 급속히 낮아진다고 밝혔다(Heckman et al., 2010; Carneiro & Heckman, 2003). 경제적 성공을 위해 필수적인 몇 가지 능력은 몇 가지 계급규칙을 따른다. 다시 말해, 이후의 발전은 5세 이전에 이미 설정되고 어려서 취득한 바탕에 기반을 둔다. 그 후에 이를 따라잡는 것은 어렵거나 불가능하다(Heckman, 2006).

그러므로 생애 초기 몇 년간은 어른이 되어서의 인생을 결정할 만큼 매우 중대한 단계이다. 이 연령대는 평등한 교육을 통해, 일반적인 인성과 사회성 계발을 위한 기초를 형성하는 단계이다. 여성이 일・가족 병행을 지지할 수 있는 도구로서, 그리고 무엇보다도 어린이의 인지력 능력 계발 및 사회복지를 위한 유리한 방법으로서, 유아원에 특별히 관심을 가지는 것은 '레고'(Lego) 모델을 통하여 이론화되어 있다(Ferrera, 2008). 이 복지시스템에서는 어린이를 각 가정환경과는 상관없이, 교육 및 능력형성 등의 특정 주관적 권리의 소유자로 본다(Ferrera, 2008). 이는 장난감 회사의 철학을 따온 것이다. 이 회사가 덴마크 회사인 것은 우연이 아니다.[11] 이 회사의 철학에 따르면, 어린이는 천성적으로 뭔가 배울 준비가 되어있으므로, 이러한 과정에서 도와주어야 한다.

레고의 복지는 세 가지 원칙에 기반을 둔다(Ferrera, 2008).

- 어린이 중심의 아동복지서비스와 일반적인 교육정책
- 인생의 모든 단계, 특히 인생 초기 몇 년간의 학습의 역할
- 개인능력의 계발과 사회복지 간의 관계

---

11) 덴마크는 노르웨이, 네덜란드와 함께 유아원에 위탁된 아동의 수가 많은 나라에 속한다.

〈그림 15-5〉 공식시설에서 돌본 아동의 비율

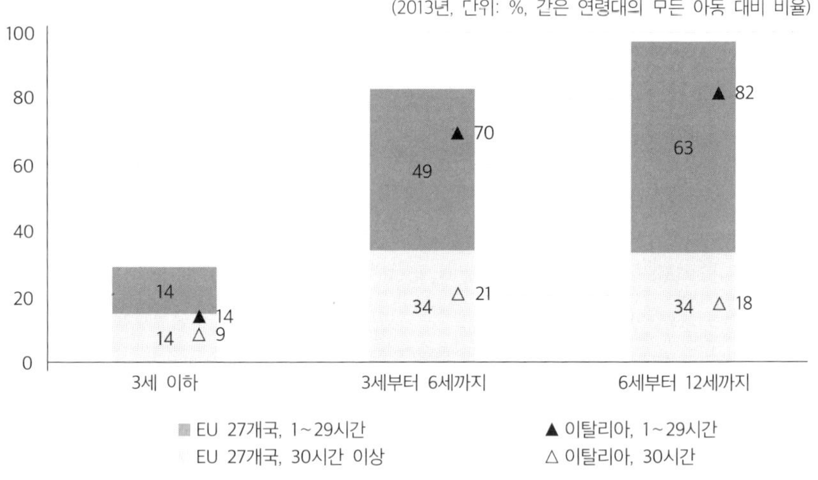

자료: Eurostat(2013)의 데이터 정리.

이전 단락에서 폭넓게 다뤄본 바와 같이, 2000년대부터 이탈리아는 유아서비스에 대한 투자를 국가 정책의 중심에 두었다. 물론 해결할 문제는 아직도 많지만 현황은 나쁘지 않다. 특히, 몇몇 지역에서는 2013년 유아지원서비스가 23%에 달했고 무엇보다도 서비스 제공시간의 양도 나쁘지 않았다. 대부분은 종일제서비스로 제공됐다. 게다가 3~6세, 6세부터 취학연령기까지를 위한 시설을 볼 때, 이탈리아 종일제서비스의 업적은 유럽의 평균을 웃돈다(〈그림 15-5〉 참조).

마지막으로, 이제는 가정 내에서는 물론이고 거시적 수준에서도 서비스의 수요충족뿐만 아니라 교육의 질에 대하여 점점 더 주의를 기울이는 추세다. 문헌에서 '품질'이라는 용어는 아동의 심리와 신체를 위한 복지, 인지지능력의 계발, 감정적 이해습득에 기여하는 모든 측면을 일컫는다. 그리고 이 모든 것에 영향을 주는 요소로는 시설의 넓이와 특색, 교사의 교육수준과 교육 형태, 교사 1명당 아동의 수, 제공하는 교육 프로그램, 가족의 참여가 있다(Del Boca, 2015; Gabbiani, 2014). 이들은 일반적으로 결과의 측면을 고려해 볼 때 어려운 요소지만, 서비스의 기획에 포함해야 하는 분명하고 간단한 측면이기도 하다.

서비스의 질에 관하여 말하자면, 이탈리아의 교육전통 중에는 국제적으로 연구되는 '몬테소리 모델'[12] 이나, '레지오 어린이'(Reggio Children)[13]와 같은 중요한 교육모델이 존재한다. 또한 앞선 단락에서 재고찰해 본, 최근 통과된 교육혁신법안에는 다음 사항을 고려하여 교육의 질에 특별한 주의를 기울이고 있다.

- 교육목표의 정의 및 목표달성의 확인에 있어 가족의 참여
- 다양한 연령대의 아동과 교사 간의 적절한 비율
- 모든 대상 교사가 대졸자격을 갖추고 지속적 교육을 받아야 함
- 지역특성에 맞춘 교육 프로그램 기획

마지막으로, 진정한 '아동을 위한 복합센터' 구축을 장려함으로써, 통합시스템의 교육학습 여정의 지속성에 구체적인 주의가 기울여졌다. 이러한 복합센터는 3개월부터 6세까지에 이르는 아동을 대상으로 하는 모든 서비스를 하나의 단일시설에 모으는 것을 목표로 한다(Camera dei Deputati, 2015; Gabbiani, 2014).

이 시점에서 이탈리아의 현실을 더욱 가까이에서 관찰할 필요가 있다. 특히, 지역별로 서비스의 분포상태를 눈여겨볼 필요가 있다. 이는 서비스가 전국적으로 균등하게 분포되도록 하기 위해 풀어야 할 난제이다.

12) 관련 자료(http://www.operanazionalemontessori.it/index.php%3Foption=com_content&task=section&id=6&Itemid=34)를 참조하라.

13) 관련 자료(http://www.reggiochildren.it)를 참조하라.

4. 이탈리아의 주별 아동복지

이탈리아에서는 부모가 모두 일하는 경우, 아이를 주로 조부모에게 맡기는 것을 선호한다. 2009~2010년도에는 2세 미만 아동 중 51.4%가 조부모에게 맡겨졌고, 37.8%가 유아원에 다녔으며, 4.2%는 베이비시터에게 맡겨졌다(ISTAT, 2014). 조부모에게 아이를 맡기는 이유는 무엇보다도 신뢰가 있고, 돌봐주는 기간과 시간의 제약이 없어 편리하며, 경제적 편의가 있기 때문이다(Del Boca, 2015; ISTAT, 2014; Keck & Saraceno, 2008). 아이를 맡기는 대상을 선택함에 있어서, 지역별로 선택의 차이를 보이는 것도 흥미롭다. 조부모에게 맡기는 비율은 중부지역 47.5%, 남부지역 53.2%, 북부지역 52.1%으로 나타나, 중부지역이 타지방보다 조부모 양육 비중이 덜함을 보였다(ISTAT, 2014). 이러한 선택의 차이는 문화 또는 가정의 비용지출능력의 차이에서 비롯되며 그 지역에서 유아서비스의 이용가능성과 반드시 연관이 있는 것은 아니다.

각 가정이 유아원에 아이를 맡기기로 결정하는 원인도 아이를 돌봐줄 곳이 필요한 것뿐만 아니라 의도적인 교육적 선택에 의한 경우가 점점 더 많아지고 있다(Canal, 2011). 아이를 유아원에 보내는 부모는 유아원이 교육적인 면에서 중요하며 다른 아동과 함께 지내도록 하기 위해서라고 말한다. 이탈리아가 한 자녀만 두는 나라가 되어 간다는 사실을 볼 때 이는 간과할 수 없는 이유이다. 백분율은 낮지만, 아이를 유아원에 보내는 여성근로자는 아동에게 주어지는 놀이의 기회와 자극, 학습접근의 측면에서 만족도를 높게(70% 이상이 매우 만족) 평가한다(Canal, 2011).

그럼에도 불구하고 이탈리아에서는 이미 강조한 바와 같이 유아서비스가 아직도 부족하고 지역별로 큰 차이를 보인다. 공공시설에 맡겨지는 아동은 소수에 불과하며, 길고 긴 대기자 명단은 수요자가 얼마나 많은지, 그리고 이러한 수요가 얼마나 방관되고 있는지를 잘 보여 준다. 구체적으

〈그림 15-6〉 공공기관에서 돌봄받는 0~2세 유아의 비율

(2012/2013학년도, 단위: %, 같은 연령대 유아 대비 비율)

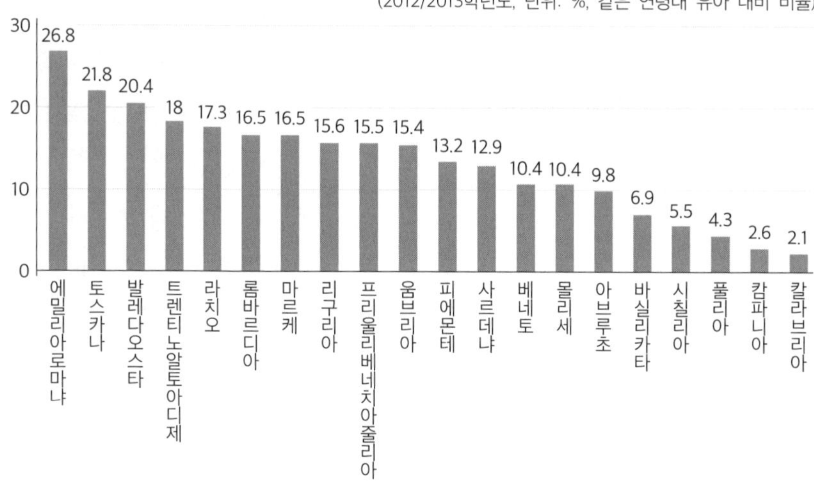

자료: ISTAT(2013)의 데이터 정리.

로 말하면, 이탈리아에서 항상 시나 군 단위로 운영되는 유아 대상 공공서비스에는 유아원과 이른바 통합시스템(소규모 유아원 및 시의 지원을 받아 가족 형태로 운영되는 서비스)이 포함된다. 〈그림 15-6〉은 지역별 공공 아동돌봄서비스의 분포도를 보여 준다.

일반적으로 남부지역은(〈그림 15-6〉 우측) 과거에도 타 지역과 비교해 상황이 더 좋지 않았다. 최근에 와서 더 투자되긴 했으나 아직 부족하다. 이는 유아원이나 통합서비스 모두에 해당하는 이야기이며, 공공기관이 제공하는 서비스에 있어서 현재까지도 매우 저조한 수준을 보여 준다.

안타깝게도 민간기관의 현황은 이처럼 도식화하여 보는 것이 불가능하다. 관련 자료〔무죄인들의 기관(Istituto degli Innocenti)이 행한 모니터링과 '능동적 시민정신'[14]이 수집한 자료〕에는 유아인구 대비 이용가능한 정원의 수

14) 능동적 시민정신(Cittadinanza Attiva)은 1978년에 세워진 이탈리아의 비영리 단체이다. 정치정당, 트레이드 연합, 사기업, 공공기관들과는 별개인 독립단체로 2000년부터 소비

가 구체적으로 명기되어 있지 않고, 단지 지역 내에 있는 교육서비스의 수만 등록되어 있기 때문이다. 또한, 몇몇 지방에서는 정보가 불완전하거나 아예 없다. 그러나 전반적으로 볼 때, 민간서비스에 대한 데이터가 좀더 도움이 될 수는 있지만 그렇다고 해서 공공시스템 관련 데이터를 통해 확인되는 이탈리아 실정이 바뀌지는 않는다(〈표 15-1〉 참조).

전체적으로 민간서비스는 전국에서 공공 아동돌봄서비스의 분포와 일치하며 수와 구조 측면에서는 지역별로 큰 차이를 보인다(Istituto degli Innocenti, 2013). 이탈리아은행이 이와 관련하여 실행한 연구(Zollino, 2008)에 의하면, 서비스의 특징이 유아원 입학신청에 커다란 영향을 끼침이 강조되어 있다. 즉, 서비스의 비용과 품질이 큰 영향요소로 작용한다. 품질이 좋지 않으면서도 유아원비가 비싼 경우에만 수요가 억제된다.

보통 유아원과 유아 대상 다른 사회-교육서비스(통합서비스)의 질은 좋은 것으로 평가되며 지자체 복지예산의 약 18%, 지자체 '가정 및 미성년' 부문 예산의 46%를 차지한다. 2012년에 가족부담 할당비용을 제외하고 사회-교육서비스에 할애된 총지출은 12억 9,700만 유로에 달했다. 이는 전년 대비 160만 유로가 증가한 수치이다. 지출의 97%는 유아원에 할애되었고 나머지 3%는 통합서비스에 돌아갔다(ISTAT, 2014).

이탈리아 정부는 유아 대상의 서비스에 대한 가정의 비용부담을 줄이기 위해 각별히 노력했다. 2014년에 실행된 지자체 유아원 관련 조사에 의하면, "이탈리아에서는 유아원비는 평균적으로 월 309유로이다. 이는 북부, 중부, 남부에 따라 현저하게 차이가 난다. 평균 원비는 평균 가정 월 지출

자단체로 인정받았다. 이 단체의 주요 목적은 이탈리아와 유럽에서 시민참여 증진과 시민의 권리보호이며 시민을 민주주의의 기본적인 재원으로 본다. 그러므로 시민은 사회에서 능동적인 역할을 해야 하며 일상적인 정책수립에 참가할 기회를 가져야 한다고 생각한다. 관련 자료(http://www.cittadinanzattiva.it/comunicati/consumatori/7983-c-e-un-nido-i-nuovi-dati-sugli-asili-di-cittadinanzattiva.html)를 참조하라.

의 12%를 차지한다. 유아원비는 북부(380유로), 중부(322유로), 남부(219유로) 순으로 비쌌다. 가장 싼 지역은 칼라브리아로, 이곳의 평균 원비는 월 139유로였다. 반면 가장 비싼 지역은 평균 432유로인 발레다오스타로 나타났다". 15)

〈표 15-1〉 공공기관과 민간기관의 아동돌봄

(2013년)

주	공공기관에서 돌본 0~2세 아동		민간기관에서 돌본 0~2세 아동	
	기관 수(개)	서비스 정원(명)	기관 수(개)	서비스 정원(명)
아브루초	66	2,247	45	683
바실리카타	36	1,037	31	572
칼라브리아	79	1,103	135	2,025
캄파니아	미상	미상	미상	미상
에밀리아로마냐	619	28,388	399	9,890
프리울리베네치아줄리아	79	2,956	125	2,956
라치오	343	23,206	496	미상
리구리아	131	4,848	186	2,999
롬바르디아	597	25,145	1,540	35,825
마르케	172	5,932	160	3,813
몰리세	55	834	10	130
피에몬테	370	15,099	422	9,691
풀리아	208	7,080	356	7,192
사르데냐	112	3,340	203	4,280
시칠리아	112	7,769	18	330
토스카나	402	14,562	436	11,463
트렌티노알토아디제	103	3,984	50	1,111
움브리아	69	2,964	129	3,295
발레다오스타	25	752	2	43
베네토	291	11,667	629	14,368
이탈리아 전체	3,978	162,913	5,372	110,666

자료: Cittadinanzattiva, 2013.

15) 관련 자료(http://www.cittadinanzattiva.it/comunicati/consumatori/asili-nido/6336-indagine-di-cittadinanzattiva-sugli-asili-nido-comunali.html)를 참조하라.

〈표 15-2〉에는 공공서비스에 등록한 어린이의 수와, 서비스의 총비용에서 이탈리아 가정의 비용부담 비율(평균 19%)이 자세하게 나와 있다. 공공서비스에는 전통적인 유아원, 소규모유아원, 기업유아원(시에서 비용을 부담) 및 '봄 방'[16]이 포함된다.

〈표 15-2〉 공공기관 위탁: 주별로 본 이용자 수, 이용자 비율, 총지출 현황

(2012년)

	이용자 수[2)]	총지출 (공공기관 부담 및 이용자 부담)	이용자 부담률(%)	이용자별 연간 평균 지출	
				자치당국 지출 쿼터	이용자 지출 쿼터
피에몬테	14,329	121,193,625	22	6,639	1,819
발레다오스타	606	8,590,619	21	11,221	2,955
리구리아	4,739	45,910,517	12	8,495	1,193
롬바르디아	41,458	275,429,283	26	4,947	1,696
트렌티노알토아디제	4,787	49,251,320	23	7,885	2,404
베네토	13,429	96,055,133	23	5,478	1,675
프리울리베네치아줄리아	4,175	31,014,377	18	6,090	1,338
에밀리아로마냐	30,031	247,675,186	22	6,441	1,806
토스카나	18,383	136,868,889	22	5,799	1,646
움브리아	3,196	26,705,643	19	6,740	1,615
마르케	6,499	39,669,401	27	4,466	1,638
라치오	26,055	311,301,024	13	10,365	1,582
아브루초	2,914	19,053,398	19	5,316	1,222
몰리세	727	2,451,375	19	2,730	642
사르데냐	4,511	25,916,733	13	4,978	767
캄파니아	3,396	29,547,507	8	8,027	674
풀리아	4,407	25,914,768	12	5,175	705
바실리카타	925	4,959,194	20	4,302	1,059
칼라브리아	1,060	3,668,782	15	2,945	516
시칠리아	7,533	66,043,566	7	8,194	573
이탈리아 전체	193,160	1,567,220,340	19	6,541	1,572

주 1) 자치당국의 시설 및 민간시설 이용자들을 위해 자치당국이 지불한 지원금이 포함된 자료.
2) 2012년 12월 31일 현재 등록된 아동.
자료: ISTAT(2013)의 데이터 정리.

결론적으로 이탈리아의 아동서비스 제공시스템의 진화는 비지속적이었으며, 오랜 시간 동안 지원기관과 접근방식이 상이하였던 것이 특징이다. 그러나 서비스의 발전은 개설과 운영을 공공기관 또는 민간기관 중 누가 하느냐와 상관없이 정치권에서 서비스 운영비의 상당 부분을 부담함으로써 얼마나 시스템을 지지하느냐에(Fortunati, 2015) 따라 다르며, 이러한 서비스를 미래인재의 계발을 위한 진정한 임무로 간주하고 얼마나 투자할 것인지 결정하는 바에 밀접하게 달려 있다. 이러한 의미에서 향후 통합교육시스템의 도입(0~6세)이 개혁법에서 규정하는 효과적인 시스템을 창출하는 데 기여하고, 이러한 방향의 요구사항에 부합할 수 있을 것인지 지켜볼 필요가 있다.17)

■ 참고문헌

해외 문헌

Banfield, E. C. (1958). *The Moral Basis of a Backward Society*. Glencoe, IL: Free Press.

Barbagli, M., & Saraceno, C. (1997). *Lo Stato delle Famiglie in Italia*. Bologna: Il Mulino.

Canal, T. (2011). Perché non vai all'asilo? Analisi delle scelte di cura per la prima

---

16) 2007년부터 지방자치당국은 중앙 정부-지역 정부 및 자치 정부 간 협약에 따른 〈2007년도 예산법〉 제1조 630항(L. 296/2006)에 의거하여 24~36개월 유아대상 특정 교육서비스를 시행할 수 있게 되었다. 이는 유아학교(3~6세) 내의 교육 프로그램의 연령대 층을 확장한 실험적인 프로젝트의 일환이다.

17) 이른바 '우수학교 개혁법'에서는 사상 최초로 0~3세 아동을 위한 서비스에서 필수적인 질의 수준과 새로운 재정 메커니즘(각 주에서 수요를 기획하면, 각 자치당국에서 재원을 직접 지원)을 명기하도록 규정되어 있다.

infanzia nelle regioni italiane. In Bergamante, F. (Ed.) (2011). *Occupazione e Maternità: Modelli Territoriali e Forme di Compatibilita.* Roma: ISFOL.

Carneiro, P., & Heckman, J. (2003). *Human Capital Policy.* Cambridge, MA: National Bureau of Economic Research.

Caroli, D. (2014). *Per una Storia dell'Asilo Nido in Europa tra Otto e Novecento.* Milano: FrancoAngeli.

D'Addio, A. C., & D'Ercole, M. M. (2005). *Trends and Determinants of Fertility Rates in OECD Countries: The Role of Policies (OECD Social Employment and Migration Working Papers, n. 27).* Paris: OECD.

Del Boca, D. (2015). Perchè investire nella prima infanzia?, Approfondimenti. In *Cittadini in Crescita, Nuova Serie 2-2014,* 5~10.

Del Boca, D., Pasqua, S., & Pronzato, C. (2009). Motherhood and market work decisions in institutional context: A European perspective. *Oxford Economic Papers, 61*(1), 147~171.

EGGE (European Commission's Expert Group on gender and Employment Issues) (2009). *The Provision of Childcare Services: A Comparative Review of 30 European Countries.* Brussels: European Commission.

Ermisch, J., (1989) Purchased child care, optimal family size and mother's employment: Theory and econometric analysis. *Journal of Population Economics,* 2(2), 79~102.

European Commission (2013). *Barcelona Objectives: The Development of Childcare Facilities for Young Children in Europe with a View to Sustainable and Inclusive Growth.* Bruxelles: European Commission.

Felfe, C., & Lalive, R. (2012). *Early Child Care and Child Development: For Whom it Works and Why (IZA DiscussionPaper N. 7100).* Bonn: Institute for the Study of Labor.

Ferrera, M. (1996). The southern model of welfare in social Europe. *Journal of European Social Policy,* 6(1), 17~37.

______(2008). *Il Fattore D: Perché il Lavoro delle Donne Farà Crescere l'Italia.* Milano: Mondadori.

Fortunati, A. (2015). Dal "Piano straordinario" ad oggi. Dati, Tendenze e prospettive del sistema integrato dei servizi educativi per l'infanzia. In *Cittadini in Crescita, Nuova Serie 2-2014,* 11~19.

Gabbiani, C. (2014). Dal disegno di legge 1260 sullo "0~6" al progetto delle "BUONA SCUOLA", Approfondimenti. In *Cittadini in Crescita, Nuova Serie 2-2014*, 20~24.

Heckman, J. J. (2006). Skills formation and the economics of investing in disadvantaged children. *Science, 321*(5782), 1900~1902.

Heckman, J. J., Moon, S., Pinto, R., Savelyev, P. A., & Yavitz, A. (2010). The rate of return of the high/scope perry preschool program. *Journal of Public Economics, 94*, 114~128.

ISTAT(2014). *Avere Figli in Italia Negli Anni 2000: Approfondimenti dalle Indagini Campionarie sulle Nascite e sulle Madri*. Roma: ISTAT.

Istituto degli Innocenti(2013). *Monitoraggio del Piano di Sviluppo dei Servizi Socio-educativi per la Prima Infanzia*. Firenze: Istituto degli Innocenti.

Jaumotte, F. (2003). *Female Labour Force Participation: Past Trends and Main Determinants in OECD Countries*. Paris: OECD.

Jenson, J. (2007. 5). As the European Union begins to play with LEGO®, what are the consequences for women?. Paper presented at the meeting of the European Studies Association, Montreal.

Keck, W., & Saraceno, C. (2008). Grandchildhood in Germany and Italy: An exploration. In Arnlaug, L., & Saraceno, C. (Eds.) (2008). *Childhood: Changing Contexts*. Biggleswade: Emerald. 133~163.

Mantovanelli, D. (2007). Italia. Normative ed esperienze locali di politiche familiari. In Nunnin, R., & Vezzosi, E. (Eds.) (2007). *Donne e Famiglie nei Sistemi di Welfare*. Roma: Carocci.

Naldini, M., & Saraceno, C. (2011). *Conciliare Famiglia e Lavoro: Vecchi e Nuovi Patti tra Sessi e Generazioni*. Bologna: Il Mulino.

Saraceno, C. (2013). *Il Welfare: Modelli e Dilemmi della Cittadinanza Sociale*. Bologna: Il Mulino.

UNICEF(2008). *Come Cambia la Cura dell'Infanzia*(*Report Card Innocenti 8*). Ginevra: UNICEF.

Zollino, F. (2008). *Il Difficile Accesso ai Servizi di Istruzione per la Prima Infanzia in Italia: I Fattori di Offerta e di Domanda*(*Questioni di Economia e Finanza: Occasional Papers, 30*). Roma: Banca d'Italia.

기타 자료

Borra, C. (2006). Female labour participation and child care choices in Spain. Fundaciòn Centro de Estudios Andaluces, Working Paper E2006/16.

Camera dei Deputati (2015). XVII Legislatura, Politiche per la tutela dei diritti e lo sviluppo dei soggetti in età evolutiva, Servizio Studi, Roma, Documentazione e Ricerche, n. 208. http://documenti.camera.it/Leg17/Dossier/Testi/AS02-27.htm.

Catarsi, E. (2008). Il nido e il sistema integrato dei servizi per l'infanzia in Italia. In Percorso tematico: Nidi e Servizi per l'Infanzia (Nuova serie, n. 1-2008).

Cittadinanzattiva (2013). Osservatorio prezzi e tariffe: Dossier Asili Nido 2009-2013.

Del Boca, D., Locatelli, M., Pasqua, S., & Pronzato, C. (2003). Analysing women's employment and fertility rates in Europe: Differences and similarities in Northern and Southern Europe, WP Child, Torino, 2003.

European Commission (2011). *ESSPROS Manual and user guidelines: The European System of integrated Social Protection Statistics (ESSPROS)*. Luxembourg: Publications Office of the European Union. http://ec.europa.eu/eurostat/documents/3859598/5922833/KS-RA-12-014-EN.PDF.

______ (2013). Barcelona objectives. The development of childcare facilities for young children in Europe with a view to sustainable and inclusive growth. Bruxelles. http://ec.europa.eu/justice/gender-equality/files/documents/13-0531_barcelona_en.pdf.

Eurostat (2013). European system of integrated social protection statistics (ESSPROS) 1990-2013. Eurostat database.

Frey, M. (2002). Possibilities of and barriers to the employment of women on child care leave and inactive for family reasons. Phare Research programme, Budapest.

ISTAT (2010. 6. 14). L'offerta comunale di asili e altri servizi socio-educativi per la prima infanzia, Statistiche in breve.

______ (2013). Indagine sugli interventi e i servizi sociali dei comuni singoli e associati 2009-2013. ISTAT database.

______ (2014. 7. 29). L'offerta comunale di asili e altri servizi socio-educativi per la prima infanzia, Statistiche Report.

http://www.cittadinanzattiva.it/comunicati/consumatori/7983-c-e-un-nido-i-nuovi-dati-sugli-asili-di-cittadinanzattiva.html.

http://www.cittadinanzattiva.it/comunicati/consumatori/asili-nido/6336-indagine-di-cittadinanzattiva-sugli-asili-nido-comunali.html.

http://www.normattiva.it/uri-res/N2Ls?urn:nir:stato:legge:2014-12-23;190.

http://www.normattiva.it/uri-res/N2Ls?urn:nir:stato:legge:2015-07-13;107%21vig=.

http://www.operanazionalemontessori.it/index.php%3Foption=com_content&task=section&id=6&Itemid=34.

http://www.orizzontescuola.it/riforma-infanzia-puglisi-insegnare-laurea-triennale-avvieremo-formazione-servizio-scuola-statal.

http://www.parlamento.it/parlam/leggi/01448l.htm.

http://www.politichefamiglia.it/infanzia/azioni-e-progetti/2015/piano-straordinario-infanzia.

http://www.reggiochildren.it.

16
주택 및 주거서비스

1. 머리말

공화국 수립 이후 60년 동안 이탈리아 주거정책이 어떻게 전개되어 왔는지를 종합적으로 소개하고자 한다. 이를 위해서는, 스칸디나비아와도 차이가 있으며 프랑스, 영국, 독일과 같은 유럽 국가의 주거정책 상황과 상이한 이탈리아만의 특이성을 인식하는 것부터 시작해야 한다.

이 특이성은 대부분 지중해 유럽의 주거시스템과 정책의 근본적 차이 때문에 발생한다. 이는 비올란테와 루치아리니(Violante & Lucciarini, 2006)가 강조하는 바와 같이 주택소유율이 높고, 공공임대주택 건축이 매우 적고, 주요 거주용이 아닌 별장의 비율이 높고, 주택을 구입하는 데 할애하는 가족의 기여도가 높으며, 수요자가 스스로 지은 무허가주택의 비율이 높다는 특징 때문이다. 이러한 특징은 모두 이탈리아의 상황에서 각기 독자적인 정도와 규모로 존재한다. 일반적으로 식별 가능한 도심 주변에 구축된 수직개발과 고밀집도의 개발이 우세하면서 이 특징들이 부분적으로는 한 도시의 형태를 결정하기에 이르렀다(Violante & Lucciarini, 2006).

20세기 초, 시(市) 당국들은 건축부지의 국유재산화와 주거 관련 사회적 협동조합사업을 지지하는 정책을 수립하였다. 이때의 시 당국은 사회당이 이끌었으며 여기에서 시 사회주의라는 정의가 유래했다.

주거정책 관련 최초의 국가 법인 1903년도의 이른바 '루차티(Luzzatti) 법'에는 서민주택의 건축계획에 자선단체와 대출 및 저축기관이 출자하고, 사회적 협동조합·자선법인·시와 지방자치기관이 실제로 건설하는 것으로 규정되어 있다. 그리하여 '서민주택을 위한 자치기관'(Istituti Autonomi per le Case Popolari: IACP)이 창립되어 그로부터 머지않아 여러 도시에서 서민주택의 주요 공급원이 되었다(Minelli, 2006). 그 후 몇 년간 이탈리아 상황의 또 다른 중요한 특징이 두드러졌다. 국가 공무원 범주에서부터 시작하여 특정 사회범주에만 허용되는 공공주택의 건설이 강화된 것이다. 국가 공무원 주택협동조합과 같이 거의 공공의 성격을 띤 단체의 탄생을 통해 파시즘 시대에 생겨났으며 그 후 강화된 공공주택 공급의 협동주의화 과정이 초래되었다(Minelli, 2006). 또한 민간시장의 규제에 있어서도, 선(先) 파시즘 시대와 파시즘 시대의 몇 가지 특징이 후기 공화국 시대에 와서도 지속되었다. 공정가격을 책정하는 위급정책처럼 임대의 일방적인 제재와 감소는 이러한 추세를 잘 보여 준다.

2. 전후(戰後) 정책변화

전쟁이 끝난 직후, 공공주택사업은 무엇보다도 전쟁파괴가 불러온 상당한 주거수요의 문제에 직면했다. 파시즘으로부터 해방된 직후의 이탈리아는 인구수가 약 4,500만 명인 데 비해 공급되는 주택의 수는 약 3,500만 채에 불과했다(Ginsborg, 1989; Baldini, 2010). 수량의 문제 이외에도 당시 주택의 질 문제도 대두되었다. 거주환경에 대한 다양한 조사로 밝혀진 바와 같이 많은 이탈리아인이 당시 고미다락방, 창고, 동굴, 오두막에 거주하였다(Minelli, 2006; Coppola, 2009).

이러한 상황에서 공화국 수립 이후 거의 50년간 권력을 유지한 천주교민주당(Democrazia Cristiana: DC)은 많은 대중이 부동산을 소유할 수 있도록 하는 안을 추구하였다. "프롤레타리아(무산계급)보다는 프로프리에타리(집소유자)가 되는 것이 낫다"("meglio proprietari che proletari", Minelli, 2006)라는 슬로건 아래, 천주교민주당과 그 동맹 연합은 대중의 부동산 소유의 확산이야말로 경제기적의 시기에 형성된 신자본주의 사회에 중·저소득층을 통합할 주요 방법의 하나라 보았다. 다시 말해 자가소유는 정부가 내세우는 반공산주의 이데올로기의 일부가 되었다.

건설의 확장을 강하게 지지하는 분위기 속에서 정부는 부동산 소유를 위한 대출조건을 대폭 완화했다. 1950년도에는 4%라는 저리에 부동산 가치의 75%까지 대출을 받을 수도 있었다(Baldini, 2010). 비록 자가소유를 독려하는 정부정책에 힘입어 민간시장이 거주용 건물 신축의 대부분을 담당하긴 했어도, 같은 시기에 정부는 새로운 서민주택 건축계획도 추진했다. 1949년 내놓은 이른바 '주택계획'(Piano Ina Casa)의 목표는 중·저소득층을 위한 임대용 또는 주택담보 상환식 판매용 주택을 건설하는 것이었다(Di Biagi, 2010). 근로자 봉급에서 일부 공제하고, 사업가와 근로자가 결합하여 기여하고, 또한 정부예산에서 자금을 지원하여 이 프로그램에 출자하였다(Minelli, 2006). 이 계획을 내놓은 동기 중에는 건설계의 일자리 유지를 공권력에서 강력하게 지지한다는 일면도 있었다.

이탈리아의 건축문화와 도시공학계가 광범위하게 개입하면서, 당시에 활동하던 건축가와 엔지니어의 3분의 1이 어떠한 방식으로든 이 프로그램의 실현에 관련되어 일하게 되었다(Di Biagi, 2010). 그 결과, 이 프로그램은 기획의 질이 우수한 것으로 평가받았으며 서민주택이든 민간시장의 주택이든 그 후의 개발에서는 여러 측면에서 이 프로그램의 수준을 능가하지 못했다. 도시계획 전문가와 건축가는 주거건물 주변에 매우 다양한 시설을 세우는, 새로운 도시구역 설계에 기반을 둔 개발모델을 제시하고 실현가능성을 보았다. 14년간 지어진 공공주거시설 중 거의 70%를 차지하며, 그 시기에 지어진 전체 주택 수의 약 10% (Di Biagi, 2010) 에 달하는 약 35만 5천 채의 주택이 주택담보상환식(구매자가 대금을 갚지 못하면 부동산을 재구입할 의향이 있는 판매자에게 되돌려 주는 매매시스템) 으로 양도되었다. 많은 세대가 정부의 지원을 받아 매우 저렴한 가격으로 주택을 소유할 수 있었다 (Baldini, 2010).

1950~1960년대에 실험적으로 실시된, 수익자에게 매우 용이한 조건으로 매매 양도하여 이루어진 서민주택의 사유화는 전(全) 공화국 시대 주거정책의 가장 큰 특징으로 꼽힌다(Minelli, 2006).

3. 도시계획 문제로서의 주거 문제

'주택계획'으로 서민주택을 상당수 지었음에도 전체적으로는 여전히 한계가 나타났다. 이탈리아는 1950~1960년대에 경이로운 경제성장을 경험했다. 여러 경제관측자가 이 시기를 '경제기적' 및 '경제의 붐'이라 정의할 정도였다(Ginsborg, 1989). 남부로부터 북부로, 농촌지역으로부터 도시지역으로 상당한 인구가 유입되어 서비스업과 산업중심지에 노동력을 지속적으로 공급했다. 1955~1971년 사이에는 900만 명 이상의 이탈리아인이 이주하여 토리노, 밀라노, 제노바뿐만 아니라 로마와 같은 도시 및 도시광역권의 인구가 30%씩이나 증가했다(Ginsborg, 1989).

한편, 주거 부문 공공지원이 감소하면서 민간의 부동산 시장 공급은 중상소득층에 집중되었다. 부동산 시장에서 새로운 이주자에 대한 차별이 지속되었으며 이주자가 도시사회에 적응할 수 있는 조건은 어려워졌다

(Ginsborg, 1989). 이 때문에 '스스로 집을 짓는 행위'가 천차만별한 규모와 형태로 일어났으며, 공공임대주택의 부족과 부적절함, 민간부동산의 구입자금 부족 사이에 짓눌린 시민의 주거 수요를 충족시키는 해결책이 되는 경우가 많았다. 그리하여 밀라노에서 '한국'(Coree, 한국전쟁 때)이라는 불법주택 그룹이 몬탈디(Montaldi)와 알라시아(Alasia)에 형성되었고, 로마에서는 이주자가 (아마도 유럽에서 가장 큰) 비정형적 도시라고 할 수 있는 구역을 만들어 냈다. 이는 바로 로마 촌락들로서 합법적 도시의 주변에 이민자가 스스로 지은 구역이었다. 1981년에는 전체 도시인구의 3분의 1이 이곳에 살았다(Coppola, 2009).

이러한 극단적 환경에서 진보적 관측가와 비평가는 주택의 문제에서 가장 포괄적인 도시계획 이슈를 평가하는 관점을 찾았다. 건설개발이 한창이던 시기에 토지세와 부동산세는 도시계획 전체에도 커다란 영향을 끼쳤다. 결국에는 저질의 주택을 낳았고 집단의 수요 및 취약층의 주거요구를 충족시키지 못하는 무질서한 팽창의 주원인이 되었다(Coppola, 2009; De Lucia, 2006). 도시계획의 개혁 옹호자들은 1950, 1960, 1970년대의 로마시의 확장(혼잡하고 무질서한 팽창)을 추구했으며 로마는 인구가 거의 300만에 달하는 도시가 되었다. 이 시기의 도시 팽창은 매우 다양한 용도의 건물을 건축하면서 나타난 것으로, 중산층 내지는 중·저소득층을 위한 민간주택을 집중적으로 지었으며 서비스를 위한 근린시설 및 열린 공간이 없는 것이 특징이다(Insolera, 2001). 스스로 지어서 가장 기본적인 서비스를 위한 시설조차 없으며, 미리 계획된 공공건물과는 거리가 먼 양상을 띤 무허가 구역들로 구성된 거대한 "자연발생 도시"(Clementi & Perego, 1983)가 된 것이다(Coppola, 2009).

이러한 비판을 바탕으로 하여 1960~1970년대에는 건축가, 도시계획 전문가, 비평가가 이끄는 광범위한 여론이 커져 갔다. 그것은 다름 아닌 주택 문제를 포함한 시민의 이익을 도모하여 토지 소유주, 부동산 사업가 및 이들을 보호하는 정치세력의 이익을 우선하는 것에 맞서는 도시계획규정의 개혁을 요구하는 것이었다(De Lucia, 2006). 이러한 상황에서 이탈리아 전국에서는 시간이 흐를수록 공공임대에 대한 사회수요가 점점 더 커질 수밖에 없었다. 노동조합조직, 도시운동, 급진 정당, 도시계획가 및 전문가는 국가가 주택건설에 더 많은 의무를 다할 것을 요구하는 캠페인과 행사를 주동하였고, 이는 1969년 주택을 위한 대파업으로 최고조를 이루었다(Ferracuti & Marcelloni, 1982; Coppola, 2009). 더욱 효과적인 공공주택 규정과 융자가 도시계획과 주택정책의 핵심요소로 간주되었다.

1963년에는 '주택계획'이 종료되면서 '근로자주택 운영'(Gestione Case dei Lavoratori: GESCAL)이라는 새로운 프로그램이 출현했다. 이 프로그램의 자금 유입원은 근로자, 사업가, 정부였으며(Minelli, 2006), '주택계획'으로 지은 부동산을 완전히 사유화하여 얻은 자금도 유입되었다. 그러나 이 새로운 계획(Baldini, 2010)은 전반적으로 실망스러운 결과를 낳았다. 무엇보다도 자금운영 및 계획실현상의 비효율성과 부정이 원인이었다(Minelli, 2004).

그 후 1971년, 정부는 3년에 걸쳐 약 25만 채의 새로운 숙소를 짓는 새로운 계획을 내놓았다. 그해 〈제 865법〉에 의해 이 계획을 담당할 새로운 중앙조직인 '주거건물 건축 위원회'(Comitato per l'Edilizia Residenziale: CER)가 생겨났다. 이를 통해 계획된 총주택수요에 대한 공공주택의 비율을 높이기로 하고, 토지를 강제로 징수당한 개인에게 시당국이 지불해야 하는 배상금을 해당 토지의 농경가치에 따라 지급해야 한다고 규정하고, 시 당국과 민간건설 간의 협정기관을 만들고자 했다. 그러나 이 계획은 대부분 미결로 남았다. 그 이유는 관료주의적 장애와 새로운 계획에 대한 미흡한 출자 때문이라고 볼 수 있다(Ferracuti & Marcelloni, 1982).

4. 임대의 규제와 더 많은 공공주택의 건설

1978년, 이른바 '국가 연대'(Solidarietà Nazionale) — 여기에는 주요 야당으로서 당시까지 권력을 잡지 못했던 '이탈리아 공산당'(Partito Comunista Italiano)도 속해 있었다 — 의 새로운 여당은 주택 공공정책을 다시 내놓았다. 한편으로는 공공주택을 건설하기 위한 새로운 10개년 정책에 출자하고, 또 한편으로는 임대를 강력하게 규제하는 공정임대료(*equo canone*, 부동산 시세와 관계없이 법이 책정하는 임대료) 정책을 내놓았다(Minelli, 2004).

비평가들은 새로운 규범으로 인하여 민간임대주택의 공급, 법률상으로 정해진 기준에 어긋나는 불법 건설, 소유주가 형성한 재산에서의 자금 철수가 위축되었다고 보았다(Minelli, 2004). 또한 많은 경제학자는 임대 규제(다른 임대규제를 이미 중단하고 있던 유럽 국가들과 비교하여 매우 늦게 조정되었다)가 민간임대시장에 악영향을 주었고 더욱 부동산의 구입을 부추겼다고 보았다(Baldini, 2010; Minelli, 2004).

공정임대료의 실패요인을 공공주택건설의 지체라고 보는 의견도 있었다. 소유주가 그나마 의지하고 있었던 정부와의 허술한 협정은 국소적으로는 세입자와의 계약이 종료되거나 임대료가 연체될 경우 임대했던 주택을 다시 찾을 수 있음을 골자로 했다. 이는 공공주택의 수가 증가했기 때문이기도 했다. 그러나 정부의 출자가 해지됨으로써 공공주택의 증가는 실현되지 않았다(De Lucia, 2006).

그러므로 민간임대시장의 중요성이 지속해서 부각되는 위급상황에 놓이자, 10년간 특정계급에 속하는 세입자의 추방을 막는 정책이 도입되었다. 이는 불가피하게 임대주택의 공급을 더욱 감소시키는 효과를 낳았다(Baldini, 2010).

부동산을 소유하는 또 다른 방법은 무허가 건축물 중 상당수를 합법화하거나 또는 스스로 집을 짓는 행위였다. 이 행위는 1970년대 이후부터 확산되었다. 처음에는 지역적으로, 다음에는 전국적으로 이루어졌으며 무허가로 집을 지었던 사람이 일정액을 지불하면 무허가주택을 합법화해 주는 법이 마련되었다(Cremaschi, 1990; Zanfi, 2008). 이른바 '건설사면'이라 불리는 합법화정책에는 — 이와 관련된 최초의 국가법은 1985년에 도입되었다(De Lucia, 2006) — 단지 주거필요성에 의해서 지어진 주택뿐만 아니라 다른 목적으로 지어진 부동산들도 해당되었다. 그 결과, 비주거용 부동산 소유의 규모가 더욱 커졌다.

사면정책은 비판과 반대의 대상이 된 장려시스템이다. 하지만 부동산 소유를 장려하는 추세에 힘입어 실제로 주거정책의 역할을 부분적으로는 해냈다. 공공주택건설의 지체, 민간임대시장의 지속적인 어려움, 다양한 성격의 주택소유 장려책의 영향으로 이탈리아는 집단 부동산 소유의 길로 접어들었다. 이탈리아의 부동산 소유율은 1970년대에는 40%를 기록했으나 1980년대 후반에는 68%에 달했다. 반면 임대는 49%에서 27%로 감소하였다(Minelli, 2004, 2006).

5. 완화된 규제와 현금급여: 1990년대의 전환의 실패

정부재원은 점점 더 고갈되고 주거 및 도시계획정책의 원동력이 심하게 약해지는 상황 속에서, 1990년대 주거정책의 상황은 결정적으로 이른바 "차세대의 완화된 규제"(Baldini, 2010)와 '주택지원 현금급여'를 통한 세입자 지지의 실험 쪽으로 흘러갔다. 1993년에는 공공재정의 어려운 상황과 유럽통화연합국을 위한 마스트리흐트 조약(Maastricht Treaty)이 규정한 일치기준에 따라야 하는 필요성에 의해 시장지향적이고 공공지원을 제한하는, 강하게 한정적인 예산법이 통과되었다. 이러한 상황에서 임대계약의 근본적 규제완화를 실시해, 세입자와 집주인 쌍방이 자유롭게 수정가능한 공정임대료 규범에 따라 새로운 계약서를 체결하도록 하였다(Minelli, 2004).

1998년에는 임대시장 규제의 더욱 광범위한 재정립이 착수되었다. 새로운 규정은 한편으로는 자유로운 매매교섭(시장가격으로 4년 계약을 맺을 수 있으며, 몇몇 취약계층을 보호하는 최소한의 보호조항이 포함됨)의 통로를 열었다. 또 다른 한편으로는 3년 계약 주택임대료를 정하는 과정에서, 세입자협회와 집주인의 협의로 그 지역의 실제 부동산 시장의 상황을 고려할 조건을 정하는 채널을 도입하였다. 이 규정의 새로운 점이란, 임대공급의 팽창을 고무시킬 뿐만 아니라 세입자의 위치를 약화시키는 세무적 인센티브를 도입하는 것이었다(Minelli, 2004; Baldini, 2010).

1998년의 개혁은 '임대를 위한 사회기금'(Fondo Sociale per l'Affitto: FSA)을 통하여 저소득층을 대상으로 현금급여를 실시하는 방안도 도입하였다. 이 기금은 국가와 주 정부 그리고 지방기금으로 조성되었다(Baldini, 2010). 그럼에도 불구하고 복합적으로 보았을 때 새로운 규정은 민간임대공급의 확산을 이끌어 내지 못했고 오히려 2000년대에 들어 더욱 공급이 줄어들었다. 게다가 대도시권에서는 임대료가 부쩍 상승하기도 하였다. 동시에 '임대를 위한 사회기금'은 초기에 4억 4천만 유로로 시작했으나 점진적으로 자금유입이 줄어들었고 결국에는 〈2012년 예산법〉을 계기로 하여 완전히 폐지되었다(Lungarella, 2011).

주거정책 부문 공공지원의 부재는 1990년대에 공공주택 건설계획의 근본적 고갈로 이어졌다. 다른 한편으로는 전체적인 국가제도의 개혁에 맞춰서 주거정책 및 공공주택건설과 관련된 강력한 책임 분권화가 일어났다. 2001년의 〈헌법〉 개혁으로 중앙 정부에는 입법 구성의 기능만 남는 반면, 주 정부에는 주거수요를 파악하고, 해결책을 기획하고, 도시 간에 자금을 분배하고, 공공주택 거주 자격 및 저수준의 임대료를 결정하는 임무가 주어졌다(Baldini, 2010; Ombuen, 2006). 또한 공공주택의 소유권 및 운영을 담당하는 협회인 '서민주택 자치기관'(Istituto Autonomo Case Popolari)도

주 정부에서 자치적으로 기획한 새로운 공공주택 건설사가 생겨나면서 주 정부의 관할이 되었다.

게다가 1990년대에 들어서 공공건설에 대한 국가의 지원금도 고갈되었다. 게스칼 기금(Fondi Gescal)은 여전히 중요한 자금원이었는데, 이를 대신할 다른 예산항목이 없는 상태에서 공공연금 쪽으로 이 기금의 사용방향이 바뀌어 버렸다. 한편으로 이 분야와 관련된 기능을 주 정부에게 떠맡겼다면, 다른 한편으로는 정작 그 기능을 발휘하는 데 필요한 금융재원은 주어지지 않았다. 그 후로부터는 계속하여 주 정부가 자체적으로 공공주택건설(사회 임대료)뿐만 아니라, 건설정책, 즉 생애 첫 주택구입이나 임대주택의 배정에 쓰이는 지원금 지급사업을 진행하는 데 필요한 자금을 찾는 의무를 지니게 되었다. 그리하여 2000년대에는 공공거주정책이 확실히 쇠퇴하는 공급정책(공공주택)과, 빈약한 효력과 재정을 지닌 수요정책(임대지원기금 및 세금공제시스템)의 공존상황에 놓였다.

2007년에는 세금공제시스템이 도입되었다. 이 시스템은 2000년도의 이전 제도와 비교하면 세입자에게 세금공제를 해 주어 수익자 대상이 확대될 가능성이 있었다(Baldini & Poggio, 2010). 이러한 형태의 지원은 재정 부족으로 인하여 저소득층 가구에만 집중되었지만, 임대주택에 사는 세대 사이에 확산된 가난에 미치는 영향은 복합적으로 볼 때 그다지 크지 않았다.

6. 2000년대: 새로운 주거 문제

공공기관의 역할이 급격히 쇠퇴한 가운데 2000년대 들어 주택정책에 관심이 되돌아오기 시작했다. 2008년에는 자가주택 소유자의 비율이 69.6%, 무상임대의 비율이 10%로 상승한 반면 세입자 가구의 비율은 20.6%로 감소했다. 30년 사이에 전체 가구의 20%가 세입자에서 자가주택 소유자로 전환되었다. 이는 특히, 중·상위 소득층 가구에서 두드러지게 나타난 현상이다(Baldini, 2010). 많은 세입자 가구가 자가주택 소유로 전환한 이유는 공급의 수축, 임대료의 급등, 실제 이자율의 추락 및 대출시장의 효율 상승(Baldini, 2010)에서 찾아볼 수 있다. 그리고 최근에는 이른바 '생애 첫 주택'이라 불리는 유리한 세제혜택도 한몫했다.

그럼에도 주택가는 여전히 상승했다. 이탈리아은행에 의하면, 2008년 주택매매가 실제가격은 1993년에 비해 평균적으로 제곱미터당 47% 상승했고 1986년에 비해서는 115% 상승했다〔이탈리아은행(Banca d'Italia) 자료 참조〕. 내 집 마련에 필요한 평균 햇수는 1970년대와 비교해 두 배로 늘어났다. 1977년에는 부동산 평균가격과 가구당 연 화폐소득과의 비율을 고려해 볼 때 평균 4년이 걸렸다. 1987년까지는 대략 이 수치를 유지했지만 2008년에는 8.2년까지 상승했다(Baldini, 2010). 이탈리아은행에 의하면 임대료도 1993~2008년 사이에 눈에 띄게 상승하였다. 제곱미터당 실제 임대료 시세가 68%나 올랐는데, 이 현상은 북부와 중부지역에서 더욱 두드러졌다〔이탈리아은행 자료 참조〕. 안치(Anci)에 의하면 이러한 통계는 대도시 지역에서 더 확연히 나타났다(Cittalia, 2010). 1991~2009년 사이에 가계자산은 18% 성장에 머무른 데 비해 도시지역의 주택시장 임대료는 105%나 인상되었다.

부동산의 구매가격이나 임대가격의 성장은 이탈리아 가계 평균소득의 증가에 비해 의심할 여지 없이 우세하였다. 경제의 저성장이 오래가고 가계구매력이 저하된 것 역시 최근 10년 사이 부동산 가격이 상승했기 때문이다. 1977~2008년 사이 임대료를 포함해서 이탈리아 가족 평균소득은 22% 성장에 그쳤다. 특히, 임대주택 거주가족의 평균 실제소득은 오히려 감소하기까지 했다. 이는 자가주택 소유자와 임대주택 소유자 간에 이미 존재했던 격차를 더욱 키우는 역할을 했다(Baldini, 2010).

과거에 비해 임대주택 소유자는 피라미드의 5분위 중 가장 아래쪽에 집중되어 있다. 5분위 중 밑에서부터 첫 두 칸을 차지한 세입가구의 비율은 별다른 변화 없이 안정적인 반면, 피라미드 위쪽에 속하는 계층의 비율은 급격한 감소세를 보였다〔이탈리아은행 자료 참조〕. 게다가 주택임대료가 소득의 30%, 즉 소득에서 임대료가 차지할 수 있는 적정최고선 이상을 차지하는 가구의 수는 증가하였다. 1977년에는 전체 세입가구 중 소득의 30% 이상을 임대료로 지불한 가구가 단 6%에 그친 반면, 2008년에는 26.1%로 증가하였고, 피라미드의 상위 부분에 포함되어 있는 가구에 있어서는 거의 37.9%에 다다랐다〔이탈리아은행 자료 참조〕.

더불어 부동산 대출의 감가상각비용도 주택 문제의 하나의 장애요인이라고 할 수 있다. 2008년 통계에 의하면 부동산 매입이나 재건축을 위해 대출을 받아 갚고 있는 이탈리아 가구는 전체의 15%에 달한다. 이들은 가구소득의 평균 18%를 은행에 지불했다. 피라미드에서 가장 밑을 차지하는, 즉 가장 가난한 20%에 속하는 저소득층 가구는 소득의 51%를 대출금 상환에 썼다(Baldini, 2010).

또 한 가지 주목할 사항은 경기 위축, 일자리 감소, 소득 및 가계저축률의 저하 등으로 잘 알려진 최근의 통계자료가 아직도 나오지 않았다는 것이다. 총체적으로 볼 때, 발디니(Baldini, 2010)는 소득의 30% 이상을 대출금이나 임대료로 지출하는 가족구성원의 수를 고려하여 주거 문제로 곤란을 겪는 가구의 수가 300~400만에 달한다고 산정했다. 이렇게 어려운 정황에서, 그렇잖아도 불충분하던 공공주택 공급제는 오히려 악화되었다. 오늘날 이탈리아의 주택은 전체의 겨우 4%만이 공공주택으로, 네덜란드의 36%, 영국의 22%, 그리고 유럽 국가들의 평균인 20%에 비하면 매우 저조하다(Bricocoli & Coppola, 2011). 공공자산은 국가, 주, 도, 시 및 주정부가 관할하는 주택건설회사의 사유화와 양도가 이루어지면서 기존보다 20% 이상이 감소했다. 1991년 100만 가구에서 2001년에는 90만 가구로, 2007년에는 80만 가구로 차차 감소했다(Cittalia, 2010).

현재는 공공주택 공급의 대폭감소와 민간주택의 가격폭등으로 인하여 주택수요 내에서의 커다란 변화의 시기가 초래되었다. 평균 가족규모의 감소와 상대적으로 가족의 수의 지속적인 증가, 가족 형태의 변화, 비전통적 가족(싱글, 한부모 가족, 동거 등)의 증가, 인구통계의 변화(인구 고령화, 이민자 비율의 인상) 등의 현상이 나타났다. 단순히 수요의 종류가 다양해진 것뿐만 아니라 기존의 정형적 주택모델과는 다른 주택모델의 수요도 증가하였다(Tosi, 2004).

오늘날, 새로운 '주거 문제' 차원에 처한 인구 사이에는 반드시 단순히 빈민층이라고 할 수는 없는 인구도 속한다(Torri, 2006). 이와 같은 맥락에서 안치는 최근에 실시한 조사를 통하여 이른바 '절대빈곤층' 옆에 '상대적 빈곤층'을 파악해 냈다(Cittalia, 2010). 주거 문제가 청년의 독립, 학업이나 직장을 이유로 한 이전, 결혼이나 자녀출산계획의 장애요소가 되며, 예견치 못했던 상황(주택에서 퇴출, 가족 해체, 동거 중단)의 발생이 심각한 위험요소로 작용하는 인구가 여기에 속한다.

젊은이의 사회포용(*social inclusion*)의 어려움, 경제위기 이전의 불안정하고 낮은 임금, 경제위기와 더불어 시작된 실업률의 증가는 곧 주거 문제로 이어졌다. 공공기관의 저조한 공급과 민간시장의 후진성에서 빚어진 주거의 문제가 가정경제에 미치는 파급효과가 지적되었다. 전통적으로 공공기관의 역할 부재 시 부동산의 순환과 소유에서 중요한 역할을 하는 것은 다름 아닌 가족망이다. 전 세대로부터 부동산을 상속받는 것 또는 부동산 구입 시 전 세대로부터 재정적 도움을 받는 것은 사실상 널리 퍼진 관습이다(Tosi, 2004). 이것은 한편으로는 불안정한 일자리와 부동산 시장의 비효율성의 효과가 낳는 타격을 무마시키기도 하지만, 다른 한편으로는 심각한 불균형을 초래한다.

젊은이의 주거상황을 살펴보면, 개인소득(*income*)과 더불어 소속되어 있는 가족망에 의해 축적된 부(*wealth*)도 한몫을 한다(Poggio, 2006). 이런 조건하에서 가족 사이에 상당히 축적된 자본을 갖추지 않거나, 일자리가 불안정하거나, 저임금 근로자인 경우, 적절한 임대주택 공급의 부재는 부모로부터의 청년독립이나 가족계획(결혼, 자녀출산)의 연기 등으로 나타나고 있다(Baldini, 2010).

7. 공공정책의 전환: 공공건축에서 소셜 하우징으로

이탈리아에서 공공기관의 역할은 항상 미흡했다. 1980년대와 1990년대 사이에는 이탈리아에서도 신자유주의 사상과 정책과 사고의 입김이 커졌다. 공공기관의 역할을 강조하던 과거와는 달리 부동산 시장을 도시발전 변화의 주요 규제 패러다임으로 강조하였다(Bricocoli & Coppola, 2011).[1)]

주거정책 부문에서의 1990년대는 2차 세계대전 이후 지어진 대형 공공주택 지대, 특히 1960~1970년대 사이에 지어진 건물에 대한 비판이 강하게 일어나고 널리 확산된 시기로 특징지을 수 있다. 다른 유럽이나 북미 국가의 상황에서와 마찬가지로, 공공주택 대단지의 설계에서 근대주의를 신봉하였다는 점, 인구밀집을 초래하고 사회취약층을 집중·격리하는 역할을 했다는 점은 비판의 대상이 되었다(Power, 1993).

이탈리아에서도 공공주택은 이러한 비판의 대상이 되었으며, 영향력은 미미했지만 신세대의 도시 및 거주정책이 부상하는 계기가 되었다. 예를 들자면 끝이 없겠지만 그중 몇 가지를 소개하면 팔레르모의 젠(ZEN), 나폴리의 스캄피아(Scampia), 로마의 누오보 코르비알레(Nuovo Corviale)를 들 수 있다.

---

1) 그리하여 이탈리아에서는 점진적으로 이른바 "훙정된 도시계획"의 시대가 열린다(Palermo, 2009; Bricocoli & Coppola, 2011).

이 같은 지역의 쇠퇴에 관심을 둔 언론은 이러한 지역의 문제, 사회위기, 도시폭력을 다루면서 '게토'(*ghetto*, 유태인 거리 혹은 빈민굴) 라는 용어를 사용하였다. 그리하여 전후 주거 문제의 해결방안을 제시하고, 도시팽창을 통제하기 위한 시도로 세워진 이 지역들은 새로운 도시정책의 관점에서는 문제지역으로 떠올랐다(Briata et al., 2009). 이런 환경에서 주거정책에 대한 공공재원은 대폭 삭감되었으며, 1990년대 들어서 재원의 일부는 새로운 공공주택의 건설보다는 이미 현존하는 주택의 재정비 쪽으로 사용되었다. '도시 정비 프로그램'(PRU) 과 '보완 조정 프로그램'(PIN) 은 폐공장 지대에서부터 시작하여, 새로운 주택과 서비스를 가지고 도시 내부의 재정비를 위해 새로운 도시학의 수단을 제시했다. 여기에는 실수요자와 민간자본이 개입되기도 했다.

같은 시기에 유럽 공동체의 재원을 활용한 국가와 주 정부 차원의 계획(Cremaschi, 2005; Viesti & Prota, 2004) 에서도, 특히 어반(Urban) 프로그램을 통한 유사한 접근방식을 제시하였다. 이 프로그램의 목적은 여러 단계를 거쳐 중요한 재정비 절차를 시작하고, 이탈리아 여러 도시의 전통지구 내 산재한 지역의 가치를 강조하는 것이었다(Coppola et al., 2006; Di Gioacchino, 2007).

신세대의 공공정책은 몇 가지 요소로 특징지을 수 있다. 기존에 있던 건축부지의 재정비 및 재생을 강조하는 것 이외에도 행동, 재원, 수요자 간(특히, 통합과 지역행동 간) 의 관계, 재정 획득을 위한 경쟁 등이 있다. 다시 말해, 수요자와 지역재정의 참여가 요구되는 재정 획득 경쟁 메커니즘을 바탕으로 하는 정책이 있으며, 이를 통하여 도시의 저개발 지역의 문제점에 효과적으로 대처하는 능력의 콘셉트도 있다. 또한 도시정책과 일상정책 간의 관계의 의미에서 '일상적인' 콘셉트도 있다(Briata, Bricocoli, & Tedesco, 2009).

비록 형식적이기는 해도, 총괄적인 목적은 최소한 '한정된 분야의 행동'에서 '사회의 여러 분야가 동참하는 통합된 형태'로의 변화, '누구를 막론하고 쉽게 퍼주었던 재정분배방식'에서 '재정 획득을 위한 경쟁시스템'으로의 변화, '행동의 상의하달식 형태'에서부터 '참여 프로세스'로의 변화였다(Briata, Bricocoli, & Tedesco, 2009).

공공주택 구역의 재정비 분야에서는 1996년에 새롭게 도입된 이른바 '구역계약' 방식을 이용했다. 사회적 건축의 재정비, 인프라의 정비와 증가, 사회동참 캠페인과 일자리는 지역 프로그램이 지향해야 하는 3가지의 목적이다. 2001년의 새로운 법은 '구역계약 II'(Contratti di Quartiere II)라는 명칭의 제 2프로그램을 장려했다. 이는 주 정부가 국가 차원의 지시사항에 기초하되 자치적으로 입찰경쟁을 펼치는 데 있어 더욱 적극적인 역할을 할 것을 요구했다. 이 프로그램은 최초로 프로그램 목표의 정의에 실수요 주거자의 활발한 참가를 요구했다(Coppola, 2010).

이렇게 지역 차원에서의 계획이행은 전체적으로 재정 부족, 복합적인 계획, 여러 정책, 변수가 많은 지역상황이 맞물린 문제에 직면한다. 토리노의 경우처럼 몇몇 도시에서는 이미 교외지역과 공공주택 구역의 재정비와 관련된 일관성 있는 정책을 수립했다. 그러나 전혀 그렇지 못한 도시도 많았다. 이러한 상황이다 보니, 몇 개의 지역계획은 단순히 기존 건물의 재정비에 재정을 사용했지만 다른 경우는 거주자의 동참을 유도하여 사회 부문의 정책도 수립해 냈다.

또 다른 경우에는, 밀라노와 같이 구역계약이 유럽의 주거정책 슬로건의 미사여구를 실험하는 데 사용되었다. 이른바 '사회적 · 기능적 혼합'이 한 가지의 예였다(Coppola, 2009). 이는 사회취약층에 속하지 않는 시민을 유치할 수 있는 도구와 신축사업(*housing*)을 통하여, 공공서민주택구역의 사회적 · 기능적 동질성을 깬다는 아이디어였다. 그 결과에 대해서는 특히 비판이 많았다.

아무리 도시 재개발이 저조한 시기에도 유지된 것으로 보이는 몇 가지의 원칙은 소셜 하우징(*social housing*)의 실험 분야에서도 이어졌다. 소셜 하우징은 1990년대 이후, 특히 이른바 그 전까지 미해결 사안이었던 '회색계층'의 주거수요를 해결할 방안으로 점차 주목을 받았다(Baldini, 2010). 회색계층은 빈곤층보다는 소득이 높으나 민간부동산 시세로 주택을 구입할 능력을 갖추지 못한 계층을 뜻한다. 이 계층의 기준 세대는 소득의 30% 이상을 융자금 또는 월세와 같은 주거비용에 할애하는 가족이나 개인이다. 소득의 30%를 넘어서는 주거비용은 말 그대로 감당 불가능이 되어 버린다(Osservatorio sull'abitare sociale in Italia, 2011).

그러므로 소셜 하우징의 공급대상자는 저소득층 가족이 아니라 중·저소득층 세대, 노인층, 가족 중 한 사람만 수입이 있는 경우, 젊은 부부, 이민자, 분가한 학생, 근교 통근자, 임시 계약직 근로자이다(사회 주거 보고서, 2011). 이런 주거수요를 충족시키기 위해서는 민간시장보다 낮은 월세 수준의 부동산을 찾고, 합리적 가격의 임대주택이나 매매주택에 수요자를 배치하는 것이 관건이다. 즉, 이것은 윤리적 목적의 민간자본을 가지고 출자할 수 있는 비영리주택(*limited profit housing*)이라고 말할 수 있다(Edilizia e territorio, 2011).

가장 최근의 관련 법규는 2008년도의 '부동산 자금보조시스템'(Sistema Integrato di Fondi immobiliari: SIF)으로 거슬러 올라간다. 이 시스템은 저축운영회사 — 회사의 주주 비율은 저축대출은행이 70%, 이탈리아은행협회(ABI)와 금융재단협회(ACRI)가 각각 15%씩이다 — 가 운영하며 사회민간주택 생산을 위한 지역사회 부동산 기금 조성의 지원을 목표로 하되 자본에는 소규모로 참가했다. 운영이 지역 차원에서 이루어지므로, 관계자는 사회적 측면이나 자금의 이윤창출(비록 '도덕적 수준'이긴 하여도)의 측면을 고려한 적절한 방안을 내놓을 수 있어야 했다.

2011년에는 5개의 금융기관이 제정한 7개의 부동산 재원과 관련하여 중요한 선(先) 결정이 내려졌다. 그리고 같은 해에 7개의 부동산 재원에게는 약 3억 유로에 달하는 정부재원을 포함하여 총체적으로 8억 유로 이상의 투자가 이루어졌다(Edilizia e Territorio, 2011). 최근 몇 년 동안 소셜 하우징 분야의 약속된 개발과 더불어 다른 방안이 국소적으로 주택정책의 상황을 변화시켰다. 다만 이 방안들은 서로 모순되는 경우도 많았다.

2000년대에 들어서는 무엇보다도 제일 먼저 생애 첫 주택에 대한 세금부과를 점진적으로 철폐했고 임대수익의 20%에 해당하는 비례세가 도입되었다(*Lavoce*, 2011. 3. 11). 2009년도의 이른바 주택계획(Piano Casa)은 주택의 크기를 늘리기 희망하는 자가주택 소유자를 대상으로 한 세제혜택을 도입했다. 이러한 방안을 제시한 이들은 경기침체에 놓인 건설시장의 재활성화라는 명분을 가지고 방안을 정당화하였다. 그 이전인 2003년에는 국회에서 새로운 건축사면책, 다시 말해 무허가로 지어진 건물 중 몇 종류를 합법화하는 규정이 통과되었다.

이런 식으로 오래전부터 부동산 소유를 장려한 방안들은 2008년 폭발한 경제금융위기의 영향을 받은 예산회복정책에 의해 중단되었다. 부동산 소유자에 대한, 특히 '생애 첫 주택'에 대한 세금의 재부과는 새로운 세금, 자치주 단일세(Imposta Municipale Unica: IMU), 세입자가 겪는 불이익을 생각해 볼 때 평등의 기준에 더욱 적합한 듯 보였다. 그러나 동시에 이른바 주택부자/현금빈곤자(*housing rich/cash poor*, 현재 살고 있는 주택의 소유자들, 특히 노인층이 고가의 부동산을 소유하고 있어도 실제 소득이 적어 세금을 부담하기 어려운 상황)의 상황에 위기를 초래할 수 있었다.

결론적으로 말하면 두 가지 측면에서 정리할 수 있다. 한편으로는 공공주택에 대한 투자가 거의 감축되어 부동산 시장에서 구조적으로 제외된 계층과 점점 상황이 더 심해지는 사회취약계층을 위한 주택공급이 극히 감소함으로써 주거 문제를 부각했다. 다른 한편으로는 비록 나아지는 기미가 보인다고는 해도 비영리 부문이 축소되면서 부동산 가격이 급등하는 환경 속에서 중산층의 상황마저도 어렵게 만들었다. 중산층을 지지하는 정책은 가족에게 현금급여를 지급하는 기금이 고갈되면서 목적을 이루는 데 실패했다. 동시에 외곽지역과 공공주택구역의 재정비정책도 역시 다른 유럽 국가와 비교해 볼 때 자금부족의 영향을 받았다.

오랫동안 지속된 부동산의 개발 사이클을 보면, 이탈리아는 지난 20년 동안 부동산 가격의 폭등으로 주택소유가 하늘의 별 따기인 시기도 많았음에도 불구하고 부동산 소유율이 상당히 증가했다. 그러나 아직도 거주 문제를 완화시키지 못한 것 같다. 오히려 최근 몇 년간의 주택증가는 스프롤(*sprawl*, 도시 확산) 현상을 통해서 이탈리아의 전형적 도시계획 문제를 심화시켰다. 그렇다고 해서 사회 극취약층의 환경이 개선된 것도 아니었다.

그러므로 이탈리아의 주거정책 현황은 총체적으로 말해 '감당불가'이다. 주거정책의 결정적 전환점을 만들지 못하면, 이탈리아는 구체적 발전계획의 측면뿐만이 아니라 사회모델의 평등과 융통성의 측면에서도 이미 첨예해진 문제점을 더욱 심화시키는 위험에 처할 것이다.

■ 참고문헌

해외 문헌

Baldini, M. (2010). *La Casa degli Italiani*. Bologna: Il Mulino.

Baldini, M., & Poggio, T. (2010). *Housing Policy Toward the Rental Sector in Italy: A Distributive Assessment*〔*Center for the Analysis of Public Policies*(*CAPP*) *0076*〕. Modena: Università di Modena e Reggio Emilia, Political Economics Department.

Briata, P., Bricocoli, M., & Tedesco, C. (2009). *Città in Periferia: Politiche Urbane e Progetti Locali in Francia, Gran Bretagna e Italia*. Roma: Carocci.

Bricocoli, M., & Savoldi, P. (2010). *Milano Downtown: Azione Pubblica e Luoghi dell'Abitare*. Milano: Et al./Edizioni.

Bricocoli, M., & Coppola, A. (2011). Sguardi oltre le retoriche. Politiche abitative a Milano. Paper presented Espanet Italia Conference 'Innovare il Welfare. Percorsi di trasformazione in Italia e in Europa'.

Crainz, G. (2005). *Storia del Miracolo Italiano: Culture, Identità, Trasformazioni fra anni Cinquanta e Sessanta.* Roma: Donzelli.

Cremaschi, M. (1990). L'abusivismo meridionale: Realtà e rappresentazione. *Meridiana, 9,* 127~153.

______(2005). *L'Europa delle Citta: Accessibilità, Partnership, Policentrismo nelle Politiche Comunitarie per il Territorio.* Firenze: Alinea.

Coppola, A. (2009). Esclusione sociale, movimenti urbani e poteri locali. 1945/89. Il caso delle borgate romane. In Cremaschi, M. (Ed.) (2009). *Tracce di Quartieri: Il Legame Sociale nella Città che Cambia.* Milano: FrancoAngeli.

______(2010). Gratosoglio. Esercizi di trasformazione sulla città pubblica. In Bricocoli, M., & Savoldi, P. (Eds.) (2010). *Milano Downtown: Azione Pubblica e Luoghi dell'Abitare.* Milano: Et al./Edizioni.

Coppola, A., Di Gioacchino, R., Garufi, F., & Komel, C. (2006). *A sud si può: La Cgil e il Mezzogiorno.* Roma: Ediesse.

Coppola, A., & Caudo, G (2006). Periferie di cosa? Roma e la condizione periferica. *ParoleChiave,* 36/2006, 97.

Clementi, A., & Perego, F. (1983). *La Metropoli "Spontanea": Il Caso di Roma.* Roma: Dedalo.

Di Gioacchino, R. (Ed.) (2007). *Dalle Città il Nuovo Mezzogiorno: Rigenerazione Urbana, Coesione Sociale, Diritti e Lavoro nelle Città Meridionali.* Roma: Ediesse.

De Lucia, V. (2006). *Se Questa é una Città: La Condizione Urbana nell'Italia Contemporanea.* Roma: Donzelli.

Di Biagi, P. (2010). *La Grande Ricostruzione: Il Piano Ina Casa e l'Italia Degli Anni Cinquanta.* Roma: Donzelli.

Ferracuti, G., & Marcelloni, M. (1982). *La Casa: Mercato e Programmazione.* Torino: Einaudi.

Ginsborg, P. (1989). *Storia d'Italia dal Dopoguerra a Oggi: Società e Politica 1943~1988.* Torino: Einaudi.

Insolera, I. (2001). *Roma Moderna: Un Secolo di Storia Urbanistica; 1870~1970.* Torino: Einaudi.

Lungarella, R. (2011). Una valutazione degli effetti della cedolare secca sul mercato dell'edilizia residenziale in affitto. Paper for the conference Espanet 2011. *Innovare il welfare. Percorsi di trasformazione in Italia e Europa.* Politecnico di Milano.

Minelli, A. R. (2004). *Le Politiche per la Casa.* Bologna: Il Mulino.

______(2006). Politiche della casa. Ottiche adottate, aspetti inevasi e spunti prospettici. *Rivista delle Politiche Sociali, 3.*

Montaldi, D., & Alasia, F. (2010). *Milano, Corea: Inchiesta Sugli Immigrati Negli Anni del 'Miracolo'.* Roma: Donzelli.

Ombuen, S. (2006). Criteri di accesso al'edilizia sociale: Le agenzie regionali e il patrimonio abitativo comunale. *Rivista delle Politiche Sociali, 3.*

Poggio, T. (2006). Proprietà della casa, Disuguaglianze sociali e vincoli del sistema abitativo. *Rivista delle Politiche Sociali, 3.*

Palermo, P. (2009). *Trasformazioni e Governo del Territorio: Introduzione Critica.* Milano: FrancoAngeli.

Power, A. (1993). *Hovels to High Rise: State Housing in Europe Since 1950.* London: Routledge.

Saraceno, C. (2003). *Mutamenti della Famiglia e Politiche Sociali in Italia.* Bologna: Il Mulino.

Torri, R. (2006). Il rischio abitativo: Riflessioni fra teoria e ricerca empirica. *Rivista delle Politiche Sociali, 3.*

Tosi, A. (2004). *Case, Quartieri, Abitanti, Politiche.* Milano: Clup Edizioni.

______(2006). Povertà e domanda sociale di casa: La nuova questione abitativa e le categorie delle politiche. *Rivista delle Politiche Sociali, 3.*

Viesti, G., & Prota, F. (2004). *Le Politiche Regionali dell'Unione Europea.* Bologna: Il Mulino.

Violante, A., & Lucciarini, S. (2006). Il modello mediterraneo di housing e welfare e il caso di Roma. *Rivista delle Politiche Sociali, 3.*

Zanfi, F. (2008). *Città Latenti: Un Progetto per l'Italia Abusiva.* Milano: Bruno Mondadori.

기타 자료

Cittalia(2010). I Comuni e la questione abitativa. Le nuove domande sociali, Gli attori e gli strumenti operativi (2nd ed.). http://www.anci.it/Contenuti/Allegati/Questione%20abitativa.pdf.

Edilizia e territorio (2011). L'edilizia privata sociale (Vademecum n. 2 di CDPI Sgr).

Osservatorio sull'abitare sociale in Italia (2011). Rapporto sull'abitare sociale in Italia.

Lavoce (2011. 3. 11). Dalla cedolare vantaggi solo per i proprietari. http://www.lavoce.info/archives/26812/dalla-cedolare-vantaggi-solo-per-i-proprietari/info.

Banca d'Italia. Indagine sui bilanci delle famiglie italiane. http://www.bancaditalia.it/statistiche/indcamp/bilfait.

주요 용어

A

• accreditamento	위탁임무
• affidamento di minori	아이 위탁
• Agenda di Lisbona	리스본 안건
• Agenzia Nazionale per I Servizi sanitari regionali (AGE. NA. S)	지방 의료서비스청
• aiuto e sostegno domiciliare	가사 노동 도움
• Ammortizzatori Sociali	실업급여
• anziani non autosufficienti	자급자족이 힘든 노인
• apprendista	견습생
• Assegni di Cura	지역요양수당
• Assegni Famigliari	가족수당
• Assegno di Assistenza	보조수당
• Assegno di Cura	요양급여
• Assegno di Disoccupazione (ASDI)	실업수당
• Assegno di Maternità	출산수당

• Assegno Mensile	특별 월별수당
• Assegno per il Nucleo Familiare	가족수당
• Assegno Sociale	국민기초연금
• Assistenza Domiciliare Integrata (ADI)	통합 방문요양서비스
• Assistenza Domiciliare	가정도우미
• Assistenza Farmaceutica	약품 관련 지원
• Assistenza Medico-Generica	지역 보건의(GP) 서비스
• Assistenza Ospedaliera	의료기관서비스
• Assistenza Ospedaliera	병원서비스
• Assistenza Sanitaria di Base e Collettiva	기본 및 단체 의료서비스
• Assistenza Specialistica	전문의서비스
• Associazione delle Banche Italiane (ABI)	이탈리아은행협회
• auto-costruzione abusiva	스스로 집을 짓는 행위
• autogestione	공동운영
• automaticità delle prestazioni	급여의 자동성
• Azienda Sanitaria Locale (ASL)	보건사무소
• aziende regionali di edilizia residenziale	주정부가 관할하는 주택건설회사
• azzardo morale	도덕적 해이

B

• Banca d'Italia	이탈리아은행
• Berlusconi	베를루스코니
• Bonus Bebè	출산수당
• Borsa Nazionale del Lavoro	구직활동 공공정보시스템

C

• Cassa Nazionale	국립기금
• Casse Mutue	의료기금
• Centri Infanzia	유아센터
• coesione sociale	사회적인 화합
• Comitato per l'Edilizia Residenziale (CER)	주거건물 건축 위원회
• Commissione Europea	유럽연합 위원회
• Commissione Onofri	오노프리 위원회
• comune	시
• Concordato	파시스트 정부와 바티칸 간 서로의 권한에 대한 공식적인 합의
• condoni edilizi	건설 사면
• Confederazione Generale Italiana del Lavoro (CGIL)	CGIL 노동조합
• Congedo di Maternità	출산휴가
• Congedo di Paternità	부친에게 주어진 육아휴가
• Congedo Parentale	육아휴가
• consultorio familiare	여성전용 의료 및 상담원
• contrattazione collettiva	집단협상
• Contratti di Quartiere	구역계약
• Cooperative Sociali	사회적 협동조합
• Corte di Giustizia della Comunità Europea	유럽 사법재판소
• criterio della selettività	선정주의
• cure primarie	일차 진료

D · E

• danno biologico	생물학적 피해
• Democrazia Cristiana(DC)	천주교민주당
• deregulation	규제완화
• devoluzione	권한 이양
• Dipartimento per le Politiche della Famiglia	가족정책부서
• Direzione Generale	집행위원회 총국
• Direzioni Interregionali del Lavoro(DRL)	주별 노동 지역담당국 부서
• Direzioni Territoriali del Lavoro(DTL)	지방별 노동 지역담당국 부서
• Emilia-Romagna	에밀리아로마냐
• equo canone	공정임대료
• esodati	퇴직 중인 근로자
• etàprescolare	미취학 아동
• Eurostat	유럽 통계청

F · G

• familismo	가족주의
• federalismo fiscale	재정 지방분권주의
• Federazione Italiana Mutualità Integrativa Volontaria(FIMIV)	이탈리아의 자발적 상호부조 연맹
• fiscalità generale	일반과세
• flexicurity	'유연안정성' 제도
• fondi aperti	개방형 기금
• fondi chiusi(negoziali)	폐쇄형 기금
• fondi DOC	DOC 기금
• fondi Gescal	게스칼 기금

- fondi non DOC 부가의료기금 이외 기금
- fondi pre-esistenti 현재 법적 체계
- Fondi Sanitari Integrativi 부가적 의료기금
- Fondo Sociale Europeo 유럽 사회기금
- Fondo Sociale per l'Affitto (FSA) 임대를 위한 사회기금
- Forma Domiciliar 방문서비스
- fruizione dei servizi alberghieri su richiesta dell'assistito 대상자 요청 시 숙박서비스 이용
- genitorialità attiva 능동적 부모
- Gestione Case dei Lavoratori (GESCAL) 근로자주택 운영
- giovani NEET 젊은 니트족

I

- i servizi formativi e informativi a sostegno della genitorialità 부모님을 위한 조언 및 정보서비스
- il Polo delle Libertà 자유인민당
- Imposta Municipale Unica (IMU) 자치주 단일세
- Imposta sul Reddito delle Persone Fisiche (IRPEF) 소득세
- Indennità di Accompagnamento 국민요양수당
- Indicatore della Situazione Economica Equivalente (ISEE) 동등화 경제수준 지표
- infortuni da lavoro 직업상 재해
- Istitituto per la Ricostruzione Industriale (IRI) IRI 기금
- Istituti Autonomi per le Case Popolari (IACP) 서민주택을 위한 자치기관

- Istituto di Previdenza per il Settore Marittimo (IPSEMA) — 해상 부문 보장기관
- Istituto Mobiliare Italiano (IMI) — IMI 기금
- Istituto Nazionale della Previdenza Sociale (INPS) — 이탈리아 사회보장공단
- Istituto Nazionale di Statistica (ISTAT) — 이탈리아 통계청
- Istituto Nazionale Fascista della Previdenza Sociale (INFPS) — 파시스트 국민연금공단
- Istituto Nazionale Fascista per l'Assicurazione contro gli Infortuni sul Lavoro (INFAIL) — 파시스트 국민산재보험공단
- Istituto Nazionale per l'Assicurazione contro gli Infortuni sul Lavoro (INAIL) — 산재보험공단
- Istituto Nazionale per l'Assicurazione contro le Malattie (INAM) — 국민질병보험제도
- Istituto Pubblico di Assistenza e Beneficienza (IPAB) — 자산조직
- Istituto Superiore per la Prevenzione e la Sicurezza del Lavoro (ISPESL) — 산업안전보건연구원

L

- lavoratori temporanei e discontinui — 비정규직 및 임시 근로자
- Lega Nord — 북부동맹
- Legge Finanziaria — 〈예산법〉
- Legge quadro per la realizzazione del sistema integrato di interventi e servizi sociali — 통합적인 사회서비스 실현을 위한 법적 틀

• liste di attesa	대기자 명단
• Livelli Essenziali di Assistenza (LEA)	기초지원수준
• Lombardia	롬바르디아

M

• managed cooperation	관리된 협력
• mani pulite	깨끗한 손
• metodo Montessori	몬테소리 모델
• Mezzogiorno	메초조르노, 이탈리아 남부지역
• Ministero del Lavoro e della Previdenza Sociale	노동사회보장부
• Ministero del Lavoro e delle Politiche Sociali	노동 및 사회정책부
• Ministero del Lavoro, della Salute e delle Politiche Sociali	노동 및 보건 사회정책부
• Ministero della Salute	건강부
• Ministero della Sanità	보건부
• Ministero della Solidarietà Sociale	사회연대부
• Ministero dell'Economia	경제부
• Ministero dell'Economia Nazionale	국민경제부
• Ministero per l'Industria, il Commercio ed il Lavoro	산업, 무역 및 노동부
• modello Lombardo	롬바르디아 방식
• Movimento 5 Stelle	오성운동
• Movimento Sociale Italiano (MSI)	이탈리아 사회운동당
• Mussolini	무솔리니
• mutue spurie	가짜의 기금

N · O

- Nidi Aziendali 사내유아원
- Nidi Famiglia 가정유아원
- Nidi Integrati 통합유아원
- Normativa Italiana Inerente la Sicurezza sul Lavoro 〈근로안전법〉
- Notional Defined Contribution (NDC) 개념적 확정기여형
- Nuova Prestazione di Assicurazione Sociale per l'Impiego (NASPI) 새로운 실업수당
- Nuovo Corviale a Roma 로마의 누오보 코르비알레
- Organizzazione Non a Scopo di Lucro (ONLUS) 비영리조직
- Organizzazione per la Cooperazione e lo Sviluppo Economico (OCSE) OECD

P

- Partito Comunista Italiano (PCI) 이탈리아 공산당
- Partito Democratico (PD) 민주당
- Partito Liberale 자유당
- Partito Radicale 급진당
- Partito Socialista 사회당
- Partito Socialista Italiano (PSI) 이탈리아 사회당
- patronato 자산조직
- Pensione di Inabilità Civile 시민 장애연금
- Pensione di Inabilità 장애연금
- Pensione Sociale 사회연금
- percettori di benefici economici 급여대상자
- Piano Casa 주택계획 (2009년)

- Piano Ina Casa	주택계획(1949년)
- politiche attive del lavoro	적극적 노동시장정책
- politiche sociali	사회정책
- politichedi conciliazione	일·가족 양립정책
- polizze sanitarie individuali	개인의료보험
- Posti di Ispezione Frontaliera(PIF)	동물 기원의 제품검사 네트워크
- precarietà del lavoro	불안정한 노동
- Presidi Socioassistenziali	노인주거요양시설
- Presidi Sociosanitari	통합 건강 및 사회적 돌봄을 위한 거주시설
- Prestazione Economica	현금급여
- Prestazione Recuperatrice	재활급여
- Prestazione Sanitaria	의료급여
- Previdenza Sanitaria Complementare	보완적 의료보장
- previdenza sociale	사회보장
- prima infanzia	유아
- Prodi	프로디
- prova dei mezzi	자산조사
- province autonome	자치주
- provincia	도

R

- Reddito di Cittadinanza	시민 기본소득
- Reddito di Inclusione Attiva(RIA)	능동적 통합소득
- Reddito di Inclusione Sociale(REIS)	사회통합을 위한 기초소득
- Reddito di Ultima Istanza(RUI)	최후조치급여
- Reddito Minimo di Inserimento(RMI)	최저생계보조금
- regime di libera professione intramuraria	병원 근무시간 외의 상담 및 치료

• regione	주
• residenze sanitarie assistenziali	장기요양 양로원
• riforma della buona scuola	우수학교 개혁
• riposi per allattamento	모유휴직

S

• scala di equivalenza	균등화 지수
• Scampia a Napoli	나폴리의 스캄피아
• secondo pilastro	제2층
• Segretariato Generale	사무총장
• selezione avversa	역선택
• Servizi Assistenza Sanitaria Naviganti (SASN)	선원의 보건지원서비스
• servizi di aiuto domestico	가사도움
• servizi di sollievo, per affiancare nella responsabilità del lavoro di cura la famiglia	쉼터 서비스
• servizi per la prima infanzia	아동을 위한 서비스
• servizi per l'affido familiare	양호위탁
• servizi	현물서비스
• servizio di prevenzione e protezione	예방과 구호서비스
• Servizio Sanitario Nazionale (SSN)	국가의료서비스
• servizio sociale	사회서비스
• sistema di gestione	운영체제
• Sistema Informativo sui Servizi Sociali (SISS)	사회서비스 정보시스템
• Sistema Integrato di Fondi Immobiliari (SIF)	부동산 자금보조시스템

- sistema mutualistico — 상호부조
- sistema mutualistico a base categoriale — 범주별 상호부조제도
- Social Card Disoccupati — 실직 소셜 카드
- Social Card Ordinaria — 정규 소셜 카드
- Società Operaie di Mutuo Soccorso (SOMS) — 근로자 공제조합

- solidarietà familiare allargata — 가족적인 연대성
- sommerso — 지하 노동시장
- Sostegno per l'Inclusione Attiva (SIA) — 적극적인 사회적 통합을 위한 지원
- spesa sanitaria privata out of pocket — 본인 부담의 개인의료비용
- strutture accreditate residenziali e semiresidenziali — 위탁거주 및 반거주 시설

T · U · V · W · Z

- teoria del rischio professionale — 전문직 위험이론
- teoria della responsabilità oggettiva — 객관적 책임이론
- ticket — 티켓제도
- ticket sanitari — 의료티켓

- Toscana — 토스카나
- Trasferimenti in Denaro — 현금급여
- Trattamento di Fine Rapporto (TFR) — 계약종료급여
- Trattato di Maastricht — 마스트리히트 조약

- tutela igenico-sanitaria — 위생 및 건강보호
- Uffici di Sanità Marittima (USMAF) — 해양보건사무소
- Uffici Veterinari per gli Adempimenti Comunitari (UVAC) — 수의학부서
- Ulivo — 올리브 동맹

• Unione Europea (EU)	유럽연합
• Unione monetaria Europea	유럽 통화연합국
• Unità Sanitaria Locale (USL)	지역보건소
• valutazione del rischio	위험성 평가
• Vicenza	비첸자
• welfare Lego	레고의 복지
• Workfare	근로복지제도
• ZEN a Palermo	팔레르모의 젠